대한민국 건국의 기획자들

대한민국 건국의 기획자들

이승만 인맥을 중심으로 본
건국 전후의 비화(秘話)

김용삼 지음

우리 사회가 대한민국 건국을
기억해야 하는 이유

2015년은 해방 70주년을 맞는 해다. 왜 우리는 일본에게 나라를 잃었고, 어떻게 되찾았는지, 그리고 대한민국이라는 근대적 국가를 건설한 의미를 되새겨보는 기회이기도 하다. 20세기를 통틀어 우리는 전반부 50년 동안은 망국과 식민지, 분단과 전쟁이라는 실패국가의 전형을 보였고, 그 후 50년은 세계사에서도 기념비적인 성장과 산업화, 민주화를 성취해내는 성공국가의 신화를 만들어냈다.

그 드라마틱한 성공의 신화를 탐구해 들어가면 1948년의 대한민국 건국과, 건국 지도자들의 모습이 나타난다. 특히 건국 대통령 이승만은 그 존재 자체가 곧 우리의 근현대사나 다름없다.

이승만은 배재학당에 입교하면서 한국에 파송되었던 미국 선교사 및 의사들과 인연을 맺었다. 이 과정에서 그는 민주, 인권, 자유(freedom), 공화제의 의미에 대해 눈을 뜨게 된다. 1905년 고종의 밀사 역할을 수행하기 위해 미국으로 건너간 그는 조지워싱턴대학에서 학사, 하버드대학에서 석사, 프린스턴대학에서 국제정치학 박사 학위를 받았다. 그는 선교사들로부터 미국 주류사회의 인맥을 소개받았고, 당대 최고의 지성들이 모인 미국의 일류대학에서 학업을 수행하는 동안 미국의 수많은 엘리트들과 동문수학했고, 그들과 친교를 나누며 든든한 학연(學緣)을 형성했다.

이러한 이승만의 미국 내 인맥이 후에 한국의 독립을 지지하고, 한국의 후원세력이 되었으며, 이승만의 정치적 백그라운드가 되었다. 그러나 박사학위 지도교수인 우드로 윌슨 등 몇몇을 제외하고는 이승만의 미국 내 인맥에 대한 연구가 이루어지지 않아 공백 상태로 남아 있다.

2차 세계대전 당시 연합국 수뇌들이 한 자리에 모여서 한국의 독립을 최초로 언급한 카이로 선언이 나오게 된 직접적인 배경, 맥아더 장군이 공산 침략으로부터 한국을 구원하기 위해 노심초사한 일, 6.25 직전 한국을 방문했던 덜레스 특사가 공산 침략이 개시되자 한국전에 미국이 참전해야 한다는 보고서를 제출한 일, 그가 후에 국무장관이 되어 미국 군부가 에버레디 계획을 통해 이승만을 실각시키고 군정을 실시하려 하자 이를 강력 반대하고 한미상호방위조약을 체결하는 쪽으로 물꼬를 튼 일….

이처럼 한국의 운명이 걸린 결정적인 사건의 배후나 전면에는 늘 이승만의 미국 내 인맥이 존재하고 있었다. 그럼에도 불구하고 이 분야에 대한 연구가 진행되지 않은 채 방치되어 있는 것은 변명의 여지가 없는 우리 모두의 게으름 탓이 아닐까.

2015년은 광복 70주년 되는 해다. 광복 70년을 맞아 해방과 건국을 기념하는 각종 행사나 학술회의, 저작, 언론보도들이 줄을 잇고 있다. 이 변화무쌍한 시대, 그 많고 많은 인물들 중에 왜 하필이면 이승만인가? 하고 묻는 분들에게 이렇게 답하고 싶다. 해방 공간에 이승만이란 존재가 있었기에 비록 분단된 형태로나마 대한민국이 건국되었고, 공산 침략으로부터 나라를 지켜냈으며, 오늘과 같은 번영의 터전을 닦았다고.

오늘 우리 사회는 대한민국의 건국을 끝까지 반대한 김구를 추앙하고 그를 영웅으로 받드는 반면, 정작 무(無)에서 유(有)를 창조하듯 건국을 이루어낸 이승만에게는 독재자의 오명을 뒤집어 씌워 '역사의 감옥'에 가두다시피 하고 있다. 우리의 무지와 게으름 탓에 이승만에 대한 연구가 미진한 결과 이승만이 미 제국주의자들의 강요에 의해 친일파를 동원하여 분단정부를 먼저 수립했으므로 정통성이 없고, 주체사상으로 국가를 건설해 온 북한에 정통성을 부여해야 한다는 해괴한 주장들이 난무하고 있다. 게다가 6.25를 북한 공산집단의 남침이 아니라 민족해방전쟁이라고 허위와 거짓으로 포장된 선전선동이 난무하고 있는 것이 작금의 현실이다.

오늘날 우리 사회는 건국에 대해서조차 의견의 일치를 보지 못하고 있다. 우파는 대한민국의 건국이야말로 공산화를 막고 대한민국이 성공으로 향하는 출발점이었다고 주장하는 반면, 좌파는 건국은 분단을 야기한 출발점이니 '건국'이라는 용어 자체를 부정하고 '남한만의 단독정부 수립'

혹은 '분단정권의 출범'이라고 강변한다. 게다가 김영삼, 김대중, 노무현 대통령 등이 직접 나서서 건국의 정당성, 대한민국의 정통성을 부정하는 발언들을 시도 때도 없이 해 왔다.

민주시민을 육성하는 민주시민교육의 출발점은 건국의 역사와 이념을 정확하게, 그리고 객관적 사실에 입각하여 제대로 가르치는 것이다. 이를 위해서는 우리가 살고 있는 대한민국이 어떤 과정을 거쳐 건국이 되었고 그 주역은 누구인지, 당시 이 나라를 둘러싼 국제정세와 주변 환경은 어떤 상황이었는지를 낱낱이 밝혀내야 한다. 이처럼 체계적이고 입체적인 건국 과정을 탐구 조명하는 과정에서 대한민국 건국의 주역인 이승만을 가볍게 지나칠 수는 없다.

우리 사회는 건국에 대한 사실관계를 명확하게 정립하지 않은 채 술에 물 탄 듯, 물에 술탄 듯 설렁설렁 넘어온 결과 좌파적 역사관과 반(反)국가적인 주장들이 난무하는 상황에 처해 있다. 우리는 객관적이고 실사구시적인 시각으로 역사적 사실(historical fact)들을 발굴하고 조명하여 자라나는 세대에게 건국의 참모습을 가르쳐야 한다. 그러기 위해서는 대한민국의 건국 과정의 사실관계를 철저하게 가려내 공부했어야 함에도 불구하고, 이러한 작업들이 이루어지지 못한 결과 오늘과 같은 이념적 무정부 상태가 발생하게 된 것이 아닐까.

『대한민국 건국의 기획자들』은 대한민국의 건국이 특정 인물 한 사람의 힘에 의해 이루어진 것이 아니라 국내와 해외에서 활동한 독립운동가는 물론, 하와이 사탕수수밭에서 노동을 한 재미교포와 유학생들, 상해 임시정부에서 풍찬노숙하며 독립운동을 지도했던 지도자들, 외국인 선교사와 상인, 학자, 외교관, 기업인들이 힘을 합쳤기 때문에 가능했음을 밝히고자 시도한 작업이다. 자료의 한계로 인해 이승만의 미국 내 학맥과 인맥 부분은 거의 손을 대지 못했는데, 앞으로 이 부분에 대한 학계의 체계적이고 지속적인 연구가 이루어져 한국 현대사가 보다 명확하게 밝혀지길 기대한다.

2015년 5월

저자 김용삼 쓰다

차 례

머리말 · 5

1부 서양 선교사들과의 만남 · 25

조선과 서양 선교사들과의 만남 · 33

호레이스 알렌
- '대역죄인' 이승만의 사형을 막아준 조선 최초의 선교사 겸 외교관 · 40

헨리 아펜젤러 선교사 일가
- '청년 선비' 이승만에게 개화의 눈을 뜨게 해 준 배재학당 스승 · 50

윌리엄 스크랜턴, 스크랜턴 대부인
- 미국으로 떠나는 이승만 위해 각계에 추천서 써 준 의료 선교사 · 61

호러스 언더우드 선교사 일가
- 4대에 걸쳐 114년 동안 한국 위해 헌신한 은인들 · 65

달젤 벙커
- 이승만과 개화파 양반 지도층을 기독교 신자로 개종시킨 선교사 · 79

호머 헐버트
- 한국 독립운동에 헌신하여 외국인 최초로 건국훈장 받아 · 81

윌리엄 노블, 해롤드 노블

- 부자(父子) 2대에 걸쳐 이승만과 깊은 인연 맺은 선교사 · 92

올리버 에비슨

- 이승만의 상투 잘라주고 민주주의 사상 불어넣어 준 평생 동지 · 96

제임스 게일

- 선교사들 중 가장 지적(知的)이었던 이승만의 평생 스승이자 멘토 · 101

존 헤론

- 환자들을 헌신적으로 돌보다 33세에 사망한 제중원 원장 · 107

조지 존스

- 한인들을 하와이로 이주시킨 내리교회 목사 · 110

선교사들의 역할과 한계 · 113

메이지유신에 결정적 역할을 한 서양 선교사들 · 125

2부 개화파 선각자들 · 129

서재필
- 이승만의 배재학당 스승이자 외교적 독립운동의 동지 겸 멘토 · 135

윤치호
- 실력양성을 통해 독립 추구한 현실주의자 · 144

이상재
- 이승만의 후원자 역할을 했던 독립협회의 3대 거두 · 148

이충구
- 춘생문 사건에 가담한 이승만의 배재학당 동료 · 153

주시경
- 이승만의 탈옥을 도운 한글학자 · 157

신긍우 · 신흥우 형제
- 이승만에게 배재학당 입학을 권유하고 독립운동 도운 평생 동지 · 159

오긍선
- 의사로서 고아들을 돌본 이승만의 협성회·독립협회 동지 · 164

윤병구
- 이승만과 함께 시오도어 루스벨트 대통령을 만난 독립운동 평생 동지 · 166

윤성렬
- 최연소 배재학당 학생 · 168

독립협회 인맥 · 170

한성감옥 인맥: 서상대/최정식/정순만/유성준/김영선/장호익 · 172

민영환
- 이승만을 고종의 밀사로 미국에 파견한 개화파 관료 · 184

한규설
- 을사늑약 끝까지 반대한 충신 · 188

3부 미국 유학, 황성기독청년회 시절 · 191

존 와드먼
- 이승만의 하와이 정착을 도운 감리교 감독 · 201

김윤정
- 미국 외교부에 한국의 독립청원서 제출을 거부한 주미 대리공사 · 203

루이스 햄린 목사
- 이승만에게 세례를 주고 조지 워싱턴대학 입학을 주선한 목사 · 210

보이드 부인, 메리트 얼, 위니프레드 킹
- 이승만의 조지 워싱턴대학·프린스턴대학 재학 시절 후원자들 · 213

헤이그 밀사와의 인연: 이준/이상설/이위종 · 222

장인환·전명운
- 친일 미국인 스티븐스 암살한 두 의사(義士) · 229

루이스 헨리 세브란스
- 이승만과 깊은 인연을 맺은 세브란스병원 건립의 주인공 · 234

찰스 에드먼, 앤드루 웨스트

- 이승만의 프린스턴 대학 은사들 · 238

우드로 윌슨

- 미국 대통령에 오른 이승만의 박사학위 논문 지도교수 · 240

황성기독청년회 제자들

- 독립운동과 건국에 공헌한 이원순 · 허정 · 임병직 · 243

프랭크 브로크만, 필립 질레트

- 이승만과 함께 조선에서 학생 YMCA 운동 개척한 사람들 · 247

존 모트

- '105인 사건' 당시 이승만을 구한 YMCA 국제위원회 총무 · 252

소다 가이치(曾田嘉伊智)

- 한국의 고아들을 헌신적으로 돌본 이승만의 YMCA 동지 · 255

4부 하와이 시절 · 259

이승만의 하와이 시절 제자들
- 주미 대사 양유찬·주영한·월버트 최 · 266

박용만
- 이승만의 절친한 친구에서 정적(政敵)이 된 무장독립투쟁론자 · 271

안창호
- 이승만과 라이벌 관계였던 흥사단 창시자 · 276

한길수, 김용중
- 미국 내 반(反)이승만 세력의 대표적 인물 · 282

알프레드 샤록스 선교사
- 3·1운동 직전 "대일(對日) 혁명 일으켜야 한다"는 이승만의 뜻 한국에 전해 · 284

김노듸
- 이승만의 하와이 시절 제자이자 동지, 후원자 · 289

하와이의 이승만 지지자들 · 292

한성정부·통합 임시정부의 대통령에 선출된 이승만 · 302

허버트 밀러 교수
- 이승만을 도와 한국 독립 지지 운동에 앞장선 대학 교수 · 306

토마스 마사리크
- 외교독립론 통해 체코슬로바키아 독립 이끈 '유럽판 이승만' · 312

존 스태거스, 제이 제롬 윌리엄스
- 이승만의 독립운동 헌신적으로 도운 미국의 오피니언 리더 · 319

프랭크 스코필드
- 3·1운동 촉발시키고, 제암리 학살사건 전 세계에 폭로한 의료 선교사 · 323

프리데릭 매켄지
- 이승만의 독립운동 헌신적으로 도운 영국 언론인 · 326

한국친우회(The League of Friends of Korea)
- 이승만과 한국의 독립 지원하는 미국 오피니언 리더들의 모임 · 328

5부 상해 임시정부 시절 · 333

조지 쇼
- 상해 임정의 독립운동 적극 도운 영국인(이륭양행 대표) · 345

박은식
- 제2대 상해 임정 대통령 · 349

이동휘
- 무장 독립투쟁 주장하며 이승만과 대립한 공산주의자 · 354

김규식
- 상해 임정 이끌며 이승만과 대립했던 언더우드의 양자 · 360

의화군 이강
- 상해 임시정부 합류 위해 상해로 탈출하다 붙잡힌 고종의 아들 · 364

노백린
- 미국에서 한인 비행학교 설립한 임정 국방부장관 · 369

상해 임시정부를 지킨 사람들: 이동녕/이시영/조소앙 · 372

임정의 이남파와 이북파 · 376

이승만, 상해 임시정부와 결별 · 380

6부 미국에서 독립운동 시절 · 385

프란체스카 도너, 박승선
- 이승만의 부인들 · 396

이승만의 필리핀 인맥: 카를로스 로물로 · 403

안나 엘리너 루스벨트 여사
- 이승만의 외교 독립운동 지원한 루스벨트 미국 대통령 부인 · 406

펄벅, 스탠리 혼벡
- 이승만의 저서『일본내막기』집필과 발간을 후원한 인물 · 409

한미협회(Korean- American Council)
- 한국 독립과 이승만 지지하는 미국 내 오피니언 리더들의 모임 · 414

기독교인 친한회(The Christian Friends of Korea)
- 이승만을 후원하는 미국 내 친한(親韓) 기독교인들의 모임 · 418

「워싱턴 이브닝 스타」 신문사
- 이승만과 한국에 우호적인 기사를 자주 보도한 워싱턴 DC의 유력지 · 423

호적(胡適 · 후스)
- "2차 대전 후 한국 독립"을 가장 먼저 밝힌 중국 외교관 · 425

윌리엄 랭던
- 한반도 신탁통치안 최초로 제안한 한국 전문가 · 428

로버트 올리버
- 한국의 독립과 건국에 헌신한 이승만의 정치 고문 · 432

윌리엄 도노번, 프레스턴 굿펠로우
- 재미 한인들을 대일(對日) 특수작전에 참전시킨 OSS 책임자 · 434

장석윤
- 미군 101특수작전부대에 입대한 한국인 요원 · 439

에드윈 쿤스
- '미국의 소리(VOA)' 방송에 이승만을 출연시킨 한국어 방송 감독 · 442

대일전(對日戰)에 참전한 한국인 OSS 대원들 · 444

7부 해방 공간 · 449

존 하지
- 해방 후 미군정을 이끈 주한 미 점령군 사령관 · 456

조지 윌리엄스
- 해방 후 이승만을 조기 귀국시키는 데 결정적 역할을 한 선교사의 아들 · 463

존 R. 힐드링
- 이승만의 '남한 정부 수립안'을 지지한 미 국무부 피점령국 담당 차관보 · 467

제임스 하우스만
- 한국군 창설에 앞장선 이승만의 군사 고문 · 472

김구
- 대한민국 임시정부 끝까지 지켜낸 독립운동 지도자 · 475

김성수
- 한민당 창당하여 이승만의 건국을 도운 대한민국 부통령 · 487

존 무초
- 이승만과 6.25 함께 치르며 한국을 구원한 초대 주한 미국대사 · 492

조봉암
- 농지개혁 위해 헌신한 공산당 출신 농림부장관 · 497

K. P. S. 메논과 모윤숙
- '유엔 감시 하에 남한에서의 총선' 성사시킨 일등공신 · 504

더글러스 맥아더
- 공산 침략으로부터 대한민국을 구한 이승만의 오랜 친구 · 514

제임스 밴 플리트
- 이승만을 아버지처럼 모신 한국군 현대화의 일등공신 · 530

장면, 패트릭 번 주교, 교황 비오 12세
- 파리 유엔총회에서 한국 승인 외교 성공시킨 공로자들 · 535

존 포스터 덜레스

- 한미상호방위조약 체결의 일등 공신 · 538

낙랑클럽

- 주한 외국인 상대로 고급 외교 담당한 비밀 사교단체 · 546

사울 아이젠버그

- 이승만의 철강공장 건설 과정에 깊이 개입한 유대인 무역상 · 550

존 B. 코울터

- 운크라(UNKRA) 단장으로 한국에 공장 건설을 도와준 은인 · 553

참고문헌 · 557

기사 및 논문 · 561

주 · 564

1부

서양 선교사들과의 만남

시대 상황

이 땅에 서양의 바람이 불기 시작한 것은 1800년대 후반이었다. 조선 조정은 1876년 일본과 강화도조약을 맺은 후 1882년에 미국과 조미(朝美)수호통상조약을 체결했다. 천주교가 조선에 전파되기 시작한 것은 1780년대 정조 시대의 일이지만, 서양의 기독교 선교사들이 이 땅에 본격적으로 진출하기 시작한 것은 1884년이다.

이 무렵 조선은 군인들이 무장폭동을 일으키고(임오군란), 개화파들이 일본을 등에 업고 쿠데타(갑신정변)를 일으켰다가 사흘 만에 진압되는 등 정치적 격변이 거듭되고 있었다. 게다가 동학 농민운동을 진압한다는 구실로 청국과 일본이 조선에 병력을 보내 1894년 7월부터 1895년 4월까지 청일전쟁이 벌어졌다.

일본 낭인들이 경복궁에 침입하여 명성황후(민비)를 시해하고 시신을 불태우는가 하면, 고종이 궁궐을 탈출하여 러시아 대사관으로 피신하여 집무하는(아관파천) 초유의 일이 벌어졌다. 이 와중에 개화의 물결이 들이 닥쳐 전통적 사고와 가치관의 혼란이 시작됐다.

서양 선교사들은 조선에 진출하여 근대식 학교를 열고 병원을 세웠으며, 1897년에는 '자주'의 상징인 독립문이 준공되었고, 1898년에는 프랑스인들이 서울 한복판에 거대한 천주교 성당을 완공했다. 이것이 오늘날의 명동성당인데, 성당 건물이 워낙 거대하여 장안 어디서나 볼 수 있을 정도였다.

1899년 봄에 서대문과 청량리 사이에 전차가 개통되었고, 가을에는 노량진과 제물포를 잇는 경인선 철도가 개통됐다. 1900년 봄에는 서울 장안에 전등이 켜졌다. 처음 전등이 켜졌을 때 놀란 사람들이 부채질을 해서 불이 꺼지는지 안 꺼지는지 시험을 했다고 한다.

조선왕조 개국과 더불어 마약처럼 번진 사대주의로 인해 조선에서는 자주정신이 거의 사라졌다. 조선의 사대 종주국이었던 청국은 영국과의 아편전쟁 이후 종이호랑이로 전락하여 더 이상 조선을 보호할 의지도 능력도 없다는 사실이 밝혀졌다. 이렇게 되자 조선을 둘러싸고 청일전쟁, 러일전쟁이 벌어지는 등 중국·러시아·일본이 격렬한 각축을 벌였다.

조선 지도부는 자력으로 국권 수호가 어렵게 되자 외세를 이용하여 자존을 지키고자 했다. 이 와중에 외세의 부침에 따라 친청파, 친러파, 친일파, 친미파들이 등장하여 혼란이 가중되었다. 일본의 칼잡이 무리가 왕궁을 침범하여 왕비를 시해하는 만행을 저질러도 큰 소리 한 번 못치고, 국왕은 러시아 공사관으로 피신하여 1년여 동안 국정을 운영하는 파란과 수치와 격동의 시대였다. 그러나 이 땅에 외세를 끌어들인 어느 누구도 국제정세의 흐름을 꿰뚫어 볼 수 있는 능력을 가진 사람은 없었다.

1894년 조선에서 청일전쟁이 벌어졌을 때 당시 실권자였던 대원군과 조선 지도부는 청군이 일본군을 물리칠 수 있을 것으로 판단했다. 대원군은 비밀리에 평양에 진을 치고 있는 청군 장수들에게 '청군이 승리하길 고대한다'는 밀서를 보냈다. 편지 내용은 다음과 같다.

"상국(청국)은 많은 원병을 보내시어 우리의 종사와 궁전을 보호해 주시고, 또 일본인에게 아부하여 매국행위를 감행한 간악한 무리들을 하루빨리 일소하여 이 위기를 구제해 주시기를 피눈물로 기원하고 또 기원합니다."

그러나 평양전투에서 청군은 대패(大敗)하여 압록강을 건너 퇴각했고, 대원군이 청국 장수에게 보낸 밀서는 평양을 점령한 일본군에게 노획되어 대원군의 실각을 몰고 왔다. 국가 지도부가 국제정세의 동향에 어두워 벌어진 난맥상이었다. 이러한 국제정세의 무지는 러일전쟁 때도 마찬가지였다. 조선 지도부는 겉으로는 중립을 선언했지만, 속으로는 러시아가 승리하여 일본을 견제해주길 간절히 바랐다.

오죽했으면 러일전쟁 중에 제물포에서 전투가 벌어져 포탄이 날아다닐 때 고종은 역술인들의 말을 듣고 궁궐 기둥 아래 큰 솥을 묻고 굿을 해서 산천의 귀신들에게 러시아의 승리를 빌었겠는가. 고종과 군왕세력들은 러시아가 러일전쟁에서 패전의 위기에 처해 있음에도 불구하고 러시아가 승리하여 대한제국이 일본의 보호국으로 전락하는 것을 막아줄 것이라고 헛된 기대를 하고 있었던 것이다.

그 시절 죄수들을 사형시킬 때 목을 자르는 참수형을 시행했는데, 대역 죄인의 경우는 목을 비롯하여 손과 발 등 사지를 절단했다. 이처럼 참혹하게 살해된 시신을 사람들이 다니는 거리에 사흘 간 걸어놓았다. 1884년 갑신정변 쿠데타가 실패했을 때 해외로 망명하지 못하고 체포된 개화당 인사들이 도륙을 당했는데, 조선에 입국한 알렌은 당시 처형된 자들의 시신이 거리에 내걸린 장면을 목격하고 자신의 일기에 다음과 같이 기록하고 있다.

"오늘 나는 민영익의 집으로 가던 길에 거리를 지날 때 남북으로 길게 뻗어 있는 길거리, 우리 집에서 가장 가까운 지점에 머리, 손발이 절단된 시체 4구를 보았다.… 서울 시내 여러 곳에서 이와 같은 시체더미를 어디서나 볼 수가 있다. 그것은 똑같은 목적에서 시체를 공개 전시하고 있다. 나는 이들 시체가 바로 갑신정변에 가담했다가 미처 도망하지 못하여 체포되어 처형된 반역자의 시체임을 알았다.

이곳에 전시된 4구의 시체는 이 지역에 할당된 시체다. 이들 시체는 3

일간 효시(梟示)되고 있는 것이다. 개의 사육제인양 개들이 시체더미 위로 올라가서 살점을 뜯어먹고 있었다.˝(1895년 1월 30일).[1]

구한말 조선은 미신과 질병의 나라였다. 1897년 조선을 여행하고『조선과 그 이웃 나라들』이란 저서를 출간한 영국의 지리학자 이사벨라 버드 비숍은 한국이 귀신을 위해 매년 250만 달러를 허비한다고 기록했다. 1896년 한국의 수출액이 473만 달러, 수입액은 654만 달러 때의 일이다. 당시 고관대작들은 물론 민중들도 전염병이 돌면 귀신의 짓이라고 생각했다. 명성황후도 미신을 대단히 좋아하여, 그녀가 임신했을 때 48일간 황소머리와 기타 동물을 희생양으로 제단에 바쳐 제사를 지냈다고 한다.

격동의 시대를 살았던 윤치호는 고종의 통치를 "어리석음과 실수의 연속"이라고 결론지었다. 그는 고종의 정책에 대해 "조선 사람의 것은 빼앗고 타국 사람에게는 빼앗기는 것"이라고 비판했고, 위정자들의 정책은 "국민을 억압하기 위해 다른 사람들에게 의존하는 것"이라고 지적했다. 윤치호는 명성황후에 대해서도 "그 영리하고 이기적인 여인이 미신 섬기는 것의 반만큼이라도 백성을 열심히 섬겼더라면 그녀의 왕실은 안전했을 것"이라며 비난했다.[2]

당시의 양반들은 일부 개화파를 제외하고는 철저하게 근본주의화되어 공리공론에 젖어 있는 성리학자들이었다. 윤치호는 조선 양반들이 수저를 들거나, 붓으로 글을 쓰는 것 이외에는 자기 손으로 아무 것도 하지 않는다고 비판했다. 구한말 대신이었던 민영익은 시계조차 자신이 차지 않고 하인이 가지고 다니도록 했다. 이런 양반 관료들이 나무 한 그루 없는 산, 다리 없는 시냇물, 도로 없는 나라, 이름도 없는 꽃과 여자들, 자유 없는 백성을 남겨 놓았다고 한탄했다.[3]

윤치호는 나무만 보면 부엌 아궁이를 생각하고, 그 나무를 자르지 않으면 행복하지 않은 조선 사람들에게 질렸다. 벌거숭이산을 만들고, 아름다운 꽃을 다 잘라 버리는 무자비한 손에 그는 혐오감을 느꼈다고 자신의 일기에 쓰고 있다(『윤치호 일기』 1921년 11월 18일).

러일전쟁 직후인 1904년 3월 23일 미국 샌디에이고에서 발행되는 「샌디에이고 유니언」이란 신문에는 한국에서 경인선 철도 공사를 감독했던 리텐하우스를 인터뷰하여 한국에 대한 기사를 실었다. 리텐하우스는 알렌의 절친한 친구였는데, 이 신문의 한국인 관련 내용은 당시 제3자들의 한국과 한국인에 대한 시각을 알 수 있다.

"한국인은 천성적으로 소박하면서도 친절한 국민이며, 특히 한국인은 다른 어느 국민보다 미국인에 대해 호감을 가지고 있다. 한국인은 그들 자신의 운명에 관하여 무관심하며, 그러기에 그들은 기꺼이 다른 나라에 지배받기를 희망하고 있다. 리텐하우스 씨의 말의 의하면 한국인은 '용기 없는 국민'이다. 엄격한 세습적 양반 특권 신분제도가 사회를 지배하고 있으며, 논밭에 나가 농사일을 하는 부인을 제외하고는 모든 여자들은 나들이할 때 얼굴을 가리기 위하여 장옷 또는 처네를 입는다.…"[4]

조선과
서양 선교사들과의 만남

이승만의 일생을 들여다보면 몇 차례 극적인 전환점이 발견되는데, 그 첫 번째 전환점이 20세 되던 1895년 4월, 배재학당에서 서양 선교사들과 만났을 때다. 이승만이 배재학당에 입교하기 전 이 땅에서는 신유박해(1801), 기해박해(1839), 병인박해(1866) 등 천주교에 대한 극렬한 탄압으로 인해 천주교 신부와 신자들의 붉은 피가 엄청나게 뿌려졌다. 천주교에 비하면 개신교(기독교)는 운이 대단히 좋았다.

한국의 기독교 역사는 1832년 독일인 찰스 귀츨라프(Charles Gutzlaff, 1803~1851)와 1865~66년 영국 런던선교회 소속 선교사 토마스(R. J. Thomas, 1839~1866), 1870년대 스코틀랜드 연합장로교회의 존 로스(John Ross, 1841~1915)와 존 맥킨타이어(John Machntyre) 선교사에 의해 첫 접촉이 이루어졌다.

귀츨라프는 동인도회사의 동아시아 진출을 위한 정탐 목적으로 중국 북부의 몇몇 항구와 조선을 잠시 방문할 때 동행했고, 토마스 목사는 스코틀랜드 성서공회에서 발간한 한문 성경을 가지고 한국의 해안에 상륙하여 두 달 반을 머물다 돌아갔다. 그는 얼마 후 미국 상선 제너럴 셔먼 호에 승선하여 한국을 다시 찾았는데, 셔먼호는 평양 부근 대동강에서 좌초하여 불타고 27세의 토마스 선교사는 순교했다. 당시 토마스 선교사를 살해한 조선 병사 박춘권은 이렇게 말했다.

"내가 그를 찌르려고 할 때 그는 두 손을 마주잡고 무슨 말을 한 후 붉은 베를 입힌 책을 받으라고 권했다. 내가 그를 죽이기는 했으나 이 책을 받지 않을 수 없어서 받아왔다."

토마스 선교사에게 성경을 받은 이들 중 여러 사람들이 훗날 평양의 유력한 기독교 신앙인이 되었다. 토마스 선교사를 살해한 박춘권은 평양교회 장로, 장사포의 홍신길은 서가교회, 만경대의 최치량은 평양교회를 창립했다. 토마스에게 받은 성경을 뜯어 벽지로 사용했던 박영식은 자기 집을 내놓아 널다리교회를 세웠다.

존 로스 목사와 스코틀랜드 성서공회의 알렉산더 윌리엄슨 선교사는 한국과 만주 접경지의 무역소에서 조선 사람들을 만나 기독교 서적을 판매하며 전도했다. 로스는 만주에서 조선인 개종자들과 함께 성경을 한글로 번역했으며, 한국의 북부지방을 몇 차례 방문했다.[5]

조선은 1876년 일본과 강화도조약을 체결하여 개방에 나선 이래 1882

년 서방 국가 중에서는 최초로 미국과 수호통상조약을 체결했다. 1883년 4월 10일 초대 주한 미국공사 루시우스 푸트(Lucius H. Foot)가 서울에 부임했다. 조선은 미국에 공사관을 설치하지 못하고 그 대신 민영익을 전권 대신으로 삼고 부대신 홍영식, 서기관 서광범, 부원 유길준 등으로 구성된 보빙(報聘) 사절단(답례의 의미로 외국에 파견하는 외교단)을 미국에 파견했다. 민영익[6] 일행은 1883년 7월, 푸트 공사가 타고 온 미국 군함 모노카시(Monocacy) 호를 타고 태평양을 건넜다. 샌프란시스코에 도착한 사절단은 기차로 미 대륙을 횡단하여 워싱턴에 도착, 체스터 아더(Chester A. Arthur) 대통령을 접견했다.

조선의 보빙 사절단이 샌프란시스코에서 시카고로 향하는 기차 안에서 우연히 미국 감리교회 목사이며 볼티모어 여자대학 학장인 존 가우처(John F. Goucher) 박사와 동행하게 되었다. 가우처 박사는 일행을 자택으로 초청하여 환대하고 조선 상황을 자세히 들었다. 이때 조선에 대해 강렬한 인상을 받은 가우처 박사는 뉴욕의 북감리교 선교본부에 "조선에 선교 사업을 해야 한다"고 정식으로 제의하고 2,000달러를 헌금했다. 미 북감리교 선교부는 일본에 선교사로 파송되어 있던 로버트 매클레이(Robert S. Maclay) 박사에게 조선을 시찰한 후 선교활동이 가능한지의 여부를 보고해 달라고 전문을 보냈다.

매클레이는 1884년 6월 23일 조선에 도착, 푸트 공사의 안내로 당시 개화당의 거물 김옥균을 만났다. 매클레이는 김옥균이 1880년 수신사 사절로 일본을 방문했을 때 그를 만나 친교를 나누었고, 김옥균에게 일본에서 활동하던 미국 성서공회의 헨리 루미스, 미 북장로교회의 조지 녹스(George W. Knox) 선교사를 소개시켜 준 바 있다. 매클레이는 김옥균을 통해 고종에게 미국 선교사들이 조선에서 의료와 교육을 통해 기독교 선교사업을 할 수 있도록 허가해 달라는 서한을 보냈다. 며칠 후 고종은 김옥균을 통해 매클레이에게 의료 및 교육기관 설립을 허가한다고 통보했다.

이 와중에 중국의 지부(芝罘·즈푸, 현재의 옌타이)에 있던 장로교 선교사 길버트 리드가 1884년 봄 미국 본부에 "조선에서 교사와 의사 자격으로 일할 수 있는 선교사를 파견해 달라"는 편지를 보냈다. 장로교는 조선에 파견할 첫 선교사로 의사 존 헤론(John W. Heron)을 선발했는데, 그의 출발이 지연되자 상해에서 활동 중이던 의료 선교사 호레이스 알렌을 먼저 조선으로 보냈다.

매클레이로부터 조선 선교가 가능하다는 연락을 받은 미 북감리교 선교본부는 윌리엄 스크랜턴(William B. Scranton) 박사와 그의 어머니 메리 스크랜턴 여사((Mary Fletcher Benton Scranton, 이하 스크랜턴 대부인이라 호칭), 헨리 아펜젤러(Henry Gerhard Appenzeller)를 조선 선교사로 임명했다.

한국에 파송될 최초의 미국 선교사들은 1885년 2월 27일 요코하마에 도착했다. 일행은 아펜젤러 부부, 스크랜턴 박사 부부와 딸, 여성 선교사로 임명 받은 그의 어머니 스크랜턴 대부인 등 6명이었다. 이들은 일본에 머물며 조선 입국을 준비하는 과정에서 일본 주재 선교사들을 통해 갑신정변 쿠데타에 실패하여 일본에 망명한 김옥균, 박영효를 비롯한 개화당 망명객들을 만나 조선 사정을 들었다. 이때 아펜젤러는 박영효에게 한국어를 배웠다.

1885년 2월 3일 스크랜턴 부부와 스크랜턴 대부인은 당분간 일본에 체류하며 조선어를 배우기로 했고, 아펜젤러 부부는 나가사키로 가서 미 북장로회 선교사로 임명받은 호레이스 언더우드(Horace Grant Underwood)와 합류했다. 3월 31일 아펜젤러 부부와 언더우드는 나가사키에서 조선을 향해 출발했다.

일행은 1885년 4월 5일 부활절 아침에 제물포에 도착했다. 그들이 도착하기 4개월 전 서울에서는 개화파들이 갑신정변 쿠데타를 일으켰다가 사흘 만에 진압되어 민심이 극도로 흉흉했다. 주한 미국 공사관에서는 아펜젤러 부인의 신변안전이 걱정되어 "지금 부인과 함께 입국하는 것은 위험하다"면서 만류했다. 아펜젤러 부부는 제물포에서 일주일을 머물다가 일본으로 돌아가고 홀몸으로 온 언더우드만 제물포에서 머물다 서울로 들어갔다.

언더우드는 자신이 목회자라는 것을 보여주기 위해 단추를 끝까지 다 채운 검은 정장에 흰색 넥타이를 매고 모자를 쓴 모습으로 제물포에 상륙했다. 언더우드는 그날 밤 제물포의 여관에서 큰 목소리로 우렁차게 찬송가를 불렀고, 서울에서는 아예 목사복을 입고 거리를 돌아다녔다.[7]

1885년 5월 3일에는 일본에 있던 스크랜턴 박사가 혼자서 제물포에 도착했고, 6월 20일 아펜젤러 선교사가 아내와 스크랜턴의 부인과 딸, 스크랜턴 대부인과 함께 제물포에 도착했다.

이후 조선에서는 개신교 선교 역사상 가장 빛나는 경이로운 일들이 연이어 벌어지기 시작했다. 조선에 도착한 서양 선교사들은 진보, 문명, 개화, 과학, 개방, 자유, 인권의 상징이었다. 한국에서 개신교 선교가 시작된 1884년부터 1934년까지 한국에서 활동한 선교사는 1,060명인데, 이 중 미국 선교사 비율이 80%가 넘었다. 1892년 주한 미국 공사관 조사에 의하면 총 78명의 조선 거주 미국인 가운데 44명이 선교사와 그 가족이었다.

대부분의 선교사들은 대학교나 신학교를 졸업하고 곧바로 조선에 파송되어 한국에 도착할 당시 나이는 25~34세였다.[8] 한국에 도착했을 당시 스크랜턴은 29세, 아펜젤러는 27세의 전도유망하고 야심만만하며, 당대 최고 수준의 뜨거운 신앙심과 지성을 겸비한 미국의 엘리트 청년들이었다.

조선의 국왕 고종은 미국 선교사들의 선교활동을 묵인해주는 대가로 그들을 통해 서구 문물을 들여올 수 있다고 생각했다. 고종은 선교사들 중에서도 특히 의사(알렌, 애니 앨러스, 릴리어스 홀튼, 애비슨)와 교육자(언더우드, 아펜젤러, 헐버트)들을 총애하여 이들에게 정부 소속의 기수(旗手)와 제복 입은 가마꾼들이 메는 관용 가마를 보내주었다.[9]

고종과 명성황후는 의사, 교육자로 활동하는 미국 선교사들에게 고위

관직을 제수하고 수시로 궁궐로 초대하여 많은 선물을 하사했으며, 왕실 전용 별장과 말들을 사용할 수 있도록 허락했다. 명성황후는 자신의 시의 (侍醫)인 여성 선교사들 가족과 친구들이 궁궐 내의 연못에서 스케이트를 탈 수 있도록 초대하기도 했다.

조선에 파송된 미국 선교사들은 절대다수가 백인 중산층 출신의 주류 교단 젊은이들로서 철두철미한 칼빈주의적 청교도 정신을 한국에 이식 시켰다. 선교사들은 성경의 가르침에 따라 조선에서 노예제도, 여성에 대한 억압은 물론 음주, 흡연, 도박, 축첩 등의 악습 퇴출에 앞장섰다. "술은 독약이며 모든 죄의 근원이기 때문에 입에 대는 것 자체가 죄"라고 가르쳤고, 중국에서 만연하던 아편을 막기 위해 금연을 적극 권장했다. 또 교인들이 세례를 받으려면 글을 읽고 쓸 줄 알아야 한다는 조건을 제시하여 문맹에서 깨어나도록 유도했다.

호레이스 알렌

'대역죄인' 이승만의 사형을 막아준
조선 최초의 선교사 겸 외교관

호레이스 알렌(Horace Newton Allen, 한국명 안련·安連, 1858~1932)은 조선에 최초로 온 개신교 선교사 겸 의사, 주한 미국 공사관의 외교관이다. 이승만과 알렌의 관계는 이승만이 어린 시절 천연두로 3개월 동안 시력을 잃었다가 서양 의학의 치료를 받고 시력을 되찾은 적이 있다. 로버트 올리버는 당시 이승만을 치료해준 의사가 알렌이라고 밝혔다.[10]

알렌이 주한 미국 공사 재직 시절 이승만은 입헌군주제로의 개혁을 주장하다 한성감옥에 수감되었다. 아펜젤러 배재학당 당장으로부터 이승만의 체포 수감 사실을 전해들은 알렌 공사는 조선 조정에 이승만의 석방을 요구하는 등 많은 노력을 했다. 왕정을 타도하고 공화정을 수립하려 했던 대역죄인 이승만이 사형을 당하지 않고 종신형으로 감형되고, 다른 죄인들보다 고문을 심하게 당하지 않은 이유는 주미 공사 알렌의 영향력 덕분이었다.

알렌의 가문은 미국 서부개척과 독립전쟁에 혁혁한 공을 세운 집안이다. 그의 증조부 에탄 알렌(Ethan Allen)은 미국 독립전쟁 때 타이콘데로가 전투를 지휘한 전쟁영웅이고, 또 다른 종증조(從曾祖) 라이먼 홀(Lyman Hall)은 독립선언서에 서명한 인물이다. 알렌의 부친은 오하이오 주의 개척자였다.[11)]

이처럼 개척자, 독립운동가 집안에서 태어난 탓에 알렌은 모험심이 강하고 여행을 좋아했다. 또 불의와 타협할 줄 모르는 강직한 성격으로 인해 다른 사람과 자주 충돌을 일으키곤 했다. 그는 조선에 부임한 이래 태평양을 12차례 왕복 항행했으며, 1903년에는 시베리아 횡단열차를 타고 세계일주를 하며 미국의 동아시아 외교 전략의 틀을 구상했다.

알렌은 1881년 웨슬리대학 신학부를 졸업하고 1883년 마이애미 의대에서 의학박사 학위를 받았다. 그해 10월 북장로교 의료선교사로 중국에 파견되어 1년간 활동했으나 자리를 잡지 못하고 방황하다 1884년 9월 조선에 입국했다. 그는 장로교 선교본부의 정식 임명을 받고 조선에 파송된 선교사가 아니라 주한 미국공사관부의 무급 의사(Physician to the Legation with No Pay) 신분으로 입국했다. 말하자면 주한 미국공사 푸트의 '개인 주치의'였다.

이때부터 그는 1905년 5월 주한 미국 공사직에서 해임되어 귀국할 때까지 조선에 상주하는 최초의 개신교 선교사 겸 의사, 주한 미국 공사관의 서기관·대리공사·전권공사로 21년 간 격동의 구한말을 생생하게 체험했다.

알렌이 조선에 도착했을 때는 천주교 탄압의 여파로 외국 종교의 포교가 일체 금지되어 있어 조심스럽게 의사 신분으로 활동해야 했다. 그가 서울에 오자마자 모험을 좋아하는 그의 성격에 적합한 일들이 연이어 벌어졌다. 서울 도착 3개월 후인 1884년 12월 4일 밤 우정국 낙성식장에서 개화파들이 갑신정변을 일으켜 일본군과 청국군이 수도 한복판에서 총격전을 벌이자 주한 미국공사 푸트를 비롯하여 서울 주재 외국인들은 제물포로 피난을 떠났다. 그들은 자국 함정에 승선하여 대기하고 있다가 사태가 악화되면 일본으로 철수할 준비를 하고 있었다. 오직 한 사람, 알렌만이 서울에 홀로 남아 미국 공사관에 성조기를 게양하고 청국과 일본의 부상병을 치료했다.

이날 밤 난리의 와중에 명성황후의 조카 민영익이 개화파 자객의 칼에 맞아 중상을 입었는데, 알렌은 정성을 다해 민영익을 치료했다. 다 죽어가던 민영익이 기적적으로 살아나자 고종은 알렌에게 상금 1만 냥을 하사했고, 1886년 6월 14일에는 당상관인 통정대부(정3품), 10월 25일에는 가선대부(종2품)라는 고위 관직을 제수하고 자신의 어의(御醫)로 임명했다.

알렌은 고종의 후원으로 1885년 조선 최초의 서양 병원인 왕립병원 광혜원을 설립했다. 광혜원은 갑신정변에 가담했던 대역죄인 홍영식의 집을 몰수하여 이곳에서 문을 열었다. 광혜원은 '미덕을 베푸는 개명된 집'이라는 뜻인데, 2대 원장 존 헤론이 이름을 제중원으로 바꾸었고, 1886년 3월 29일 제중원 부속 국립의학교를 개교하여 서양식 의학 교육을 시작했다. 광혜원은 1885년 2월 25일 개원 이래 1년 동안 265명의 환자를 입원시켰고, 그 중 150명을 수술했으며, 통원 치료를 받은 환자 수는 1만 460명이었다.[12]

광혜원(제중원)은 조선으로 파송되는 서양 선교사들의 선교 거점이기도 했다. 언더우드는 제중원에서 화학을 가르치며 선교활동을 했고, 아펜젤러도 이곳을 거점으로 교육 사업과 선교 사역을 시작했다. 이밖에 존 헤론, 감리교 의료 선교사 스크랜턴 대부인, 의료선교사 애니 앨러스(Annie J. Elless) 등도 제중원을 중심으로 선교활동을 벌였다. 알렌을 통해 서양 의사의 유용함을 체험한 조정은 "의사와 영어 교사의 파견을 환영한다"는 뜻을 여러 경로를 통해 미국에 전했다.

알렌은 고종을 비롯하여 조정의 고관들과 긴밀한 관계를 맺으면서 조선 정치에 강력한 영향력을 행사했다. 고종은 일이 벌어질 때마다 알렌에게 조언을 구하고 그의 의견을 따랐다. 알렌은 "고종이 아이가 자기 아버지에게 의지하듯 나에게 의지한다"고 말할 정도였다.

1895년 명성황후가 일본 자객들에게 무참하게 살해된 후 고종은 친일 인사들에게 포위되다시피 하여 자신도 언제 살해될지 모르는 불안과 공포 속에서 전전긍긍해야 했다. 이때 고종을 궁궐 밖으로 탈출시켜 친일정권을 타도하고 새 정권을 수립하려는 움직임이 시작되었으니, 이것이 춘생문 사건이다.

춘생문 사건은 친미 개화파들로 구성된 정동파 관료인 이범진, 이윤용, 이완용, 윤웅렬, 윤치호 등을 비롯하여 친위대 소속 장교 남만리와 이규홍, 그리고 주한 미국 공사 존 실(John M. Sill)과 서기관 알렌을 비롯한 언더우드, 에비슨, 헐버트 등 선교사와 윌리엄 다이 장군 등 미국 군사교관, 러시아공사 베베르 등이 직간접으로 관여했다.

그러나 1895년 11월 28일 새벽에 시작된 거사는 협력을 약속한 친위대 대대장 이진호의 배신으로 실패했다. 실 공사는 주모자들을 미국 군함을 이용하여 상해로 탈출시키려 했는데, 이 사실을 보고 받은 미 국무부는 실 공사에게 "조선의 내정에 개입하는 것은 귀하의 임무에 속하지 않는다"는 긴급 전문을 보내 경고했다.[13] 이 사건 후 미 국무부는 조선과 선교사들의 활동에 우호적이고 동정적인 존 실을 소환하고 공사관 서기관으로 있던 알렌을 주한 미국 공사로 임명했다.

1896년 2월 11일 고종은 알렌 주한 미국 공사에게 "러시아 공사관으로 피신하는 일에 대해 어떻게 생각하느냐"는 질문을 하자 알렌은 고종의 특사와 러시아 공사의 회동을 주선하여 고종이 궁궐 밖으로 탈출할 수 있도록 도왔다. 이것이 아관파천(俄館播遷)이다.[14]

알렌은 1890년 7월 주한 미국공사관 서기관으로 채용되면서 선교사직을 사임했고, 이후 외교관 생활을 계속하여 1897년 7월에는 주한 미국 공사에 임명되었다. 그는 1887년 초대 주미 조선공사 박정양 일행 12명을 수행하여 미국으로 가서 청국의 압력을 물리치고 자주 외교를 할 수 있도록 도왔다. 당시 주미 공사관 수행원은 이완용, 이하영, 이채연 등이었는데, 알렌은 이들을 적극 후원하여 후에 수상(이완용), 주일 조선공사(이하영), 한성판윤(오늘날의 서울시장, 이채연)에 오를 수 있도록 힘을 썼다고 자신의 일기에서 밝히고 있다.[15]

알렌은 1893년 4월 조선이 시카고에서 열린 만국박람회에 참가할 수 있도록 적극 주선하여 조선이 청국과는 전혀 다른 문화를 가지고 있다는 점을 세계에 알리는 데 기여했다. 알렌의 권유를 받은 조선 정부는 시카고 만국박람회장에 전통 기와집으로 조선관을 건축하고 토산품을 전시했으며, 국악인 10명을 파견하여 궁중 아악을 연주했다.

임오군란으로 신식 군대 양성계획이 실패한 후 조선 조정은 장교 양성과 근대식 군대의 훈련을 위해 미국에 군사교관의 파견을 요청했다. 알렌은 퇴역 장군 윌리엄 다이(William M.Dye, 한국명 다이·茶伊)[16]를 고종에게 추천했다. 다이 장군은 미 육군사관학교를 졸업하고 남북전쟁에 북군 장교로 참전한 전쟁영웅이다. 소장으로 예편한 후 이집트 정부 초청으로 이집트군 참모차장을 지냈다. 귀국하여 워싱턴 시 경찰국에 근무하던 중 1888년 4월 조선 정부의 초빙을 받자 퇴역 장교인 에드먼드 커민스(Edmund. H. Cummins) 대령, 존 리(John G. Lee) 소령, 일본 고베 영사관에 근무하던 닌스테드(F. J. H.Nienstead) 해군 대령을 대동하고 왔다.

조선 정부는 미국 교관이 도착하면 훈련을 시작할 수 있도록 1888년 2

월, 조선 최초의 신식 사관학교인 연무공원(鍊武公院)을 설립했다. 다이 장군과 미국인 장교들은 연무공원 교관으로 재직하며 생도들을 훈련시켰다. 당시 입교한 생도들은 16~27세의 귀족계급 자제들로, 조선 최초로 서양식 제복을 입고 구미식 군사교육을 받았다.

청일전쟁이 발발하기 직전인 1894년 7월 23일 일본군은 경복궁을 점령하고 연무공원 병력을 무장 해제했고, 같은 해 12월 17일 칙령으로 모든 군사기관이 군무아문(軍務衙門)에 흡수되면서 조선 최초의 신식 사관학교인 연무공원은 폐지되었다. 연무공원 출신인 이진호·이범래·남만리·이병무 등은 구한말 한국 군대 내에서 중요한 역할을 담당했다.

다이 장군 일행은 연무공원이 폐지된 후 고종의 요청으로 왕실 수비를 담당하는 시위대의 훈련과 국왕 경호를 맡았으나 일본의 압력으로 1899년, 한국에 온 지 11년 만에 고향으로 돌아갔다. 조선에서 병조참판 벼슬을 제수 받았던 다이 장군은 귀국한 지 몇 달 후 69세를 일기로 사망했다.

한반도를 둘러싸고 러시아와 일본 사이에 전운이 감돌자 주한 미국공사 알렌은 한반도와 만주에서 미국의 이권을 수호하고 조선의 독립을 보장하려면 미국이 일본을 도울 것이 아니라 러시아를 지원해야 한다고 주장했다. 러일전쟁이 발발하기 8개월 전, 알렌은 러시아에 대한 생생한 정보를 얻기 위해 새로 개통된 시베리아 횡단철도를 타고 현지 시찰을 겸한 세계 일주 여행을 떠났다.

1903년 6월 2일 제물포를 출발한 알렌은 여순(旅順·뤼순), 대련(大連·다렌), 만주를 거쳐 시베리아 횡단열차를 타고 모스크바에 도착했다. 이 여행을 통해 알렌은 러일전쟁이 발발하면 일본이 러시아에 승리할 것이며, 미국은 러시아를 지원하여 일본의 야욕을 견제해야 한다는 자신의 가설을 확실하게 굳히게 되었다.

모스크바에서 유럽을 거쳐 미국으로 귀환한 알렌은 자신이 구상한 동아시아 외교방략을 시어도어 루스벨트 대통령에게 보고하기 위해 대통령과 면담했다. 당시의 면담은 조선에서 운산광산을 경영하는 시애틀의 자본가 라이 헌트(Leigh S. Hunt)의 주선으로 이루어진 것이다. 조선 조정은 알렌의 주선으로 1895년 7월 15일 평안북도 운산 금광 광업권을 아메리카무역상사 사장인 제임스 모스에게 허가했다. 그런데 모스는 개발자금을 마련하지 못해 차일피일 개광을 미루자 알렌은 시애틀의 자본가 헌트를 모스에게 소개했다. 모스는 헌트에게 불과 3만 달러라는 헐값에 운산금광의 광업권을 넘겼다.

헌트는 1897년 9월 29일 뉴욕에서 동양광업개발주식회사를 설립하고 본격적으로 운산금광 개발에 나섰다. 곧 운산금광에서는 엄청난 금이 쏟아졌다. 헌트는 운산에서 1898년부터 40년 간 순금 80톤을 생산했는데, 요즘 시세로 환산하면 1조 9200억 원에 해당한다. 이로 인해 미국에서는 조선을 '동양의 엘도라도'라고 불렀다. 헌트의 회사에 투자했던 투자자들은 엄청난 이득을 거두었고, 헌트도 거부가 되었는데, 그는 후에 아이오와 주립대학 총장에 올랐다.

헌트는 루스벨트 대통령과 절친한 사이였는데, 자신에게 횡재를 가져다 준 알렌이 루스벨트 대통령과의 면담을 요청하자 루스벨트에게 "알렌이 대단히 유능한 외교관이니 한 번 만나 보라"고 소개했다. 헌트의 요청을 받은 루스벨트는 시베리아 횡단철도 여행을 마치고 귀국한 알렌과 유라시아 외교 상황에 대해 토론하는 자리를 마련했다. 이날 알렌은 자신의 최근 시베리아 철도여행 경험을 토대로 미국이 러시아를 지원하여 일본을 견제해야 한다는 외교정책을 역설했다.

알렌은 미국이 러시아를 도와주면 미국의 이권을 수호할 수 있고, 나아가 한국의 독립이 보장된다고 주장했다. 반대로 일본을 도와주면 일본은 미국을 배신하고 문호개방 원칙을 폐기하여 미국 세력을 아시아 대륙으로부터 추방하여 한국을 식민지화할 것이라고 주장했다.

이러한 알렌의 구상은 루스벨트 대통령의 친일-반러 정책과는 정반대되는 견해여서 대통령과 알렌은 아시아 문제를 둘러싸고 격론을 벌였다. 알렌은 "대통령의 친일-반러 외교정책은 일본의 침략전쟁을 고무하는 결과를 가져올 것"이라고 반론을 제기하자 루스벨트 대통령은 알렌의 정책을 날카롭게 비판했다. 알렌은 대통령과 면담 후 자신의 일기에 다음과 같이 기록했다.

"한국과 같은 '폭풍우의 중심'에 주차(駐箚)하고 있는 전권대사이지만, 이곳에서 너무 멀리 떨어져 있는 약소국의 공사이기 때문에 워싱턴에서는 중요하지 않은 시시한 인물로 간주되고 있는 것 같다. 그것은 마치 강물과 같아서, 강의 발원지에 가까이 갈수록 물줄기가 가늘어지는 것과 같다."
(1903년 10월 2일)[17]

알렌은 러일 관계에서 절대 중립을 지키라는 훈령이 오자 이에 대해 항의하다 본국에 소환되어 파면됐다.

그는 외교관으로 재직하며 도자기와 골동품을 모아 스미스소니언 박물관에 보내기도 했고, 운산 금광 채굴권을 미국 무역상사가 따내는 과정에서 고종에게 정치적 영향력을 행사하기도 했다.

헨리 아펜젤러 선교사 일가

'청년 선비' 이승만에게
개화의 눈을 뜨게 해 준 배재학당 스승

헨리 아펜젤러(아펜젤러 1세)

이승만이 배재학당과 인연을 맺은 것은 1895년 4월이다. 당시 이승만은 과거시험에 10여 차례 낙방하고 결혼하여 아들까지 둔 청년 선비였다. 이 때까지만 해도 이승만은 과거를 통해 입신양명을 꿈꾸는 수구꼴통 청년 선비였다. 그러나 1894년 갑오개혁으로 인해 과거제도가 폐지되자 자신이 추구했던 목표를 상실한 이승만은 한동안 방황하다가 서당 동문 신긍우(신흥우의 둘째 형)의 권유로 배재학당에 입문했다. 이승만은 도포에 큰 갓을 쓰고 굽 높은 나막신을 신고 첫 등교를 하여 학당장(교장) 헨리 아펜젤러(한국명 아편설라·亞扁薛羅, 1858~1902)를 만났다.

아펜젤러는 이승만의 스승이자 이승만이 한성감옥에 수감되었을 때 그의 석방을 위해 백방으로 노력했던 은인이다. 이승만이 체포된 후 아펜젤러를 비롯한 선교사들은 이승만을 석방하려고 끊임없이 노력했다. 1900년 겨울, 고종은 언더우드 선교사에게 적당한 시기에 이승만을 석방하겠다고 약속했지만 지키지 않았다. 이렇게 되자 이승만의 배재학당 스승 아펜젤러를 비롯하여 에비슨, 벙커, 헐버트, 게일 선교사 등 5명은 1901년 11월 9일 내부협판(내무부차관) 이봉래에게 "고종황제로 하여금 지난 겨울에 약속한 대로 이승만에게 특사를 베풀도록 영향력을 행사해 달라"는 진정서를 제출했다. 특히 아펜젤러는 감옥에 갇힌 이승만을 극진하게 돌보았으며, 이승만의 가족에게도 담요와 땔감을 보내 보살펴 주었다.

이승만이 입교할 당시 배재학당에는 아펜젤러, 달젤 벙커(Dalzell A Bunker, 한국명 방거·房巨, 1853~1932), 프랭클린 올링거(Franklin Ohlinger, 한국명 무림길·武林吉, 1845~1919), 한국 문화 전문가이자 독립운동의 은인 호머 헐버트(Homer Hulbert, 한국명 흘법·訖法, 혹은 할보·轄甫, 1863~1949), 윌리엄 노블(William Arthur Noble, 한국명 노보을·魯普乙, 1866~1945), 조지 존스, 윌리엄 스크랜턴, 리처드 하크니스, 그리고 엘라 아펜젤러 부인, 베르타 올링거 부인, 매티 노블 부인 등이 학생들을 가르치고 있었다.

배재학당의 설립자 겸 초대 당장(堂長, 교장)인 아펜젤러는 독일계 스위스 혈통으로, '아펜젤러'란 성(姓)은 스위스의 지역 이름을 딴 것이다. 조상들이 1735년 미국으로 이주하여 아펜젤러는 펜실베니아 주 서더튼에서 출생했다. 1882년 프랭클린 앤 마셜 대학을 졸업하고 감리교 신학교인 드루 신학교에서 수학했다. 그는 엘라 닷지(Ella Dodge) 양과 결혼한 지 한 달 만인 1884년 크리스마스 무렵 미국 감리교 선교위원회로부터 한국 선교사로 임명되었다.

아펜젤러 부부는 일본을 거쳐 1885년 6월 20일 제물포에 도착했다. 서울에서 생활할 거처가 마련될 때까지 38일간 아펜젤러 부부는 제물포의 언덕에 있는 초가집 한 채를 세 내어 머물다가 1885년 7월 19일 서울로 들어왔다. 아펜젤러는 노병일이란 사람을 제물포에 보내 자신이 기거했던 초가집 부근에 교회를 세웠는데, 이것이 인천 내리교회다.

내리교회 교인들 중 일부는 1902년 말 조지 존스(George Heber Jones, 한국명 趙元時, 1867~1919) 목사의 주선으로 하와이로 이민을 떠나 하와이 교민사회를 건설하는 주역이 되었다. 내리교회 설립을 주도한 사람이 아펜젤러이니, 그는 하와이에 한인 이민사회를 형성하여 하와이를 중심으로 이승만을 비롯한 여러 독립투사들의 독립운동 근거지를 개척한 셈이다.

아펜젤러 부부를 비롯한 언더우드, 스크랜턴 가족 등 미국 선교사들이 서울에 정착하면서 조선 사회에 의미심장한 개화의 바람이 불기 시작했다. 조선 최초의 근대식 학교가 설립되어 자유와 인권, 기독교 사상이 보급되었고, 문맹퇴치와 함께 한글과 서양 음악이 널리 보급되기 시작했다. 또 조선 사람들이 여성 인권에 눈을 뜨게 되었고, 근대 의술을 기반으로 한 과학적인 환자 치료가 본격화되었다. 근대식 출판사가 설립되어 신문과 서적이 발간되는 등 문명개화의 문이 활짝 열리게 된다.

아펜젤러는 서울 도착 직후 서울 중구 정동의 집 한 채를 빌려 작은 교실을 만든 다음 이겸라, 고영필 두 학생을 가르치기 시작했다. 이들은 의사가 되고자 제중원을 찾은 학생들이었는데, 스크랜턴 의사가 "의사가 되려면 영어부터 배워야 한다"면서 아펜젤러에게 보낸 사람들이었다. 아펜젤러는 두 학생에게 영어를 가르치면서 이들에게 한국어를 배웠다. 9월에는 이종운과 오인학이 더 들어와 학생은 총 4명이 되었다.

1886년 6월 8일 고종은 아펜젤러의 학교에 '배재학당(培材學堂)'이란 교명을 지어주고 당대의 명필 정학교에게 명을 내려 현판을 써서 외교 책임자 김윤식을 통해 내려주었다. 이로써 배재학당은 정부의 정식 인가를 받은 것이나 다름없는 교육기관이 되었다. 이것이 우리나라 역사상 최초의 근대 교육기관이다.

배재학당은 외세의 침탈로 암울했던 구한말에 개화의 등불과 같은 역할을 하기 시작했고, 엘리트 인재를 양성하는 교육의 장이 되었다. 배재학당에서 공부한 아펜젤러의 제자들은 개화파 정치운동의 본류가 되어 자주민권, 자강운동의 횃불을 높이 들었다. 아펜젤러의 교육 목표는 조선의 젊은이들에게 기독교 전파와 동시에 서양의 민주주의 정치와 발전된 근대식 문화, 자유주의 사상을 전파하는 것이었다. 때마침 갑신정변 쿠데타 실패 후 미국에 망명하여 미국의 고급 교육을 받은 서재필과 윤치호가 배재학당에 합류하면서 민주주의, 민족주의, 계몽주의 교육이 더욱 강화되었다.[18]

당시 배재학당에서는 교과과목뿐만 아니라 민주주의, 자유, 인권, 기독교 신앙 등을 함께 가르쳤다. 헐버트가 교사로 부임하면서 철봉대를 설치하여 체조를 가르쳤고, 1900년에는 정구가 시작되었다. 학생들은 1896년 11월 21일 독립문 정초식에 참석하여 조선가(애국가)를 불렀는데, 스코틀랜드 민요인 '올드 랭 사인' 곡조에 윤치호가 가사를 지어 붙인 곡이었다.[19]

배재학당은 "대가를 낼 줄 모르는 자에게는 도움이 없음을 생도들이 깨닫게 하기 위하여" 학생들에게 자조(自助)정책을 시행했다. 자조부를 설치하여 학교 구내를 순찰하고 지키는 일을 학생들이 맡았다. 돈이 없어 학비를 내기 어려운 학생들은 학교 구내에 있던 삼문출판사[20]의 제본소에서 아르바이트를 했고, 이승만이나 이충구처럼 영어가 뛰어난 학생들은 조선에 부임한 서양인들에게 한국어를 가르쳐 돈을 벌기도 했다. 자조정책은 엄격하게 운영되어 누구든지 아르바이트를 하여 번 돈으로 월사금을 냈으며, 제 손으로 벌지 않는 학생에게는 도움을 주지 않았다.

배재학당은 국가 인재 양성기관 역할도 했는데, 그 과정은 다음과 같다. 1883년 보빙사절로 미국을 방문하고 귀국한 민영익은 고종에게 서양 문명을 받아들이기 위해 근대식 학교 설립을 건의했다. 그 결과 통역사 양성을 위해 1883년 8월 독일일 묄렌도르프(Paul George von M·llendorf, 한국명 목인덕·穆麟德)[21]가 동문학(同文學)을 설립했다. 교사는 미국에서 교육받은 중국인 오중현(吳仲賢)과 당소위(唐紹威), 영국인 핼리팩스(T. E. Hallifax)를 초빙하여 영어를 가르쳤다. 초대 주한 미국 공사 푸트가 입국하자 고종은 푸트에게 영어를 가르칠 미국인 교사를 초빙해 달라고 요청했다.

이 소식을 전해들은 미국 북장로교회 해외선교부의 엘린우드 총무는 국무성 장관 프레링후이센에게 편지를 보내 "기독교 신앙을 가진 사람들이 조선에 교사로 갈 수 있도록 선발해 달라"고 요청했다. 이 요청을 받은 미 국무성은 목회자 양성기관인 뉴욕의 유니온 신학교 출신 호머 헐버트, 조지 길모어, 달젤 벙커 등 세 청년을 한국에 파견할 교사 요원으로 선발했다. 세 사람이 1886년 7월 4일 조선에 도착하자 고종은 1886년 9월 23일 동문학을 육영공원(育英公院, Royal English School)으로 개편했다.

육영공원은 서울 서소문동 서울시립미술관 자리에 설립된 조선 최초의 관립 근대학교다. 육영공원은 두 개의 반을 운영했는데, 현직 관료 중에서 선발된 사람은 좌원(左院), 15~20세의 양반 자제 중에서 선발된 사람은 우원(右院)에 소속됐다. 각 반의 정원은 각각 35명이었는데 이완용, 김승규, 윤명식 등이 좌원의 첫 입학생이었다. 초기에는 모든 학생이 의무적으로 기숙사 생활을 하며 영어를 배웠으나 후에는 집에서 등교를 했다. 학교에서 무료로 침식과 책, 학습도구, 그리고 매달 담뱃값 명목으로 6원(600전)씩 지급했다.

그러나 학생들은 신학문에 대한 이해가 전혀 없어 수업시간이 단축되었고, 가사와 공무를 핑계로 자주 결석을 하는 등 질서가 문란해졌다. 정부 재정이 어려워지자 육영공원을 폐지했다. 그 대신 1895년 12월 관비생 50명을 선발하여 배재학당에 입학시키고 매월 은화 1냥씩을 보조하되, 교과 과정에 대해서는 간섭하지 않기로 배재학당과 계약을 맺고 교육을 위탁했다. 육영공원은 8년 동안 112명의 학생을 배출했다.

아펜젤러는 우리나라 언론, 출판분야 발전에도 결정적인 기여를 했다. 1889년 중국에서 선교활동을 하던 올링거를 초빙하여 활판소(活版所)를 관리하고 한글 활자를 주조하여 성경을 인쇄했다. 출판 분야 활성화를 위해 배재학당 내에 삼문출판사를 차려 학생들을 인쇄와 출판에 참여시켰다.

1896년에는 「독립신문」을 삼문출판사에서 인쇄했고, 1897년에는 「조선 그리스도인의 회보」라는 교회신문을 창간했다. 서재필이 외세의 압력을 받아 추방된 후 독립협회 운동과 「독립신문」 발간과 만민공동회는 윤치호가 이끌었다. 아펜젤러는 서재필이 추방당했을 때 윤치호·서재필과 맺은 계약에 따라 「독립신문」이 계속 발행될 수 있도록 적극 도왔다. 1899년 1월 말 윤치호가 덕원부사 겸 원산감리사로 임명되어 서울을 떠나자 아펜젤러가 정식 주필이 되어 「독립신문」을 계속 발간했다.[22]

1898년 1월에는 배재학당 학생들의 기관지인 「협성회보」(주간신문)를 발간하여 민중 계몽에 앞장섰는데, 이 회보의 편집 책임자가 이승만이었다. 「협성회보」는 조정의 부패를 폭로하고 개화를 주장하는 논지를 펼치다가 정부의 심기를 건드려 폐간되었다.

이렇게 되자 이승만, 양홍묵, 유영석이 주동이 되어 1898년 5월 4일부터 국내 최초로 일간신문인 「매일신문」을 발행했다. 사장은 양홍묵, 주필 이승만, 기자는 최정식이었다. 최정식은 이승만과 함께 한성감옥에 수감되었다가 탈옥하는 과정에서 권총으로 간수를 쏘고 도주했는데, 평안남도 진남포에서 체포되어 사형을 당했다.

당시는 신문 인쇄용지가 귀해서 주한 미국 공사관으로부터 신문용지 후원을 받기도 했는데,「매일신문」은 후에「제국신문」과「황성신문」의 뿌리가 되었다.[23] 이승만은 개화기 한국을 대표하는 언론인이자 최초의 일간지 발행인이었는데, 언론인의 길을 아펜젤러가 열어준 셈이다.

아펜젤러는 제국주의 침략 앞에 놓인 조선의 운명에 동정심을 가지고 있었으며, 조선의 독립운동에 동조하여 독립협회 조직과 활동에도 깊이 관여했다. 독립협회 창설 때는 기독교 지도자들과 배재학당 교수들은 물론, 배재학당 출신 학생들이 회원으로 대거 참여했다. 아펜젤러는 배재학당이 치외법권 지역이라는 점을 이용하여 학생운동에 가담한 학생들을 피신시켜 주었다. 배재학당 출신인 윤성렬 목사의 증언에 의하면 만민공동회 회원들이 체포 위기에 처했을 때 도피처로 배재학당이 이용되곤 했다.[24]

아펜젤러는 인천의 내리교회에 이어 1887년 10월 9일 정동제일교회를 창립했고, 1896년에는 벽돌로 교회 건물을 신축했다. 정동제일교회는 새문안교회와 더불어 한국 개신교의 '어머니 교회'라 불린다. 그는 한국에 도착하자마자 성경 번역에 착수하여 1887년에 마가복음을 번역했다. 1887년 2월 7일 서울에서 조선어 성서번역위원회가 조직되었다. 멤버는 위원장에 언더우드, 그리고 아펜젤러, 알렌, 스크랜턴, 헤론 등 5명이었다. 이들은 정열적으로 성경의 한글 번역에 앞장섰다.

1902년 6월 11일 아펜젤러는 성경 번역을 위해 제물포에서 여객선을 타고 목포로 향하던 중 밤 11시 경 어청도 근해의 짙은 안개 속에서 아펜젤러가 승선했던 여객선이 마주 오던 다른 여객선과 충돌하여 순식간에 침몰했다. 같은 배에 탔다가 생환한 미국인 탄광 기술자 보울비는 아펜젤러 선교사가 동행했던 비서와 여학생을 구하려다 빠져나오지 못하고 여객선과 함께 바다 아래로 가라앉았다고 전했다.

당시 아펜젤러의 나이 44세. 시신을 수습하지 못해 서울 양화진 선교사 묘지에는 그의 가묘가 만들어졌다. 아펜젤러의 사후(死後) 배재학당은 남감리회 출신의 하운젤(C. G. Hounshell)과 육영공원 교사 출신인 벙커가 운영을 맡았다. 한성감옥에서 스승 아펜젤러의 순교 소식을 들은 이승만은 식음을 전폐하고 온종일 통곡했다.

아펜젤러 2세

아펜젤러는 아들 헨리와 딸 앨리스, 아이다, 메리 등 1남 3녀를 두었다. 아들 헨리 아펜젤러 2세(Henry Dodge Appenzeller, 1889~1953)는 아버지의 임지인 서울에서 태어났다. 10세 때인 1898년, 아버지의 안식년을 맞아 함께 미국에 갔다가 아버지만 먼저 귀국하여 서해에서 선박 사고로 참변을 당했다.

아펜젤러 2세는 미국에서 대학을 졸업하고 신학공부를 마친 1917년 선교사로 한국에 부임했다. 다음해 선교사 윌리엄 노블의 딸 루스 노블과 결혼했으며, 1920년 신흥우의 후임으로 아버지가 설립한 배재학당의 4대 교장에 취임했다. 1939년 일제(日帝)의 압력으로 교장 직을 사임하고 미국으로 돌아갔으며, 1953년 뉴욕에서 별세했다.

아펜젤러 2세의 유골은 한국으로 운구되어 양화진 외국인 묘지에 안장됐다. 1954년 11월 20일 열린 그의 장례식에는 이승만 대통령을 비롯하여 함태영 부통령, 국회의장 등이 참석했다.

앨리스 아펜젤러

아펜젤러 1세의 장녀 앨리스 아펜젤러(Alice R. Appenzeller, 1885~1950)도 1885년 11월 서울에서 태어났다. 그녀는 서울에서 태어난 최초의 서양 아기였다. 1909년 웨슬리언 대학을 졸업하고 한국에 와서 평생 독신으로 지내며 이화학당 교수, 제6대 이화학당장을 맡았다. 1925년에는 이화학당을 이화여자전문학교로 승격시키고 초대 교장에 취임했다.

앨리스 아펜젤러는 서울 신촌 현재의 이화여대 자리 토지를 매입하여 1933년 새 교사를 신축했는데, 이와 관련된 일체의 비용을 자신이 미국에서 모금하여 제공했다. 1939년 제자 김활란에게 학교를 물려주고 퇴임했으며, 1950년 2월 예배 도중 뇌출혈로 쓰러져 사망했다.

앨리스 아펜젤러의 장례식은 사회장으로 치러졌는데, 이승만 대통령은 "우리나라 민주제도의 정신은 선교사측으로부터 먼저 그 역사와 의도를 알게 된 것이요, 거기에서 흡수한 민주주의 요소가 우리의 골수에 백여서 (박혀서) 구한국 시대나 왜정시대에 뼈 속에 잠정적으로 자란 것이므로 우리는 미국 선교사들에게 양방으로 빚을 지고 있다"는 조사(弔辭)를 발표했다. [25]

둘째딸 아이다 아펜젤러(Ida M. Appenzeller)도 한국에 선교사로 부임하여 연희전문학교 교수를 지냈으며 한국에서 사망했다. 막내딸 메리를 제외한 아펜젤러의 아들과 두 딸은 장성한 후 한국에 와서 아버지가 생전에 다 이루지 못한 교육과 선교 사업을 계속하다 아버지와 함께 양화진 묘역에 안장됐다.

윌리엄 스크랜턴

미국으로 떠나는 이승만 위해
각계에 추천서 써 준 의료 선교사

윌리엄 스크랜턴(William B. Scranton, 한국명 시란돈·施蘭敦, 1856~1922)은 어머니와 함께 모자(母子)가 한국에 파송되어 활동했던 의료선교사다. 그는 배재학당 출신 이승만을 음으로 양으로 도왔는데, 특히 이승만이 고종의 특사로 미국으로 떠날 때 이승만을 위해 미국 요로에 있는 지인(知人)들에게 도움을 청하는 추천서를 써 주었다. 이승만은 스크랜턴을 비롯한 여러 선교사들이 써 준 추천장 덕분에 무난하게 미국에 정착하여 학업을 이어갈 수 있었다.

스크랜턴은 미 코네티컷 주 뉴헤이븐에서 출생하여 예일대학을 졸업하고 의사가 되기 위해 컬럼비아대학의 전신인 뉴욕 의과대학을 졸업했다. 졸업 후 클리브랜드에서 개업의로 활동하던 중 1884년 미국 감리회 선교사로 임명되어 목사 안수를 받았다. 그가 선교사로 임명되자 평소 선교 사업에 뜻을 두고 있던 그의 어머니 메리 스크랜턴(스크랜턴 대부인)도 선교사를 지원, 아들 내외와 함께 조선에 도착했다.

서울에 도착한 스크랜턴은 알렌을 도와 제중원 의사로 일하다가 1885년 9월 10일 최초의 민간병원을 설립했다. 1887년 3월 고종은 스크랜턴의 병원에 '시병원(施病院)'이라는 이름을 하사했다. 시병원은 스크랜턴의 한국 이름인 '시란돈'의 앞 글자를 따서 작명한 것이다. 스크랜턴은 1894년 시병원을 남대문 근처 빈민 거주지역인 상동(현 남대문시장 상동교회 자리)으로 옮겼다.

그는 전염병에 걸려 길에 버려진 환자들을 데려다 치료하고 고아들을 돌보았으며, 성서 번역위원으로 위촉되어 로마서와 에베소서를 번역했다. 또 시병원 환자들을 중심으로 상동교회를 설립했는데, 전덕기가 목사 안수를 받고 스크랜턴의 후임으로 담임목사가 되었다. 스크랜턴은 1907년 선교사직을 사임하고 의료 활동에 종사하다가 일본으로 건너가 1922년 고베에서 별세했다.

스크랜턴 대부인

스크랜턴 박사의 어머니 스크랜턴 대부인의 본명은 메리 플리처 벤튼 스크랜턴(Mary Fletcher Benton Scranton, 1832~1909)이다. 1853년 윌리엄 스크랜턴과 결혼하여 외아들 윌리엄 스크랜턴 2세를 낳았다. 1872년 남편과 사별하고 53세 되던 해에 아들과 함께 미 감리교가 파송하는 여성 선교사로 조선에 왔다. 그녀는 한국에 파송된 최초의 여성 선교사이자, 모자(母子)가 함께 선교사로 온 희귀한 사례다.

스크랜턴 대부인은 1886년 5월 31일 조선 최초의 여성 교육기관을 설립했다. 학당은 설립했으나 남존여비(男尊女卑)의 당시 사회 여건상 여성이 공부한다는 것은 지극히 예외적인 일이어서 학생 구하기가 쉽지 않았다. 1년을 기다린 끝에 천연두에 걸려 죽기 직전에 수구문 밖에 갖다 버린 아이들을 치료해서 학생으로 받아들였다. 1887년 학생 수가 7명으로 늘자 명성황후는 '이화학당(梨花學堂)'이라는 교명을 내려주었다.

1889년 4월에 이경숙이 한글 선생으로 부임하여 한글과 한문을 가르쳤다. 이경숙은 친구 남편의 소개로 스크랜턴 대부인을 알게 되어 이화학당 교사가 되었다. 1909년에는 이화학당 출신으로 우리나라 최초로 미국 대학교에서 학사 학위를 받고 귀국한 하란사(河蘭史) 여사가 모교에서 영어와 성경을 가르쳤다.

하란사 여사의 원래 성은 김 씨였으나 결혼 후 인천별감이었던 남편(하상기)의 성과 세례명인 낸시를 따서 하란사(영문명 Nancy Ha)라 불렸다. 평양 출신인 그녀는 기혼 여성이라는 이유로 이화학당 입학이 두 차례나 거절당하자 당시 이화학당 학장이었던 프라이를 찾아가 설득한 끝에 입학을 허가 받았다. 하란사 여사는 이화학당에서 공부하고 1년간 도쿄의 게이오의숙(慶應義塾)에서 수학한 후 미국 오하이오 주의 웨슬리언 대학에 입학하여 1906년 문학사 학위를 취득했다. 귀국 후 이화학당 학감으로 봉직하면서 유관순 열사 등을 가르쳤다.

하 여사는 이화학당 내에 이문회(以文會)라는 학생자치단체를 만들어 민족교육을 실시했다. 유관순 열사도 이문회 출신인데, 학생 시절 하란사 선생으로부터 독립의 당위성에 대한 영향을 많이 받았다고 한다. 하 여사는 왕실과도 왕래가 잦아 한일합방 후 이승만, 신흥우 등과 왕실 간의 연락을 맡았다고 한다.[26]

하 여사는 1918년 정동제일교회의 벧엘예배당에 미국의 지원을 받아 국내 최초로 파이프 오르간을 설치했다. 1919년에는 일본의 학정(虐政)을 세계만방에 호소하라는 고종의 뜻에 따라 북경(北京 · 베이징)으로 갔으나 독이 든 음식을 먹고 사망했다. 1995년 대한민국 건국훈장 애족장이 추서되었다.

스크랜턴 대부인은 건강이 좋지 않은 여학생들을 아들이 운영하는 시병원에서 보살피게 하다가 여의사 메타하워를 초청하여 1887년 동대문에 한국 최초의 여성 전문병원인 보구여관(保救女館)을 설립했다. 이것이 후에 동대문의 이화여대 병원으로 발전했다. 스크랜턴 대부인은 한국 여성 교육의 선구자로서 열정적으로 활동하다 1909년 자택에서 사망하여 양화진에 안장됐다.

호러스 언더우드 선교사 일가

4대에 걸쳐 114년 동안
한국 위해 헌신한 은인들

언더우드 1세(원두우)

호러스 언더우드(한국명 원두우·元杜尤, 1859~1916, 언더우드 1세)[27]는 조선 땅에 뿌리 내린 최초의 기독교 선교사이자 4대에 걸쳐 한국을 위해 봉사한 은인(恩人) 가문이다. 언더우드가 없었다면 이승만도 없었을 것이라는 말처럼 이승만이 개화파 지식인으로서 기독교와 해양사상, 미국 유학과 박사학위를 취득한 후의 귀국, 개방과 통상의 철학을 형성하는 과정에서 언더우드는 이승만에게 중요한 영향력을 행사한 인물이다.

언더우드 1세(원두우)의 부친은 런던에서 태어나 미국으로 이민을 간 발명가 겸 사업가로서 등사용 잉크, 타자기, 잉크리본 등을 발명했다. 아버지의 사업을 이어받은 그의 형 존 언더우드는 타자기 업계의 거물이자 백만장자 기업가로 북장로교 선교사들을 후원했으며, 남장로교 선교부가 한국에서 선교사업을 할 수 있도록 자금을 지원했다. 백만장자 형을 둔 덕분에 동생 언더우드 1세는 조선에서 활동한 선교사 중 가장 형편이 넉넉했다.

뉴욕대를 졸업하고 뉴 부런스위크의 네덜란드 개혁신학교에 들어가 목사가 된 언더우드는 미국 북장로교 선교부의 초대 조선 선교사로 임명되었다. 그가 조선과 인연을 맺은 것은 1883년 코네티컷 주 하트포드에서 열린 전미(全美) 신학생대회에서였다. 이 대회에서 '은둔의 나라'라는 글이 발표되었는데, 언더우드는 그 글을 접했을 때의 김정을 이렇게 밝혔다.

"복음을 듣지 못한 채 죽어가고 있는 1200~1300만 명의 사람들, 선교의 문이 열리기를 기도하고 있는 미국 교회, 그리고 1882년 로버트 슈펠트 제독에 의해 체결된 조미수호통상조약 이후 쇄국의 문이 개방된 지 1년도 더 지났지만, 미국 교회는 아직까지 아무런 조처도 취하지 않고 있다는 이야기에 내 마음은 무척 감동되었고, 나는 그곳에 선교사로 가기로 하고 같이 갈 사람을 찾기로 결심했습니다."

언더우드는 신학생대회에 참석하기 전까지만 해도 인도 선교사로 나갈 준비를 하고 있던 터여서 누군가 조선으로 갈 사람이 있겠거니 생각했다. 그러나 아무도 조선 선교사로 지원하는 사람이 없자 인도를 포기하고 자신이 조선으로 가기로 했다.

1884년 12월 16일 그는 요코하마에 도착하여 그곳에서 성경을 한글로 번역한 조선인 이수정을 만나 한글을 배웠다. 이수정은 1882년 수신사 박영효 일행이 일본에 파견될 때 민영익의 개인 수행원으로 일본에 왔다. 이수정은 수신사 일행이 귀국한 후에도 일본에 남아 도쿄외국어학교의 조선어 교사가 되었다. 1883년 4월 세례를 받고 기독교인이 되었으며 신약성서를 번역하여 1884년 간행했다.

언더우드는 감리교 선교사 아펜젤러와 함께 1885년 4월 5일, 부활절 아침에 제물포에 도착했다. 그러나 갓 결혼한 부인과 함께 온 아펜젤러는 주한 미국 공사관의 반대로 다시 일본으로 돌아가고, 홀몸으로 온 언더우드만 상륙했다. 언더우드는 개신교 선교사 최초로 조선에 정식 입국한 인물이 되었다.[28]

언더우드는 알렌이 개설한 광혜원(후에 제중원)에서 의학생들에게 화학과 물리학을 가르치면서 한글을 익혔다. 덕분에 언더우드는 '제중원 교사'라고 불렸다. 그는 1년 만에 조선어로 전도를 할 수 있을 정도로 한글에 능통했다. 1886년에는 고아원과 고아학교를 설립했는데, 고아원은 선교사 제임스 게일에 의해 후에 경신중고등학교로 발전했다. 언더우드는 1887년에 7살짜리 조선 아이를 입양했는데 그가 훗날 이승만, 김구와 함께 독립운동 3거두로 알려진 김규식이다.

언더우드가 입양한 김규식의 부친은 동래부 관리였다. 그가 민 씨 정권의 무역정책을 비판하는 상소를 올렸다가 유배당하고, 모친은 김규식이 6세 때 사망하여 서울의 숙부 집에 더부살이를 하고 있었다. 이 소식을 들고 언더우드가 김규식을 양자로 입양한 것이다.

언더우드는 1887년 9월 27일 자신의 집 사랑방에서 14명의 교인을 모아 교회를 설립했는데, 이것이 서울 광화문의 새문안교회로 발전했다. 이후 31년 간 언더우드는 이승만을 비롯하여 조선 사람들과 희로애락을 함께 했다. 1889년 한국어 문법과 한영사전을 간행했고, 성서번역위원회를 조직하여 사망할 때까지 위원장으로 봉사하며 신구약 성경을 순우리말로 번역했다. 한국성교서회(대한기독교서회의 전신)를 조직할 때 미국에서 거액의 원조를 받아왔으며, 1893년에는 찬송가 간행, 1897년에는 주간 신문인 「그리스도신문」을 창간했다.

언더우드는 수완을 발휘하여 미국 남장로교회, 캐나다 장로교, 국제 YMCA를 한국에 진출시켰으며, 안식년을 맞아 도미(渡美)하여 미국에서 유학 중이던 이승만과 함께 미국 전역을 돌며 한국을 알리는 선교행사를 열었다. 이 행사를 통해 거액의 선교비를 모금하여 조선 선교에 활기를 불어넣었다.

언더우드는 부인이 명성황후의 시의로 활동한 덕분에 왕실과 가깝게 지낼 수 있었다. 1895년 봄 언더우드는 명성황후로부터 귀족 집안 자제들을 가르칠 학교를 설립해 달라는 부탁을 받고 건물 설계를 시작했는데, 얼마 후 명성황후가 일본인들에게 시해당하는 을미사변이 터져 이 계획은 실행되지 못했다.

명성황후 시해 사건 직후 고종은 왕궁에 유폐되다시피 하여 일본인이나 그들과 결탁한 친일파들에게 독살 당할 위험 때문에 식사도 마음 놓고 할 수 없었다. 이때 고종의 시의 에비슨을 비롯하여 언더우드 부부, 제임스 게일, 아펜젤러, 헐버트 선교사 등이 고종의 구원자로 나섰다.

고종의 부탁을 받은 주한 미국 공사 존 실의 주선으로 미국 선교사들은 7주 동안 매일 왕궁을 드나들며 고종에게 음식을 요리해다가 제공했다. 밤에는 두 명 씩 짝을 지어 고종의 서재 겸 집무실 근처에서 권총을 소지하고 미국 군사 고문 윌리엄 다이 장군과 함께 보초를 섰다. 실 공사는 선교사들이 궁궐 출입을 자유롭게 하기 위해 자신의 명함까지 제공했다. 밤중에 고종이 악몽을 꾸거나 공포가 엄습하면 "양인(洋人) 없느냐" 하고 고함을 쳤다고 한다. 영국 「데일리 메일」의 특파원으로 조선에 주재하던 언론인 프리데릭 매켄지(Frederick Arthur MacKenzie, 1869~1931)는 당시 정황을 이렇게 기록하고 있다.

'왕(고종)은 대궐에 유폐되어 대원군 일파의 감시를 받았다. 왕비가 살해되던 날 러시아 공사와 알렌 박사가 왕을 알현했을 때 그는 몹시 쇠약해 있었다. 대궐 안에 있는 모든 관리들과 군인들은 침몰하는 뱃속의 쥐새끼들처럼 잽싸게 도망쳤으며, 자신이 대궐 안에 있었다는 것을 남에게 보여주는 모든 표지들을 없애 버렸다.

외교 사절들은 이구동성으로 대원군의 집권을 인정하지 않았으며, 왕을 알현할 것을 요구했다. 왕은 자신이 독살되지나 않을까 두려워하고 있었기 때문에 캔으로 된 연유와 내실에서 만든 달걀 이외에는 아무 것도 먹지 않았다. 왕이 살해되는 것을 막기 위해 조선에서 커다란 공헌을 하고 있는 의사인 에비슨 박사와 미국의 선교사들이 교대로 왕의 침전을 지키고 있었다. 외국인들이 시립하고 있는 한 모반자들도 감히 흉행(兇行)하지 못하리라고 그들은 생각하고 있었다.

이와 동시에, 왕이 식사로 고생한다는 소식을 들은 각국 공사관의 직원과 부인들은 특별히 음식을 만들어 단단한 통에 넣어서, 예일 사(자물쇠로 유명한 미국 회사) 제품의 자물쇠로 채워서 정기적으로 대궐로 보냈다.[29]

명성황후 시해사건 후 주한 미국 공사 실은 언더우드에게 고종의 통역을 맡아달라고 요청했다. 고종이 기존의 통역관을 믿지 못했기 때문이다. 이 때문에 언더우드는 고종을 수시로 만날 수 있어 통역관 이상의 역할을 했다. 정치적 영향력을 갖게 된 언더우드의 집에 조선 정치인들이 자주 들락거렸다. 고종은 언더우드를 각별히 여겨 "나는 언더우드와 형제지간"이라고 공개석상에서 발언하기도 했다.[30]

이 와중에 친일파 관료들에게 인질로 붙잡혀 있다시피 한 고종을 궁궐 밖으로 탈출시키는 춘생문 사건이 벌어졌는데, 언더우드는 춘생문 사건에도 깊이 개입했다. 당시 「한성신보」는 "언더우드가 춘생문 사건의 주모자"라고 보도했다. 춘생문 사건이 실패한 후 언더우드는 주모자들을 미국 공사관, 러시아 공사관을 비롯하여 자신의 집 등으로 도피시켜 숨겨주었다. 언더우드의 저택에 숨어 있던 주모자 중의 한 사람인 윤웅렬(윤치호의 부친)은 서양 사람으로 변장하고 러시아 군인들과 함께 제물포로 가서 러시아 군함을 타고 상해로 탈출했다.

1905년 11월 17일 일제가 을사늑약[31]을 강제하여 조선의 외교권과 국방권을 빼앗을 때 가장 맹렬하게 반대한 선교사가 언더우드였다. 그는 연희전문학교(오늘날의 연세대)를 설립하기 위해 고군분투하다 건강을 크게 해쳐 1916년 휴양 차 미국으로 갔다. 그러나 악화된 건강을 회복하지 못하고 1916년 10월 12일 미국에서 사망했다. 고종은 언더우드에게 태극훈장을 내렸고, 그의 사후(死後) 새문안교회 마당에 기념비를 세웠다.

양화진 외국인 선교사 묘역에는 고향 뉴욕 근처의 작은 교회 앞뜰에 안장되었다가 사망한 지 83년 만인 1999년에 이장된 언더우드 1세를 비롯하여 그의 부인 릴리어스 홀튼 여사, 맏아들 원한경(언더우드 2세) 박사 내외, 언더우드의 손자 원일한(언더우드 3세)의 무덤이 있다. 언더우드 1세의 유해 이장이 늦어진 이유는 부인 릴리어스 홀튼 여사가 남편의 이장에 드는 비용으로 우선 한국에 학교를 세워야 한다면서 협성보통학교와 성경구락부를 세웠기 때문이다.

언더우드의 이장 문제는 오랫동안 거론되지 않다가 연세대학교의 배려로 1999년 5월 양화진에 이장하게 되었다. 평양의 조선중앙통신은 언더우드 1세의 유해가 양화진 묘역에 이장됐을 때 다음과 같은 비난 기사를 보도(1999년 8월 22일)했다.

"언더우드는 1885년 선교사의 간판을 쓰고 이 땅에 와서 우리 인민들에게 미국을 숭배하는 사상을 퍼뜨리며 첩자질을 하고 친미분자를 심고 키

위내며 미제의 한반도 침략의 앞잡이 역할을 한 사악한 범죄자다. 이에 더하여 그의 후손들은 4대에 걸쳐 114년 동안 조선 침략정책을 앞장서 집행해온 특수부대요 앞잡이로, 이 땅의 근대사에 침략과 수탈의 치욕을 안긴 추악한 범죄 집단이다. 그런 극악무도한 자들의 유해가 이 땅에 묻혀 오늘까지 남아 있다는 것은 수치다. 우리는 언더우드의 유해마저 서울에 가져오는 만행에 민족적 충격과 분함을 금할 수 없다."

릴리어스 홀튼(언더우드 1세의 부인)

언더우드의 부인 릴리어스 홀튼(Lillias S. Horton, 한국명 호돈·好敦)은 미국 북장로교 선교부가 광혜원에 제2대 부인과 과장으로 파송한 여성 의료 선교사다. 광혜원의 초대 부인과 과장은 1886년 서울에 부임한 애니 앨러스였는데, 1887년 앨러스가 벙커 선교사와 결혼하면서 그 후임으로 릴리어스 홀튼이 부임했다.

릴리어스 홀튼이 서울에 왔을 때 장안에서는 서양인들이 아이들 눈과 염통을 빼서 약을 만드는 양도깨비라는 헛소문이 퍼져 서양인들을 습격 테러하는 일들이 자행되고 있었다. 제중원에 근무하던 총각 선교사 언더우드는 의사로 부임해 온 홀튼 양을 호위해주다가 연정이 싹터 1889년 3월에 명성황후의 전폭적인 후원과 동료 선교사의 축하 속에 결혼식을 올렸다.

언더우드 부부는 서울에서 의주까지 말과 가마를 타고 신혼여행을 겸한 선교 개척 여행을 다녀왔고, 결혼 1년 만에 아들 언더우드 2세(원한경)를 낳았다. 또 김규식을 양자로 입양하여 키우다가 그가 16세가 되자 미국으로 유학을 보냈다. 김규식은 미국 유학을 마치고 귀국하여 서울 YMCA 간사와 경신학교 교사, 언더우드의 비서로 일하다가 새문안교회 초대 장로가 되었다.

릴리어스 홀튼은 명성황후의 시의로 활동하면서 왕실의 총애를 받았고, 명성황후는 릴리어스에게 아들(언더우드 2세)과 함께 입궐하라고 했으며, 서양식 옷과 책을 보고 싶으니 샘플로 갖고 와서 보여 달라고 부탁하기도 했다. 명성황후는 그에 대한 답례로 릴리어스에게 옷가지와 미술품 등을 하사했는데, 그 중 일부는 미국 시카고 필드 박물관에 소장되어 있다. [32]

언더우드 2세(원한경)

1890년 9월 6일 서울에서 출생한 언더우드 목사의 장남 언더우드 2세 (Horace Horton Underwood, 한국명 원한경·元漢慶, 1890~1951)는 자신보다 9살 많은 입양된 김규식과 형제처럼 자랐다. 학업 때문에 미국으로 간 원한경은 1912년 뉴욕대학을 졸업하고 미국 장로교 선교사가 되어 부모가 활동하고 있는 조선에 파송되었다. 경신학교와 연희전문학교에서 영어를 가르치던 원한경은 서울 외국인 학교 교사로 조선에 온 에델 밴 와고너(Ethel Van Wagoner, 한국명 태요한)와 결혼했다. 결혼 후 에델은 연희대학교 교수로 활동했다.

원한경은 3·1운동 때 제암리 마을이 파괴되고 교회의 여러 신자들이 학살됐다는 소문이 서울에 전해지자 주한 미국 영사관의 커티스, 도쿄에서 미국인이 발간하는 영자신문 「저팬 어드버타이저」(Japan Advertizer) 특파원과 함께 현장으로 달려갔다. 일행은 40호가 살고 있는 작은 마을과 교회가 불타고, 그 안에 있던 사람들이 불에 타서 죽은 참혹한 모습을 목격했다. 그들은 제암리에 출동한 일본 군경이 기독교 신자들을 교회로 모은 다음 그들에게 사격을 하고 불을 지른 학살사건[33]의 만행을 세계에 알렸다.

아버지 언더우드 목사가 1916년 별세한 데 이어 어머니 릴리어스 홀튼도 1921년 10월 세상을 떠났다. 원한경은 1925년 뉴욕대학에서 철학박사 학위를 받고 다시 서울로 와서 아버지의 뒤를 이어 연희전문학교 교장을 맡았다. 그는 영국왕립아시아학회 조선지부 부회장을 맡아 다수의 한국 관련 논문을 발표했다. 1941년에는 일제의 탄압으로 교장에서 물러나 외국인 수용소에 감금되었다가 1942년 강제 추방됐다.

1941년 12월 7일 일본은 하와이의 진주만을 기습 공격하여 태평양 전쟁이 발발했다. 미 중앙정보국(CIA)의 전신인 전략첩보국(Office of Strategic Service·OSS)은 창설 초기인 1942년 일본에 대한 저항운동을 확산할 목적으로 한국 그룹(Korean Group)을 조직하고 한국계 인사 80여 명을 채용했다. OSS는 산하의 극동작전국(FETO)과 중국에서 활동할 요원을 양성하기 위해 일본어와 중국어, 영어, 한국어를 동시에 구사할 수 있는 요원을 모집하면서 일본과 적대 관계에 있던 한국계 인사들을 대거 선발했다.

미 국립문서보관소(NARA)가 공개한 한국계 요원 명단 중에 언더우드 2세(원한경)와 그의 아들 언더우드 3세(원일한)의 이름이 들어 있다. 미 국립문서보관소가 공개한 내용에 의하면 원한경은 1942년 9월 OSS의 조사평가 컨설턴트로 채용됐으며, 요원 후보자를 검토하는 임무를 맡았다. 그의 아들 원일한 미 해군 중위도 OSS에 지원해 활동했다. 이 자료로 미루어볼 때 원한경과 원일한은 1942년 일제에 의해 한국에서 강제 추방된 후 미국에 귀국하여 OSS에 몸담았던 것으로 보인다. 원한경은 1945년 '현장 대표'로 채용됐으며 중국 윈난(雲南)성 쿤밍(昆明)에 파견돼 현장을 조사하여 보고하는 임무를 맡기도 했다.

1945년 일본이 패망하여 한국이 해방되자 원한경은 미 육군성 한국어 통역관으로 내한하여 미 군정청 고문, 미소공동위원회 고문, 미군정청 문교장관 고문, 연희대 명예총장을 맡았다. 그는 한국 문화와 역사에도 조예가 깊어 연희대(현 연세대)에 정인보, 김윤경, 최현배, 백낙준, 백남운, 홍이섭으로 이어지는 한국학 인맥을 형성하기도 했다.

1949년 3월 17일 원한경의 집에서 파리 유엔총회에서 대한민국 정부의 승인외교를 성공시키고 귀국한 모윤숙을 환영하기 위한 교수부인회 모임이 열렸다. 그런데 갑자기 복면을 한 괴한들이 들이닥쳐 모윤숙을 살해하려 했다. 에델 여사가 소리치자 괴한들은 권총으로 에델 여사를 쏘고 도주하다 체포됐다. 그들은 연희대에 재학 중이던 공산당 간부들이었다.

에델 여사의 장례식이 열린 새문안교회에는 이승만 대통령과 국무총리를 비롯하여 주한미군 장교들과 백낙준, 최순주 등 연희대 관계자 등이 참석하여 심심한 조의를 표했다. 원한경은 아내 에델을 양화진에 묻고 미국으로 돌아갔다. 그는 6.25가 발발하자 1950년 10월 다시 한국에 와서 부산 임시수도의 연희대 분교에서 학생을 가르치다 과로로 사망했다.

언더우드 3세(원일한)

원한경의 아들 언더우드 3세(Horace Grant Underwood 한국명 원일한·元一漢, 1917~2004)는 1917년 서울에서 출생하여 미국 해밀턴 대학을 졸업하고 뉴욕대학원에서 교육학을 전공했다. 1939년 8월 미 북장로회 선교사로 내한하여 연희전문학교에서 학생들을 가르쳤다. 일본은 그를 미국의 스파이라고 몰아 1941년 12월 추방했다.

미국으로 돌아간 원일한은 해군에 입대하여 장교로 복무했으며, 이 기간 중 아버지와 함께 OSS 요원으로 활동했다. 일본이 항복하자 1946년 현역 해군 장교 신분으로 한국에 와서 미 군정청 경성대 초대 교무처장으로 근무하며 경성대학교를 서울대학교로 전환시켰다.

6.25가 발발하자 원일한은 또 다시 미 해군에 입대하여 인천상륙작전에 참전했다. 원일한은 6.25에 참전한 이유에 대해 "미 해군 예비역으로서의 의무감이기도 했지만, 내게 주어진 선교지를 지켜내기 위해서"라고 밝혔다. 1951년 7월 휴전회담이 시작될 때부터 1953년 7월 휴전협정이 조인될 때까지 유엔군 수석 통역장교로 근무했다.

1953년 10월 제대한 그는 할아버지와 아버지가 설립하고 키운 연희대로 돌아와 영문학과 교수, 경신중고등학교 이사, 연세대 총장서리·중앙도서관장·재단이사 등을 역임했다. 2004년 1월 15일 87세로 사망하여 양화진 묘역의 부모 곁에 안장되었다.

언더우드 4세(원한광)

언더우드 4세(한국명 원한광·元漢光)는 서울에서 태어나 미국 해밀턴대 사학과를 졸업하고 뉴욕주립대에서 영문학 박사 학위를 받았다. 1980년 광주 민주화 운동 당시 시민들이 공수부대의 과격한 진압으로 다수가 사망한 사실을 해외에 알렸다가 한국에서 추방당하기도 했다. 언더우드 가문은 4대를 이어 한국에서 봉사하는 동안 연세대와 깊은 인연을 맺어 1대(원두우)는 연세대 설립자, 2대(원한경)는 교장, 3대(원일한)는 재단이사, 4대(원한광)는 평교수로 재직했다.

2004년 11월, 4대에 걸쳐 한국에서 헌신적인 봉사활동을 해 온 언더우드 가문의 마지막 인물 원한광이 한국을 떠나 미국으로 돌아갔다. 정부는 언더우드 가문의 한국 사랑에 대한 답례로 2004년 국민훈장 모란장을 수여했다. 우리 언론들이 120년 간 한민족을 위해 헌신한 언더우드 가(家)의 활동을 긍정적으로 보도한 반면, 북한 언론은 "반미 열풍에 쫓겨 가는 언더우드"(노동신문), "쫓겨 가는 조선 침략의 척후병"(평양방송) 등 맹비난했다.

달젤 벙커

이승만과 개화파 양반 지도층을
기독교 신자로 개종시킨 선교사

달젤 벙커(Dalzell A Bunker) 선교사는 이승만이 한성감옥에 수감되자 동료 선교사들과 함께 조정에 수감자들의 처우 개선, 고문 폐지, 음식이나 의복을 차입할 수 있는 자유, 독서의 자유 등을 강력 주장했다. 그 결과 벙커는 조정의 특별 허가를 받아 감옥에 무상출입하면서 수감자들에게 음식과 의복, 의약품, 서적 등을 넣어주었고, 감옥 안에서 전도를 하여 이승만을 비롯하여 이상재, 유성준, 안국선 등 양반 지도층 출신들을 대거 기독교 신자로 개종시켰다.

그는 미 오하이오 주 오벌린 대학을 졸업하고, 뉴욕 유니온 신학교에서 신학을 전공했다. 초빙교사로 내한한 벙커는 1886년부터 1894년까지 8년간 육영공원에서 영어를 가르쳤다. 육영공원이 폐지되자 배재학당으로 자리를 옮겼다. 아펜젤러가 선박 충돌사고로 순교하자 배재학당 당장을 맡아 재직하다가 1912년 신흥우에게 당장을 인계했다.

벙커는 조선에 온 다음해인 1887년 광혜원의 초대 부인과 의사 애니 앨러스와 결혼했다. 앨러스는 명성황후의 시의로 활동했다. 벙커 부부는 동학 농민운동, 청일전쟁, 명성황후 시해사건, 아관파천 등 격동의 현장을 지켜보았다. 그리고 배재학당의 동료 교사인 서재필, 윤치호 등이 독립협회를 창설하는 모습, 제자 이승만, 양홍묵, 신흥우 등이 잡혀가 한성감옥에 수감되어 옥고를 치르는 모습을 생생하게 지켜보았다.

벙커는 선교사 직을 사임하고 미국인 리 헌트(Leigh S. J. Hunt)가 운영하는 운산 금광 개발회사에 취직했다가 1년 6개월 후 다시 선교사로 돌아왔다. 그가 선교사로 다시 돌아온 이유는 "회사가 월급은 많이 주지만 일요일에도 일을 시키는 바람에 안식일을 지키지 못하기 때문"이었다.

3·1운동 때 벙커는 일본인들의 한국인 학살과 탄압을 비판했고, 기독교도들이 살해당한 제암리 교회의 참상을 조사하여 본국 선교부에 알렸다. 배재학당 당장 직을 신흥우에게 물려준 벙커는 전도와 교육사업에 전념하다가 75세 되던 1926년에 은퇴하여 부인과 함께 귀국했다. 그는 1932년 캘리포니아 샌디에이고에서 사망했는데, "유골을 한국 땅에 묻어달라"는 유언에 따라 1993년 부인 앨러스가 남편의 유해를 양화진 외국인 묘역에 안장했다. 부인 앨러스도 사망 후 양화진에 묻힌 남편과 합장되었다.

호머 헐버트

한국 독립운동에 헌신하여
외국인 최초로 건국훈장 받아

호머 헐버트 선교사는 한국에서뿐만 아니라 그가 제4의 헤이그 밀사로 활동한 열혈 독립투사다. 1908년 조선에서 강제 추방된 후에도 미국에서 활동하던 이승만을 적극 후원한 '파란 눈의 독립운동가'다. 그는 조선에서 추방되자 미국으로 돌아가 매사추세츠 주 스프링필드에 기거하며 지속적으로 한국 관련 글을 발표했고, 미국에서 독립운동을 하던 이승만과 서재필 등을 적극 지원했다. 또 한국의 독립을 위해 이승만과 함께 미국 각지를 순회하며 일본의 침략행위를 비난하는 연설을 했다.

이승만은 미국에서 독립운동을 추진하는 과정에서 헐버트의 각별한 도움을 받아 한국친우회(The League of Friends of Korea), 한미협회(Korean-American Council), 기독교인 친한회(The Christian Friends of Korea)를 결성했다. 헐버트가 두 권으로 된 『한국 역사』를 집필할 때 이승만은 헐버트와 많은 의견을 교환했다. 두 사람의 교우는 헐버트가 제2의 고향인 한국에 돌아와 사망할 때까지 계속되었다.

이승만 대통령은 건국 후 '한국 독립의 은인'인 헐버트를 국빈(國賓)으로 서울로 초청했다. 1949년 7월 29일 헐버트는 인천항에 도착했다. 샌프란시스코에서 배를 타고 태평양을 건너는 한 달 가량의 여행은 86세의 노인에게는 무리였으나 헐버트는 친구이자 동지였던 이승만의 부름을 받자 모든 것을 물리치고 한국행 배에 올랐다. 미국을 떠나면서 AP통신 기자에게 "나는 한국 땅에 묻히기를 원합니다"라고 말했다.

일제에 의해 추방당한 지 42년 만에 '제2의 고국' 한국 땅을 밟은 노옹(老翁) 헐버트는 입국하자마자 건강이 악화되어 청량리 위생병원에 입원했다. 이 대통령은 이시영 부통령을 대동하고 헐버트가 입원해 있는 병원으로 찾아가 "하루바삐 건강이 회복되어 전 민족의 환영을 받아 달라"고 문안하고, 주치의인 피어슨 박사에게 "헐버트 박사는 한국의 은인이니 최선을 다해 치료해 달라"고 간곡하게 부탁했다.[34]

그러나 헐버트는 끝내 건강을 회복하지 못하고 입국한 지 일주일 만에 사망했다. 이 대통령은 8월 11일 부민관(현재 서울시의회 건물)에서 국장(國葬)으로 거행된 장례식에서 "헐버트 박사는 미국 사람이라고 하지만 그 마음과 평생 행동은 일편단심 조선에 맺혀 있었던 것이며, 미국에서 태어난 분이 우리 한국을 위해 평생을 바쳤다. 우리 조국의 독립을 위해 정치 경제 문화 각 방면에 노력하던 박사가 그리워하던 제2의 고국에 돌아와서 친히 우리와 얘기하고 독립된 나라를 골고루 보지 못한 것을 슬퍼하여 우리는 헐버트 박사의 유지를 따라 민족과 국가를 위해 앞으로 더욱 싸울 것이며, 박사의 위업을 사모해서 동상 비석 등도 세우려고 한다"고 한국의 독립을 위해 헌신했던 선교사의 마지막 길을 예우해 주었다.[35]

헐버트는 "나는 웨스트민스터 성당보다 한국 땅에 묻히기를 원한다"는 유언을 남겼다. 수많은 인파가 그의 죽음을 애도하면서 운구 행렬을 따라왔고, 헐버트는 유언에 따라 양화진 외국인 묘지에 안장되었다. 대한민국 정부는 다음 해인 1950년 3월 1일 헐버트 박사에게 건국공로훈장 태극장을 추서했다.

헐버트는 조선 최초의 한글교과서인 사회지리 총서를 출간한 사람, 최초로 아리랑을 외국에 알린 사람, 대한제국 황제 고종의 밀서를 미국 대통령에게 전하려 했던 외국인, 사회장으로 장례가 치러진 최초의 외국인, 최초로 건국훈장을 받은 외국인 독립운동가, 대한민국 대통령으로부터 묘비명을 받은 최초의 외국인, 이달의 독립운동가로 선정된 최초의 외국인이다.

미국 버몬트 주의 뉴헤이븐에서 출생한 헐버트는 명문가 집안 출신으로 아버지(칼빈 헐버트)는 미들베리 대학 총장 겸 목사, 어머니(매리 우드워드)는 다트머스 대학의 창립자 엘리저 윌록의 외증손녀였다. 어머니 매리 우드워드는 인도에 파견됐던 선교사의 딸이었다.

헐버트는 다트머스 대학을 졸업하고, 유니언 신학교에서 수학하고

1886년 7월 4일 벙커, 길모어 등과 함께 조선에 도착하여 육영공원에서 영어를 가르쳤다. 그 무렵 서울에는 콜레라가 창궐해 도성 안팎에서 매일 2,000여 명의 사망자가 발생했다. 콜레라 공포, 장마와 불볕더위 속에서 학생들을 가르쳤다. 당시 헐버트의 육영공원 제자 중 한 사람이 개화파 선각자에서 친일파 매국노로 전락한 이완용이었다.

헐버트는 1888년 9월 결혼을 위해 잠시 미국에 갔다가 신부와 함께 한국으로 돌아왔다. 육영공원 교사로 취임한 헐버트는 조선에 알파벳보다 쓰기 쉽고 배우기 쉬운 한글이 있음을 알고 깜짝 놀랐다. 이때부터 한글의 우수성을 깨닫고 한글을 본격적으로 연구하기 시작했다. 그로부터 3년여가 지난 1890년 그는 세계의 지리지식과 문화를 소개하는 최초의 한글 교과서이자 지리총서인 『사민필지』(士民必知)를 저술하여 교재로 사용했다.

이 책의 제목은 '선비와 백성 모두가 반드시 알아야 할 지식'이라는 뜻으로 세계정세와 지리, 천체, 각국의 풍습과 정부 형태, 산업 등을 누구나 이해하기 쉽게 순 한글로 설명했다. 이 교과서를 대중용으로 손질해 1891년 초판 2,000부를 인쇄하여 보급했다. 학계에선 최초의 공립 교육기관이었던 육영공원에서 학습용 교재로 사용했던 『사민필지』를 근대 교과서의 효시로 본다. 헐버트는 『사민필지』를 필두로 1908년까지 모두 15권의 한글 교과서를 펴냈다. 한문만 쓰던 그 시대에 외국인이 한글로 교과서를 만들어 가르친 것이다.

저자인 헐버트는 서문에서 한글이라는 훌륭한 글자를 두고도 한자만 중시하는 당시의 세태를 아쉬워했다. 그는 배재학당 출신 주시경과 함께 한글 연구를 하면서 우리글에 띄어쓰기와 마침표 찍기를 도입하고, 고종에게 건의해 국문연구소를 만들었다.

이 밖에도 헐버트는 외국 서적을 번역하여 한글로 출간했으며, 외국에 한국을 알리기 위해 다양한 서적과 기사를 영문으로 번역하거나 저술했다. 1896년에는 구전으로 전해오던 아리랑을 처음으로 채보하여 해외에 알렸다. 전문가들은 미국과 유럽의 한국사 연구는 헐버트로부터 시작되었다고 평한다.

헐버트는 1891년 육영공원 교사 고용계약이 끝나자 잠시 귀국하여 오하이오 주에 있는 풋남 군사학교 교장에 취임했다가 1893년 미국 감리회 선교사로 다시 내한하여 선교활동을 했다. 이때 그는 한국에서 출판 활동을 하기 위해 한국에 부임하기 전 미국의 한 출판사에서 출판 관련 기술을 배우고 신시내티에서 구입한 신식 인쇄기를 가지고 왔다.

헐버트는 배재학당에서 이승만을 비롯한 한국 학생들을 가르치면서 감리교에서 세운 삼문출판사의 대표를 맡아 이 인쇄기로 양서(良書)와 잡지들을 출간했다. 삼문출판사는 그가 부임한 지 1년도 안 되어 전도지와 종교 서적 100만여 면을 인쇄하여 경영을 자급자족하는 수준이 되었다.

헐버트는 영문 월간지 『The Korean Repository(한국 소식)』을 발행했고[36], 국내 최초로 영국의 작가 존 버니언이 쓴 종교 우화소설을 한글로 번역한 『천로역정』(天路歷程, 영문 제목은 Pilgrim's Progress)을 출간했다. 또 한글 로

마자 표기법을 고안했으며, 헐버트의 부인도 이화학당에서 음악을 가르쳤다.

헐버트는『한국 소식』창간호에 '한글(The Korean Alphabet)'이란 9쪽짜리 논문을 발표했다. 이 논문은 세종대왕의 창의성, 애민정신 등을 소개하고 한글의 우수성을 높이 평가했다. 그는 여러 국제 학술지와 미국 신문, 잡지 등에도 한글이 매우 과학적인 문자라는 사실을 알리는 글을 실었다.

『한국소식』2호에서는 민요 아리랑에 서양 음계를 붙인 악보를 우리나라 최초로 선보였다. 헐버트 자신이 아리랑 음계를 채보(採譜)해 정리한 것이다. 그는 "아리랑은 한국인에게 주식인 쌀과 같은 존재"라면서 "한국인은 즉흥곡의 명수"라고 말했다.

헐버트는 1901년 1월에는『한국평론』이라는 월간지를 창간하여 일본이 조선을 부당하게 간섭하는 사실을 통렬하게 비판했고, 15년간의 연구 끝에『한국사(The History of Korea)』와『대한제국멸망사(The Passing of Korea)』라는 방대한 분량의 역사서적을 편찬했다.

헐버트는 1903년부터 미 시사주간지『타임스』의 객원 특파원, 1904년에는 AP 통신의 객원 특파원으로 러일전쟁을 취재했다. 그는 또 한국 YMCA 운동의 선구자다. 1901년 조선에 YMCA(황성기독청년회)를 창설하기 위해 미국에서 필립 질레트가 파송되어 왔는데, 헐버트는 질레트와 함께 YMCA 창설에 참여하여 초대 회장을 맡았다.

1905년 러일전쟁에서 승리한 일본은 대한제국을 병합하기 위한 압박을 시작했다. 미국과 일본이 태프트-가쓰라 밀약을 맺어 미국이 일본의 조선 병합을 묵인키로 한 사실을 까맣게 모르고 있던 고종은 일본의 야심을 미국 대통령에게 알리고 한국의 주권을 지킬 수 있도록 도움을 청하기 위해 헐버트를 밀사로 파견했다.

고종의 밀서를 휴대한 헐버트가 워싱턴에 도착한 지 30분 후 일본은 을사늑약을 강행했다. 헐버트는 루트(Elihu Root) 국무장관과 시어도어 루스벨트 미국 대통령을 면담하려고 시도했으나 백악관 문 앞에서 거절당했다. 뜻을 이루지 못한 헐버트는 미 상원에 출두하여 다음과 같이 진술했다.

"나는 미국 대통령이 그 국서(고종의 밀서)를 기꺼이, 그리고 진지하게 받아보리라고 예상했었습니다. 그러나 나는 그가 그러기는커녕 그 국서를 접수하지 않으리라는 놀라운 대답을 들었습니다. 나는 그 이유가 무엇일까 골똘히 생각해 보았지만 아무 것도 머리에 떠오르지 않았습니다.

나는 국서를 들고 국무성으로 갔으나 그들은 너무 바빠서 나를 만날 수 없다는 대답을 들었습니다. 바로 그 순간에 한국은 죽음의 고통을 겪고 있었습니다. 한국은 우리 미국과 전면적인 수교를 맺은 국가로서, 워싱턴에 한국 공사관이 있고 서울에는 미국 공사관이 있다는 사실을 기억해야 합니다. 여기에는 단순한 부주의 이상의 무엇이 있었다고 나는 단정적으로 생각했습니다. 이미 그 국서를 받지 않으리라는 어떤 사전 계획이 있었던 것입니다. 그 밖에는 다른 대답이 있을 수가 없었습니다.

그들은 나에게 다음날 오는 것이 좋겠다고 말했습니다. 그래서 나는 다음날 갔더니 이번에도 아직 바쁘니 그 다음날 다시 오는 것이 좋겠다고 말했습니다. 나는 백악관으로 급히 달려가서 국서를 접수해 달라고 부탁했습니다. 비서 한 사람이 나오더니 서두도 없이 복도에서 자기들은 그 국서의 내용을 알고 있으며, 국무성만이 그것을 접수할 수 있는 곳이라고 말했습니다.

나는 그 다음날까지 기다리지 않을 수 없었습니다. 그러나 내가 국서를 접수시키기로 한 바로 전날인 그 날, 미국 정부는 한국의 황제와 미국 주차 한국 공사관에는 한마디의 말도 없이, 그리고 그 전달되지 않는 국서의 내용이 무엇인지를 잘 알면서도 을사조약이 한국 정부와 한국 국민에게 매우 만족스럽다는 일본의 국서를 접수한 다음 한국 주차 미국 공사에게 한국으로부터 철수할 것을 타전하고 한국 정부와 모든 관계를 끊었습니다. 그리고서야 그들은 국서를 휴대한 나를 접견했습니다.[37]

11월 25일 헐버트는 국무장관 루트로부터 다음과 같은 편지를 받았다.

"귀하가 본인에게 전해 준 한국 황제의 국서는 대통령에게 전달되어 그분께서 읽었습니다. 한국의 황제는 그 국서가 비밀리에 전달되기를 바랐고, 또 황제는 그 국서를 귀하에게 맡긴 이후 그 문제와 관련된 모든 문제를 처리함에 있어 이미 일본과 새로운 합의에 이르렀다는 사실에 비추어볼 때 그 국서에 따라서 어떤 조치를 취한다는 것은 매우 실현성이 없는 것으로 보입니다."

11월 26일 헐버트는 고종 황제가 보낸 전문을 받았다. 그 전문은 일본의 검열을 피하기 위해 중국 지부(芝罘: 오늘날의 옌타이)에서 발신된 것이었는데, 내용은 다음과 같았다.

"최근 한국과 일본 사이에 체결되었다는 소위 보호조약은 총칼의 위협을 받으며 강제로 이루어진 것이기 때문에 그것은 무효임을 짐은 선언하는 바이다. 짐은 그 조약을 결코 동의하지 않았으며, 앞으로 동의하지 않을 것이다. 귀하는 이 사실을 미국 정부에 전달하라. 대한제국 황제."

헐버트가 미국에 체류하고 있을 때 시어도어 루스벨트 대통령과 친분이 있던 조지 캐넌[38]이 1905년 10월 미국에서 영향력이 있던 시사 주간지 『전망』(Outlook)에 한국을 폄하하고 일본을 부각시키는 글을 4회에 걸쳐 연재했다. 이 연재물은 "한국인들은 발달되지 못한 야만인이 아니라 몰락한 동양 문명의 썩은 생산물" "한국의 황제는 생각이 없기가 어린애 같고, 완고하기는 보어인, 무식하기는 중국인 같으며, 호텐토트(hottentot)인[39]처럼 허영심에 가득 찬 사람"이라는 등등 한국을 깎아내리고 일본을 부각시키는 내용으로 가득 차 있었다. 캐넌의 글을 읽은 헐버트는 격분하여 『전망』 잡지 편집자에게 정식으로 항의하고 한국에 대한 잘못된 정보를 바로잡을 수 있도록 자신의 글을 실어달라고 요청했으나 거절당했다.[40]

헐버트는 1906년 조선으로 돌아와 『코리아 리뷰』(The Korea Review)[41] 잡지에 일본의 야심을 폭로하고, 1907년에는 고종에게 네덜란드 헤이그에서 열리는 만국평화회의에 밀사를 파견하도록 건의했다. 이 건의를 받은 고종은 이상설(정사), 이준과 이위종(부사)을 특사로 내락하고 이들을 네덜란드 헤이그에 파견하여 을사늑약이 대한제국 황제의 뜻에 반하여 일본의 강압으로 이루어진 것임을 폭로하고 을사늑약을 파기하고자 했다.

헐버트는 헤이그에 도착하여 「만국평화회의보」(Courier de la Conference de la paix)라는 일간신문에 한국 대표단의 호소문을 싣도록 하는 등 한국의 국권 회복운동에 적극 나섰다. 당시 헤이그에서의 헐버트의 활약상은 역사가 신지현의 「세계에 호소하다—고종의 밀사」라는 글에서 엿볼 수 있다.

'헐버트는 스위스, 프랑스 등지에서 언론인들과 접촉하면서 한국을 위해 선전 활동을 전개했다. 특히 그는 한국 밀사들의 활동에 큰 도움을 준 영국의 저명한 언론인 윌리엄 스테드(William Stead)와 접촉하여 그의 협력을 얻는 데 성공했다. 스테드는 1899년 제1차 만국평화회의 때에도 저명한 신문기자로 활약했고, 제2차 만국평화회의에서는 헤이그에서 출간되는 「만국평화회의보」의 편집자로서 밀사들의 언론을 통한 활약은 주로 이 사람의 도움으로 행해졌다. 헐버트는 밀사들이 도착하기 약 보름 전인 7월 10일 헤이그에 도착했다. 그동안 그는 파리 등지에서 밀사들을 측면에서 지원하고 있었다….'

만국평화회의가 열리는 헤이그에서 이상설, 이준, 이위종 3명의 밀사는 의장인 러시아 외교관 알렉산드르 이바노비치 넬리도피에게 고종 황제의 신임장을 제출하고 조선의 전권위원으로 회의 참석을 요청했다. 그러나 일본의 강력한 항의를 받자 의장 넬리도프는 초청국 네덜란드에 사정을 통보했다. 네덜란드 정부는 "을사보호조약은 여러 나라들이 이미 승인했

으므로 조선 정부는 자주적 외교권이 없다"면서 조선 밀사들의 회의 참석과 발언을 거부했다.[42]

결국 조선의 밀사들은 언론인 윌리엄 스테드의 주선으로 이위종이 국제협회에서 대한제국의 실상을 알리는 '조선을 위해 호소한다'라는 연설을 했다. 분을 참지 못한 이준은 머물었던 호텔에서 사망했다. 만국평화회의에 참석한 대표들을 통해 9개국 국가원수들에게 보내려 했던 고종의 친서는 그로부터 87년이 지난 1993년 미국 컬럼비아 대학 도서관에서 발견되었다.[43]

헤이그 밀사사건을 빌미로 일본은 고종을 강제 퇴위시키고 1907년 7월 19일 그의 아들 순종을 즉위시켰다. 그로부터 4일 후 한일신협약(정미7조약)을 체결하여 사법권과 행정권, 관리임명권을 탈취하고 대한제국의 군대를 해산시켰다.

윌리엄 노블

부자(父子) 2대에 걸쳐
이승만과 깊은 인연 맺은 선교사

미 감리교 선교사 윌리엄 노블은 배재학당에서 이승만에게 영어를 가르친 스승이다. 윌리엄 노블은 미국 펜실베이니아 주 스프링데일에서 출생하여 와이오밍 신학교와 드루 신학교를 졸업하고 철학박사 학위를 받았다. 그는 와이오밍 신학교에서 만난 매티 노블(Mattie W. Noble) 양과 1892년 결혼했고, 결혼한 지 몇 개월 만인 1892년 10월 17일 아내와 함께 내한했다.

매티 노블은 결혼 당시 20세의 꽃다운 나이였는데, 미국 시민 입장에서 볼 때 한국은 각종 질병이 난무하고, 사람의 목을 잘라 죽인 후 그 시체를 거리에 내거는 야만의 땅이었다. 윌리엄 노블은 조선으로 파송되던 해 시립도서관에서 한국에 관한 정보를 얻기 위해 도서관 전체를 다 뒤졌지만 아무런 정보도 얻지 못했다고 한다.

그는 배재학당 교사로 3년간 재직했는데, 부인 매티 노블도 배재학당에서 음악을 가르쳤다. 윌리엄 노블은 배재학당 재직 시절 국내 최초로 영문 단편소설 「순이」(SUNIE)를 출간했는데, 이 작품이 한국 최초의 신소설인 이인직의 『혈의 누』와 같은 신소설의 형태와 형식, 구성 등에 직접적인 영향을 준 것으로 밝혀져 학계의 관심을 끌었다.

노블은 평양에서 활동하던 친구인 홀 선교사가 사망하자 그의 후임으로 15년 동안 평양지역 선교를 담당했다. 윌리엄 노블은 뛰어난 행정가이자 목회자였다. 그가 조선에 처음 왔을 때 50여 명에 불과했던 기독교 교인들은 노블이 42년 간 조선에서 일하는 동안 2만 여 명으로 늘었다. 또 『코리아 리포지터리』(The Korean Repository) 및 『코리아 리뷰』(Korea Review) 잡지에 많은 논문을 기고했다.

아내 매티 노블도 서울, 평양, 수원 등지에서 활동한 남편을 도와 여성을 대상으로 한 선교와 교육사업에 큰 공을 세운 선교사다. 그녀는 1896년부터 평양 자택에서 여자 아이들을 모아 가르치기 시작했는데, 이것이 후에 정진, 정의학교로 발전했다. 또 주일학교 교사 양성에도 심혈을 기울였다. 특히 평양 남산현교회를 중심으로 한국 최초의 여성 성경공부모임, 한국 최초의 유년 주일학교를 시작했다.

노블 부부는 1934년 건강 때문에 조선을 떠나기까지 42년 간 인생의 황금기를 조선에 바쳤다. 서울을 떠나기 전 매티 노블은 자신의 일기에 "33명의 선교사와 11명의 아이(선교사 자녀)가 조선 땅에서 목숨을 잃었다"

고 기록했다. 매티 노블은 1934년 은퇴한 남편과 함께 미국으로 돌아갔으며, 1941년 북캘리포니아 주를 대표하는 '미국의 어머니'로 선정되었다. 윌리엄 노블은 1945년 1월 6일 캘리포니아 주 스톡턴에서 사망했고, 노블 여사는 1956년 스톡턴의 한 요양원에서 숨을 거두었다.

해롤드 노블

윌리엄 노블의 아들 해롤드 노블(Harold Noble)은 1903년 평양에서 태어나 평양에서 소학교를 다녔다. 당시 평양은 기독교세가 강력하여 '동방의 예루살렘'이라고 불릴 정도였다. 그는 1927년까지 한국에서 생활했고 1930년대 중반 한국으로 다시 돌아와 이화여전 교수로 재직했다. 또 동양문제 전문가로 오리건대학과 일본 교토에서 교수를 지냈다.

제2차 세계대전 중에는 미 해병대 장교로 참전하여 일본군과 맞서 싸웠다. 한국어에 능통한 해롤드 노블은 1947~48년 도쿄의 맥아더사령부에서 근무했으며, 1948년에는 주한미군사령부 정치연락단장, 하지 사령관의 정치고문으로 일하며 이승만과의 연락 업무를 담당했다. 노블은 김구와 김규식의 평양방문을 단념시키기 위해 많은 노력을 했으나 실패했다.

해롤드 노블은 1948년 한국이 유엔 승인외교를 벌일 때 파리 유엔총회에서 덜레스 미국 대표의 고문을 맡았다. 노블은 미 국무부가 파리 유엔총회에 대비하여 조셉 제이콥스(Joseph E. Jacobs) 등 6명으로 구성한 한국문제 실무작업단의 한 사람이었는데, 이승만은 해롤드 노블을 미 국방부 비용으로 파견하는 한국대표단의 전문 고문으로 임명했다.

헤롤드 노블의 한국 관련 활동 경력을 눈여겨 본 초대 주한 미국대사 존 무초[44]는 노블을 주한 미국대사관의 1등서기관으로 초빙했다. 노블은 주한 미국대사관에 근무하며 무초 대사를 보좌했다. 그는 주한 미국대사관 근무 시절 6.25를 체험한 후 『이승만 박사와 미국대사관』(Embassy At War)이라는 저서를 발간했다.

일부 자료에 의하면 해롤드 노블은 태평양전쟁 때 미 해병대의 통역장교로 참전했는데, CIA 요원으로 한국에 파견되어 CIA 한국지부장을 맡았다고 한다. 그는 한국에 오자마자 '켈로부대'로 알려진 KLO(Korean Liaison Office·주한연락사무소)를 설치하고 북파공작 첩보업무를 수행했으며, 유사시 주한 미국인들의 철수 계획을 수립했다. 6월 25일 공산군이 전면 남침하자 해롤드 노블은 인천항에 기항 중이던 노르웨이 선적의 비료 수송선을 이용하여 극비리에 주한 미국인들을 철수시켰다.

올리버 에비슨

이승만의 상투 잘라주고
민주주의 사상 불어넣어 준 평생 동지

캐나다 의료 선교사 올리버 에비슨(Oliver R. Avison, 한국명 어비신·魚丕信, 1860~1956)은 조선에 파송되어 이승만의 상투를 잘라준 인연으로 이승만과 평생 친구가 된 사람이다. 이승만은 단발 문제로 몇 달을 고민하다 1895년 가을 에비슨 박사를 찾아가 의견을 구했다. 에비슨 박사는 이승만에게 "과감하게 자르시오. 나는 한국의 오랜 전통과 풍속을 사랑합니다만, 없앨 것은 없애는 것이 좋습니다. 새로운 전통을 위해 용감한 선구자가 되시오"라고 권유했다. 이 말을 들은 이승만은 미련 없이 상투를 잘랐다. 이승만은 자신의 단발 과정을 다음과 같이 기록하고 있다.

'정부에서 1895년 단발령을 내렸을 때 나는 자의로 단발하기로 작정하고 어느 날 아침 집에 가서 어머니에게 머리를 자르겠다고 말씀을 드렸다. 어머니는 처음에는 내 말을 믿지 않으셨다. 그러나 우리의 풍습은 선조의 제단에 제사를 드리면서 단발하는 것은 고래의 신조에 어긋나는 일이기는 하나 세조(世潮)의 흐름을 거역할 수 없다는 것을 아뢰었다. 어머니와 나는 같이 눈물을 흘리면서 울었다. 그 당시 나는 제중원에서 한국말을 가르치고 있었는데, 그 낡은 진료소에서 에비슨 의사가 가위로 나의 머리를 잘라버렸다.[45]

에비슨은 또 이승만이 한성감옥에 수감되었을 때 영자신문과 각종 서적, 성경 등을 넣어주었다. 감옥에서 콜레라가 발생하여 수감자들이 죽어 나가자 이승만은 에비슨 박사에게 부탁하여 의약품을 반입하여 환자들을 돌보는 데 앞장섰다.

에비슨이 남긴 기록에 의하면 이승만은 배재학당 재학시절, 주일마다 자기 집에 방문하여 영어 회화를 익히면서 조선왕조의 절대군주제를 혁파할 필요가 있다는 반역적 토론을 벌였다고 회고했다.[46] 에비슨은 은퇴하여 플로리다에서 살던 1949년 12월 21일, 이승만 대통령에게 다음과 같은 편지를 보냈다.

'이 박사님, 그대가 저의 집에 거의 일요일마다 와서 저에게 영어를 연습하고 조선의 미래에 대해서 이야기하던 것을 얼마나 잘 기억하는지요.… 이 박사님, 그대는 그때 이미 젊은 반역자였고, 저는 마땅히 그래야 함에도 불구하고 그대를 막지 않았던 것 같습니다. 그러나 사실 그대는 어떤 격려도 필요로 하지 않았습니다. 그대가 추구하던 일의 위험에 대해 제가 어떻게 경고했던가를 기억할 것입니다.… 제가 처해 있던 곤란한 입장을 생각하며 웃음을 지어봅니다. 황제가 아프거나 그렇다고 생각될 때는 왕진을 하면서, 군주제가 폐지될 경우 나라의 장래가 어찌될지 그대와 더불어 토론했었지요. 우리 두 사람은 역적이었던 것 같습니다.'

이승만 대통령은 에비슨 박사에게 건국공로훈장을 수여했다. 이승만은 에비슨 박사와의 관계를 이렇게 기록하고 있다.

"에비슨 박사는 그가 이 땅에 전한 기독교 정신으로부터 오는 자유주의 사상의 상징으로써 본 대통령의 신실한 친구였으며, 또 본 대통령의 청년 시기에 기독적 민주주의의 새 사상을 호흡케 하였다.[47]

영국에서 태어나 캐나다로 이주한 에비슨은 캐나다 토론토 의과대학 교수 출신으로, 토론토 시장의 주치의로 활약했다. 개업의로서 안정된 삶을 살고 있었고, 결혼해서 아이들도 있었던 에비슨은 한 선교 모임에서 언더우드를 만나 해외 선교 제의를 받았다. 그는 1893년 의료선교사를 자원하여 조선에 와서 알렌이 세운 제중원 원장이 되었다.

에비슨에 관한 흥미로운 일화가 있다. 당시 조선에서 백장(백정)은 천민 중에서도 가장 하층민으로 취급되던 존재였다. 1894년 박성춘이란 백장이 장티푸스에 걸려 사경을 헤매고 있을 때 그의 아들 박서양이 이상한 서양 사람을 데리고 나타났다. 그가 바로 조선 국왕의 시의인 에비슨이었다.

박성춘은 에비슨같이 귀한 신분이 자기처럼 천한 사람을 차별하지 않고 집에까지 찾아와 치료해 준 데 감격하여 기독교 신자가 되었다. 그리고 백장들에 대한 차별을 없애는 해방운동에 앞장섰다. 아들 박서양은 에비슨의 제자로 제중원 의학교에 입교한 제1회 졸업생으로 한국 최초의 외과 의사이자 화학 교사로 중앙, 휘문, 황성기독청년회 학관 등 신교육기관에서 화학과 생물학을 강의했다.[48]

박성춘은 독립협회의 주요 인물로도 활동했다. 그는 1898년 10월 29일 독립협회 간부들과 정부 고관, 각 단체 대표자들이 모인 가운데 종로에서 대규모 관민 공동회(민중대회)를 열고 6개조(헌의 6조) 결의안을 채택할 때 등단하여 개막 연설을 했다.[49]

에비슨은 1900년 뉴욕에서 개최된 에큐메니칼 대회에 참석했는데, 이 행사에서 대자선가 루이스 세브란스(Louis H. Severance, 1838~1913)를 만났다. 세브란스는 록펠러와 함께 스탠더드 오일 회사를 세운 거부(巨富)로 막대한 돈을 기독교 자선사업을 위해 기부하고 있었다.

제중원 원장으로 부임한 에비슨은 1904년 9월 제중원 건물을 신축했는데, 기부금을 낸 사람의 이름을 따서 세브란스 기념병원, 제중원 의학교는 세브란스병원 의학교로 이름을 바꾸었다. 세브란스는 그 후에도 여러 차례 병원 건물을 신축할 자금과 의료진을 한국에 보내주었고, 그의 사후(死後)에는 그의 자녀들이 대를 이어 한국의 세브란스 병원에 기부했다.[50] 에비슨은 조선에서 서양식 의료 교육을 실시하여 1908년 6월 최초로 7명의 면허 의사를 배출했다. 그 중 한 명이 앞서 소개한 백장 박성춘의 아들 박서양이다.

1915년 언더우드는 조선기독교학교를 설립하고 교장, 에비슨이 부교장을 맡았다가 1916년 언더우드가 사망한 후 에비슨이 교장에 취임했다. 이 학교는 1917년 연희전문학교로 인가를 받았고, 언더우드의 형 존 언더우스가 보낸 기부금으로 신촌 일대(현재의 연세대 자리)를 교지로 매입했다. 해방 후 연희전문대와 세브란스 의과대학이 통합되어 연세대학교의 기틀을 마련하게 된다. 에비슨은 1935년 12월 조선을 떠나 미국으로 갔고, 1956년 미국에서 사망했다. 연세대 의과대학 구내에는 세브란스 병원의 설립자 에비슨 박사를 기리기 위한 동상이 세워져 있다.

제임스 게일

선교사들 중 가장 지적(知的)이었던
이승만의 평생 스승이자 멘토

제임스 게일(James Scarth Gale, 한국명 기일·奇一, 1863~1937)은 1903년 10월
27일 창립된 황성기독청년회(YMCA) 창립자의 한 사람으로 초대 회장을
지냈다. 황성기독청년회는 이승만이 미국에서 박사학위를 받고 귀국하여
2년 여 학감으로 활동했던 곳이다. 한성감옥에서 기독교를 믿게 된 이상
재, 이원긍, 김정식, 유성준 등은 출옥 후 모두 연동교회의 게일 목사를 찾
아가 신자가 되었다.

이들보다 늦게 석방된 이승만도 출옥 후 게일 목사를 찾아가 세례를 부
탁했다. 게일 목사는 이승만이 배재학당에서 공부했으므로 감리교회에
우선권이 있다면서 세례 주는 것을 고사했다. 대신 이승만이 고종의 밀사
로 미국에 갈 때 자신의 선교활동 후원자인 워싱턴의 루이스 햄린(Lewis T.
Hamlin) 목사에게 다음과 같은 편지를 써 주었다.

'친애하는 햄린 박사님, 이승만은 모국에서 여러 가지 경험을 쌓고 가지 각색의 물불의 시련을 극복한 사람입니다. 그는 모든 시련을 통해서 정직하고 충실한 기독교인이라는 것을 증명합니다.… 그는 아직 세례를 받지 않았습니다. 그 이유는 서울 시내에 여러 교회가 그의 사랑을 받을 권리를 가지고 있고, 이들이 그를 교인으로 받으려고 하기 때문입니다. 그러나 그는 저에게 왔습니다. 저는 그에게 대한 권리가 가장 적은데 말입니다.

그래서 저는 금방 미국으로 떠나게 되어 있는 그에게 미국에 도착할 때까지 기다려서 자기가 원하는 곳에서 세례를 받으라고 권했습니다. 저는 그가 당신이 계시는 워싱턴에서 세례를 받게 되기 원하며, 목사님께서 그에게 사랑을 베풀어 주시기를 원합니다.'

햄린 목사는 이승만을 조지 워싱턴대학 총장이자 주미 한국공사관 법률고문인 찰스 니덤(Charles Needham) 박사에게 소개했다. 덕분에 이승만은 조지 워싱턴대학에 장학생으로 2학년 2학기에 편입할 수 있게 되었다. 그리고 1905년 4월 23일 부활절에 워싱턴 DC의 커버넌트 장로교회에서 햄린 목사에게 세례를 받았다. 이승만은 미국 유학 생활을 하며 햄린 목사를 자주 만났고 그로부터 금전적인 도움도 받았다.[51]

제임스 게일 선교사는 시어도어 루스벨트 대통령을 면담한 적이 있다. 그 때 게일이 "1905년 미국이 일본으로 하여금 한국을 병탄하도록 도운 것은 커다란 잘못이었다"고 지적하자 루스벨트는 자기 무릎을 치면서 "우리가 일본의 한국 점유를 도운 것이 정말 잘못이었는가" 하며 후회조의 말

을 했다. [52]

이승만은 프린스턴 대학에서 박사 학위를 받은 후 귀국하여 황성기독청년회 학감으로 활동하게 된다. 이 자리도 게일 목사가 추천한 것이다. 게일 목사는 이승만이 감옥에 갇혔을 때는 그의 신변안전을 위해 불철주야 노력했고, 미국에 간 이승만이 세례를 받고 조지 워싱턴 대학에서 공부할 수 있도록 길을 열어주었으며, 이승만이 학업을 마치고 귀국하자 서울 YMCA 학감으로 활동할 수 있도록 직장을 알선해 준 이승만의 평생 스승이자 멘토였다.

게일과의 인연은 그의 사촌 에슨 게일(Esson Mcdowell Gale)과도 연결된다. 1941년 12월 태평양전쟁이 발발하자 이승만은 재미 한인들과 유학생들을 대일전(對日戰)에 참전시키려고 백방으로 노력했다. 일본어와 한국어, 영어에 능통한 재미 한인들이 대일 특수작전이나 정보 공작에 유용하게 쓰일 수 있다는 점을 미국 각계 요로에 전했다.

이승만의 제안을 받아들인 곳은 미 정보조정국(Coordinator of Information · COI) [53]이었다. 일본이 진주만을 기습 공격한 직후인 1942년 1월 미국은 스틸웰 중장을 중국 버마 인도전구 사령관으로 임명하고 중일전쟁에 참전했다. 미국은 중일전쟁에는 지상군을 직접 투입하지 않고 중국 남부지역에 공군을 배치하여 중국군을 간접 지원했다. 그리고 미군의 작전 지원을 위해 1942년 3월 대통령 직속으로 창설한 첩보부대가 COI다. 이승만은 COI의 제2인자인 프레스턴 굿펠로우와 깊은 친분을 맺었는데, 이승만과 COI 간에 인연을 맺게 해준 사람이 한국에서 선교사로 활동했던 제임스 게일의 조카 에슨 게일이다.

제임스 게일은 캐나다 선교사로 한국에 파송되어 일하다가 미국 북장로교회로 적을 옮겼다. 연동교회에서 30여 년 목회를 하면서 연구 활동을 한 탁월한 언어학자이자 저술가, 역사가이자 민속학자, 성경 번역가였다. 특히 게일은 한국의 역사와 문화, 민속과 언어에 해박하여 세계적으로 손꼽히는 한국학의 대가(大家)였다. 이정식은 게일에 대해 "조선 문화 예찬자였고 조선 문학과 명현의 경전에 통달한 거인"이라고 평했다.[54]

게일의 아버지는 스코틀랜드 출신으로 캐나다로 이민을 갔다. 게일은 캐나다 토론토대학을 졸업하고 모교인 토론토대학 YMCA 선교부의 평신도 선교사로 내한, 언더우드의 집에 기거하며 한국어를 익혔다. 게일은 한국에 도착하자마자 한옥에 살면서 '입는 옷만 빼고는 한국 사람이 살아가는 방식 그대로' 2년 6개월 동안 생활했다.

게일은 1889년 황해도를 여행하던 중 평생 동역자이자 친구인 이창직을 만났다. 해주의 양반가문 출신으로 소래교회 교인이며 한학자였던 이창직은 게일의 성경 번역을 도왔다. 게일은 이창직의 협조를 얻어 성경 번역과 저술에 몰두했다. 게일은 서양 문학작품인 『천로역정』을 한글로 번역했는데, 이 작품이 한국 근대문학사에서 최초로 한글 번역된 서양 문학작품이었다. 1897년에는 한국 최초의 한영사전인 『한영자전』을 출간했다.

1892년 4월 7일 친구인 의료선교사 존 헤론이 사망한 후 미망인 해티 깁슨 헤론과 결혼한 게일은 1900년부터 1927년까지 연동교회 초대목사로 일했고, 경신학교, 정신여학교 설립에 기여했다. 게일은 또 고종의 고문, 왕립 아시아학회 한국지부 간사 및 한국지부장으로 활동하며 한국의 역사와 문화를 연구했다. 이러한 활동으로 인해 1904년 워싱턴에 있는 하워드대학에서 명예 신학박사 학위를 받았다.

1888년 내한하여 39년간 선교사로 일했던 게일은 당시의 선교사들 중 가장 지적이고 개방적인 인물이었다. 한국에 있던 선교사들 중 한국어에 가장 능통했고 한국에 대한 이해가 깊었으며, 한국에 대한 애정도 뜨거웠다. 윤치호는 게일 선교사에 대해 "그는 상상 이상의 박식가요 문학가다. 지금까지 조선에 온 서양 선교사로는 그 재주와 박식에 있어서 게일을 따를 사람이 없을 것"이라고 평했다.

그는 생전에 영문 저서 9권, 한국어 저서 30여 권을 비롯하여 많은 논문을 발표했는데, 그가 쓴『코리언 스케치』라는 저서는 구한말의 상황을 자세히 기록한 책이다. 또『천로역정』을 비롯하여『로빈슨 크루소』등을 번역했고,『구운몽』『춘향전』등을 영역(英譯)하여 외국에 소개했다. 특히 조선성교서회(대한기독교서회) 창립위원으로 사도행전을 비롯하여 갈라디아서, 에베소서, 고린도서, 요한 일서를 번역했고, 1925년에는『신역 신구약전서』라는 성경을 출판했다.

제임스 게일 목사는 첫 부인 해티 깁슨과 사별하고 영국 실업가의 딸 루이스와 재혼했으며, 1927년 6월 22일 연동교회에서 정년 은퇴하고 부인의 고향 영국에서 살다가 1937년 영국에서 사망했다.

존 헤론

환자들 헌신적으로 돌보다
33세에 사망한 제중원 원장

존 헤론(John W. Heron, 한국명 헤론·惠論, 1856~1890)은 영국의 성직자 집안에서 태어나 그가 14세 되던 해에 미국 테네시 주 녹스빌로 이주했다.[55] 헤론은 동테네시 주 메리빌 대학을 졸업하고 테네시종합대 의과대학에 진학했다. 그는 이 학교 개교 이래 최우수 성적으로 졸업하고 뉴욕종합대 의대에 진학하여 의사 자격시험에 합격했다.

헤론은 존스보로 의대 교수의 딸인 해티 깁슨과 결혼한 1884년 봄, 최초의 장로교파 조선 선교사로 임명되었다. 헤론 부부는 우선 일본으로 가서 조선어를 배우고 1885년 6월 21일 내한했다. 존 헤론이 조선에 도착했을 때 이미 의료선교사 알렌이 1년 전에 입국해서 미국 공사와 조선 주재 외국인의 공의(公醫)로 활동하고 있었다.

1887년 알렌이 주한 미국 공사관 서기관으로 임명되자 헤론이 2대 광혜원(후에 제중원) 원장과 고종의 어의(御醫)로 임명되었다. 벼슬도 '가선대부(嘉善大夫·종2품)'라는 관직을 받았는데, 이때부터 헤론은 혜 참판(惠參判)으로 불렸다.

혜 참판은 고종과 명성황후의 총애를 받으면서 왕족들을 가까이 모셨고, 조정의 고관들을 자주 만났다. 외국 사신이 오면 궁에 들어가 대화를 나누고, 왕족 중에 누가 아프면 치료를 전담했다. 명성황후는 헤론의 부인 해티 깁슨 헤론을 총애해서 잔치가 있을 때마다 반드시 참석 시켰다.

헤론은 광혜원이란 이름을 제중원으로 바꾸고, 정동 외국인 거주지에 있던 병원을 을지로 1~2가 사이의 구리개로 옮겼다. 특권층에게만 의료 혜택을 베풀 것이 아니라 가난한 백성, 병든 이웃들에게도 의술을 베풀기 위해서였다. 헤론은 정열적으로 환자들을 치료하다가 일을 마친 후에는 밤늦도록 성경 번역 작업에 매달렸다.

1890년 6월 25일 한국성교서회(대한기독교서회의 전신)를 창설하여 성경과 기독교 문서 출판을 시작했다. 헤론은 의사로서 강한 희생정신과 사랑의 정신, 인술로 모든 어려운 의료사업을 담당했다. 그는 자기 몸을 아끼지 않아 과로와 정신적 긴장 때문에 기진맥진했다. 아픈 몸을 이끌고 600여 리나 되는 먼 시골에 가서 병자를 치료해 주던 헤론은 전염성 이질에 걸려 1890년 7월 26일, 한국에 온 지 5년 만에 사망했다. 당시 그의 나이 33세. 헤론은 양화진에 묻힌 최초의 선교사가 되었다.

존 헤론은 제임스 게일 선교사와 가장 가깝게 지냈는데, 게일은 친구인 헤론이 사망한 2년 후 그의 미망인 해티 깁슨과 결혼했다. 게일은 30세의 총각이었고, 헤론의 미망인은 33세로 전 남편의 아이가 둘이나 있었다. 게일 선교사는 곤당골에 신방을 차리고 거기서 한국 고아들을 돌보며 1893년 교회를 세웠다. 이것이 서울 인사동에 있는 승동교회다.

조지 존스

한인들을 하와이로 이주시킨 내리교회 목사

1867년 8월 14일 뉴욕 주에서 태어난 존스 목사는 20세 때인 1888년 미북감리회의 한국 선교사로 파송되어 배재학당에서 수학 등을 가르치며 아펜젤러의 일을 도왔다. 1892년 아펜젤러의 후임으로 내리교회 선교사로 부임했고, 이화학당의 음악교사였던 마거릿 벤젤과 결혼했다. 존스 부부는 1892년 8월 내리교회 내에 초등교육기관을 설립하여 운영했는데 이것이 근대 학교인 영화학교다. 그는 선교사들을 위해 조선어 사전을 편찬했으며, 1892년 루이스 로트와일러(Louis C. Rothweiler)와 공동으로 조선 최초의 찬송가집을 편찬했다.

조지 존스 선교사는 이승만의 석방운동에 깊이 간여했던 인물이다. 그런데 자신을 비롯하여 여러 선교사들의 석방운동에도 불구하고 이승만이 석방되지 못하자 존스 목사는 이승만에게 다음과 같은 격려의 편지를 보냈다.

'지난 일요일에 부친을 만나 황제께서 얼마 전에 발표하신 사면령에 당신을 포함시키지 않았다는 이야기를 들었습니다…. 낙담하지 마시오. 하나님을 믿으시오. 당신이 출옥하여 한국을 기독교 국가로 만들기 위한 우리의 노력을 돕기를 바라고 기도합니다.'

조지 존스 목사는 데이비드 데쉴러(David W. Deshler)가 운영하는 미국의 동서개발회사가 이민자 모집에 어려움을 겪고 있을 때 교인들에게 하와이로 이민 갈 것을 적극 권장하고 주선했다. 그 결과 내리교회를 비롯하여 존스가 담당했던 황해도 지역의 여러 교회 교인들이 호놀룰루로 떠나는 첫 이민선에 올랐다.[56]

조선의 첫 하와이 이민자들은 1902년 12월 22일 제물포항에서 겐카이 호(玄海丸)에 승선하여 나가사키로 간 다음, 1903년 1월 1일 나가사키에서 하와이로 가는 미국 상선 갤릭 호로 갈아탔다. 2주에 걸친 항해 끝에 1903년 1월 13일 호놀룰루에 도착한 한인은 성인 남자 56명(통역 2명 포함), 여자 21명, 미성년자(14세 미만의 소년 소녀) 25명이었다.

하와이에 도착한 첫 이민자들은 인천, 경기, 강화, 황해도 지역의 기독교인들이 주를 이루었다. 1904년 하와이 한인 감리교회 교인 명단을 보면 카우아이 섬, 오아후 섬, 마우이 섬 등 3개 섬의 14개 교회에 400명 교인이 있었는데 이중 108명이 하와이에 오기 전에 한국에서 제임스 게일, 조지 존스, 사무엘 모펫(Samuel A. Moffet), 윌리엄 노블, 스크랜턴, 언더우드

등으로부터 세례를 받고 이민 온 교인들이었다.[57] 한인 이민자들은 1905년 8월 8일 마지막 선박인 몽골리아 호 등 11척의 선박이 56회를 다니면서 7,291명의 한인 이민자를 호놀룰루로 실어 날랐다.

조지 존스 목사의 노력으로 시작된 한인들의 하와이 이주는 하와이를 비롯한 미국에 한인 교민사회를 형성했고, 그들이 피땀 흘려 번 돈을 모아 독립운동 자금을 지원하는 역할을 했다. 하와이 교민사회가 존재하지 않았다면 상해의 임시정부를 비롯하여 미주에서의 활발한 독립운동은 자금난으로 거의 활동이 불가능했을 것이다.

선교사들의 역할과 한계

조선과 미국의 인연은 1882년 서양 국가들 중 최초로 수교하면서 맺어졌고, 그 결과 미국 선교사들이 조선에 파송되기 시작했다. 그러나 양국은 서로가 서로의 존재를 필요로 하는 상호 협조 관계가 아니라, 조선이 미국을 일방적으로 짝사랑하는 비정상적인 관계였다. 조약 체결 당사자인 미국의 슈펠트 제독은 조선이 대단히 가난하기 때문에 상업적 중요성이 거의 없다는 사실을 알고 있었다. 그럼에도 불구하고 미국이 조선과 수교한 이유는 "조선 근해에서 난파된 미국 상선과 선원들을 보호하기 위해서"였다. [58]

1882년 조미 수교로 조선의 문호가 개방되면서 조선의 궁색한 형편이 적나라하게 드러났고, 또 조선을 둘러싸고 중국, 일본, 러시아 등 주변 국가들의 이해관계가 심각하게 얽혀 있다는 사실이 밝혀지면서 미국 정부는 조선에 대한 관심이 식었다. 1883년 미국은 초대 조선 주재 공사 루시우스 푸트를 도쿄나 베이징의 미국 공사와 같은 직급인 특명전권공사로 발령했으나 1년 후에는 그 지위를 변리(辨理)공사 겸 총영사로 격하시켰다. 푸트는 이에 항의하여 사표를 내고 조선을 떠났다.[59]

반면에 조선은 미국이 중국을 대체할 새로운 후견자라고 여겨 지대한 관심을 보였다. 고종은 미국이 주변 열강들과는 달리 영토에 대한 야심이 없는 우호적이고 정의로운 나라로 인식하고, 미국의 도움을 얻어 독립을 유지하기 위해 1882년 미국과 조미수호통상조약을 맺었다.

이 조약의 제1조는 조선과 미국 두 나라 사이에 영구적인 평화와 우호가 있을 것이라고 되어 있다. 만약 제3국이 어느 한쪽 정부에 대해 부당하게, 혹은 억압적인 행동을 할 경우 미국과 조선은 '그 사건을 통지받는 대로 원만한 타결이 이루어지도록 거중조정에 최선을 다함으로써 우의를 표한다'고 규정되어 있었다.

고종을 비롯한 조선 지도부는 '거중조정에 최선을 다한다'는 구절을 미국이 제국주의 포식자들로부터 조선을 보호해 줄 새로운 '형님 나라'가 된다는 뜻으로 해석했다. 조선인들에게 이 구절은 법적인 구절보다 더 의미가 있었고, 형님 나라인 미국이 도덕적 책임을 진다는 뜻을 지니는 것으로 해석했다.[60]

비슷한 시기에 일본의 지도자 중의 한 사람인 후쿠자와 유키치(福沢諭吉)는 조선 조정과는 달리 이렇게 주장했다.

"수백 권에 달하는 국제법 서적도 서너 문의 대포와 겨루지 못한다. 아무리 많은 우호조약도 얼마 되지 않는 화력 앞에 속수무책이다. 대포와 화약이 바로 법이다."

조선에 대한 미국의 기본 입장은 무관심, 외교적 용어로 표현하면 '우호적 중립'이었다. 미국은 한반도에서 자신들이 반드시 쟁취해야 할 만큼 중대한 이권을 발견하지 못했다. 설령 중대한 이권이 있었다 해도 그것을 지킬 만한 힘이 없었다. 1900년대 초의 미국은 오늘날 우리가 알고 있는 군사강국이 아니라 상해에 파견되어 있는 영국의 동양함대를 두려워해야 하는, 군사력이나 국력이 보잘 것 없는 나라였다.

미국이 강대국의 위상을 갖추게 된 것은 제1차 세계대전에서 유럽이 미증유의 파괴와 살육의 광풍이 지나간 이후다. 따라서 미국 정부는 중국, 러시아, 일본을 비롯하여 영국 등이 호시탐탐 노리는 한반도에 정치적으로 관여하고 싶은 마음이 조금도 없었다.

워싱턴의 주미 한국 공사관은 미국의 일부 인사들과 극비리에 교섭하여 미국 은행으로부터 부산, 인천, 원산 세 항구 해관의 관세를 담보로 200만 달러의 차관을 빌리는 데 성공했다. 이 돈으로 미군을 조선에 파병하여 청국이나 일본의 간섭을 막아보겠다는 의도였다. 이 계획은 미국 정부의 강력한 반대로 무산되었다. 미국 정부가 미군 파병에 적극 반대하는 등 일이 복잡하게 돌아가자 미국 은행은 차관을 회수하여 미군 파병 문제는 없었던 일로 흐지부지 되었다.

미국은 조선에 대해서는 엄격한 중립 불간섭 정책을 유지했다. 때문에 조선에 파송된 일부 선교사들이 조선의 독립을 돕는 등의 정치 행위는 미국을 한반도에서 벌어지는 복잡한 파워 게임의 소용돌이로 끌어들일 우려가 있다는 점 때문에 우려했다. 미국 정부는 아펜젤러나 언더우드, 헐버트 같은 주한 선교사가 조선 정부에 맞서 개화 활동을 벌이다 탄압 받는 인사들을 치외법권을 이용하여 숨겨주거나, 반(反)정부적 활동을 지원하거나, 왕비의 시해 현장을 목격한 고종을 보호하는 등의 정치활동을 금하는 훈령을 내렸다.

아펜젤러나 언더우드, 헐버트 등 몇몇 예외를 제외한 대다수의 미국 선교사들은 조선의 정치적 운명에 대해 매정할 정도로 관심이 없었다. 그들은 정교(政教)분리라는 미국적 이상을 신봉하는 사람들이었다. 미국 선교사들은 제국주의 경쟁 속에서 조선왕조는 기울고, 일본이 강대국 중국과 러시아를 차례로 꺾고 조선의 새 지배자로 등장하는 모습을 기대 섞인 마음으로 지켜보았다. 그들은 서구식으로 문명개화된 일본이 기독교 선교에 더 우호적인 상황을 마련해 줄 것으로 기대했다.[61]

이런 생각은 1904년 1월 주한 미국 공사 알렌이 베이징 주재 미국 외교관 윌리엄 록힐에게 보낸 다음과 같은 편지에서 발견할 수 있다.

'귀하께서 아시는 바와 같이 제가 열성적인 친일주의자가 아니지만, 백성들을 이롭게 하고 압제적인 관리들을 제어하며, 질서를 세우고 상업을 발전시키기 위해 어떤 문명화된 인종(일본-필자 주)이 그 친절한 동양인(조

선-필자 주)들을 지배하는 것을 반대하지 않습니다.'

미국도 서양의 열강들과 마찬가지로 제국주의적 야심이 있는 국가였다. 시어도어 루스벨트 대통령은 자신의 외교정책을 "말은 부드럽게 하고 몽둥이는 큰 것을 드는 것"이라고 설명했다. 그는 1900년 미국 부통령 재임 시절 친구에게 이런 편지를 보냈다.

'나는 일본이 대한제국을 차지하기를 바란다. 그러면 일본은 러시아를 저지하게 될 것이고, 이제까지 해온 것으로 보아 일본은 충분히 그럴 만한 능력이 있다.'[62]

루스벨트 대통령은 1905년 7월 29일 윌리엄 하워드 태프트 육군 장관을 일본에 보내 가쓰라 다로(桂太郎) 일본 총리와 극비 밀약을 맺었다. 미국이 필리핀을 점령하는 대가로 일본이 한반도를 지배하도록 묵인한다는 말썽 많은 태프트-가쓰라 밀약이었다.

태프트 장관과 함께 여객선 맨추리어 호를 타고 아시아 순방에 나섰던 루스벨트 대통령의 딸 앨리스 루스벨트는 1905년 9월 19일, 귀국길에 잠시 조선을 방문하여 국빈 대접을 받았다. 고종의 부인이었던 엄비(嚴妃)[63]는 민간에서 3만 원의 거금을 빚으로 얻어 앨리스에게 줄 선물을 마련했다는 풍문이 돌 정도였다. 대한제국을 일본의 보호국으로 넘겨주는 포츠머스 강화조약이 체결(9월 5일)된 지 2주일 후의 일이다.

앨리스의 수행원은 "앨리스 일행은 황실을 방문한 어느 누구보다 극진한 대접을 받았다"고 기록했다. '대한제국 침탈 비밀외교 100일의 기록'이라는 부제가 붙은『임페리얼 크루즈』의 저자 제임스 브래들리는 고종과 앨리스 일행과의 만남 장면에 대해 다음과 같이 기록하고 있다.

"고종은 앨리스와 식사를 마친 후 수행원으로 함께 온 네바다 주 출신 상원의원 프랜시스 뉴랜즈를 불러 시어도어 루스벨트에게 '조정 역할'을 발휘해 한국을 점차 거세지는 일본의 억압으로부터 구해달라는 요청을 해 달라고 부탁했다. 뉴랜즈는 '공식적인 창구를 통해 적법하게 요청하라'며 비웃는 투로 답했다."[64](다른 자료에는 뉴랜즈 의원이 '국제 변호인의 도움을 얻어 위엄 있는 항의를 하라'고 조언했다고 한다.)

앨리스가 서울에서 조선과 미국의 우호를 위해 축배를 든 지 두 달도 되지 않아 을사늑약이 체결되자 1905년 11월 28일 루스벨트는 서양 국가들 중 가장 먼저 서울 주재 미국 공사관을 폐쇄했다. 월러드 스트레이트는 미국인들이 '침몰하는 배에서 우르르 도망치는 쥐들처럼' 서울에서 도망쳐 나갔다고 기록했다.

미국은 루스벨트 대통령이 을사늑약 체결 이전부터 공사관 철수가 필요한지 일본 정부에 문의할 정도로 일본에 협조적이었다. 독일 역시 '대한제국이 제2의 이집트가 되었다는 사실은 놀라운 일이 아니다'라는 반응과 함께 즉시 공사관을 철수시키겠다고 통보해 왔다. 영국도 11월 30일 공사관 철수를 통고했고, 프랑스는 열강들 중 가장 늦게 12월 26일 공사를 귀국시켰다.[65] 제임스 브래들리는 당시 정황을 이렇게 기록하고 있다.

"대한제국을 배신함으로써 루스벨트는 아시아 대륙에 대한 일본의 영토

확장 계획에 파란 불을 켜 주었다. 그리하여 수십 년 뒤에 또 다른 루스벨트 대통령(프랭클린 루스벨트)은 테디 루스벨트(시어도어 루스벨트)가 행한 비밀협약의 결과로 빚어지는 피비린내 나는 처절한 전쟁의 소용돌이에 휘말리게 된다.[66]

제임스 브래들리는 루스벨트와 태프트가 2인 1조로 한 팀이 되어 태프트-가쓰라 밀약을 체결하여 일본에 아시아 침략의 날개를 달아줌으로써 후에 제2차 세계대전이라고 부르게 될 전쟁이 태평양에서 일어나도록 파란불을 켜주었다고 말한다. 루스벨트가 체결한 태프트-가쓰라 밀약은 한국을 일본의 강점 하에 놓이도록 만든 사형 선고문이었다. 이처럼 미국도 무자비한 제국주의 국가의 하나였음에도 불구하고 국제정세에 무지한 조선의 지도부들이 미국을 우호적이고 정의로운 나라로 인식한 것은 조선에 와서 헌신하는 미국 선교사들 덕분이었다.

의료선교사들은 한국의 왕실 가족뿐만 아니라 일반 백성들까지 차별 없이 치료해주었고, 예방주사 접종을 하여 전염병이 창궐할 때 한국인들을 살려냈으며, 지방을 순회하며 수백 명의 환자들을 치료해주었다. 또 민주주의, 자유, 평등 개념을 전해주었고 읽거나 쓸 줄 모르는 민중들을 교육시켰다. 한국 근대화의 기저에는 '교육'이 자리 잡고 있는데, 이러한 근대 교육의 출발은 1884년 입국한 기독교 선교사들로부터 시작되었다.

한국에서 활동했던 선교사나 그 자제들은 해방 공간에서도 많은 활약을 했다. 1945년 9월 8일 남한에 진주한 미군들은 한국에 대한 사전 정보가 절대적으로 부족했기 때문에 군정을 수행하기 위해 한국어를 구사할 줄 알고, 한국의 문화에 익숙한 선교사와 그 자제들을 적극 활용했다. 미군정은 특히 한국에서 태어나 한국에서 자란 선교사 자녀들 중 미군에 입대한 '코리아 키드'(Korea Kids)들을 적극 활용했다.

'코리아 키드'로 미군정에서 활동한 인물은 존 윌리엄스(John Williams, 하지 사령관의 정치참모), 클러런스 웜스(Clarence Weems), 해롤드 노블, 언더우드 2세(원한경)와 3세(원일한) 등을 꼽을 수 있다.

그러나 '코리아 키드'들이 한국에 긍정적인 영향만 미친 것은 아니다. 그들은 부모를 따라 한국에 와서, 혹은 한국에서 태어나 자라면서 한국에 대해 긍정적인 생각과 함께 부정적 인식들도 동시에 가지고 있었다. 이러한 인식과 개인적 감정들이 후에 성년이 되어 한국과 관련된 일을 하는 과정에서 미국의 정책으로 표출되기도 했다. 긍정적 측면에서 한국을 도운 인물이 언더우드 2세와 3세, 해롤드 노블, 존 윌리엄스라면 부정적 측면으로 작용했던 인물은 조지 매퀸 2세(George McAfee McCune)였다.

조지 매퀸 2세는 한국에 파송되어 북한 지역에서 활동했던 조지 매퀸(George Shannon McCune, 1872~1941. 한국명 윤산온·尹山溫) 선교사의 아들이다. 매퀸 선교사는 미주리 주 출신으로 미국에서 교육 활동에 종사하다가 1905년 9월 미국 북장로교 교육 선교사로 파송되어 부인과 함께 한국에 왔다. 처음에는 평양 선교부 소속으로 숭실학교 교장 베어드를 돕다가 1909년 평안북도 선천군 신성중학교 교장을 맡았다. 이 학교 학생이었던 백낙준은 조지 매퀸 교장의 주선으로 미국에 유학했다.

일본 밀정들은 선천의 선교사 매퀸이 성서에 나오는 다윗과 골리앗 이야기를 수업의 주제로 삼아 약한 사람이 정의로 무장하면 힘센 적보다 더 강할 수 있다고 가르친다는 사실을 탐지했다. 밀정들이 보기에 이것은 한국인들로 하여금 일본과 투쟁하도록 충동질하는 것으로 해석됐다.

1911년 가을에 기독교 목사를 비롯하여 교사, 학생 그리고 교회의 저명한 신도들이 대대적으로 체포된 '105인 사건'이 발생했다. 한국에서 가장 유명한 교육기관의 하나였고, 그 학교 교장인 매퀸 목사가 다윗과 골리앗 이야기를 자주 했던 선천 신성학교는 많은 학생과 교사들이 체포되어 학교 문을 닫아야 했다. 이 학교 교장 조지 매퀸도 주모자의 한 사람으로 몰려 한국에서 추방되었다. 그는 미국으로 돌아가 사우스다코타 주의 휴런 대학장으로 재직하면서 한국 유학생들을 도왔다.

매퀸은 1928년 재차 한국에 파송되어 1929년 5월 평양 숭실전문학교 제4대 학장에 취임했다. 그는 일제가 신사참배를 강요하자 이에 반대하다 또 다시 미국으로 강제 추방되었다. 그의 큰아들 조지 매퀸 2세는 한국에서 태어났는데, 아버지의 활동 지역이 평안도라서 이 지역 사정에 정통했다. 그는 옥시덴탈 대학과 버클리 대학교(The University of California at Berkely)에서 수학한 후 1942년 2월부터 미 중앙정보국(CIA)의 전신인 전략첩보국(OSS) 산하의 조사분석실 극동그룹에서 근무했다. 그는 라이샤워와 함께 한글 로마자 표기법 중의 하나인 '매퀸 라이샤워법'을 창안한 한국 전문가다.

미국 정부에서 대표적인 한국 전문가로 꼽혔던 그는 안창호 계열의 친(親)흥사단, 친서북파 경향이 강해 기호파에 속하는 이승만에게 대단히 비판적이었다. 한국 민족운동의 두 주도세력인 기호파와 서북파의 해묵은 대결의식이 선교사들에게까지 영향을 미친 탓이다. 로버트 올리버는 조지 매퀸 2세에 대해 "한국 실정에 각별히 정통했고 한국인의 대일 적대감정을 잘 이해했으나 같은 평양 출신인 안창호와 흥사단 동지들, 그리고 대한인국민회 인사 등 독립운동 지도자를 자처하는 그 밖의 한국 사람들에 대해서는 동정적이었다"고 기록하고 있다.[67]

매퀸 2세는 독립운동가들 가운데 특히 좌파들에게 큰 관심을 가지고 지원을 했다. 그는 1944년 5월 국무부 일본과로 자리를 옮겼는데, 1937년 소련의 학술잡지인 『태평양』(Tikhi Okean)지에 실린 김일성에 관한 기사를 번역하여 국무부 관리들에게 읽도록 권했다.[68]

당시 미 국무부는 한국의 민족주의 각파 사람들을 동원하여 한국통일위원회를 구성했다. 즉 공산주의자들과도 협력하는 범한국 연립정권(좌우합작)을 수립하고자 했는데, 매퀸 2세는 이 작업을 위해 한길수, 김용중 같은 반(反)이승만 성향의 인물을 접촉하고 지원했다. 그러자 이승만은 "좌우 연립 방식은 한국을 공산주의에 내맡기는 것을 의미한다"면서 한국통일위원회를 와해시켰다.

1945년 5월 이승만은 미국 대통령과 국무성에 대한민국 임시정부를 승인해 달라며 다음과 같은 항의 편지를 여러 차례 보냈다.

"6개월 전까지만 해도 중국 정부의 한국 임시정부에 대한 태도는 미지근했는데 지금은 적극적이다. 미국 정부만 동조하면 중국은 즉각 승인 조치를 하겠다고 하니 미국은 방해하지 말고 중국 정부의 입장에 동조해주기 바란다. 나의 걱정은 소련이 한반도에 침입해서 공산 정권을 수립하지 않을까 하는 것이다. 이런 사태를 방지하는 길은 당장 미국이 임시정부를 승인하는 것뿐이다."

이러한 이승만의 편지에 대해 미 국무성은 단 한 번도 회답을 주지 않았다. 정부 수립 후 주미 한국대사관에 근무한 한표욱은 국무성 문서철을 찾아보았는데, 해방 전에 이승만이 미 국무성에 보냈던 편지가 모두 보관되어 있었다고 한다. 그런데 이승만이 보낸 앞의 편지에는 "내용이 너무 논쟁거리라 회답 보내지 않음. G·M"이라는 코멘트가 붙어 있었다. G·M이란 그 문서 취급자의 이니셜이었는데, 바로 조지 매퀸 2세였다. 한표욱은 조지 매퀸 2세에 대해 이런 기록을 남겼다.

'매퀸은 한국에서 일한 미국 선교사의 아들로 평양에서 출생했다. 그가 청소년 시절 간직한 한국인에 대한 이미지가 어떤 것인지는 확실히 알 수 없으나 국무성에 근무하는 동안 재미 한국 지도자들을 좋지 않게 생각한 것만은 사실이었다.'[69]

이승만이 하와이에서 집필한 저서 『한국교회 핍박』에 의하면 한국이 개국하고 통상한 지 불과 30년 만에 전국의 기독교인 수가 37만 명, 외국 선교사 수 약 300명, 교회 500개, 교회학교 962개, 병원 13개로 늘었다. 기독교 역사로 볼 때 하나님의 은총이 충만한 폭발적인 성장이었다.

생사의 기로를 헤매던 한성감옥 수감 시절 기독교로 개종한 이승만은 『한국교회 핍박』에서 한국이 기독교 국가가 되면 한국은 영국, 프랑스, 미국 등 구미의 1등 국가들과 동등한 문명국이 될 수 있다고 전망했다. 그는 또 한국인이 심령의 양식인 기독교를 받아들여 정신력을 배양하면 일제의 식민통치를 능히 극복할 수 있다고 주장했다.

이승만은 1919년 3·1운동 직후 미국 언론과의 인터뷰에서 "이번 독립운동 지도자들의 주의는 한국을 동양 처음의 예수교국으로 건설하는 것"이라고 말했다. 이승만은 앞으로 탄생할 '신대한'(新大韓)은 아시아 최초의 모범적인 기독교 국가라고 머리 속에 그리고 있었다. 오늘날 한국에서 기독교의 위상을 보면 그의 젊은 시절의 꿈은 어느 정도 이루어졌다고 본다.

메이지유신에 결정적
역할을 한 서양 선교사들

한국뿐만 아니라 일본도 근대화 과정에서 선교사들의 역할이 지대했다. 일본에 기독교가 들어온 것은 1858년 미일수호통상조약을 체결하면서부터였다. 1859년 11월 미국의 네덜란드 개혁교회 선교사 구이도 베르벡(Guido F. Verbeck), 브라운(Brown), 시몬(Simon) 등 6명이 개신교 선교사로서는 최초로 일본에 들어왔다. 이후 1882년까지 209명의 선교사가 입국하여 대부분 교육 사업에 종사했다.[70]

베르벡은 네덜란드 개혁교회 선교사였는데, 막부가 오래 전부터 나가사키를 통해 네덜란드 상인과 통상을 해 왔기 때문에 그에게 선교활동을 허락했다. 선교사들은 개항도시라는 제한지역에 거주하면서 무사(사무라이)들과 접촉했다. 당시 사무라이들은 메이지유신 이후 생계를 이어가기 어려운 상태라서 새로운 지식을 구하기 위해 선교사의 집에 모여 들었다.

베르벡은 막부를 무너뜨리고 메이지유신을 성공시킨 이토 히로부미(伊藤博文), 사이고 다카모리(西鄕隆盛), 가쓰 가이슈(勝海舟), 오쿠보 도시미치(大久保利通), 소에지마 다네오미(副島種臣), 오쿠마 시게노부(大隈重信), 이와쿠라 도모미(岩倉具視), 도고 헤이하치로((東鄕平八郞) 등을 제자로 길러냈다.

이토 히로부미는 메이지 헌법(1889)의 초안을 마련하고 양원제 의회(1890)를 수립했으며, 청일전쟁에서 승리하여 일본이 근대 국가로 발돋움하는 데 결정적인 기여를 했다. 사이고 다카모리는 도쿠가와 막부를 무너뜨린 메이지 유신 지도자 중의 한 사람으로서 왕정복고(王政復古)에 큰 공을 세웠다. 가쓰 가이슈는 일본 해군 근대화의 주인공, 오쿠보 도시미치는 일본 경제의 급속한 성장을 위해 기술학교를 설립하고 민간기업 육성에 앞장섰고, 오쿠마 시게노부는 일본의 국고제도를 현대화하는 데 힘썼다. 이와쿠라 도모미는 48명의 정부 주요인사들로 구성된 사절단을 이끌고 미국 및 유럽 국가들을 순방하여 서구 선진문명을 받아들였고, 도고 헤이하치로는 러일전쟁 당시 대한해협에서 러시아 발틱함대에 대승을 거두어 일본을 세계적인 강국으로 부상시킨 인물이다.

베르벡은 이와쿠라 도모미를 단장으로 하는 구미사절단 파견을 주선했는데, 사절단의 일원이었던 가네코 겐타로(金子堅太郞)는 귀국하지 않고 미국에 남아 하버드대학에서 학업을 계속했다. 가네코 겐타로는 일본제국의 창시자인 이토 히로부미의 문하생이었고, 메이지유신 이후 일본이 해외로 내보낸 첫 유학생 가운데 한 명이었다. 그는 하버드대에서 유명한 변호사인 올리버 웬들 홈스 주니어 아래서 법학을 공부했다. 하버드대 재학 시절 사귄 친구가 후일 미국 대통령에 오른 시어도어 루스벨트다.

러일전쟁 막바지에 일본은 대한해협 해전, 봉천대회전에서 압승을 거두었지만 모든 힘을 소진했기 때문에 병력, 군수물자, 자금 등 국력이 완전히 바닥을 드러낸 상태였다. 일본은 생산력이 있는 남자 인구 1,000만 명 가운데 무려 300만 명이 군대에 동원되었고, 하루에 미화 100만 달러라는 엄청난 비용을 소모해 심각한 재정 출혈을 가져왔다.[71]

더 이상 전쟁을 계속하면 나라가 결단날 상황이 되자 가네코 겐타로는 강화회담을 성사시키기 위해 이토 히로부미의 특사가 되어 학창 시절의 친구 루스벨트를 만났다. 가네코가 루스벨트에게 중재를 교섭한 결과 일본은 천신만고 끝에 미국의 도움으로 러일전쟁을 끝낼 수 있었다. 당시 일본은 전쟁에서 승리하고도 러시아에 전쟁배상금을 요구할 힘도 없어 배상금 요청도 포기했다.

이런 사례로 미루어볼 때 일본 근대화의 결정적인 분수령이었던 메이지 유신을 성공시킨 인물들은 미국 선교사의 제자들이었다. 일본은 메이지 유신을 통해 국력을 축적하여 한국을 침탈했으니, 미국 선교사들이 동양에서 수행한 역할이 국가별로 볼 때는 참으로 야릇한 운명을 가져온 것 같다.

2부

개화파 선각자들

시대 상황

이승만이 배재학당과 인연을 맺은 1895년 4월은 청일전쟁에서 일본이 연전연승하여 시모노세키 강화조약이 체결되던 무렵이었다. 지금까지 알려진 것과는 달리 청일전쟁은 무슨 수를 써서라도 청국과 전쟁을 일으켜 일본 내부의 정치적 위기를 극복하고 조선을 손에 넣으려는 일본 정부와 군부의 적극적인 도발이었다.

청일전쟁의 개전 상황을 자세히 들여다보면 1894년 6월 3일 조선 조정은 동학 농민군의 토벌을 명목으로 청국에 정식으로 파병을 요청했다. 소식을 접한 청국 정부는 6월 5일 조선에 파병하겠다는 뜻을 전했으며, 다음날인 6월 6일 섭사성(聶士成·녜스청)[72]이 부대를 이끌고 조선으로 갔고,

이날 왕봉조(汪鳳藻·왕휭조우) 주일본 청국 공사에게 훈령을 내려 천진(天津·톈진)조약에 따라 파병 내용을 일본에 통지하도록 했다.

그러나 이런 움직임을 사전 첩보망을 통해 알고 있던 일본은 조선 정부가 청국에 파병을 의뢰하기 전부터 출병 준비를 은밀히 진행했다. 조선으로 병력을 수송하기 위해 6월 1일 '육군 대연습'을 이유로 일본우선(郵船)회사의 선박을 징발했고, 청국으로부터 파병 통보가 오기도 전인 6월 2일에 천황의 재가를 받아 조선 출병을 결정했다. 6월 5일에는 참모총장, 차장, 육군대신, 해군 군령부장 등으로 구성된 전시 최고 지휘기관인 대본영을 정식으로 출범시켰다. 대본영을 출범시켰다는 것은 어떤 방식으로든 조선에 출병하여 청국과 전쟁을 하겠다는 강력한 의지의 표명이었다.

6월 5일 오후 4시, 주조선 공사 오토리 게이스케(大鳥圭介)가 순양함 야에야마(八重山)호를 타고 요코스카 항을 출발했다. 일본 군부는 오토리 게이스케의 귀임을 보호한다는 명목으로 육군 소장 오시마 요시마사(大島義昌)[73]가 이끄는 4,000여 명의 병력이 9척의 군함에 분승하여 조선으로 향했다. 이후에도 계속 병력을 증강하여 7월 10일에는 8,000여 명의 병력이 파병되었다.

일본은 조선 정부가 정식으로 청국에 파병을 요청하기 하루 전, 그리고 청국이 정식으로 병력을 파병하여 조선에 오기 4일 전에 출병을 결정했다. 그리고 청국 군대가 중국을 출발하기 하루 전, 주일 청국 공사가 천진조약에 따라 일본에 통지하기 하루 전에 이미 병력을 조선으로 출발시켰다. 이는 일본의 조선 파병이 청국의 파병에 따른 피동적 행위가 아니라, 오래 전부터 준비해온 도발행위였음을 보여주는 것이다.

청일전쟁에서 일본의 승리는 단지 일본이 동북아의 강국으로 부상했다는 의미 이상을 내포하고 있었다. 오랜 기간 팍스 차이나의 우산 아래 평화를 구가하던 조선은 당장 사대의 종주국이 힘없이 무너지면서 바람 앞의 촛불 신세가 되었다. 게다가 청국이 일본에게 연전연패를 당하며 이빨 빠진 호랑이 신세라는 것이 여지없이 드러나자 서양 열강들은 본격적으로 중국에서 이권 쟁탈전을 벌이기 시작했다.

그 무렵 이승만은 배재학당에서 서양 선교사와 선각자들을 통해 기독교와 영어, 그리고 미국이라는 새로운 문명과 만난다. 그가 배재학당을 만나기 전까지는 동양 고전을 공부한 선비로서 과거 시험을 통해 입신양명하는 것이 최고의 인생 목표였다. 말하자면 교조화된 주자학이 골수에 박힌 수구꼴통 청년 선비가 어느날 신학문을 접하고 민주주의, 인권, 자유, 공화제, 기독교, 영어 등을 접하면서 민주 투사의 길을 걷게 된 것이다.

이승만은 서양 선교사들과의 만남을 통해 왕정을 폐지하고 '국민이 주인이 되는' 공화제로의 이행을 외치기 시작했다. 이런 주장은 당시의 왕정체제 하에서는 대역죄에 해당하는 것이었다. 결국 이승만은 대역죄로 체포되었는데, 선교사들의 적극적인 구명운동 덕분에 사형 일보직전에서 무기수로 감형이 되었고, 감옥 안에서 기독교 신자가 되었으며, 개화파 거두들과 만나 자신의 인맥을 형성하게 된다. 또 『독립정신』을 비롯하여 수

많은 논설 등 저술활동을 통해 자신의 사상체계를 형성하게 된다. 그것은 대륙 지향적 사고에서 해양지향적 사고로의 문명사적 전환이었다.

서재필

이승만의 배재학당 스승이자
외교적 독립운동의 동지 겸 멘토

이승만이 배재학당에서 만난 한국인 스승은 서재필(徐載弼, 1864~1951, 미국명 필립 제이슨)과 윤치호였다. 서재필은 아관파천이 일어나기 두 달 전인 1895년 12월 26일 귀국하여 배재학당에서 학생들을 가르쳤는데, 이승만이 서재필을 만난 것은 1896년 4월의 일이다. 서재필은 제자 이승만과 함께 외교 독립운동의 최전선에 서서 싸우는 동지이자 투사였다. 또 평생에 걸쳐 이승만이 독립운동가로, 정치가로 활동할 수 있도록 이끌고 도운 진정한 스승이자 멘토였다.

명문가 출신인 서재필은 18세 때인 1882년 과거에 급제하여 관직에 입문, 김옥균 서광범 등 개화파 인사들과 사귀었다. 1883년 5월 조선 조정이 첫 번째로 파견한 해외 유학생으로 일본으로 건너가 게이오의숙(慶應義塾)에서 일본어를 배운 후 도야마(戸山) 육군학교에 입학, 7개월간 군사훈

런을 받고 1884년 7월 귀국했다. 고종의 명으로 사관(士官)을 양성하는 조련국(操鍊局) 사관장(군관학교 교장)에 임명되었다. 그러나 명성황후의 조카 민영익이 청국 장교를 초빙하여 훈련을 맡기는 바람에 사관장에서 해임됐다.

서재필은 20세 되던 1884년 12월, 병조참판 신분으로 갑신정변 쿠데타에 참여했는데, 사관생도를 지휘하여 국왕 호위와 수구파 처단 임무를 맡았다. 그러나 청국 군대의 개입으로 갑신정변이 '3일 천하'로 막을 내리자 김옥균, 박영효 등과 함께 일본으로 망명했다. 역도로 몰린 서재필을 비롯한 개화파의 부모와 형제, 아내와 자식들은 물론 외가와 처가까지 삼족이 모두 처형되었다.

망명객 서재필은 미국 선교사 헨리 루미스를 비롯하여, 조선에 입국하기 위해 잠시 일본에 머물던 언더우드, 스크랜턴 등에게 한국어를 가르쳐주고 영어를 배웠다. 그의 일본 망명생활은 고난의 연속이었다. 실각한 개화파 인사를 반겨주는 사람이 없었기 때문이다. 견디다 못한 서재필은 박영효, 서광범과 함께 1885년 4월 미국으로 건너갔다.

그러나 미국 생활에 적응하지 못한 박영효는 몇 달 만에 다시 일본으로 돌아갔다. 박영효가 서둘러 미국을 떠난 이유는 지체 높은 양반 신분으로서 노동을 해야만 생존할 수 있는 미국 사회에 적응하기 힘들었기 때문이다. 서광범은 존 언더우드(언더우드 1세의 형)의 초청으로 뉴욕으로 가서 럿거스 대학에 입학하여 수학했고, 귀화하여 미국 시민이 되었다.

서재필이 미국에 망명한 1885년은 남북전쟁이 끝나고 대륙횡단철도가 완공된 지 불과 20년 후라서 서부 개척이 한창이었다. 당시 미국의 국력은 보잘 것 없었고, 군사력도 루마니아 수준에 불과해 열강이라 부르기가 부끄러울 정도였다.

　서재필도 박영효와 비슷한 지체 높은 양반 출신임에도 불구하고 미국이라는 낯선 환경에 잘 적응했다. 그는 가구점 점원, 유리창 닦이 등 닥치는 대로 막노동을 하며 고학을 하여 조지 워싱턴대학의 전신인 콜럼비안대학 의학부에 입학했다. 기술인이나 기능인을 천대하는 조국의 인습을 타파하기 위해 일부러 의학의 길을 택한 것이다.

　그는 졸업 후 의사가 되어 미국 정부 산하의 연구소에 근무했고, 워싱턴대학에서 잠시 학생들을 가르치기도 했다. 미국에 귀화하여 필립 제이슨(Philip Jaisohn)이란 이름으로 시민권을 얻었고, 1894년 6월 명문가 집안의 딸 뮤리엘 암스트롱(Muriel Armstrong)과 결혼한 후 워싱턴에서 병원을 개업했다. 뮤리엘 암스트롱의 아버지는 미국의 근대적 우편제도를 창시한 조지 암스트롱이었다.

　서재필이 결혼을 한 1894년 동북아 질서를 근본적으로 뒤흔든 청일전쟁이 발발했다. 일본이 연전연승하여 조선에서 청국 세력을 내쫓자 조선 조정에서 친청(親淸) 세력이 퇴진하고 친일 내각이 들어섰다. 일본은 친일 내각을 강화하기 위해 망명 중이던 박영효와 서광범, 서재필, 윤치호 등의 귀국을 종용했다.

박영효는 귀국하여 내부대신에, 서광범은 법부대신에 올랐다. 서광범은 고문을 폐지하고 목을 베어 죽이는 참수형 같은 악형을 없앴으며, 재판 없이는 인명을 해치지 못하도록 하는 등 근대적 사법제도의 기틀을 마련했다. 그러나 박영효는 정치적 입지가 위태로워져 또 다시 일본으로 망명해야 했고, 서광범도 을미사변과 춘생문 사건을 겪으며 입지가 어려워지자 1896년 1월 미국 공사를 자원하여 출국했다. 그는 1897년 주미 공사에서 해임되었고 얼마 후 워싱턴에서 급사(急死)했다.

1895년 12월 중추원 고문으로 초빙되어 미국인 부인과 함께 귀국한 서재필은 아관파천으로 러시아 공사관에서 집무하고 있는 고종을 찾아가 환궁할 것을 상주했다. 당시 정황에 대해 조병옥은 자신의 자서전에서 다음과 같이 기록하고 있다.

"서재필이 '폐하 대궐로 돌아가십시오. 이 나라는 폐하의 땅이요, 이 나라 백성은 폐하의 백성입니다.… 한 나라 임금으로서 대궐에 계시지 않고 남의 나라 공사관에 계시다면 우선 나리의 체면이 손상될 뿐만 아니라, 남의 나라 사람들이 웃을 것입니다.'

이렇게 진언하였으나 국왕 고종황제는 딱하다는 표정으로 '그렇지만 무서워 어디 갈 수가 있어야지' 하고 대답하는 정도였다고 하며, 국왕 옆에 시립하고 있던 친러파의 거두 이범진은 서 박사가 돌아서 나올 무렵, 서 박사가 들으라는 듯이 큰소리로 '저놈이 그저 역적이올시다. 이 위험한 때에 폐하께 어서 대궐로 돌아가시라는 말이 어디 있습니까?'라고 중상하더

라는 말을 들었다. [74]

이 사건을 계기로 서재필은 국왕이나 정부를 상대하여 민주국가를 세우려는 계획을 단념하고 백성들을 계몽 지도하기 위해 배재학당을 택했다. 그는 배재학당에서 후학들에게 세계지리와 역사, 정치학, 민주주의 등을 가르쳤다. 1896년 4월 이승만이 춘생문 사건의 여파로 황해도로 피신했다가 서울로 돌아와 학당에 가니 미국에서 귀국한 서재필이 강의를 하고 있었다.

서재필은 1896년 11월 30일 배재학당 내에 협성회(協成會)를 조직했는데, 이것이 우리나라 역사상 최초의 서구식 토론 모임이다. 강사는 서재필, 윤치호 등이었고 협성회 임원은 회장 양홍묵, 부회장 노병선, 서기 이승만·김연근, 회계 윤창렬·김혁수, 사찰 이익채·임인호, 사적(기록) 주상호(주시경) 등이었다.

협성회는 매주 토요일 오후 두 시 배재학당에서 토론회를 개최했다. 10여 명으로 출범한 협성회는 처음에는 배재학당 학생들만 참여하다가 일반인들에게도 문호를 개방하여 1년 후에는 회원이 200여 명으로 급증했다. 1897년 여름부터는 광화문, 종로 등에서 민중계몽을 위한 가두 연설회를 개최했으며, 1898년 1월 1일부터 「협성회 회보」라는 주간신문형 기관지를 발행했다.

이 회보가 정부를 비판하고 개화사상을 일깨우는 논설을 계속 싣다가 폐간 당하자 이승만과 양홍묵 등은 1898년 4월 9일 국내 최초의 일간신

문인 「매일신문」을 창간하여 발행했다. 이승만은 1898년 8월 10일에 「제
국신문」을 창간하여 주필로 활약했다. 「제국신문」은 1910년 9월 폐간될
때까지 「황성신문」과 쌍벽을 이루면서 민중계몽을 선도했다. 이승만은
「제국신문」 논설자로 1년 2개월 간 활동하다가 한성감옥에 투옥되었다.
이승만은 감옥 안에서도 논설을 써서 원고를 외부로 밀반출하여 2년 2개
월 간 「제국신문」에 기고했다. 출옥하자마자 다시 「제국신문」에 복귀하여
3개월 후인 1905년 11월 4일 미국 유학을 떠나기 전까지 신문 제작에 참
여했다.

협성회 참석자들은 서구식 토론문화와 의회정치를 체험하면서 정치적
으로 크게 각성하여 민족주의, 민주주의를 체험하는 계기가 되었다. 토론
주제도 애국, 개화, 자주독립, 반(反)외세 운동, 부국강병 등이 주를 이루
었다. 제41회 토론회는 러시아가 1897년 부산 앞바다의 절영도에 러시아
함대를 위한 석탄 저탄소(貯炭所)를 설치하려는 시도를 주제로 열렸다. 결
국 협성회와 독립협회가 이 문제로 반대 시위를 벌여 러시아의 의도를 좌
절시켰다.

협성회의 토론회는 날이 갈수록 대성황을 이루어 토론장이 초만원을
이루었다. 협성회 토론회가 성공하자 독립협회도 1898년부터 같은 형식
의 토론회를 개최했다. 이것이 만민공동회를 중심으로 한 독립운동으로
발전했다.

서재필은 이상재, 남궁억, 이완용 등과 함께 1896년 7월 2일 독립협회

를 창설하여 사대주의의 상징인 영은문을 허물고, 그 자리에 독립문을 건립하고 독립관과 독립공원도 조성했다. 독립협회는 1898년 3월 10일부터 종로에서 만민공동회라는 민중대회를 개최했다. 만민공동회에도 배재학당 학생과 교사들이 주도적으로 참여하여 자주독립과 주권수호, 구국운동에 앞장섰는데, 주요 연사가 이승만 등 협성회 출신이었다.

서재필은 개화운동의 불씨를 살리고 자유주의와 민주주의적 개혁사상을 고취하기 위해 「독립신문」을 발간했다. 「독립신문」은 배재학당 내의 삼문출판사에서 인쇄했는데, 「독립신문」의 발행에 직·간접적인 도움을 준 사람은 아펜젤러와 조지 콥(George C. Cobb), 그리고 호머 헐버트와 그의 동생 아처 헐버트였다. 삼문출판사 책임자였던 헐버트는 창간 때 인쇄공 두 명을 빌려주었으며, 그의 동생 아처 헐버트는 형을 만나러 조선에 왔다가 신문의 영문판 편집을 도왔다.

서재필은 나이가 비슷하고 영어로 의사소통이 가능한 헐버트를 만나 의기투합하게 되었다. 서재필이 신문 창간을 준비한다는 말을 듣고 헐버트는 삼문출판사 시설과 편집 노하우를 이용하도록 했다. 서재필이 단기간에 한글판, 영문판 「독립신문」을 창간한 것은 헐버트의 도움에 크게 힘입었다. 영문판 독립신문은 헐버트가 사실상의 편집인 역할을 했다. 헐버트의 동생인 아처 헐버트도 1897년 한국에 와 1년간 머물며 독립신문 발행을 도왔다.

서재필의 강렬한 활동에 부담감을 느낀 수구파와 당시 왕실의 주도권을 쥐고 있던 러시아 세력은 서재필 추방공작을 전개했다. 러시아는 한반도에 부동항을 건설하려는 자신들의 노력이 좌절된 것이 만민공동회 때문이고, 그 배후 인물이 미국 시민권자인 서재필이라고 판단하여 서재필 추방운동에 적극 나섰다. 수구파와 러시아의 압력에 직면한 고종은 1898년 5월 14일, 10년 기한으로 초빙한 서재필을 해고하고 계약된 액수의 연봉을 지급한 다음 추방했다.

이로써 3년여에 걸친 서재필의 조국에서의 활동은 막을 내렸다. 서재필은 프리데릭 매켄지가 『한국의 독립운동』이라는 저서를 발간할 때 독립협회 활동에 대해 다음과 같이 설명했다.

'독립협회가 역사의 장에서 사라진 것은 한국 역사상 가장 불행한 일 중의 하나이지만 그런 가운데에서도 한 가지 위로받을 점이 있는데, 그것은 다름 아니라 독립협회의 운동을 통해 한국에 민주주의의 씨가 뿌려졌다는 점과, 오늘날 한국에서 독립운동을 전개하고 있는 지도자들은 거의가 지난날의 협회원으로서 독립협회가 붕괴하면서 전개된 전면적인 박해를 피해 어떻게든 살아남은 사람들이라는 점이다. 금년(1919)에 백성들에 의해 선출된 8명의 임시정부 각료 중에서 6명이 지난날 독립협회에서 적극적으로 활동한 인물들이었다.[75]

미국으로 돌아간 서재필은 필라델피아에서 사무실용 가구와 문구류 판매, 인쇄업을 하는 필립 제이슨 상회를 경영했다. 1919년 3·1운동이 일어나자 이승만과 함께 4월 14일부터 16일까지 필라델피아의 한 소극장에서 제1차 한인의회(The First Korean Congress. 대내적인 명칭은 대한인총대표회의)를 개최했다. 이 행사에서 서재필은 배재학당 제자 이승만이 한국 독립 운동의 지도자임을 부각시키는 소개를 다음과 같이 했다.

"이승만 박사는 놀랄 만큼 훌륭한 업적을 달성한 분입니다. 나는 여러분들이 과거 20년간의 역사를 통해 그를 여러분의 지도자로 절대 신뢰하고 있음을 알고 있습니다. 그는 지옥의 열화(烈火)같은 고난을 극복한 인물입니다. 그는 그리스도를 믿는다는 이유로 5년간 감옥에 갇혀 있었습니다. 그는 여러분의 신뢰를 받을 만합니다."[76]

윤치호

실력양성을 통해 독립 추구한 현실주의자

배재학당에서 이승만과 인연을 맺은 또 한 사람의 한국인 스승이 윤치호
(尹致昊, 1864~1945)다. 윤치호는 1897년부터 1898년 겨울까지 배재학당
에서 이승만을 비롯한 학생들에게 과학개론과 천문학, 민주주의 사상 등
을 가르쳤고 협성회 운동을 지도했다. 또 독립협회에서 토론회를 주도하
여 국민을 계몽하고 정부 정책 비판에 앞장섰다. 서재필이 수구파와 러시
아의 공작으로 추방당한 후 1898년 8월 제2대 독립협회 회장을 맡았고,
제자 이승만과 함께 만민공동회의 명연설가로 이름을 날렸다.

윤치호의 부친 윤웅렬은 김홍집의 수행원으로 일본을 다녀와 별기군의
실질적인 책임자였으며, 군부대신과 법부대신을 역임한 조정의 거물이었
다. 윤치호는 임오군란 당시 청국 군대를 이끌고 조선에 왔던 마건충(馬建
忠)의 조카 마애방(馬愛芳)과 혼인했다.

마건충은 프랑스에 유학하여 법률을 전공하고 파리에서 변호사 자격을 취득한 법률 전문가로서 이홍장(李鴻章·리홍장)과 함께 청일전쟁 강화를 위한 시모노세키조약 체결 당시 청국 대표단의 일원으로 활동했다. 윤치호는 1905년 중국인 부인 마애방과 사별하고 2년 후 당시 18세이던 백매려와 재혼했다.

윤치호는 1881년 신사유람단의 어윤중을 수행하여 일본에 건너가 1883년 4월까지 체류했다. 일본에 머무는 동안 이노우에 가오루(井上馨)의 주선으로 동인사(同人社)에 입학했고, 도쿄제국대학 철학 교수의 부인(L. G. 밀레트)에게 영어를 배웠다. 또 김옥균, 서광범, 박영효, 유길준 등 개화파 인물과 게이오의숙(慶應義塾)의 설립자 후쿠자와 유키치(福澤諭吉) 등 문명개화론자들과 교류하며 개화의 길을 모색했다.

1883년 5월 초대 주한 미국 공사 루시우스 푸트가 임지로 부임하기 위해 일본에 들렀을 때 윤치호를 발견하고 자신의 통역관으로 임명하여 서울에 왔다. 윤치호는 갑신정변 직후 이임하는 푸트를 따라 1885년 1월 일본으로 다시 건너갔다. 푸트는 윤치호가 상해로 유학을 할 수 있도록 소개장을 써 주었다. 상해로 간 윤치호는 미국 감리교 선교사 영 존 알렌(Young John Allen, 林樂知)[77]이 세운 중서서원(中西書院, Anglo-China College)에 입학하여 근대식 교육을 받았다.

중서서원을 수료한 윤치호는 영 존 알렌의 권유로 1888년 미국으로 건너가 밴더빌트 대학에서 신학을 공부하고 조지아의 에모리 대학에서 학위를 받았다. 5년간의 미국 유학을 마치고 중국으로 가서 모교인 상해 중서서원에서 학생들을 가르쳤다. 청일전쟁에서 일본이 승리하여 개화파가 정권을 잡자 1895년 2월 귀국하여 김홍집 내각에서 외부협판, 박영효 내각에서 학부대신(오늘날의 교육부장관)을 지냈다. 1896년 민영환의 수행원으로 러시아 황제 니콜라이 2세의 대관식에 참석했다.

1912년 총독부가 날조한 '105인 사건'의 주모자로 검거되어 3년여 복역하고 1915년 2월 석방되었다. 윤치호는 그 후 어떤 민족운동에도 참여하지 않았다. 3·1운동도 반대하여 '이완용보다 더 나쁜 인간'이라는 비난을 받았다. 그가 3·1운동을 반대한 이유는 단순히 만세를 부른다고 해서, 해외에 망명정부를 수립한다고 해서, 혹은 변경지역에서 사소한 무력투쟁을 벌인다고 해서 조선에 독립이 찾아오지 않는다고 생각했기 때문이다.[78]

그는 젊은 시절 중국과 미국에서 10년 넘게 고급 교육을 받은 국제적 배경이 있는 인물이었다. 윤치호는 당대 누구보다 뛰어난 지적 능력과 어학 능력을 보유하고 있었다. 당시 조선에서 어느 누구보다 심오한 차원에서 국제관계의 작동원리를 꿰뚫어본 인물이 윤치호였다.

그는 국가가 사라지고 지배층이 변해도 국민 개개인이 예전보다 더 큰 안정과 행복을 얻게 되면 그 편이 더 낫다고 생각했다. 즉, 국가의 목적은 국민의 안녕과 행복을 유지해 주는 것이고, 만약 정부가 포악하여 국민을 압제하고 수탈하면, 그런 정부하의 독립이란 무의미한 것이 되며, 동족에

의한 가혹한 통치보다 오히려 이민족에 의한 관대한 지배가 낫다는 결론에 이른 것이다.[79]

윤치호는 당시의 국제정세를 감안할 때 조선의 독립은 당분간 불가능하다고 판단했다. 열강의 반열에 오른 일본이 결코 조선을 독립시켜주지 않을 것이고, 다른 강대국들도 조선을 위해 나서지 않을 것이 뻔했기 때문이다. 그는 자유란 저절로 주어지는 선물이 아니라 싸워서 쟁취하는 것이라는 점을 이해하고 있었다. 그는 조선 민족이 제 힘으로 싸워서 독립을 쟁취하기를 바랐다. 어떤 민족이고 싸우지 않고 정치적 독립을 얻은 적은 없다고 믿었기 때문이다.

윤치호는 조선 사람이 조금이라도 대접받고 잘 살 수 있도록 하기 위해 많은 고민을 하다가 그 방법을 정치적 저항운동이 아니라 교육과 계몽에서 찾았다. 또 육영사업과 YMCA 활동을 통해 대중의 지적 수준과 삶의 질을 높이는 데 일생을 바쳤다.

윤치호처럼 선(先) 실력양성, 후(後) 독립을 주장한 개화파들은 일제 말기에 이르면 대부분 내선일체(內鮮一體) 정책에 동조하여 친일파로 전락하게 된다. 윤치호는 1938년 흥업구락부 사건[80] 이후 중추원 고문, 흥아보국단 위원장, 국민정신총동원 조선연맹 상무이사, 일본 귀족원 칙선의원 등을 맡아 친일의 길을 걸었다.

이상재

이승만의 후원자 역할을 했던
독립협회의 3대 거두

이상재(李商在, 1850~1927)는 1902년 개혁파 인사들의 대거 구금 과정에서 둘째 아들 이승인과 함께 체포되어 옥고를 치렀다. 아들 이승인은 고문 후유증으로 출옥 후 사망했다. 이상재는 이승만과 함께 한성감옥에서 수감 생활을 했는데 옥중에서 이승만이 전해준 성경을 읽고, 또 벙커 선교사의 전도에 감화되어 기독교로 개종했다.

한학자이자 외교관 경험이 있는 이상재는 독립협회와 만민공동회에서 만난 이승만의 정치적 후견인이 되었는데, 옥중에서 다시 만나 이승만에게 많은 영향을 주었다. 이승만은 옥중에서『독립정신』을 집필할 때 선배 이상재에게 부탁하여 책 내용에 대한 비평을 듣고 다시 교정을 했을 정도로 이상재에게 크게 의지했다. 이승만의 저서『독립정신』의 후기에는 "노성한 선배 이상재에게 부탁하여『독립정신』을 한 번 비평을 듣고 나서 교정했노라'라고 기록되어 있다. 1904년 2월 출옥한 이상재는 이승만의 옥바라지를 했고, 이승만이 미국 유학을 할 때는 그의 생활비를 지원하기도 했다.

이상재는 고려 말의 대학자 이색의 장남 이종덕(李種德)의 15대손이다. 고향인 충남 서천군 한산면에서 서당을 다니며 한학을 배웠다. 과거 시험을 보기 위해 서울에 올라왔다가 낙방하고 당시 개화파 선비이자 승지였던 박정양을 만나 친교를 맺었는데, 그의 부탁으로 개인 비서를 맡았다.

1881년 박정양이 신사유람단으로 선발되었을 때 그의 수행원으로 일본으로 건너가 동행했던 김옥균, 홍영식, 조준영, 어윤중 등 개화파 지식인들과 깊이 사귀었다. 당시 신사유람단에는 미국 유학 경험이 있는 유길준, 윤치호, 고영희, 안종수 등 26명이 동행했다. 이상재는 일본의 신문물과 발전상을 보고 큰 충격을 받았으며, 조선도 개화가 필요하다는 시각을 갖게 되었다. 그는 함께 파견된 홍영식, 윤치호 등과 친분을 쌓고 귀국한 뒤 개화운동에 참여했다.

이상재는 신사유람단의 일원이었던 홍영식의 권유로 우정국 관리로 근무하던 중 갑신정변이 실패하자 관직에서 물러나 농사를 짓다가 박정양에 의해 다시 등용되었다. 1887년 6월 박정양이 주미 공사로 임명되자 이상재는 주미 공사관 2등 서기관으로 수행하여 1년여 워싱턴에서 근무했다.

우리 외교단 일행이 미국에 도착하자 청국은 조선과 미국이 직접 외교 관계를 맺지 못하도록 국서(國書) 수교를 방해했으나, 이상재는 청국 서기관과 담판을 벌여 박정양이 단독으로 국서를 봉정할 수 있도록 활동했다. 귀국한 후 청국의 압력으로 관직에서 물러나 주한 외교관들의 친목단체인 정동구락부[81]의 일원으로 활동했다.

다시 관직에 등용된 이상재는 학무국장, 외국어학교장, 내각총서, 중추원 일등의관, 의정부 총무국장 등을 역임했다. 학무아문 참의로 재직할 때는 신교육령을 반포하고 사범학교·중학교·소학교·외국어학교를 설립하여 외국어학교 교장을 겸직했다.

1895년 12월 미국으로 망명했던 서재필이 귀국하자 1896년 7월 서재필, 이승만, 윤치호, 이완용 등과 독립협회를 조직하여 민권운동에 투신했다. 그는 조정의 벼슬을 가진 관리로서 대중계몽 집회인 만민공동회 의장과 사회를 맡아 활동한 특이한 경력의 인물이다. 이런 활약 덕분에 이상재는 윤치호, 서재필과 함께 독립협회의 세 기둥이라는 평을 들었다.

1902년 한성감옥에 수감되었다가 출옥한 후 한동안 두문불출하던 그는 1905년 9월 26일 시종무관장 민영환이 방한한 시어도어 루스벨트 미국 대통령의 딸 앨리스 루스벨트를 위해 마련한 환영 만찬에 참석했다. 당시 만찬에 참석한 한국 측 인사는 주빈인 민영환을 비롯하여 이준, 이상재, 이용익, 윤치호 그리고 서울에서 항일의 필봉을 휘두르고 있던 헐버트 등이었다. 한국 측 인사들은 앨리스 양에게 "아버지인 루스벨트 대통령이 한국의 독립을 지원하도록 메시지를 전달해 달라"고 요청했다.

1910년 8월 한일합방이 되자 조선총독부는 조선의 고위 관료들에게 작위를 수여했고, 중하위직에게는 총독부 관직을 하사했다. 이상재는 모든 관직을 거절하고 YMCA 청년회에서 선교 활동과 교육 계몽활동에 나섰다. 특히 청년들에게 실력 양성을 당부했다. 일제 치하에서 많은 애국지사들이 러시아, 중국, 미국 등지로 망명했으나 이상재는 끝까지 국내에 남아 민중들과 고락을 함께 했다. 특히 젊은 청년들의 친구가 되어 그들과 함께 울고 웃었다.

그는 해학의 천재였다. 한일합방 직후 총독부가 개최한 조선미술전람회에서 우연히 이완용을 비롯한 조선인 귀족들과 마주친 이상재는 "대감들은 동경으로 이사를 가서야겠습니다" 하고 인사했다. 그들이 "어째서 동경으로 이사를 가라는 거요?" 하고 묻자 "대감들은 나라 망하게 하는데 선수 아니십니까. 대감들이 일본으로 이사 가면 일본이 망할 것이 아닙니까"라고 응수하여 그들의 친일 매국행위를 통렬하게 비판했다.

1913년 이상재는 서울 YMCA 총무에 취임하여 윤치호와 함께 YMCA의 간판을 지켜냈다. 또 3·1 운동 때는 6개월간 구금되었으나 혐의점이 없어 풀려났다. 당시 일본인 검사는 조사 과정에서 각종 고문 도구들을 늘어놓고 "순순히 자백하지 않으면 고문하겠다"고 협박하자 이상재가 큰 소리로 "왜놈들은 제 부모도 친다더라. 늙은 나를 치려거든 쳐 보거라" 하고 외쳤다. 이 말에 일본인 검사는 그를 고문하지 못하고 석방시켰다고 한다.

그는 나이가 들어서도 젊은 사람들과 함께 청년회 운동을 하면서 '만년 청년'이라는 별명을 얻었다. 1924년 조선일보사 사장에 잠시 취임했다가 사퇴했고, 1927년 2월 15일 민족주의자와 사회주의자, 공산주의자 등 이념을 초월한 각계 인사가 모여 신간회가 결성되었을 때 회장으로 추대되었다.

재산이 없던 그는 셋방을 전전하다 1927년 4월 7일 서울의 셋방에서 77세를 일기로 병사했다. 사망 당시 쌀 27가마의 빚을 남겼는데, 이 빚은 윤치호를 비롯한 여러 사람들이 모금하여 갚아주었다. 그의 장례식은 사회장으로 거행되었는데, 10만 인파가 몰렸다. 선영인 충청남도 한산군의 선영에 묻혔다가 1957년 이승만 대통령의 지시로 경기도 양주군 장흥면 삼하리로 이장되었고, 변영로가 묘비문을 썼다. 1956년 이 대통령의 특별 지시로 공보처에서 『이상재 선생 약전(略傳)』이 발간되었고, 1962년 건국 훈장 대통령장이 추서되었다.

이충구

춘생문 사건에 가담한 이승만의 배재학당 동료

배재학당 졸업생인 윤성렬 목사의 증언에 의하면 배재학당이 문을 열고 1905년까지 20년 동안 학당을 다닌 학생은 300여 명이었으나 기록이 남아 있지 않다고 한다. 그래서 당시 배재학당을 다닌 졸업생 31명을 동창회 명부에 기록해 놓았는데 그 명단은 다음과 같다.[82]

△강봉흠 △강원선 △김명준 △김연창 △김홍수 △남궁염 △남궁혁 △노병선 △민찬호 △송석봉 △송석린 △송언용 △신홍우 △양홍묵 △여운형 △오긍선 △유병민 △유언전 △유옥겸 △유치겸 △육정수 △윤성렬 △이교영 △이승만 △이원창 △이익채 △정언교 △정태웅 △주시경 △최재학 △홍석후 (홍난파의 형)

이밖에도 조선인 최초의 감리교 목사가 된 김창식과 김기범, 한학자이자 목사가 된 최병헌, 한국 감리교단의 감독이 된 김종우 등이 재학했다. 윤성렬 목사의 증언에 의하면 배재학당 학생 중에서 가장 먼저 상투를 자른 사람은 이승만이었다.

이승만은 배재학당 재학 시절 신긍우 형제와 이충구, 이익채 등 개화파 청년들과 가깝게 지냈다. 이승만은 배재학당에서 영어를 배우기 시작한 지 불과 6개월 만에 탁월한 영어 실력을 인정받아 제중원에 새로 부임한 미국 장로교 여성 의료 선교사 조지아나 화이팅(Georgiana Whiting), 안나 제이콥슨(Anna P. Jacobson)의 한국어 교사로 선발되었다.

미당 서정주의 『우남 이승만전』에 의하면 이승만은 배재학당 동료 이충구와 함께 제중원을 드나들었으며, 이승만이 조지아나 화이팅을, 이충구가 안나 제이콥슨을 맡아 한국어를 가르쳤다.[83] 이승만은 화이팅 선교사에게 오전에는 한국어를 가르치고, 오후에는 화이팅으로부터 영어와 기독교, 서양 정치사상을 배우는 방식으로 실력을 쌓았다.

1895년 10월 명성황후가 일본 암살단에게 시해 당하고 고종은 친일파들에게 포위되어 언제 무슨 일을 당할지 모르는 상황이 되었다. 이때 고종을 궁궐 밖으로 탈출시켜 친일 내각을 타도하고 새 정권을 수립하기 위한 움직임이 시작됐는데, 이것이 '춘생문 사건'이다.

이 거사에는 윤치호와 부친 윤웅렬, 이윤영과 이완용 등 정동파 관료들을 비롯하여 언더우드, 에비슨, 헐버트, 윌리엄 다이 등 미국인 선교사와 군사 교관, 미국 공사관의 알렌 서기관과 러시아 공사 베베르, 그리고 이충구 등도 참여했다.

이충구는 명성황후를 호위하던 친위대 간부들과 국모 살해에 대한 복수를 계획한 후 이승만을 찾아와 "만약 내게 화가 미치는 날이 있으면 내 가족들을 보살펴주시오" 하고 부탁했다. 이승만은 자기도 그 일에 가담하겠다고 했으나 이충구는 이승만이 6대 독자라는 이유로 허락하지 않았다.

1895년 11월 27일 올리버 에비슨에게 이충구가 찾아와 그날 밤 친일 내각을 섬멸하고 국왕을 구출하는 작전이 진행될 것이라고 알려주었다. 서양인들과 교분이 넓었던 이충구는 외국 공관과의 연락 업무 및 탄약 조달을 담당했다. 11월 28일 새벽 춘생문을 통해 쿠데타군이 입궐하여 고종을 탈출시키려던 계획은 일부 참여자의 배신으로 정보가 누설되어 궁성 내의 친위부대가 반격을 시작했다. 거사가 실패하자 주모자들은 치외법권이 있는 미국과 러시아 공사관이나 선교사의 집으로 피신했다. 미처 피신하지 못하고 체포된 이도철은 사형, 이충구는 제주도로 유배되었다.

이 사건의 여파로 이충구와 친하게 지냈던 이승만에게도 수배령이 내려졌다. 이승만은 의료선교사 조지아나 화이팅의 주선으로 여자 환자로 변장한 다음 가마를 타고 양화진에 있는 제이콥슨 부인의 집에 숨었다가 황해도 평산의 누님 집으로 피신하여 3개월간 머물렀다.[84] 다음해 2월 고종이 러시아 공사관으로 피신하는 아관파천(俄館播遷)이 일어나 친러파가 정권을 잡자 귀양 갔던 이충구가 서울로 돌아와 경무사가 되었다. 이승만은 화이팅의 편지로 이 소식을 듣고 다시 서울로 돌아왔다.

주시경

이승만의 탈옥을 도운 한글학자

한글학자로 이름을 떨친 주시경(周時經, 1876~1914)의 본명은 주상호, 호는 한힌샘이다. 주시경은 배재학당에서 이승만과 절친한 사이였는데, 이승만이 감옥에 갇혔을 때 탈옥을 돕기 위해 감옥 안으로 권총을 몰래 넣어준 인물이다.

이승만이 5년 7개월 간 복역한 후 출옥하여 상동청년학원 교장이 되었을 때 주시경은 이 학원에서 국어를 가르쳤다. 그의 상동학원 제자가 한글학자 최현배다. 이승만이 자신의 저서『독립정신』을 비롯하여 수많은 논설과 글들을 순한글로 쓴 이유는 주시경의 뜻에 따라 이 나라의 모든 국민들이 글을 읽고 지식을 향상시켜 독립자강의 길로 나가자는 이유에서다.

황해도 봉산 출신인 주시경은 고향에서 한학을 배우다 1894년 상경하여 이승만보다 두 달 먼저 배재학당에 입학했다. 주시경은 집안이 어려워 배재학당에 다닐 때는 학당 내의 인쇄소에서 잡역을 하며 본격적으로 한글 연구를 시작했으며, 이승만과 함께 협성회 운동과 『협성회 회보』 발간, 독립협회와 만민공동회 활동에 앞장섰다.

1896년 4월 7일 「독립신문」이 창간될 때 서재필은 한문을 모르는 일반 민중들도 읽을 수 있도록 한글전용으로 발간했다. 당시 배재학당 학생이던 주시경이 이 신문의 회계 겸 편집인으로 일했다. 「독립신문」의 국문표기법 통일을 위해 주시경은 신문사 내에 국문동식회(國文同式會)라는 조직을 만들어 맞춤법과 띄어쓰기 등 과학적인 한글 연구를 시작했다. 그 결과는 후에 조선어학회의 '한글 맞춤법 통일안'으로 채택되었다.

주시경은 한글 문법과 맞춤법의 과학적 연구에 매달렸고 많은 제자들을 길러 조선어연구회(후에 조선어학회로 발전)의 창설을 가능케 했다. 그는 또 국채 보상운동, 민족주의적 차원에서 역사 연구에도 앞장서 민족주체사관의 정립에 공헌했다. 주시경은 1914년 해외에서 독립운동을 하기 위해 망명을 준비하다가 급환으로 38세의 젊은 나이에 세상을 떠났다.

신긍우·신흥우 형제

이승만에게 배재학당 입학을 권유하고
독립운동 도운 평생 동지

황해도에서 태어난 이승만은 서울 남대문 밖 도동에서 어린 시절을 보냈다. 6세까지 모친에게 천자문을 배우고 7세부터 서당에서 한문을 공부했다. 이승만이 처음 입학한 서당은 현재의 충무로 부근 낙동에 있는 퇴직 대신 이건하가 지도하는 서당이었는데, 10세부터는 판서 이근수의 도동서당으로 옮겨 10년 간 한학(漢學) 공부를 했다.

친척인 이근수 대감은 1864년 과거에 급제하여 벼슬이 사간원 대사간, 사헌부 대사헌에 이른 인물이다. 당시 도동서당에서 이승만과 동문수학한 사람은 이병주, 최을용, 그리고 신흥우의 두 형 신용우와 신긍우가 있었다.

이승만은 하루라도 빨리 등과(登科)를 바라는 부친이 나이를 속여 13세되던 1888년부터 매년 과거에 응시했으나 번번이 낙방했다. 이 와중에

1894년 갑오개혁(甲午改革)으로 과거제도가 폐지되면서 이승만은 인생의 목표를 잃게 된다. 서당 동문이자 가장 친한 친구였던 신긍우는 과거제도가 폐지되자 서당을 작파하고 감리교 선교사들이 세운 배재학당을 다녔는데, 아펜젤러 배재학당장은 신긍우를 아들처럼 아꼈다. 바로 그 신긍우가 실의에 빠져 있던 이승만에게 배재학당 입학을 권유하여 이승만도 배재학당과 인연을 맺게 된다. 1895년 4월, 이승만의 나이 20세 때의 일이다.

신긍우의 동생 신흥우(1883~1959)는 1894년 11월 배재학당에 입학했는데, 당시 그의 나이 12살로 배재학당 학생 중 가장 나이가 어렸다. 신흥우의 부친 신면휴는 조선 초기의 대학자 신숙주의 후손으로 응우, 긍우, 흥우 3형제를 두었다. 신면휴는 일찍이 기독교인으로 개종하여 개화당에 가담하고 있어 그의 아들들에게도 신학문을 하도록 허락했다. 또 이승만의 부친 이경선과는 흉허물을 가리지 않는 사이였다.

신긍우는 이승만보다는 4살 연상이었고, 신흥우는 이승만보다 8살이나 아래였으나 둘째형 신긍우와 의형제를 맺은 이승만이 다니던 서당에서 함께 동양 고전을 공부하며 친형제처럼 지냈다. 신긍우가 1895년 병사(病死)하고 친형처럼 따랐던 이승만마저 1899년 1월 한성감옥에 투옥되자 신흥우는 배재학당 졸업 후 1901년 덕어(德語·독일어)학교에 입학했다. 그는 덕어학교에서 학생회를 조직하고 매주 토요일 학생들을 운동장에 모아 민권사상을 고취하는 토론회를 열었다.

이 토론회가 일본에 망명한 박영효와 연락하여 정부를 전복하고 유신 운동을 일으켜 군주제를 폐지하고 대통령제를 만들려고 한다는 소문이 돌았다. 이 일로 체포령이 내려지자 신흥우는 은사인 아펜젤러 댁으로 피신했다. 아펜젤러는 신흥우를 정동교회 종각 위에 숨겨주었으나 결국 체포되어 3년형을 선고받고 한성감옥에 수감되어 이승만과 조우하게 된다.

신흥우는 이승만과 함께 벙커, 언더우드, 에비슨 등이 넣어준 책을 모아서 감옥학교와 도서관을 개설했다. 그리고 이승만이 『독립정신』을 집필할 때 원고 교정을 봐주기도 했다. 1903년 형기를 마치고 출옥한 신흥우는 미국으로 유학을 떠나 남가주대학에서 석사 학위를 받았다. 이승만이 미국 유학을 할 때 자주 만나 대화를 나누었다.

신흥우는 1911년 귀국하여 이듬해인 1912년 모교인 배재학당의 4대 당장(교장), YMCA 총무로서 기독교 청년운동과 농촌운동에 앞장섰다. 1919년 5월에는 미국에서 열린 세계감리교대회에 참석하여 3·1운동의 실상을 전 세계에 폭로했다. 신흥우는 1924년 9월 미국 북감리회 선교국의 초청을 받아 미 전역의 교회를 다니며 순회강연을 마치고 귀국하는 길에 하와이에서 이승만을 만났다. 이승만은 신흥우에게 자신의 지지세력인 동지회와 뜻을 같이하는 단체의 결성을 제의했고, 신흥우는 이에 동의했다.

신흥우는 귀국 후 국내의 친이승만 기독교 세력들과 힘을 합쳐 1925년 3월 22일 친목단체를 가장하여 흥업구락부를 창립했다. 창립회원으로는 이상재, 윤치호, 유성준, 신흥우, 이갑성, 박동완, 오화영 등 12명이었으며, 이상재가 단체의 부장을 맡고, 회계는 윤치호·장두현, 간사에 이갑성·구자옥이 선임되었다. 이들을 중심으로 기독교계와 학계, 언론계와 실업계, 관계 및 전문직 종사자들을 회원으로 모집했다.[85] 홍업구락부 주요 멤버들 중 이상재, 박동완, 유억겸, 안재홍, 김준연, 이갑성, 오화영 등은 1927년 1월 19일 신간회가 창립될 때 창립멤버로 참여하여 항일 민족운동을 전개했다.

신흥우는 해방 후인 1947년 7월에는 영자신문 『The Union Democrat』을 창간했고, 대한체육회장을 역임했으며 맥아더 장군과도 친분이 있어 주일 한국대표부 대사를 지냈다. 당시 신흥우의 직함은 '특명전권대사 겸 재일본연합국 최고사령부 파견 외교사절단장'이었다. 신흥우는 해방 직전 일본과 협력했다는 비판을 받았는데, 이 때문에 신흥우와 사이가 좋지 않았던 프란체스카 여사는 그가 거론될 때마다 '친일파'라고 혐오했다고 한다.

부산 정치파동으로 대통령 직선제 헌법이 제정된 후 벌어진 1952년 제2대 대통령 선거에서 신흥우는 이승만의 경쟁자로 출마하여 정적(政敵)이 되었다. 그가 대통령 선거에 출마하게 된 사연이 흥미롭다. 신흥우는 미국 교포들로부터 대통령 출마 권유를 받고 부산 임시수도의 대통령 관저를 방문했다.

여러 채널을 통해 미국 교포들의 동향을 듣고 있던 이승만은 "나에게 대통령을 다시 출마하라는 이야기들이 있는데, 나는 그럴 생각이 없으니 당신이 하는 것이 좋겠어" 하고 신흥우에게 출마를 권했다. 신흥우가 "그럼 믿고 내가 출마하리다" 하고 승낙하자 이승만은 "그렇게 하라"면서 그의 손을 잡아주었다. 그런데 신흥우가 실제로 무소속 후보로 출마하자 이승만은 두 번 다시 그를 만나주지 않았다.

오긍선

의사로서 고아들을 돌본
이승만의 협성회·독립협회 동지

오긍선(1879~1963)은 충남 공주 출신으로 1896년부터 1899년까지 배재
학당을 다니면서 서양 선교사들에게 의술을 배웠다. 그는 이승만과 함께
협성회, 독립협회, 만민공동회 활동을 하다 체포령이 내려져 피신했다.

1902년 미국 유학을 간 오긍선은 센트럴 대학에서 물리, 화학을 전공하
고 캔터키 주 루이빌 의대를 졸업하여 의사가 되었다. 1907년 루이빌 시
립병원에서 피부학을 전공한 후 같은 해 10월 미국 남장로회 선교사로 선
발되어 귀국했다. 그는 군산 야소교병원 원장으로 의료봉사를 시작했으
며 1909년 군산 영명중학교와 구암교회를 설립했다.

1910년에는 광주 야소교병원장, 이듬해에는 목포 야소교병원장, 1912
년에는 세브란스의학전문학교 교수 겸 진료의사가 되었다. 1920년 1월에
는 김병찬 등과 함께 경성고아구호회를 조직하여 고아원 사업을 벌였고

그 후 사망할 때까지 45년 간 고아들의 아버지 역할을 했다. 세브란스 의전 교장, 해방 후에는 대한성서공회 이사장 등을 역임하다가 1963년 사망했다. 건국훈장 대한민국장이 추서되었다.

윤병구

이승만과 함께 시어도어 루스벨트 대통령을
만난 독립운동 평생 동지

윤병구(尹炳求, ?~1949)는 이승만과 함께 시어도어 루스벨트 대통령을 만나 고종의 밀서를 전하고 한국의 독립을 청원했고, 1934년 10월 8일 뉴욕의 몽클레어 호텔에서 이승만과 프란체스카 도너 양이 결혼할 때 존 헤인스 홈스 박사와 공동 주례로 결혼식을 주관한 목사다.

윤병구는 경기도 양주 출신으로 배재학당을 다녔고, 졸업 후 1903년 10월 5일 헐버트 선교사의 주선으로 하와이로 이주했다. 독실한 기독교 신자로 목사 안수를 받은 윤병구는 호놀룰루에서 미국 감리교의 피어슨 감리사와 함께 하와이 군도에 살고 있는 한인 동포를 대상으로 전도활동에 나섰다.

1905년 아시아 순방을 위해(사실은 태프트-가쓰라 밀약 체결을 위해) 일본으로 향하던 태프트 육군 장관이 하와이에 잠시 기착했을 때 윤병구는 존 와드먼 감리사의 소개로 태프트 장관을 만났다. 이 자리에서 태프트 장관은 한국 대표들이 시어도어 루스벨트 대통령과 면담할 수 있도록 추천서를 써 주었다. 윤병구는 이 추천서를 가지고 워싱턴에 있던 이승만과 함께 시어도어 루스벨트 대통령을 만나 한국의 독립을 청원했다.

1907년 6월에는 헤이그 만국평화회의에 고종의 밀사로 파견된 이상설, 이위종을 돕는 역할을 했다. 밀사 일행이 뉴욕에 도착했을 때 윤병구는 특사단에 합류하여 함께 헤이그로 갔다. 9월 3일 헤이그에서 윤병구는 국제기자협회 소속 기자들에게 한국민에 대한 일본의 탄압과 착취를 폭로하는 연설을 했다. 이어 런던으로 가서 영국의 주요 사회단체들을 상대로 선전활동을 전개하는 등 유럽 순방을 마치고 1908년 3월 초 뉴욕에 돌아왔다.

윤병구 목사는 미주지역에서 이승만과 함께 한국을 위한 홍보활동과 외교활동을 펼치다가 1949년 3월 14일 고국을 떠난 지 46년 만에 귀국했다. 이승만은 윤병구를 외무부와 공보부 고문에 임명했다. 그에게 미국, 멕시코, 쿠바 등지의 해외 한인들을 격려하고 중남미 각국을 비롯하여 대한민국 정부를 승인하는 데 도움을 준 유엔의 48개국 우방국을 방문하여 감사의 뜻을 전하는 임무를 맡겼다. 윤병구는 한미협약 초안을 작성하다 1949년 6월 20일 아침 갑자기 쓰러져 세상을 떠났다. 정부는 윤병구의 공훈을 기리기 위해 1977년에 건국훈장 독립장을 추서했다.

윤성렬

최연소 배재학당 학생

윤성렬은 1977년 2월 3일부터 「중앙일보」의 '남기고 싶은 이야기들'에 총 67회에 걸쳐 배재학당 이야기를 연재한 인물이다. 이 연재내용을 모아 2004년 후학들이 『도포입고 ABC 갓 쓰고 맨손체조』(부제: 신문화의 발상지 배재학당 이야기)라는 단행본을 발간하여 배재학당 초창기의 모습을 비롯하여 당시 배재학당 학생으로 활동하던 이승만의 청년 시절 모습을 생생하게 전했다.

윤성렬은 1885년 경기도 여주에서 태어나 13살이 될 때까지 고향에서 한학을 공부하다가 1897년 배재학당에 입학하여 1900년에 졸업했다. 그는 배재학당에 입학했을 때 나이가 13세로, 신흥우와 함께 가장 나이가 어린 학생이었다. 배재학당에는 윤성렬의 형 윤승렬과 6촌형 윤창렬이 재학 중이었다. 윤성렬의 친형 윤승렬은 배재학당 졸업 후 미국 유학을 갔다가 미국에서 사망했으며, 6촌형 윤창렬은 협성회가 발족될 때 적극 참여하여 회계를 맡았고, 이승만, 양홍묵, 주시경 등과 협성회의 주요 리더로 활약했다.

윤성렬은 배재학당 졸업 후 미국인 선교사들과 함께 당나귀를 타고 방방곡곡을 다니며 기독교 전도 사업에 나섰다. 잠시 충남 공주의 영명학교에서 영어 교사로 재직하다가 1917년 협성신학교(현재의 감리교 신학대학)에 입학하여 목사 안수를 받았다. 이후 아현교회, 마포교회, 공덕교회, 한남동교회, 은평교회 등 여러 교회에서 활동했으며 일제 치하에서 이승만, 장덕수, 송진우 등과 연락하며 독립운동가들을 도왔다.

6.25 때 거리에 넘쳐나는 전쟁고아들을 돌보기 위해 은평천사원을 설립하여 고아들을 돌보았다. 그는 1976년 유신에 반대하여 할복자살한 서울농대 김상진 군의 장례식을 계기로 시위를 벌인 학생 두 명을 집에 숨겨주었다가 발각되어 학생들이 중앙정보부로 연행되는 것을 목격하고 쓰러져 다음해 93세를 일기로 사망했다.

독립협회 인맥

독립협회는 1895년 12월 하순, 미국에 망명해 있던 서재필이 개화정부가
들어섰다는 소식을 듣고 귀국하면서부터 태동되기 시작했다. 서재필은
귀국한 지 5개월 후인 1896년 4월 윤치호, 남궁억 등과 함께 「독립신문」을
창간하고, 그로부터 3개월 후인 1896년 7월에는 '독립협회'를 출범시켰다.

자주독립, 자강혁신, 자유민권을 모토로 출범한 독립협회는 고문에 서
재필, 회장에 안경수를 비롯하여 이완용, 김가진, 이상재, 송헌빈, 남궁
억, 오세창 등을 지도부로 하여 전국 13개도에 지회를 설치했다. 회원 가
입 자격이 없어 개화 지식인을 비롯하여 개혁적인 유학자, 상인, 농민, 노
동자, 백장(백정)까지 말 그대로 각계각층이 참여하여 회원이 많을 때는
4,000여 명에 이르렀다. 삼성그룹 창업자 고(故) 이병철 회장의 자서전
『호암자전』에 의하면 이 회장의 부친 이찬우 공도 청년기에 서울에서 독립

협회 활동을 했고, 기독교청년회에 출입하며 후에 대통령이 된 이승만을 만나 교유했다고 한다.

회원들은 국민들에게 독립의식을 심어주기 위해 성금을 모아 영은문 자리에 독립문을 건립하고 청국 사신을 접대하던 모화관을 독립관으로 바꾸었다. 1898년에는 우리나라 최초의 민중 대토론회인 만민공동회를 종로에서 개최했고, 토론회와 강연회 등을 통해 국민 계몽운동, 외세의 이권 침탈 반대, 민권운동을 전개했다.

독립협회는 러시아의 침탈을 비판하고 의회 설립을 추진했으며 근대적인 국방력을 길러야 한다고 주장했다. 그리고 언론과 집회의 자유, 국민주권 등을 내세워 자유민주주의를 실현하려 노력했다. 초기에 조선 정부는 고위관리들이 직접 독립협회에 참여하는 등 우호적인 입장이었으나 독립협회 세력이 날로 커지자 간부를 체포하고 어용단체인 황국협회를 동원하여 탄압을 가해 1898년 독립협회와 만민공동회를 강제 해산했다.

한성감옥 인맥

이승만은 1895년 4월 2일, 20세 때 배재학당에 입학하여 1897년 7월 8일 졸업했다. 이승만이 조선 정부의 공직에 임명된 것은 1898년 12월 16일, 23세 때의 일이다. 독립협회가 1898년 3월부터 백정이나 상인들까지 참여하는 만민공동회라는 민중운동을 전개하면서 이승만은 대중연설의 스타로 떠올랐다. 같은 해 10월 29일에는 정부 고관들이 대거 참석한 관민공동회가 열려 정부와 민중과의 대화가 시작되었다.

고종은 독립협회 등 개화파들의 공세를 무마하기 위해 독립협회가 제출한 헌의(獻議)6조[86]를 받아들여 국왕 자문기관인 중추원을 의회적 기능을 갖는 기구로 개편하고, 중추원 의관(議官, 종9품)의 절반인 민선의관(民選議官) 전원을 독립협회에서 선출했다. 그런데 중추원을 의회로 개편하는 중추원 관제가 공포된 1898년 11월 4일 밤, 조병식과 이기동 등 국왕의 측근세력과 수구파 대신들은 개화파 관료들과 독립협회가 군주제를 폐지하고 공화제를 실시하려 한다는 허위 벽보를 서울시내 곳곳에 붙였다.

격분한 고종은 다음날 아침 박정양 내각을 해임하고 이상재 등 독립협회 주요 간부와 개화파 17명을 체포했으며, 독립협회도 강제 해산시켰다. 당시 만민공동회의 총대의원 이승만을 비롯한 수천 명의 군중이 독립협회 부활과 개화파 인사 석방을 요구하며 거세게 항의하자 고종은 이에 굴복하여 이상재를 비롯한 개화파 인사 17명을 풀어주었다. 이것이 이승만이 황실을 상대로 투쟁하여 거둔 첫 승리였다.

만민공동회는 독립협회 지도자들이 석방된 후에도 독립협회 부활을 위한 시위를 계속했다. 조정은 중추원 의관 50명 가운데 절반인 25명을 독립협회 회원으로 임명했는데, 이 때 이승만도 중추원 의관에 임명되었다. 그의 나이 23세 때 비로소 최초의 벼슬을 얻은 것이다.

그러나 이승만을 비롯한 젊은 급진 개화주의자들은 혈기만 높았을 뿐 정치 경험은 일천했다. 그들은 12월 16일 개원한 중추원 회의에서 일본에 망명중이던 갑신정변 쿠데타 주역 중의 한 명인 박영효(朴泳孝)를 귀국시켜 중추원 의장으로 임명할 것을 제안했다. 국왕 입장에서 볼 때 박영효는 만고의 역적이나 다름없었는데, 이런 위험인물을 중추원 의장으로 추천한 것이다.

수구파들은 "독립협회 출신들이 왕정을 폐지하고 공화정을 수립하려 한다는 역심을 품고 있다"고 분위기를 몰아갔다. 고종은 박영효의 귀환을 주장한 중추원 의관들을 파면하고, 군대를 동원해 독립협회도 해산시켰다. 이승만은 중추원 의관에 임명된 지 불과 15일 만에 쫓겨났고, 고종을 폐위하고 박영효와 공모하여 공화정부를 수립하려 한 대역죄로 체포령이 내려졌다. 미당 서정주가 이승만의 구술을 받아 정리한『우남 이승만전』에는 이승만이 박용만, 정순만, 이규완, 황홍, 김덕기 등 소위 진고개파와 연락하여 황위를 황태자에게 넘겨 대개혁운동을 일으키고자 했다. 이런 뜻을 담은 격문을 인쇄하여 진고개파들이 서울 장안에 뿌렸다가 이승만이 체포되었다고 기록하고 있다.

자신에 대한 체포령이 내려지자 이승만은 1898년 12월 25일 의료선교사 해리 서먼(Harry C. Sherman) 박사의 집으로 피신했다. 그가 도피한 지 19일째 되던 날 왕진을 나가는 서먼 박사가 이승만에게 통역을 부탁하자 그를 따라 나섰다가 거리에서 체포되었다. 셔먼 박사는 즉시 미국 공사관에 이승만의 체포 사실을 보고했고 다른 선교사들에게도 소식을 알렸다.

주한 미국 공사관은 치외법권자인 미국인 의사의 의료 활동을 돕던 이승만을 체포한 것은 면책특권에 대한 도전이라면서 이승만의 석방을 강력하게 요구했다. 경무청의 고문 스트리플링(A. B. Strpling)은 미국 공사관과 선교사들의 부탁을 받고 체포된 이승만이 고문을 당하지 않도록 하기 위해 수시로 유치장을 찾아가 면회를 했다.

서상대·최정식

이승만이 유치장에 수감되었을 때 그곳에는 독립협회 회원인 서상대와 최정식이 갇혀 있었다. 서상대는 간성군수를 지낸 사람으로서 박영효와 가까운 개화파 인사였고, 이승만보다 네 살 연상인 최정식은 배재학당 동료로서 이승만과 함께 「매일신문」에서 일하던 동지였다. 열변가였던 최정식은 어느 모임의 연설에서 고종을 비판하는 연설을 했다가 황제를 모욕한 불경죄로 체포되어 중죄수가 되어 있었다.

독립협회 회원들은 체포된 동료들을 구출하기 위해 주시경과 전덕기를 앞세워 호신용 육혈포를 유치장 내로 반입하여 그들의 탈옥을 도왔다. 탈옥 과정에서 최정식이 자신들의 뒤를 쫓는 간수에게 육혈포를 쏘았는데, 탄환이 간수의 허벅지에 박혔다. 이승만은 곧바로 체포되어 재수감되었고, 최정식과 서상대는 치외법권 지역이었던 배재학당 구내로 도망가서 숨었다.

두 사람은 한 달 동안 배재학당 내에 숨어 지냈다. 선교구내에 대한 강제 수색이 실시되기 직전 선교사들은 서상대와 최정식을 서양 여성으로 변장시킨 다음 밖으로 빼돌렸다. 서상대는 만주로 탈출하는 데 성공했고, 최정식은 진남포에서 일본인이 운영하는 여관에 숨어 일본으로 가는 기선을 기다리다가 여관 주인의 밀고로 체포되었다. 그는 이승만과 함께 재판을 받았는데, 탈옥 도중 육혈포로 간수를 쏜 죄로 사형 선고를 받았다.

그는 형장으로 끌려가면서 "이승만 씨, 잘 있으시오. 당신은 살아서 우리가 같이 시작한 일을 끝맺으시오"라는 말을 남겼다고 한다.

탈옥하다 붙잡힌 이승만은 경무청으로 끌려가 황국협회 소속의 열렬한 왕당파 박달북에게 7개월 동안 혹독한 고문을 당했다. 목에 무게 10kg이나 나가는 칼을 쓰고 손발은 수갑과 족쇄에 묶인 채 언제 처형될지 모르는 상태로 구금되었다. 7월 11일 재판에서 이승만은 '종범(從犯)에 대한 형률'을 적용받아 종신형과 100대의 태형을 선고받았다. 이날부터 이승만은 목과 팔다리를 묶었던 사슬을 벗고 1904년 8월 9일까지 5년 7개월 간 한성감옥에서 수감생활을 했다.

이승만이 수감 생활을 했던 한성감옥은 개화파 인사들의 집합소나 다름없었다. 이미 한성감옥에는 1989년 11월 이구완, 황철, 강성형 등을 중심으로 시도된 황제폐위 및 박영효 추대운동(일명 무술년 정변) 가담자들이 복역하고 있었다. 또 1899년 6월 고영근, 임병길 등이 주도한 조병식, 신기선 등 수구파 고관암살 미수사건 관련자들도 수감되어 있었다.

당시 기록에 남아 있는 수감자들은 정부 전복을 기도한 죄로 장호익, 유성준(유길준의 친동생, 종2품 내무협판), 이상재(독립협회 간부, 종2품 의정부 참판)와 그의 아들 이승인(부여군수), 이준(헤이그 밀사사건 주인공), 김정식(전 경무관), 홍재기(참서관, 개성군수), 이원긍(이능화의 아버지, 종2품 성균관 대제학), 양기탁, 박용만(후에 하와이에서 사관학교 운영), 정순만 등이 이승만과 함께 옥살이를 했다. 일본 육사 출신 김형섭은 다른 일로 박영효와 연루되었다는 혐의로 옥살이를 하고 있었다.

정순만

이승만과 박용만, 정순만은 '독립운동계의 3만(晩)'이라 불렸는데, 이승만, 박용만과 형제결의를 했다. 정순만은 1896년 3월 이상재, 윤치호 등과 함께 독립협회 창립에 참여했다. 1898년 11월 만민공동회 도총무부장으로 활약하다가 이승만, 유근, 나철, 안창호, 남궁억 등과 함께 체포 투옥되어 수감생활을 했다.

을사늑약이 체결되자 1906년 북간도로 망명한 정순만은 용길현 용전촌에 서전서숙을 개설, 항일 민족교육과 독립군 양성에 주력했다. 1907년 안창호, 이동녕, 이동휘, 이회영 등과 함께 비밀결사인 신민회를 조직했고, 연해주 블라디보스토크에서 네덜란드 헤이그에 파견되는 밀사의 여비를 모금하여 전달했다.

1909년 안중근 의사가 이토 히로부미를 암살할 때 계획 단계부터 참여하여 일제로부터 배후 인물로 지목 당했고, 거사 후에는 안중근 의사의 구명을 위한 모금운동을 벌였다. 연해주에서 언론활동을 통한 한인 계몽운동을 주도했다. 1911년, 연해주 지역 독립운동 조직인 국민회의 갈등으로 발생한 양성춘 사건에 연루되어 블라디보스토크에서 양성춘의 가족들에게 피살되었다. 당시 정순만의 나이 36세였다.

유성준

유성준(俞星濬)은『서유견문』(西遊見聞)을 쓴 유길준의 동생으로, 일본에서 신학문을 공부하고 귀국하여 형 유길준의 개화사상을 조선에서 실천하기 위해 애쓰던 개화파 관료였다. 그는 일본에서 메클레이가 운영하던 아오야마(靑山)학원을 다녔는데, 메클레이의 주선으로 조선에 선교사로 가기 위해 일본에 잠시 머물던 아펜젤러의 한국어 선생이 되었다. 1902년 유성준은 일본에 머물고 있던 형 유길준과 공모하여 정부 전복 음모를 꾸몄다는 혐의로 체포되어 한성감옥에 수감되었다. 이승만은 자서전에서『독립정신』을 집필하게 된 계기는 유성준의 권유 때문이라면서 이렇게 기록했다.

"유성준이 나더러 책을 쓰라고 권했다. 우리나라에서 지금까지 모든 개혁운동이 실패한 원인은 독립협회를 제하고는 그 모든 운동의 지도자들이 사람들을 교육 계몽하려는 생각을 하지 않았기 때문이었다는 것이 그의 지론이었다. 그는 또 그때 일본에 망명 가 있던 형(유길준)이 돌아오게 되면 독립운동에 관한 여론을 일으키기 위해서 나의 책을 발간하기 위해 정부 예산을 책정하도록 권할 것이라고 했다. 그래서 나는 비밀리에『독립정신』이라는 책을 썼다. 책 원고도 끝났고 유길준도 돌아왔으나 일본은 그

들에게 아무 일도 할 수 있는 기회를 주지 않았다.[87]

김영선(한성감옥 서장)

이승만의 옥중생활은 1900년 2월 14일 김영선이 신임 한성감옥의 서장에 임명되면서 숨통이 트이기 시작했다.[88] 전 통정대부, 3품 주임관 김영선은 부임 즉시 죄수들의 마음을 어루만지고 보살펴주는 한편, 휘하의 관원들과 하인들로 하여금 죄수들을 사랑으로 보살피도록 했다. 또 급식 여건을 개선하고 가혹한 학대 금지, 옥리들의 불법행위 단속, 조명시설 확충 등 옥정 전반의 개혁 작업에 착수했다.

혹독한 옥살이에 지쳐 있던 이승만은 고종의 측근 한규설에게 편지를 보내 감옥 생활이 고생이 막심하다고 하소연하면서 도움을 청한 바 있다. 한규설은 "신임 감옥서장 김영선은 내가 잘 아는 사람이며 공사석에서 그를 만날 때마다 잘 보살펴 달라고 부탁했다"는 답신을 이승만에게 보냈다. 이런 이유 때문인지 서장 김영선은 이승만에게 특별한 예우를 해 주었다.

김영선은 이승만에게 지필묵 사용을 허가하고, 옥중에서 독서와 논설의 집필 및 저술 활동을 할 수 있도록 은전을 베풀었다. 뿐만 아니라 이승만의 집필 작업에 대해 일종의 보상금까지 지급하여 간접적으로 이승만의 생계를 도왔다. 이승만은 이에 대해 "죽는 날까지 잊지 않을 것을 다짐

한다"고 감사의 마음을 전했다.

이때부터 이승만은 엄청난 양의 글을 생산해내기 시작했다. 영어로 된 책을 번역하고 영한사전을 집필했으며, 간수들의 눈을 피해 비밀리에 논설을 써서 밖으로 내보내 「제국신문」에 실었다. 또 한국 최초로 만국공법을 번역했다. 이승만은 자신이 감옥 안에서 번역한 『청일전기(淸日戰記)』의 서문에서 이 책을 번역할 수 있게 된 계기를 다음과 같이 설명하고 있다.

"옥중에서는 필묵 사용을 엄격하게 금지하여 엄두를 못 내고 있다가 감옥서 서장에게 나의 뜻을 전했다. 서장 김영선 씨는 본래 개명에 관심이 있을 뿐만 아니라 옥에 있는 수백여 명의 죄수를 다정하고 친절하게 대하여 죄수들이 모두 감동하는 인물이었다. 그는 책을 써보겠다는 나의 뜻을 듣고는 기꺼이 허락하면서 '동포들을 위해 사업을 도모한다면 내 힘껏 돕겠다'고 했다. 즉시 책을 구하여 『만국사기』(萬國史記)[89]를 번역하기 시작했으나, 다시 생각해보니 『청일전기』가 더 긴급하다는 생각이 들었다."

특이한 것은 이승만이 감옥에 갇혀 모진 고생을 하는 와중에 기독교를 받아들여 독실한 기독교인이 되었다는 점이다. 그는 자신만 기독교 신자가 된 것이 아니라 동료 수감자들에게 적극 전도하여 이상재, 김정식(경무관 출신), 홍재기(전 개성군수), 유동근(강화진위대 장교), 그리고 한성감옥의 간수장 이중진 등 40여 명을 기독교인으로 개종시켰다. 이때 한성감옥에서 한국 역사상 최초로 양반 기독교인 집단이 탄생하여 이승만의 정치적 후원군 역할을 하게 된다.

이승만은 기독교를 받아들임으로써 의식이 서양화된 '근대적 인간'으로 재탄생했다. 그는 기독교야말로 유교를 대체하여 조선 사회를 혁신하기 위한 수단으로 생각했다. 그는 예수교를 받드는 나라들이 문명부강 태평 안락하다는 사실에 주목했다.[90] 그는 기독교 교화를 통해 시장경제 및 자본주의 사회에 적합한 새로운 인간형이 탄생할 것이라고 생각했다.

이들 양반 기독교인 집단은 출옥 후 집단으로 제임스 게일 선교사가 운용하는 연동교회 신자가 되었고, 때마침 창설된 황성기독청년회(서울 YMCA)의 주요 간부가 되어 한국의 근대화에 큰 역할을 하게 된다.[91] 간수장 이중진은 후에 이승만이 석방되어 고종의 밀사로 도미할 때 자신의 동생 이중혁을 이승만과 함께 미국으로 보낼 정도로 친분을 쌓게 된다.

이승만은 김영선 서장에게 옥중학당 개설을 허가해 달라는 건의서를 다음과 같이 올렸다.

"학교를 세워 학문을 권장하는 훌륭한 뜻을 본받으십시오. 특별히 한 칸의 방을 허락하시어 학문에 뜻을 둔 사람들을 골라서 한 곳에 모아 수업을 받게 하고, 아울러 등에 불을 켜는 것을 윤허해 주십시오. 필요한 화구(火具)는 모두 자력으로 준비할 것입니다."

1902년 8월, 이승만은 김영선 서장의 허락을 받아 옥중학당을 개설하고 수감자를 비롯하여 간수들과 그들의 자제, 친지 등 글을 깨우치지 못한 어린이 13명과 어른 40명에게 한글과 한문, 영어, 산학(수학), 국사, 지리, 성경 등을 가르쳤다. 그리고 자신이 읽었던 책들을 모아 감옥 내의 도서실

(서적실)을 개설했다.[92]

출옥한 이승만은 1904년 10월 15일 독립협회에서 활동하던 전덕기와 먼저 출감한 박용만 등의 초청으로 상동교회가 설립한 청년상동학원 교장을 맡았다. 이 학교는 서양 선교사들이 설립한 다른 학교들과는 달리 순수 한국인들의 손으로 설립된 교육기관으로서, 설립 목적이 '세상을 위하며 예수를 위하는 일에 평생 종사할 사람을 기르기 위한 학교'였다.

이 학교의 교사진은 주시경(국어), 전덕기(성경), 남궁억(영어), 최남선(국사) 등 개화파의 핵심 거두이자 애국지사들이었다. 이승만은 성경, 영어, 산술, 지지(지리), 국문, 역사 등을 가르쳤다. 이승만은 이 학교 교장을 맡은 지 한 달도 못 되어 학교를 사직하고 고종의 밀사로서 미국으로 떠나게 된다.

장호익

장호익은 일본 육사(陸士)를 졸업한 보병 참위(參尉)로 1904년 일본 유학생이던 김홍진, 권호선 등 15명과 함께 외세에 대한 독립을 위해 고종과 황태자 순종을 폐위시키고, 27세의 의왕[93] 이강(李堈)을 옹립하려는 계획을 세우고 개화파와 함께 새 정부의 수립을 시도했다. 이 계획이 사전에 누설되어 이미 귀국해 있던 장호익이 체포되어 사형선고를 받고 처형되었다. 장호익은 참수될 때 목에 칼을 세 번 맞고도 만세를 불렀는데, 이승만은 그가 칼을 맞으면서도 만세를 부르는 소리를 감방에서 들었다고 한다.

민영환

이승만을 고종의 밀사로
미국에 파견한 개화파 관료

민영환은 고종에게 이승만을 주미공사로 임명하도록 추천했으나 고종은 일본이 반대하는 바람에 뜻을 이루지 못했다. 민영환과 한규설은 러일전쟁에서 승리한 일본의 조선 침략이 본격화되자 미국 정부의 개입을 통해 국권을 지키기 위해 비밀리에 이승만을 밀사로 정해 미국으로 보냈다.

　민영환은 선혜청(대동미 수납을 위해 설치한 관청) 당상을 지낸 민겸호의 아들로서 1878년 과거 급제하여 도승지, 예조 판서, 형조 판서, 한성부윤 등 국가 요직을 두루 거쳤다. 1896년 러시아 황제 니콜라이 2세의 대관식에 참석하는 특명전권대사로 임명되어 일본, 캐나다, 미국 등을 거쳐 유럽 대륙의 신문명을 두루 체험하고 시베리아를 횡단하여 귀국했다. 1897년에는 영국, 독일, 프랑스, 러시아, 이탈리아, 오스트리아 등 6개국 특명전권공사로 임명되어 영국 빅토리아 여왕의 즉위 60년 축하식에 참석했다.

그는 두 차례에 걸친 해외여행을 통해 얻은 지식과 경험을 토대로 고종에게 유럽을 모방하여 정치제도를 개혁하고 민권을 신장하여 국가의 근본을 공고히 해야 한다고 여러 차례 건의했다.

이승만은 밀사로 미국으로 떠날 때 민영환과 한규설이 주한 미국공사로 근무한 후 귀국하여 연방 하원의원이 된 휴 딘스모어(Hugh A. Dinsmore, 1850~1930, 딘스모어는 1887년 5월부터 1890년 5월까지 서울에 주재했다) 앞으로 보내는 편지를 소지했다. 이승만은 미국으로 떠날 때 언더우드, 게일, 필립 질레트, 조지 존스, 스크랜턴, 벙커 등 선교사들로부터 19통의 추천서를 받았다. 밀사로서의 사명을 잘 수행할 수 있도록 지인들에게 도움을 청하는 내용, 그리고 밀사 역할을 마친 후 미국 유학을 대비하여 대학 입학에 필요한 추천서였다. 그 중 게일 목사가 자신의 지인(知人)들에게 이승만을 위해 써 준 추천서를 소개한다.

'워싱턴 및 미국 각지의 기독교인 형제들에게 1875년 서울에서 출생한 이승만 씨를 소개합니다. 그는 전통적으로 한학 교육을 훌륭하게 받았지만 부족함을 느껴 한문으로 쓰여진 영어와 기타 학문을 공부하는 데 정력을 쏟아왔습니다. 그는 조국의 독립을 신봉했으며 한국이 독립해야 할 뿐만 아니라 한국인들도 잠에서 깨어나 생각하고 생존해야 된다고 믿었습니다.

그는 맨 처음에 「매일신문」이라는 일간지를, 뒤에는 「제국신문」을 창간하고 이 신문에 영어 번역물을 싣는 한편 자유사상을 소개했습니다. 이것은 보수사상을 견지하던 당시 정부의 정책과 상반되는 것이어서 이 때문에 그는 체포되어 7년간 옥고를 치렀습니다.…

이 황색인은 자기가 겪은 슬픔을 훌륭히, 그리고 생생하게 증언할 수 있습니다. 자유의 땅 미국에서 백인 형제들 좋은 친구를 많이 사귀기를 기원하며, 그가 그곳에서 공부하고 관람하며 글을 쓰는 데 3년이 걸린다고 합니다. 이 기간 동안 그의 용기를 북돋아 주고 도와주며 그가 한국에 돌아와 자기 나라 사람을 위해 큰일을 할 수 있기를 기원합니다.[94]

선교사들의 편지는 이승만이 일본을 거쳐 하와이, 샌프란시스코, 뉴욕, 워싱턴에 이르는 여정에서 각각 쓸 수 있도록 준비되어 있었다. 그들이 이승만을 위해 추천장을 써 주었다는 것은 이승만에 대한 그들의 기대가 각별했음을 의미한다.

그러나 주한 미국공사 알렌은 이승만의 도미를 반대하고, 추천서도 거부했다. 알렌은 이승만을 실패한 혁명가로 여기고 이승만에게 일본의 지배를 현실로 받아들여 순리대로 살아가라고 충고했다. 그는 1905년 5월 13일 딘스모어 상원의원에게 '본인은 소개장을 써 달라는 이승만의 요청을 거절했고, 그의 미국행도 적극 만류했습니다'라는 편지를 보냈다. 이에 대해 로버트 올리버는 알렌을 '책략과 봉사, 기회주의로 얼룩진 인생'이라고 비판했다.[95]

민영환은 서재필 등이 조직한 독립협회를 후원하다가 원로대신들의 무고로 파직되었으나 다시 관직에 기용되었다. 1904년 이후 내부·학부대신을 역임했으나 일제의 침략을 맹렬히 반대하다 시종무관장으로 좌천되었다.

　1905년 일본이 강제로 을사늑약을 체결하자 11월 30일 오전 6시경, 2,000만 동포와 고종 및 주한 외국사절에게 보내는 세 통의 유서를 남기고 자결했다. 민영환은 자신이 나랏일을 잘못해서 이 지경에 이르렀으니 죽음으로 2,000만 동포에게 사죄한다는 유서를 남겼다. 또 각국 공사들에게는 일본의 행위를 본국 정부와 인민에게 알려 대한제국의 자유와 독립을 돕게 한다면 지하에서라도 기뻐 웃으며 감사하겠다는 편지를 남겼다. 그의 자결 소식이 알려지자 조병세·김봉학·홍만식·이상철 등이 그의 뒤를 따라 자결했다.

한규설

을사늑약 끝까지 반대한 충신

한규설은 이승만이 한성감옥에 갇혔을 때 그의 석방을 위해 부단히 노력하고, 또 이승만이 석방되자 민영환과 함께 이승만을 고종의 밀사로 미국에 파견한 인물이다. 그는 무과에 급제한 전형적인 무장으로서 1885년 금군별장(禁軍別將)을 거쳐 우포도대장(右捕將)에 임명되었다.

한규설이 포도대장 재직 시절 미국 유학 중이던 유길준이 유럽과 동남아시아 일본을 거쳐 1885년 12월 16일 인천에 도착했다. 그는 도착 즉시 개화파 일당으로 체포되어 한규설의 집에, 그 후에는 서울 가회동 취운정(翠雲亭)에서 7년간 연금 생활을 했다. 한규설은 유길준을 연금 형식으로 보호하면서 그의『서유견문』(西遊見聞) 집필과 출판을 도왔다.

그 후 한규설은 병조판서, 한성부 판윤, 총어사(摠禦使) 등을 역임했다. 1896년 법부대신 겸 고등재판소 재판장 재직 시절 아관파천으로 러시아 공사관에 머물고 있던 고종을 환궁시키려 했으나 실패했다.

독립협회가 결성되자 이 단체를 호의적으로 보고 물심양면으로 후원했으며, 1898년에는 독립협회가 주최한 만민공동회의 열기가 고조되는 가운데 중추원 의장, 법부대신으로서 고등재판소 재판장을 겸임했다. 1898년 11월 독립협회 지도자 17명이 체포되고 독립협회가 해산 당하면서 한규설도 해임되었다.

1905년 의정부 참정대신(현재의 국무총리에 해당)에 올랐는데, 11월 17일 이토 히로부미가 이완용 등을 앞세워 을사늑약을 강세로 체결하려 하자 갖은 협박에도 불구하고 끝까지 반대하다가 수옥헌(漱玉軒)에 감금되었다. 그 후 면직 당했다. 지난 2005년 11월 13일 늑약 당시 한규설의 비화가 담긴 자료(『조선통신』 1930년 1월 14~17일자)[96]가 공개되었다. '한말 정객의 회고담'이라는 타이틀이 붙은 이 기사는 을사늑약 체결 당시 끝까지 항거했던 한규설의 증언이 담겨 있다. 다음은 그 요지다.

"박제순(조약체결의 실무대표인 외부대신)은 11월 16일까지만 하더라도 조약 체결을 반대하며 '외부대신의 인장(印章)을 빼앗길 것 같으면 자결하는 게 낫다'고 말해 신망을 크게 받았다. 그러나 다음날 회담장에서 박제순은 태도가 돌변하여 인장을 건네주고 말았다.

처음에는 내각대신들 모두가 조약 체결 불가를 말했으나 어전회의가 진행되면서 일제의 외교관, 군인들이 고종황제의 거처였던 덕수궁 수옥헌 근처까지 들어와 압박하자 이완용, 권중현, 이지용 등이 태도를 바꾸었다. 나는 11월 18일 오전 1시 30분께 외무대신의 날인으로 조약이 체결된 뒤 조약 무효를 위해 각 대신들에게 면직조치를 취했으나 다음날 오히려 내가 면직되어 무위로 끝났다.[97]

1910년 일제가 국권을 침탈한 후 한규설에게 남작 작위를 주었으나 거부하고 외부인들과의 접촉을 끊고 두문불출하고 살았다. 그는 당시 자신의 모습을 "살아 숨 쉬는 시체(未冷屍)와 같은 내가 무슨 면목으로 세인들을 대할 수 있겠는가"라고 표현했다. 1920년 6월 이상재 등과 함께 조선교육회를 창립하고 이를 민립대학 기성회(期成會)로 발전시켜 교육을 통한 민족역량 배양으로 국권을 회복하려 했으나 일제의 방해로 실패했다.

서울시 한복판의 장교동에 있던 한규설의 가옥이 도시개발로 철거 위기를 맞자 1980년 12월 국민대학교가 이 가옥을 매입했다. 이것을 정릉동 국민대 교내로 옮겨 '명원민속관'으로 개조하여 학교 생활관으로 사용하고 있다.

3부

미국 유학,
황성기독청년회 시절

시대상황

1904년 2월 8일 일본 연합함대는 러시아가 조차하고 있던 여순(旅順·뤼순)항을 기습 공격하여 러일전쟁이 발발했다. 이 전쟁의 근원은 1895년으로 거슬러 올라간다. 일본이 청일전쟁 승리의 전리품으로 요동(遼東·랴오둥)반도를 차지했으나 불과 일주일 만에 러시아가 주도한 삼국간섭으로 반환해야 했다.

일본이 러시아에 굴복하는 모습을 본 조선의 지도부는 러시아의 힘을 이용해 일본을 견제하고자 했다. 더 이상 물러섰다가는 숱한 피를 흘리고 중국으로부터 빼앗은 조선의 지배권을 놓칠 수도 있는 상황이 되자 일본은 주한 일본 공사 미우라 고로(三浦梧樓)[98]의 지휘 아래 1895년 8월 20일

경복궁으로 쳐들어갔다. 일본 자객들은 명성황후의 침소인 건청궁에 난입하여 명성황후를 시해하고 시신을 불태웠다.

친일파들에게 감시당하면서 언제 부인과 같은 꼴을 당할지 몰라 전전긍긍하던 고종은 1896년 2월 11일 새벽, 궁녀의 가마를 타고 극비리에 서울시 정동에 위치한 러시아 공사관으로 탈출하여 친러 내각이 수립되었다. 1897년 2월 20일 고종이 다시 환궁하기까지 러시아 공사관에 머무르던 1년 동안 러시아의 영향력이 조선을 지배했다.

일본 입장에서 볼 때 청일전쟁은 군사적으로는 승리했지만 외교적으로는 패배한 전쟁이었다. 열강들로 하여금 중국에 간섭할 수 있는 길을 열어주었고, 전쟁의 목적이었던 조선의 내정개혁(즉 식민지화)도 달성하지 못하고 오히려 러시아를 조선에 끌어들이는 결과를 야기하여 일본은 전쟁 목적의 대부분을 잃고 말았다.

러시아는 삼국간섭으로 일본이 반환한 요동반도를 3년 후인 1898년 중국으로부터 조차하여 여순에 군항을 건설하고 극동의 교두보로 만들었다. 또 북만주를 횡단하여 바이칼호 남쪽의 이르쿠츠크와 블라디보스토크를 단거리로 잇는 동청(東淸)철도를 건설하여 만주를 식민지로 만들기 위한 기반을 닦았다. 이 와중에 동청철도의 중심지인 하얼빈과 여순항을 연결하여 만주 벌판의 중심부를 통과하는 남만주철도를 건설하고 철도 연변의 토지와 자원을 차지하자 일본을 비롯한 서양 열강의 원성이 높아졌다.

1900년 중국 일대에서 의화단 사건이 일어나자 서양 열강들은 자국민 보호를 위해 군대를 파병했다. 러시아도 의화단과 마적들로부터 철도를 보호한다는 명분으로 10만 대군을 파병하여 만주 전역을 점령했다. 러시아는 눈길을 한반도로 돌려 1901년 압록강변에서 나무 재배를 시작했고, 삼림재배소 경호를 이유로 군대를 보냈다. 1903년 4월에는 압록강 하류 용암포를 점령하고 군사기지를 설치하여 조차를 요구했다.

일본은 청국으로부터 받은 전쟁배상금 3억 6000만 엔 중 2억 2000만 엔을 군비확장에 투입하여 러시아를 대상으로 전쟁을 준비하기 시작했다. 러시아의 만주 독점 정책은 결과적으로 중국에서 이권을 다투던 유럽 국가들을 러시아의 적으로 만들었고, 러시아에 대항하려는 일본을 지지하는 쪽으로 몰아갔다. 영국은 동북아에서 러시아의 남진을 막기 위해 1902년 1월 일본과 영일동맹을 체결했다.

일본은 1904년 2월 9일 여순항을 기습 공격하여 전함 2척과 순양함 1척을 파괴하고, 거의 비슷한 시각에 제물포항에 정박 중이던 러시아 함대를 격침시킨 다음 10일 선전포고를 했다. 대한제국은 1904년 1월 21일 대외중립을 선포했으나 일본군은 이를 무시하고 2월 9일 서울에 진주했다. 2월 23일 일본은 한일의정서를 강제로 체결하고 5월 18일에는 대한제국 정부가 러시아와 체결한 모든 조약과 러시아인에게 부여한 모든 이권의 폐기 혹은 취소를 공포하도록 했다.

일본군은 5월 초 압록강을 건너 구연성(九連城)과 봉황성을 점령하고 9

월 4일에는 봉천(奉天·펑톈) 전투에서 승리, 1905년 1월에 여순항 점령, 5월 27일 대한해협 해전에서 대승하는 등 연전연승했다. 이 와중에 제1차 러시아 혁명이 발발하여 전쟁을 더 이상 지속할 수 없게 되자 미국 대통령 루스벨트의 권고로 포츠머스에서 강화조약을 체결했다.

한반도에서 러시아를 몰아낸 일본은 1905년 11월 18일 을사보호조약(을사늑약)을 강제로 체결했다. 1905년 11월 18일 대한제국과 일본 간에 체결된 을사보호조약은 한국과 일본에 남아 있는 조약 원문의 어디에도 조약의 명칭(제목)이 없고, 고종의 어새나 국새가 날인되지 않았다. 조약 체결 당시 이토 히로부미는 무장 병력으로 궁궐을 포위하고 황제와 대신들을 협박하여 강제 체결했고, 조약의 체결 절차인 위임과 조인, 비준 과정을 거치지 않았기 때문에 국제협약 표준을 지키지 못했다.

이태진은 1876년 조일수호조규 이래 거의 모든 조약들이 위임장 등 형식적 요건을 모두 갖추고 있음에 반해 국권 피탈의 결정적 계기가 된 을사늑약은 위임장이나 비준 없이 약식 협약 형태로 체결된 점, 협약문 원문에 제목이 없는 점 등을 들어 원천적으로 성립하지 않은 무효의 조약으로 보고 있다.

프랑스의 국제법 학자 프란시스 레이(Francis Ray)도 을사늑약이 당시의 국제법 관례에 비추어 무효임을 지적했고, 1935년 하버드대 법대 보고서에서도 상대국 대표를 강박하여 효력을 발생할 수 없는 조약의 사례로 을사조약을 들고 있다. 따라서 법적 요건을 갖추지 못한 행위에 '조약이란

용어를 사용하는 것은 부적절하여 을사늑약이라고 표기하는 것이 올바르다.[99]

1905년 을사늑약이 강제되었을 때 대한제국의 지도부와 지식인들은 막연히 만국공법이 정의를 수호해 줄 것이라고 기대했다. 그러나 만국공법은 제국주의 열강들의 편의를 위해 존재하는 것이었다. 힘이 곧 정의인 제국주의 침략시대에 국력이 뒷받침되지 않는 외교는 공리공론(空理空論)일 뿐, 의리나 정의, 신의를 찾는 것은 번지르르한 말장난에 불과했다.

일본은 청일전쟁에서 승리하여 대만을 차지하게 되었는데, 이 과정에서 식민지 정책에 대한 구상과 준비가 전혀 없었다.[100] 처음에는 구미 열강의 식민 정책을 모방하여 프랑스의 알제리에 대한 동화주의 정책을 채택했으나 참담한 실패로 끝났다. 그 후 영국의 식민지 정책을 채택하는 등 시행착오를 거듭한 끝에 대만은 역사와 풍속이 달라 현행 일본법을 그대로 적용할 수 없다는 결론을 내렸다. 그 결과 대만 총독이 관할구역 내에서 법률의 효력을 지닌 명령을 내릴 수 있다는 1896년 3월 30일 법률 제63호(소위 63법)와 '대만총독부 조례'를 통해 식민지 경영의 원형을 만들었다.

일본은 을사늑약으로 대한제국을 보호국화하는 과정에서 대만과 같은 시행착오를 겪지 않기 위해 치밀한 준비를 했다. 아리가 나가오(有賀長雄)와세다대 교수는 세계 각국의 각종 보호국이 탄생한 경위와 배경을 유형별로 분석한『보호국론』이란 국제법 저서를 출간하여 일본 정부의 정책 수행을 도왔다.

을사늑약으로 외교권과 국방권을 강탈한 일본은 조선 통치를 위해 통감부를 설치했다. 통감부 설치 과정에서 통감부를 외무성 소속이 아니라 천황 직속으로 두었고, 문관인 통감이 주차군에 대해 명령권을 갖도록 했다. 통감을 내각 산하가 아니라 천황 직속으로 소속시켜 군부가 개입할 수 있는 길을 열어놓은 것이다.

조선은 막부를 타도하고 메이지유신을 성공시킨 조슈 번(長州藩·야마구치 현) 파벌의 영향 하에 들어갔다. 초대 조선 통감 이토 히로부미(伊藤博文)를 비롯하여 일본 육군의 아버지 야마가타 아리토모(山縣有朋)[101], 명성황후 살해의 주범 미우라 고로(三浦梧楼), 한일합방 당시의 일본 총리 가츠라 다로(桂太郞)[102], 주한 공사를 역임한 이노우에 가오루(井上馨)[103], 청일전쟁을 시작하기 직전 경복궁을 공격한 일본군 여단장 오시마 요시마사 등이 모두 조슈 번 출신이다.

뿐만이 아니다. 초대 조선 총독 데라우치 마사타케(寺內正毅)[104]도 조슈 번 출신으로, 1916년 10월 자신이 일본 총리로 취임하면서 후임으로 하세가와 요시미치(長谷川好道)를 추천했다. 하세가와도 조슈 번의 무사 출신으로 전형적인 야전 군인인데, 인물의 됨됨이로 볼 때 조선 총독으로 적합한 인물은 아니라는 평을 들었다. 그러나 데라우치는 일본 육군이 차지한 수확물인 조선을 다른 파벌에게 내주고 싶지 않아 그를 추천한 것이다.[105] 초대 조선 통감 이토 히로부미를 거쳐 데라우치, 하세가와로 이어지는 면면을 보면 조선은 조슈 번 출신들의 전리품이나 다름없었다.

일본이 1905년 을사늑약을 체결하고도 합방에 이르기까지 5년의 시간을 끈 이유는 구미 열강, 특히 미국의 압력 때문이다. 미국은 러시아가 만주에 10만 대군을 파견하여 중국의 이권을 침해하려 하자 일본 중시 정책을 펼쳤다. 그런 의도가 태프트-가쓰라 밀약으로 표출되었다. 즉 일본이 러시아의 동진정책을 막아내는 데 대한 대가로 일본의 한국 점령을 묵인한 것이다.

그런데 러일전쟁에서 승리한 일본이 만주를 독점하려 하자 미국의 문호개방(시장개방 정책)과 충돌하면서 갈등을 빚기 시작했다. 1909년 3월 루스벨트의 뒤를 이어 미국 대통령에 오른 윌리엄 태프트는 태프트-가쓰라 밀약을 체결한 당사자로서 동아시아에서 전임자 루스벨트의 일본 중시 정책을 계승할 것으로 예상되었다. 그러나 예상과 달리 태프트가 일본의 만주 이권 독점에 정면으로 맞서자 영국도 반일 기조로 돌아섰다.

미국은 1909년 12월 만주철도 중립화방안을 제시하고 구미 열강이 공동으로 일본의 만주 이권 독점을 억제하자고 제안했다. 일본은 만주 문제를 둘러싸고 열강들과 적이 될 경우 아직 보호국 상태에 불과한 대한제국을 다시 포기하게 될 수도 있다는 점을 우려하여 1910년 8월에 서둘러 한일합방을 추진하게 되었다.

러일전쟁에서 일본이 연전연승하던 무렵 한성감옥에서 석방된 이승만은 미국으로 건너가 밀사 역할을 수행했으나 뜻을 이루지 못했다. 대신 그는 미국의 명문 대학인 조지 워싱턴 대학, 하버드 대학, 프린스턴 대학에서 국제정치학을 전공하게 된다.

존 와드먼

이승만의 하와이 정착을 도운 감리교 감독

존 와드먼(John W. Wadman)은 이승만이 밀사 역할을 수행하기 위해 미국으로 가던 중 하와이에 기착했을 때 만난 하와이 감리교 감독이다. 이승만은 윤병구 목사의 안내로 한인 교회에 가서 연설을 했다. 당시 하와이에는 사탕수수, 파인애플 농장의 노동자로 온 5,000여 명의 한인들이 거주하고 있었다. 교민들은 열변가인 이승만의 연설을 듣고 감동하여 후에 이승만의 독립운동을 물심양면으로 도와주는 후원자가 된다. 와드먼도 이승만에게 강렬한 인상을 받아 이승만이 1912년 미국으로 망명하자, 이승만을 하와이로 초청하게 된다.

이승만은 미국으로 갈 때 자신에게 감화를 받아 기독교인이 된 한성감옥 간수장 이중진의 동생 이중혁과 동행했다. 이중진은 이승만의 도미 여비 일부를 제공했는데, 그의 동생 이중혁은 유학을 위해 이승만과 함께 출발했다. 이중혁은 미국에 남아 하워드 리(Howard Leigh)로 불렸다.

이승만과 이중혁은 1904년 11월 4일 제물포에서 미국 여객선 오하이오 호를 타고 고베에 도착하여 선교사들의 소개로 알게 된 미국인 목사 로간의 영접을 받았다. 고베에서 다시 미국 여객선 시베리아 호를 타고 하와이로 향했는데, 그 배에는 하와이로 가는 한국인 이민자들이 함께 타고 있었다. 1904년 11월 29일 시베리아 호가 호놀룰루에 도착하자 윤병구 목사와 감리교단의 감독 존 와드먼이 마중을 나왔다.

이승만은 윤병구 목사와 밤새워 한국 독립의 뜻을 미국 정부에 전달하는 문제를 의논했다. 이 자리에서 윤 목사는 하와이에서 모금 활동과 교민 사회의 지원을 이끌어내고, 이승만은 워싱턴으로 가서 미국 지도부 인사와 접촉하기로 했다.

이승만은 하와이를 떠나 12월 6일 샌프란시스코에 도착하여 피시(Fish) 부처를 방문했다. 피시 부처는 아들을 한국에 선교사로 보냈는데, 그들은 이승만을 산 안셀모 신학교의 매킨토시 학장에게 소개했다. 매킨토시 학장은 이승만이 원한다면 기숙사비와 등록금을 포함한 3년간의 장학금을 제공하고, 이 학교를 졸업한 후 목사로 한국에 갈 수 있도록 돕겠다고 제안했다. 그러나 이승만은 밀사 임무 때문에 이 제안을 거절하고 로스앤젤레스로 가서 남캘리포니아 대학에 유학 중이던 옥중 동지 신흥우와 만났다.

김윤정

미국 외교부에 한국의 독립청원서
제출을 거부한 주미 대리공사

김윤정은 주미 조선 공사관의 대리공사로서 이승만과 윤병구 목사가 시어도어 루스벨트 대통령에게 공식 외교절차를 통해 한국의 독립을 청원하는 고종의 밀서를 전달하려 했으나 이를 거절한 인물이다. 이승만과 김윤정의 인연은 이승만이 1904년 12월 31일 워싱턴 DC에 도착하면서 시작되었다. 당시 워싱턴의 아이오와 서클에 있는 주미 한국공사관에는 일등서기관 홍철수, 참사관 김윤정, 공사 신태무 등이 주재하고 있었다.

신태무 공사는 고종이 총애하는 엄비가 파견한 외교관이다. 엄비는 자신의 아들 영왕(영친왕) 이은(李垠·고종의 넷째 아들로 순종의 이복동생)이 제위에 오르길 기대하고 있었는데, 경쟁자인 의왕 이강(李堈·고종의 다섯째 아들로, 어머니는 귀인 장 씨)이 미국 유학을 떠나자 그를 감시하기 위해 신태무를 보낸 것이다.

김윤정 공사는 일본에 있는 한국인 학생회의 추천으로 장학금을 받아 미국 유학을 왔다.[106] 그는 워싱턴에 있는 커버넌트 교회의 담임 목사 루이스 햄린(Lewis Hamlin)의 알선으로 하워드 대학에 입학했다. 하워드 대학 총장 고든 박사와 한국 공사관의 고문으로 있던 조지 워싱턴 대학의 찰스 니덤 총장은 김윤정을 전도유망한 청년으로 생각하여 서울 주재 미국 공사 알렌을 설득, 고종이 김윤정을 주미 한국공사관의 참사관으로 임명하도록 영향력을 행사했다.

김윤정은 자신이 주미 공사로 승격되면 이승만의 밀사 활동을 전폭적으로 지원하겠다고 약속했다. 얼마 후 신태무 공사가 본국으로 소환되고 김윤정 참사관이 대리공사로 임명되었다. 이때까지만 해도 김윤정과 이승만의 관계는 우호적이었다.

이승만이 워싱턴에 도착하여 특사로서의 활동을 모색하고 있을 때 동북아에서는 일본이 러시아를 상대로 연전연승하고 있었다. 1905년 1월 뤼순항을 점령한 일본군은 3월에는 봉천 대회전에서 고전 끝에 승리했고, 5월에는 대한해협 해전에서 러시아 발틱함대를 궤멸시키는 대승을 거두었다.

전세가 일본에 결정적으로 유리하게 돌아가자 시어도어 루스벨트 대통령은 미국 역사상 최대 규모의 아시아 순방 외교사절단을 파견했다. 태프트 육군 장관을 대표로 하는 사절단은 상원의원 7명, 하원의원 23명, 다수의 군인과 민간 관료, 그리고 대통령의 딸 앨리스 루스벨트가 포함되어 있었다. 겉으로는 순방 외교사절단이었지만 숨겨진 목적은 일본과 태프트-가쓰라 밀약 체결을 위한 행보였다.

1905년 7월 1일 워싱턴 DC를 출발한 사절단은 대륙횡단열차로 샌프란시스코에 도착, 7월 8일 여객선 맨추리어 호에 승선했다. 태프트 일행은 7월 14일 호놀룰루에 기항했는데, 여기서 미국 감리교 선교회의 존 와드먼 감독을 만났다.

하와이 거주 한인 교포들은 태프트 일행을 위해 대규모 환영대회를 준비하고, 거류민의 이름으로 1882년 조미수호조약에 입각한 한국 독립을 루스벨트 대통령에게 탄원할 것을 결의했다. 교포들은 루스벨트 대통령에게 탄원서를 제출할 사절로 윤병구 목사를 선출했다. 와드먼 감독은 하와이 한국 교민의 교회생활에 지대한 관심을 갖고 있었는데, 와드먼의 주선으로 한인 대표 윤병구 목사를 만난 태프트 장관은 미국 대통령을 만날 수 있도록 소개장을 써 주었다.[107] 조선의 숨통을 끊는 밀약을 맺기 위해 일본으로 향하던 태프트 장관이 무슨 까닭인지 곧 숨이 끊어질 그 나라의 대표가 미국 대통령을 면담할 수 있도록 소개장을 써 준 것이다.

윤병구는 이 소개장을 들고 워싱턴으로 달려가 이승만과 합류했다. 두 사람은 필라델피아로 서재필을 찾아가 루스벨트 대통령에게 전할 독립청원서를 완성했다. 그 내용은 다음과 같다.

'러일전쟁에서 승리를 거둔 후 일본은 우리의 정치적 독립과 영토적 안전을 존중하고 보장키로 한 조약을 무시하고 대한제국의 침략을 합리화하려고 기도하고 있습니다. 때문에 양국의 강화조약을 조정하는 귀 대통령께서 1882년의 조미수호조약 정신에 입각하여 일본의 계책을 중지케 하고 한국이 일본의 손에 들어가지 않도록 주선해 줄 것을 앙청하나이다.'

이승만과 윤병구는 포츠머스 강화회의를 앞둔 1905년 8월 4일, 프록코트와 실크 모자로 단장하고 뉴욕 롱아일랜드의 오이스터 베이에 있는 새 거모어 힐(Sagamore Hill)에서 루스벨트 대통령을 만나 독립청원서를 제출했다. 「뉴욕 타임스」는 이승만과 윤병구 목사가 루스벨트 대통령을 만난 사실을 다음과 같이 보도했다.

'방문시각은 오후 4시 30분이었다. 그들은 태프트 장관의 소개편지를 지녔다. 러시아 사절을 태운 대통령의 마차와 한국인을 태운 마차는 중간 지점에서 만났다. 한국인들은 러시아인들을 알아보았고 호기심으로 쳐다보았다. 러시아인들은 단신의 한국인의 정체를 몰랐지만 그들의 놀란 표정으로 보아 분명히 일본인으로 오인한 듯하다. 두 한국인은 대통령과 약 30분을 대담하였다. 대통령은 청원서를 흥미롭게 읽었다. 그는 정식 외교 경로를 통하지 않고는 사적으로 접수하는 것이 불가능하다고 말했다.'

그러나 이승만과 윤병구 목사가 루스벨트 대통령을 면담하기 5일 전인 1905년 7월 29일, 일본을 방문한 태프트 장관은 일본이 필리핀에 대한 미국의 이익을 묵인하는 대가로 한국을 보호국화하려는 일본의 행동에 미국이 동의한다는 내용의 태프트-가쓰라 밀약을 체결했다.

이어 일본은 8월 12일 영국과 제2차 영일동맹을 맺었다. 이 동맹의 내용은 영국은 일본이 한국에서 가지는 정치 경제 군사상의 이익을 보장하며, 일본은 영국의 인도 지배 및 국경지역에서의 이익을 옹호하는 조치를 취하는 것 등이었다. 이로써 일본은 한국의 식민지화를 위한 주요 열강들의 지지와 동의를 확보하게 되었다.

이승만과 윤병구는 미국이 한국을 일본에게 넘기는 밀약을 체결한 사실을 까맣게 모른 채 루스벨트에게 1882년 5월에 조인된 조미수호조약을 근거로 '미국 정부는 대한제국의 독립을 유지할 의무가 있으며, 이번 러일 강화회의에서 미국이 중재하여 조선의 독립을 유지시켜 달라'고 요청했다. 루스벨트는 '요구사항을 문서로 작성하여 정식 외교 채널을 통해 미 국무부에 제출하면 그 문서를 포츠머스 강화회의 석상에 올려놓겠다'는 외교적 수사로 두 사람을 돌려보냈다.

루스벨트의 외교적 수사를 액면 그대로 믿은 이승만과 윤병구 목사는 워싱턴의 한국공사관으로 달려가 대리공사 김윤정에게 공식 경로를 통해 독립청원서를 미 국무부에 제출해 줄 것을 요청했다. 이승만은 김윤정의 조국에 대한 충성심을 굳게 믿었으나 김윤정은 이미 워싱턴 주재 일본 공사관과 거래하면서 이승만의 움직임을 일본 측에 제공하고 있었다. 김윤정은 '본국 정부로부터 지령이 없는 한 이것을 보낼 수 없다'며 거절했고, 공사관 밖으로 물러가지 않을 경우 경찰을 부르겠다고 위협했다. 당시 정황에 대해 이승만은 이렇게 기록하고 있다.

"내가 아침 내내 그(김윤정)와 논쟁을 하자 그의 부인과 두 아이가 나타났는데, 김 씨 부인이 하는 말이 '이 선생, 당신이 우리 넷을 모두 죽이더라도 정부의 명령 없이는 우리는 아무 일도 할 수 없습니다'라고 하는 것이었다. 나는 아이들에게 '너희들은 너희 아버지가 지금 무슨 일을 하고 있는지 모르고 있지만, 너희 아버지는 너희들의 자유를 팔아먹고 있다. 너희들은 이제 너희 아버지가 너희들을 어떤 노예로 만들 것인가 곧 보게 될 것이다. 너희 아버지는 너희들의 나라를 배반하고 너희들을 포함한 전 민족을 배반하고 있는 것이다. 나는 너희 아버지가 이 공사관을 일본 사람에게 넘겨주지 못하게 할 것이다. 그러기 전에 나는 이 건물을 불살라 버릴 것이다.'"[108]

포츠머스 강화조약문에는 '한반도에 있어 일본이 그 우월권을 갖는다'는 문장이 기록되었다. 마침내 러시아는 일본이 대한제국에서 정치 군사 경제상 이익을 가지고 있으므로 장차 러시아는 일본이 대한제국을 지도 보호 및 감리하는 것을 방해하거나 간섭하지 않겠다는 점을 분명히 선언한 것이다. 이것으로 1904년 체결된 한일의정서 상의 '대한제국의 독립과 영토보전을 명확히 보장한다'는 일본의 약속은 휴지조각이 되었다.

미국 대통령 루스벨트는 포츠머스 강화조약을 중재한 공로로 1906년 노벨평화상을 수상했다. 대한제국의 운명을 보호국으로 결정한 러일 간의 흥정을 거간해 준 공로로 루스벨트가 미국인 최초로 노벨 평화상을 받은 것은 역사의 아이러니다.

9월 10일 이승만은 시종무관장 민영환으로부터 온 서신을 받았다. 이승만과 윤병구 목사의 밀사로서의 노력을 치하하는 편지와 함께 300달러가 들어 있었다. 두 달 후 민영환은 을사늑약에 대한 항의로 자결했다. 을사늑약으로 외교권과 국방권을 강탈한 일본은 주미 한국 공관을 폐쇄하고 김윤정은 본국으로 소환되었다. 김윤정은 귀국 과정에서 태평양 연안과 하와이 지역 한인 교민들에게 봉변을 당할까 두려워 극비리에 귀국했다.

일본에 협력한 대가로 그는 일제 시절 인천부사, 충남지사를 지냈다. 해방이 되어 이승만이 1945년 10월 귀국하자 김윤정은 이승만을 찾아와 40년 전 자신의 행위를 용서해 달라고 간청했다.[109] 미일 간에 체결한 태프트-가쓰라 밀약은 극비사항으로 분류되어 있다가 19년 후인 1924년, 미국의 외교사학자 타일러 데넷에 의해 그 내용이 폭로됐다.

루이스 햄린 목사

이승만에게 세례를 주고
조지 워싱턴대학 입학을 주선한 목사

워싱턴에 도착한 이승만은 선교사들이 소개한 워싱턴 커버넌트 장로교회의 루이스 햄린 목사를 찾아갔다. 커버넌트 교회는 미국을 대표하는 교회로서 존 헤이 미 국무장관을 비롯하여 조지 워싱턴 대학 총장 등 미국 정계, 재계, 학계의 명사들이 신도로 출석하고 있었다. 워싱턴을 방문한 엘리자베스 영국 여왕, 남아프리카 대통령 등 외국 원수들은 대부분 이 교회에 출석했다고 한다. 이 교회의 담임목사인 루이스 햄린은 미국 외교계에서 대단한 영향력을 갖고 있는 목사로서 조지 워싱턴대학의 부지를 선정하는 데 관여했고, 하워드 대학의 이사였으며, 서재필의 혼인 때 주례를 섰던 인물이다.[110]

햄린 목사는 조선 선교에도 큰 관심을 가지고 있었는데, 한국에 선교사로 파송된 게일 목사에게 매월 정기적으로 선교비를 후원하고 있었다. 이승만은 게일 선교사의 추천서를 햄린 목사에게 보이자 햄린 목사는 이승만을 조지 워싱턴 대학 총장 찰스 니덤에게 소개하고, 이승만을 조지 워싱턴 대학에 장학생으로 입학시켜 줄 것을 요청했다. 이 요청이 받아들여져 이승만은 30세의 나이로 조지 워싱턴대학 2학년 2학기 장학생으로 입학했다. 그리고 1905년 4월 23일 루이스 햄린 목사는 이승만에게 세례를 주었다.

이어 이승만은 아칸소 주 상원의원 휴 딘스모어를 찾아가 민영환과 한규설의 편지를 전하고 존 헤이 국무장관과의 면담을 주선해 줄 것을 요청했다. 딘스모어는 이를 흔쾌히 수락했다. 2월 중순 이승만은 딘스모어 의원의 주선으로 헤이 국무장관을 면담했다. 존 헤이는 1899년 의화단 사건이 일어난 후 제기된 열강들의 중국 분할론에 반대하고, 중국의 문호를 개방시켜 모든 나라들이 자유롭게 통상을 해야 한다는 문호개방정책론의 저자로 유명했다. 이날 헤이 장관은 이승만에게 '나 개인적으로도, 혹은 미국 정부를 대표하는 의미에서도 기회가 있을 때마다 조미우호조약상의 의무를 이행하기 위해 최선을 다하겠다'고 약속했다.

존 헤이 국무장관은 서울에 세브란스 병원을 설립할 때 기부를 한 헨리 루이스 세브란스와 절친한 사이였다. 세브란스는 존 헤이와 함께 클리블랜드 소재 웨스턴 리저브대학의 이사로 함께 활동했다.[111]

헤이 장관은 독실한 기독교인으로서 한국의 선교 사업에 큰 관심을 가지고 있었다. 헤이 장관의 조카 아마사 스톤 마서가 예일대학 졸업 기념으로 친구들과 세계일주 여행 중 일본에 기착했을 때 그는 친구들과 잠시 헤어져 단신으로 한국으로 와서 세브란스병원을 방문했다. 마침 루이스 세브란스도 방한 중이었다. 그때 아마사 스톤 마서는 에비슨 박사의 사택에서 에비슨, 세브란스와 밤늦도록 명성황후 시해, 조선 의병을 주제로 대화를 나누었다.

마서는 대한제국의 의병을 만나보고 싶어 여기저기 수소문하던 중 마침 조선에 와서 취재 활동 중이던 영국 특파원 매켄지를 만났다. 그러나 일본군의 삼엄한 경비 때문에 마서는 포기하고 매켄지만 홀로 의병 활동을 취재하여 출판한 책이『대한제국의 비극』과『한국의 독립운동』이다.[112]

이승만이 헤이 장관을 면담하던 무렵, 헤이 장관은 러일전쟁의 강화를 주선하려는 시어도어 루스벨트 대통령의 지시에 따라 카니시 러시아 대사와 다카헤이(高平小五郞) 일본 공사를 매일 접촉하고 있었다. 불행하게도 존 헤이는 이승만과 만난 지 몇 개월 후 사망하여 엘리후 루트가 후임 국무장관에 임명됐다. 그해 여름에 헤이 장관이 사망하지 않았다면 한국의 독립에 나름대로 기여를 했을지도 모른다.

보이드 부인,
메리트 얼, 위니프레드 킹

이승만의 조지 워싱턴대학·프린스턴대학
재학 시절 후원자들

이승만이 조지 워싱턴대학과 프린스턴대학에서 유학하던 시절 그의 조력자이자 후원자는 조지 존스 선교사의 소개로 알게 된 필라델피아의 보이드 부인(Mrs. Boyd)이었다. 보이드 부인은 이승만이 방학 때면 뉴저지 주 오션 그로브에 있는 자신의 별장에 체류하도록 편의를 봐 주었고, 이승만의 아들 태산(봉수)이 미국에 왔을 때 그의 양육을 맡아주었다.

1905년 6월 경 옥중 동지 박용만과 함께 미국으로 온 것으로 추정되는 태산은 처음엔 이승만과 우호적인 관계였던 주미 한국공사관의 김윤정 대리공사 가족들에게 맡겼다가, 김윤정과 갈등 관계가 되자 워싱턴의 한 부잣집에 맡겼다. 태산이 이 집에서 적응하지 못하자 이승만은 보이드 부인에게 양육을 부탁했다. 1906년 2월 25일 태산은 디프테리아로 필라델피아의 시립병원에서 사망했다.

조지 워싱턴 재학 시절 이승만은 동급생인 메리트 얼(Merrit Earl)과 위니 프레드 킹(Winifred King)에게 큰 도움을 받았다. 이 두 사람은 후에 결혼했는데, 졸업 후 목사가 된 메리트 얼은 이승만과 평생 친구가 되었다. 이승만은 이들 부부에게 졸업 후 한국에 가서 선교사로 활동해 달라고 요청하기도 했다.

이승만은 1905년 2월 조지 워싱턴 대학에 입학한 지 2년 4개월 만인 1907년 6월 5일 학사 학위를 받았다. 재학 중에는 장학생으로 학비를 면제 받았지만 생활비는 스스로 벌어서 해결해야 했다. 이승만은 YMCA를 비롯한 미국 동부지역 단체의 초청을 받아 '한국의 실정' 혹은 '한국의 독립'에 대한 강연을 하고 사례금을 받아 생활했다. 그는 미국 유학 생활 5년 동안 170여 차례 강연한 일자와 내용을 꼼꼼히 기록해 놓았다.

이승만의 강연이나 연설과 관련하여 프린스턴 대학의 총장 패튼은 '이승만은 흥미 있고 유익한 방법으로 청중에게 연설하는 특별한 소질을 가지고 있다'고 평했고, 같은 대학의 신학과 과장 찰스 에드먼 박사는 '그는 큰 모임에서 자주 연설했는데, 언제나 청중의 경청과 흥미를 자아냈다'고 말했다.

「워싱턴 포스트」지는 이승만이 YMCA에서 '고요한 아침의 나라 한국'이란 제목으로 행한 연설에 대해 '이 젊은 한국 청년은 폐회할 때 열렬한 박수갈채를 받았다'고 보도(1907년 6월 13일)했고, 「피츠버그 텔레그라프」지는 이승만을 '박력 있는 연설가'라고 평하는 기사(1908년 3월 12일자)를 게재했다.

이승만은 대통령 재임 시절인 1954년 7월 26일부터 8월 13일까지 아이젠하워 대통령의 초청으로 미국을 국빈 방문했다. 당시 워싱턴에 체류하던 7월 30일 오전, 이 대통령은 50년 만에 모교인 조지 워싱턴 대학을 방문했다. 이날 조지 워싱턴 대학은 이 대통령에게 명예법학박사 학위를 수여했다. 학위 수여 행사에는 대학교 이사 및 교직원을 비롯하여 주미 외교단, 상하원 외교위원회 소속 의원, 워싱턴 DC 공무원, 대학 행정요원 및 동창회 회원 등이 대거 참석했다.[113] 로이드 마빈 총장이 이 대통령을 다음과 같이 소개했다.

"조지 워싱턴대학의 아들, 높은 분별력과 기독교적인 품성이 결합된 진지한 인물, 지루한 기다림의 세월 속에 고통·절제된 용기·공공의 복리를 위해 필수불가결한 희생정신이 요구됐던 시기에 불굴의 인내·조용한 의지·심오한 정신적 힘을 가지고 자신과 국민들을 위해 일했던 애국자이자 지도자, 정의에 항상 민감하게 동의하는 인물, 동양적인 것을 서양적인 것으로, 서양적인 것을 동양적으로 해석하는 비범한 재능을 지닌 인물.

이승만 대한민국 대통령님, 우리는 당신이 짧은 시간이지만 이곳에 방문해 준 것을 매우 반갑게 생각합니다. 우리 대학교 이사회와 교수회의를 대신해 당신께 명예법학박사 학위를 수여함을 영광으로 생각합니다."

이어 이승만 대통령은 박사학위를 받은 후 다음과 같은 연설을 했다.

"마빈 총장, 대학 이사회, 교직원, 학생, 신사숙녀 여러분. 무엇보다 먼저 오늘은 내게 자랑스러운 날이라는 점을 말씀드리고 싶습니다. 이 더운 날, 귀중한 주중 시간에 나를 축하해 주기 위해 이 자리에 모여 주신 친구들에게 어떻게 감사하다는 말씀을 전해야 할지 모르겠습니다.

아마 이 학위는 내가 그간 받았던 그 어느 유사한 인증서들보다 값진 것이 아닌가 합니다. 여기는 나의 모교이고, 여러분은 나를 이 위대한 모교의 값진 아들이라고 인정해 주셨습니다. 여러분은 나를 매우 자랑스럽게 해줬습니다.

교직원 여러분, 학생 여러분, 나는 당신들을 축하합니다. 내가 이 학교를 다닌 지 50년 만에 이 대학교를 이만큼 훌륭하게 성공적으로 일궈낸 여러분에게 축하의 말씀을 드리지 않을 수 없습니다.

1905년 내가 처음으로 조지 워싱턴 대학에 등록했을 때, 나는 컬럼비아 단과대학의 알렌 윌버 학장을 찾아가라는 얘기를 들었습니다. 나는 그분을 찾았습니다. 북서쪽 14가와 지(G) 거리의 모퉁이에 있는 낡은 벽돌 건물이었습니다. 그 건물은 후에 허물어졌고, 오늘은 그 위치조차 거의 찾을 수 없게 됐습니다.

윌버 학장에 대해서 몇 가지 말씀드리고자 합니다. 그는 모든 교수들과 학생들로부터 교육자의 귀감이요, 나무랄 데 없는 기독교 신사라고 존경받는 분이었습니다. 윌버 학장의 강의, 그리고 그분이 연민의 정으로 학생들을 대하는 태도는 이후 줄곧 나의 삶에 있어서 영감을 불러일으키는 원천이 돼 왔습니다.

내가 당시 나의 조국에서 미국에 오게 된 것은 고등교육을 받겠다거나, 대학에서 학위를 받으려는 것이 아니었다는 점을 말씀드려야만 하겠습니다. 나는 구 한국정부로부터 한국의 독립을 위해서 일하라고 파견됐던 것입니다. 그때 나는 우리나라 공사관에서 일하고 있었는데, 여가를 내어 고등교육을 받아야겠다는 생각을 하게 됐습니다. 그러한 교육이 내가 한국으로 귀국했을 때 도움이 될 것이라는 나름대로의 이유를 갖고 있었습니다. 당시 조지 워싱턴 대학은 정부에서 일하고 있는 학생들을 위한 프로그램을 갖춘 워싱턴 내 유일한 학교였으며, 나의 이 대학 등록도 그래서 가능했던 것입니다.

내가 조지 워싱턴 대학에 관심을 가졌던 다른 이유는 내가 조국에 있을 때 벌써 미국 독립의 아버지인 조지 워싱턴을 열렬히 흠모했기 때문입니다. 나는 한국의 독립을 위해 일하고 있었고, 조지 워싱턴 대학은 내게 매우 이상적인 학교로 보였습니다.

나는 최선을 다해 충실히 학업에 열중했고, 미국 민주주의의 중심에서 민주정부의 운용방식과 국민들의 자유를 어떻게 보호하느냐 하는 것을 배웠습니다. 이는 내 평생의 삶에 있어서 진정한 초석이 됐습니다. 이곳에서 배운 것은 내 겨레의 자유를 위한 투쟁에 있어서 커다란 도움이 됐습니다.

후에 몇몇 친구와 우리 국민이 나를 국부(國父)라고 불렀습니다. 이 말이 진실인지 혹은 그렇지 않은지 나는 알지 못합니다. 그러나 그 말이 정말이라면, 그것은 틀림없이 내가 조지 워싱턴 대학을 다닌 것과 관련이 있습니다.

조지 워싱턴 대학에서의 공부는 시련이 없을 수 없었습니다. 처음 수업을 받을 때, 본인의 영어는 완전하지 못했습니다. 사실 더 솔직히 말하자면 내 영어는 그때나 그 이후나 결코 완전하지 않았다는 점을 고백해야겠습니다.

당시 나는 할 수 있는 한 최선을 다해서 강의실에서 영어 실습을 위해 노력했습니다. 그러나 여러분도 아시다시피, 도대체 교수들은 영어를 왜 그렇게 빨리 말했는지 나는 아직도 의아합니다. 이런 어려움 속에서 나는 조지 워싱턴 대학의 충실한 아들의 하나가 되고자 노력해 왔다고 여러분에게 분명히 말씀드리고자 합니다. 여러분 모두가 이 위대한 대학, 우리의 대학에 대해서 자부심을 갖고 있듯이 나도 그랬었다고 확신합니다.

오늘 이 자리에서 얘기하고 싶은 또 다른 것이 있습니다. 아시다시피 나는 두 가지 일 즉, 자유와 민족자결을 위해 투쟁해 온 사람입니다. 특히 광활한 영토와 수많은 인구라는 천부적인 이점을 갖지 못한 약소민족들의 자유와 민족 자결을 위해서 말입니다.

보람 있는 사회를 이루는 이 근본적인 두 가지 요소가 바로 이 순간, 심각한 위협에 처해 있습니다. 국내적·국제적 조직들이 개인적 자유의 존립과 민족주의의 전체구조를 위협하고 있습니다. 공산주의자들은 인간을 크렘린의 독재자들에 의해서 절대적으로 통치되는 세계 국가의 노예로 만들려고 획책하고 있습니다.

공산주의 철학자나 공산주의 행동가들은 누구도 이러한 목표를 숨기려 하지 않습니다. 그러나 이러한 경고의 말을 듣거나 적시에 행동하기를 거부하는 사람과 나라들이 많습니다. 그리고 그들 중 일부는 이미 자포자기한 채 우리에게서 떠났습니다.

나는 우리가 변해야 한다고 봅니다. 그것도 매우 신속히 말입니다. 그러지 않으면, 공산주의자들은 조만간 압도적인 힘을 얻는 데 성공할 것입니다. 일단 이를 성취하면, 그들은 문명 그 자체를 파괴시켜 버릴지도 모를 또 다른 세계 전쟁으로 이 세계를 몰고 갈 것입니다.

이렇게 되면 우리가 승리하든 패배하든 그 대가는 재앙 그 자체일 것입니다. 변화는 행동으로 옮겨야 하는 것이라고 나는 생각합니다. 우리는 공산주의에 대해서 마치 불편하기는 하지만 위험하지는 않은 흔한 감기처럼 대수롭지 않게 말하는 것을 중지하고, 치명적인 바이러스라고 여기고 퇴치를 위한 투쟁을 시작해야 합니다.

미국과 모든 자유국가의 대학은 이러한 투쟁의 선봉에 나서야 합니다. 총포나 병력의 위협으로만 모든 전투에서 승리를 쟁취하는 것은 아닙니다. 폭력은 공산주의의 무시무시한 시위행위들 중의 하나에 지나지 않습니다. 공산주의는 또한 인간의 마음속에, 이른바 사상적인 영역에 그릇된 가치관을 정립시키고, 검은색을 백색으로 만들고, 결국에는 누구도 빠져나갈 수 없는 사상통제를 구축합니다.

교육의 역할은 공산주의가 지성에 반하는 것임을 연구하고 폭로하는 것이어야 합니다. 교육의 역할은 사상의 자유가 귀중한 것이라고 주장하는 모든 사람에게 공산주의자들이 이러한 귀중한 가치를 파괴시키려는 책동을 하고 있다는 사실을 알려주는 것이어야만 합니다.

이제 교육, 그리고 교육자들은 단지 공산주의의 과도함에 대해서 유감을 표시하는 것으로는 결코 충분하지 않습니다. 교육은 싸울 자유가 존재하는 한 교육의 자유를 위한 투쟁을 시작해야 합니다. 여러분에게 닥쳐온 위험이 매우 큽니다. 공산주의는 권력을 장악하는 바로 그 순간, 무제한의 탐구를 파괴하기 때문입니다. 자유로운 대학, 자유로운 학부, 자유로운 학문—이 모든 것은 소비에트의 힘이나 유혹에 굴복한 나라에서는 미지의 세계입니다.

그러므로 여러분에게 말하고자 합니다. 여러분은 중립일 수 없으며, 한적한 강의실에 앉아서 자유세계가 파멸의 비극으로 휩쓸려 들어가는 것을 수수방관해서는 안 됩니다. 여러분은 공산주의에 대항해서 싸우는 모든 자유인의 편에 서야 합니다. 그렇지 않으면, 여러분의 무관심이 자신과 다른 사람들의 운명을 매우 위태롭게 할 가능성이 있습니다.

나는 여러분 중 많은 분이 이미 투쟁을 하고 계실 줄로 생각하며, 그러기를 희망합니다. 그렇지 않으면 여러분들은 적색분자와의 투쟁에 헌신하고 있는 사람과 국가에 대해 결코 떳떳하지 못한 것입니다. 공산주의와 그 위험을 아는 우리는 자유를 지키기 위해서 단결할 수 있습니다.

친구들이여, 지금은 바야흐로 우리의 생존을 위해서 단결과 행동이 필요한 시간입니다. 우리 모두 함께 학문의 자유를 위해서뿐만 아니라 이 세계의 모든 국민들의 완전한 자유를 위해서 투쟁해 나갑시다."

헤이그 밀사와의 인연

고종은 1907년 4월 이준을 블라디보스토크에 가 있는 이상설과 함께 특사로 제2차 만국평화회의가 열리는 헤이그에 파견했다. 고종이 파견한 밀사는 두 사람 외에 상트페테르부르크에 있던 이위종, 그리고 미국 선교사 헐버트까지 총 4명이었다. 고종의 밀사들 중 이승만과 직접적인 인연을 맺고 있던 인물은 이준이었다.

이준은 1898년 독립협회에 가입하여 협회 활동에 적극 참여했으며, 만민공동회에서 가두연설을 하며 이승만과 친교를 맺었다. 그는 이승만이 한성감옥에 수감된 후 1902년 이상재, 민영환, 이상설, 이동휘 등과 함께 비밀결사인 개혁당을 조직하여 정치개혁운동을 전개했다.

이준은 현지로 떠나기 전에 미국 유학 중이던 이승만에게 '뉴욕에서 만나고 싶다'는 전보를 보내 두 사람은 뉴욕에서 회동하여 만국평화회의에 탄원할 호소문을 함께 작성했다.[114] 이승만은 또 8월에는 헤이그 회의에 참석했다가 연해주로 돌아가는 이상설을 뉴욕에서 만나 시국에 대한 대담을 나누었다.

제2차 만국평화회의는 1907년 6월 네덜란드의 헤이그에서 열렸는데, 1899년 제1차 회의가 열린 지 8년만에 열린 국제회의다. 원래 제2차 평화회의는 1904년 루스벨트 미 대통령이 개최를 제안했으나 러일전쟁으로 중단되었다. 1906년에 다시 회의를 열기로 했는데, 강대국들의 국내 사정으로 또 다시 연기되어 이때 네덜란드 헤이그에서 열리게 되었다.

대한제국은 1902년 2월 16일자로 네덜란드 외무장관에게 만국평화회의 가입 신청을 했다. 1906년 제2차 평화회의가 준비될 때 대한제국은 러시아의 도움으로 초청받은 47개국 중 12번째로 명단에 올라 있었다.[115] 그런데 1906년 5월 러시아 외상에 취임한 이즈볼스키는 러시아의 동아시아 전략을 일본과 타협하는 쪽으로 전환했다. 즉 만주를 개방하라는 구미 열강의 압력에 맞서 일본과 러시아가 만주의 이권을 나눠 갖기로 밀약한 것이다. 이러한 정책 전환으로 인해 러시아는 대한제국 대표의 만국평화회의 참석에 반대하는 입장으로 돌아섰다.

이준과 이상설은 페테르부르크에서 이범진 주러 공사의 아들로서 프랑스 유학 경험이 있는 이위종과 합류했다. 특사단은 러시아의 지원을 받기 위해 15일간 페테르부르크에 체류하며 교섭을 벌였지만 허탕을 쳤다. 러시아는 1907년 7월 30일 제1차 러일협상에서 몽골에서의 특수 이해를 보장받는 대신 대한제국에서 일본의 자유행동을 인정하기로 합의했기 때문이다. 러시아 외상 이즈볼스키는 헤이그의 러시아 대표에게 '대한제국 특사단에 협조하지 말라'는 전문을 보냈다.

상황이 이렇게 돌아가자 헤이그에서 대한제국의 밀사들을 반겨주는 사람은 없었다. 평화회의 의장인 러시아 대표 알렉산드르 이바노비치 넬리도프 백작을 비롯하여 미국, 프랑스, 영국, 독일 등 주요국 위원들과의 면담 신청은 모두 거절당했다. 평화회의 부회장이자 네덜란드 수석대표인 보프르는 대한제국 특사단에게 '러시아는 대한제국의 운명을 전적으로 일본에 위임했으며, 대한제국의 저항은 쓸모없는 것'이라는 러시아 측 입장을 전달했다.[116]

고종이 극비리에 헤이그에 밀사를 파견한 사실이 알려지자 조선통감 이토 히로부미는 사이온지 긴모치(西園寺公望) 일본 총리대신에게 '대한제국 황제의 밀사 파견은 대한제국이 일본에 대해 공공연히 적의를 표현한 조약 위반이므로 일본은 대한제국에 선전포고를 할 권리가 있다'는 전보를 보냈다. 결국 일본의 압력으로 고종이 강제 퇴위하고 그의 아들 순종이 새 황제에 취임했다.

이준

이준은 함남 북청 출신으로 법관양성소를 거쳐 1896년 2월 한성재판소 검사보에 임명되었다. 일본에 건너가 와세다대학 법과를 졸업하고 귀국했다. 1904년 12월 친일단체인 일진회(一進會)에 대항하여 결성된 공진회(共進會) 회장을 맡아 반일투쟁을 주도하다가 황해도의 외진 섬에서 6개월간 유배 생활을 했다. 1907년 1월 대구에서 국채보상운동이 일어나자 서울에 국채보상연합회를 설립하고 회장이 되어 모금운동을 주도했다.

1907년 3월 이준은 고종의 밀서를 받고 7월 네덜란드 헤이그에서 열리는 만국평화회의에 파견되는 특사단의 부사(副使)에 임명됐다. 4월 22일 서울을 출발한 이준은 블라디보스토크에서 정사(正使) 이상설과 합류했고, 러시아 수도 상트페테르부르크에서 이위종과 합류했다. 6월 25일 개최지인 헤이그에 도착, 만국평화회의 의장에게 고종의 친서와 신임장을 전하고 한국 대표로서 회의 참석을 요청했으나 거부되었다.

세 특사는 일제의 침략을 폭로 규탄하고 을사늑약이 무효임을 선언하는 장서(長書 : 控告詞)를 작성하여 각국 대표에게 보냈고, 언론기관을 통해 국제 여론을 환기시켰다. 그러나 열강의 냉담한 반응으로 회의 참석의 길이 막히자 이준은 7월 14일 저녁 분을 참지 못하고 자신이 투숙했던 호텔에서 순국(殉國), 헤이그의 아이큰다우 공원묘지에 묻혔다. 1963년 헤이그에서 이준 열사의 유해를 옮겨와 서울시 수유리에 안장했으며, 1964년

장충단공원에 동상이 세워졌다.

이상설

이상설은 충북 진천 출신으로 1894년 조선왕조의 마지막 과거시험에 급제하여 1896년 성균관 교수, 탁지부 재무관을 역임했다. 이 무렵 헐버트와 친교를 맺고 신학문을 공부했다. 1905년 법부협판, 의정부 참찬을 지낼 무렵 이회영, 이시영 등과 만국공법을 번역하고 연구했다. 1905년 을사늑약에 반대하다 관직에서 물러나 국권회복운동에 앞장섰다. 민영환의 순국 소식을 듣고 종로에서 민족항쟁을 촉구하는 연설을 한 다음 자결을 시도했으나 실패했다.

1906년 이동녕, 정순만 등과 간도 용정촌으로 망명하여 근대적 항일민족교육의 요람인 서전서숙(瑞甸書塾)을 설립했으나 일제의 탄압으로 다음 해 문을 닫았다. 1907년 헤이그에서 만국평화회의가 개최되자 고종은 그를 정사로, 이준과 이위종을 부사로 임명하여 파견했다.

이상설은 이준이 헤이그에서 순국한 후 영국, 프랑스, 독일, 미국, 러시아 등 여러 나라를 순방하면서 일제의 침략상을 폭로하고 대한제국의 영세중립화를 역설했다. 헤이그 밀사사건이 벌어지자 일제는 특사들을 재판에 회부하고 궐석 재판을 진행하여 이상설에게 사형, 이준과 이위종에게 종신형을 선고했다.

이상설은 1908년 미국으로 건너가 대한제국의 독립 지원을 호소하고 미주 각지의 한인교포의 결속을 외쳤으며, 콜로라도 주에서 개최된 애국동지대표회에 연해주 한인대표로 참석했다. 1909년 이위종과 함께 블라디보스토크로 가서 러시아와 만주 국경지방의 항카호(興凱湖) 남쪽 지역에 한인을 이주시켜 최초의 독립운동기지인 한흥동(韓興洞)을 건설했다.

1910년 국내외의 의병을 통합하여 효과적인 항일전을 수행하기 위해 13도의군을 편성, 도총재에 유인석을 선임했다. 한일합병이 체결되자 이상설은 블라디보스토크에서 성명회(聲明會)를 조직하고 한일합병 반대운동을 전개하다 러시아 관헌에 체포되어 니콜리스크로 추방되었으나, 다음해 다시 블라디보스토크로 왔다. 김학만, 이종호, 정재관 등과 권업회(勸業會)를 조직하여 「권업신문」을 간행하다가 1917년 망명지인 연해주 니콜리스크에서 병으로 사망했다.

이위종

이위종은 외국 공관장이었던 부친 이범진을 따라 미국, 영국, 프랑스, 러시아 등을 순회하면서 해외 문물을 경험했고 외국어에도 능통했다. 부친이 러시아 주재 공사가 되자 상트페테르부르크 주재 한국공사관 참서관

(參書官)에 임명되었다. 1905년 을사늑약으로 외교권이 박탈되어 각국 주재 한국 공사관이 폐쇄되고 일본 정부가 소환령을 내렸으나 귀국하지 않고 부친과 함께 상트페테르부르크에서 독립운동을 했다.

이위종은 헤이그 밀사로 임명되어 이상설과 이준이 6월 4일 상트페테르부르크에 도착하자 만국평화회의에 제출할 장서(長書 : 控告詞)를 프랑스어로 번역했다. 헤이그에서 장서를 40여 개국의 위원들에게 보냈고, 각국 대표위원들을 만나 지원을 호소했다. 이런 사정이 각국 신문기자들에게 널리 알려지고, 특히 영국인 스테드가 회장으로 있는 국제협회의 후원을 얻어 그 회보에 장서의 전문을 게재했다.

7월 9일 국제협회의 회합에 귀빈으로 초대된 이위종은 을사늑약이 강제로 체결된 경위와, 일본의 침략상을 폭로하고 한국 독립에 협조해줄 것을 호소했다. 그의 열정적인 호소로 인해 각국 신문에 한국의 사정이 보도되면서 한국에 대한 동정 여론이 일어났다. 이준이 헤이그에서 순국한 후 이위종은 블라디보스토크로 와서 항일민족운동을 계속했다.

장인환·전명운

친일 미국인 스티븐스
암살한 두 의사(義士)

이승만은 조지 워싱턴대학을 졸업한 후 진로를 놓고 고민하다가 1907년 9월 하버드 대학 석사과정에 입학했다. 그가 하버드를 택한 이유는 세계 정세를 보다 깊이 공부하기 위해서였다. 그는 최대한 빠른 시간 내에 석사학위를 얻기 위해 맹렬히 학업에 매진하느라 생활비를 벌기 위한 연설을 중지했고, 학우들과 우정도 맺지 않았으며, 대학의 사교생활에도 전혀 관여하지 않았다.

이승만이 하버드대 대학원에 재학 중이던 1908년 3월 23일 샌프란시스코 페리 부두에서 장인환·전명운 의사가 친일 미국인 더함 스티븐스(Durham W. Stevens)를 사살하는 사건이 발생했다. 장인환은 평양에서 태어나 숭실학교를 졸업하고 1905년 하와이로 이민을 왔다. 사탕수수밭에서 일하다 1906년 샌프란시스코로 거처를 옮겼다. 전명운도 1905년 하와이로 이민을 와서 1906년 샌프란시스코로 이주하여 철도공사와 알래스카 어장 등에서 노동을 했다. 두 사람은 암살 사건을 벌이기 전까지 서로 모르는 사이였다고 한다.

스티븐스는 대한제국의 외교 고문에 임명되었으나 한국 정부를 위해 일하지 않고 오히려 일본의 한국 지배를 정당화하는 발언을 했다. 1908년 3월 휴가차 미국으로 향하던 도중 여객선에서 가진 미국 언론과의 인터뷰에서 그는 '일본이 한국을 문명과 진보의 길로 인도하기 위해 노력하고 있고, 한국 국민을 대하는 일본의 태도는 미국이 필리핀을 다스리는 방법과 비슷하다'고 주장했다.

「샌프란시스코 크로니클」에 실린 이 기사를 보고 현지 교민들이 격분했다. 스티븐스는 항의차 방문한 교민 대표에게 '한국은 독립할 자격이 없기 때문에 일본이 빼앗지 않으면 벌써 러시아가 점령했을 것'이라고 망언을 했다.[117]

3월 23일 오전 9시 30분경 스티븐스가 일본 영사의 안내를 받으며 샌프란시스코 선착장에 도착했다. 전명운이 먼저 스티븐스를 향해 권총을 발사했으나 불발되자 스티븐스와 격투를 벌였다. 이 와중에 뒤에 있던 장인환이 권총을 발사하여 두 발은 스티븐스의 가슴과 허리에, 한 발은 전명운의 어깨에 맞았다. 병원으로 실려간 스티븐스는 이틀 후 사망했고, 전명운은 병원에 후송되어 치료를 받은 후 구속되었다.

미주 한인사회는 두 의사의 의거를 일제의 한국침략을 규탄하고 국권

회복운동의 전기로 삼기 위해 재판 비용을 모금하여 변호사를 선임했다. 한국인으로 영어를 잘하는 인물이 드물었던 한인들은 두 의사의 변호를 위한 통역을 이승만에게 의뢰했다. 그러나 이승만은 하버드대학원 재학생 신분인 데다가 기독교도로서 살인자를 변호할 수 없다는 이유를 들어 이를 거부했다. 이렇게 되자 한인 사회는 그 일을 신흥우에게 맡겼다.

재판 결과 스티븐스를 직접 살해하지 않은 전명운은 무죄를 선고 받았다. 전명운은 장인환의 재판이 진행되는 동안 블라디보스토크로 잠시 이주했다가 1909년 7월 샌프란시스코에 돌아왔다. 그는 신변의 위협을 느껴 이름을 맥 필즈로 바꾸고 캘리포니아 주 여러 농장지대를 전전하다 미국에 귀화했다. 1947년 11월 19일 사망하여 로스앤젤레스 근교 가톨릭 묘지에 묻혔다.

스티븐스를 살해한 장인환은 25년 형을 선고 받았으나 10년을 복역한 후 감형되어 1919년 출옥했다. 이후 힘들게 살다가 1930년 투신자살했다. 두 사람에게는 1962년 건국훈장 대통령장이 추서되었다.

장인환·전명운 두 의사의 스티븐스 암살은 미국 내에 혐한(嫌韓) 분위기를 조성했다. 그 여파로 이승만은 하버드대 대학원 담당교수로부터 면담은 물론 논문심사까지 거절당했다. 이 사건 후 이승만은 의병 활동에 비판적인 글을 써서 발표했다. 그는 「공립신보」에 '의병 활동이 세상의 조소거리가 될까 우려된다'면서 제대로 된 군사 조련을 받지 못한 점, 조직에 체계와 규율이 없는 점, 만국공법을 알지 못해 남에게 개명한 애국당으로 인정받지 못하고 민란당으로 취급당하는 점을 들어 의병 투쟁으로는 국권을 회복할 수 없다는 견해를 밝혔다.

반면에 일본은 서양과 통상 후 외국의 선진 학문과 문물제도를 도입하여 안으로 군사를 조련하고, 밖으로 영국·미국과의 외교에 힘써 청일전쟁과 러일전쟁에서 승리했다면서, 남과 대적하려면 내가 먼저 준비해야 하는데, 이 과정에서 학문의 숭상이 중요하다고 지적했다.[118]

그의 의병 비판은 9월에 「공립신보」에 기고한 논설에서도 계속 이어졌다. 이 글에서 이승만은 의병이 자기 형세와 세상 공론을 돌아보지 않고 용진하는 마음으로 도처에서 일어나 지방을 소란스럽게 하는 것은 일본이 오히려 반기는 바라고 주장했다. 공법으로 세상에 알린 뒤 군사를 보내 하나씩 무찌르면 그만이고, 그로 인해 도탄에 빠진 백성들이 차라리 일본의 보호라도 받아 편하게 살기를 원하기 때문이라는 것이다.[119]

이승만은 스티븐스 암살에 대한 미국인의 험악한 비판 여론을 경험한 데다가 일본이 기독교인들을 탄압한 105인 사건을 계기로 '외교독립노선'이라는 새로운 전기를 마련하게 된다. 그는 하와이에 도착한 1913년 일제의 기독교 탄압을 폭로하는 저서『한국교회 핍박』을 출간했다. 이승만은 이 책을 통해 일본은 기독교를 탄압하는 사악한 나라라는 여론을 기독교 국제 네트워크를 통해 조성하여 일본을 압박하는 민간 외교의 새로운 영역에 눈을 뜨게 된다. 따라서『한국교회 핍박』은 이승만의 외교독립론의 원형이 잘 나타나 있는 저작이다.

막부를 타도하고 봉건 일본을 메이지 유신으로 이끈 풍운아 사카모토 료마(坂本龍馬)는 한 시절 검술로 명성을 날리던 사무라이였다. 그가 어느 날 긴 칼을 차고 있는 친구에게 '장검의 시대는 지나갔다. 나처럼 짧은 칼을 지녀라'라고 말했다. 두 번째 만났을 때 짧은 칼을 찬 친구를 보자 '단검의 시대도 지났어. 나처럼 권총을 갖고 다녀'라고 했다. 세 번째 만났을 때는 책 한 권을 보여주며 '권총도 소용없네. 국제법을 익히게' 라고 했다. 그는 선박의 주권이 선박 소유국에 있다는 국제법에 매료되어 '작은 일본이 국토를 팽창하려면 많은 선박을 만들어야 한다'고 주장한 국제법 신봉자였다.

이승만은 국제정치학으로 박사 학위를 취득한 국제법 전문가였다. 그는 선교와 통상이야말로 '피를 흘리지 않고 목적을 달성할 수 있는 강력한 무기'라는 점을 꿰뚫어 보았다. 국가와 국가가 전장에서 격돌하여 승자의 이익이 패자의 손실이 되는 대신, 시장에서 만나 승자와 패자 없이 상호 이익을 얻을 수 있는 통상이 평화에 중요한 역할을 한다는 이승만의 주장은 그의 저서 『독립정신』 박사학위 논문인 「전시 중립론—미국 영향 하의 중립(Neutrality as influenced by the United States)」, 일본의 태평양전쟁을 예언한 『일본내막기(Japan Inside Out)』를 관통하는 핵심 주제로 반복되어 나타나고 있다.[120]

루이스 헨리 세브란스

이승만과 깊은 인연을 맺은
세브란스병원 건립의 주인공

이승만이 하버드대 대학원에서 석사 과정을 마치고 박사 과정을 어디서 할 것인가를 고민하던 1908년, 한국에서 활동하던 에비슨, 언더우드, 헐버트 선교사가 안식년을 맞아 미국으로 왔다. 세 선교사는 안식년임에도 불구하고 쉬지 않고 미국 전역을 순회하며 한국을 위해 일 할 선교사 모집과 모금을 위한 캠페인을 벌였다. 그들이 정한 모금 목표는 10만 달러, 한국에 보낼 선교사 수는 20명이었다. 이승만도 이 캠페인에 참여하여 세 선교사들과 함께 미국 전역을 순회하며 한국 캠페인을 벌였다.

홍미로운 것은 이 캠페인에 미국의 대자선가 루이스 세브란스가 참여했다는 점이다. 세브란스는 석유왕 록펠러와 유년시절을 함께 보냈고 고등학교까지 함께 다닌 죽마고우다. 그는 록펠러와 함께 세계 최초로 석유 채취에 성공했고, 1870년 1월에 록펠러와 함께 스탠더드 오일 회사를 설립한 대주주였다.

세계적인 거부(巨富)였던 루이스 세브란스와 한국과의 인연은 올리버 에비슨 선교사를 통해 맺어지게 되었다. 왕립병원으로 출발한 제중원은 조선 정부의 간섭과 병원을 주관하는 관리들의 부패로 인해 운영에 많은 지장을 받았다. 선교사들은 조선 정부에게 재산권과 운영권을 자신들에게 넘겨주지 않으면 철수하겠다고 통보하자 고종은 선교사들에게 운영권을 넘겼다.

제중원에 근무하던 에비슨은 12.5평 크기에 한옥 단층 건물인 제중원을 40명 환자를 수용할 수 있는 근대식 병원으로 개조하기 위해 설계를 새로 맡겼는데, 근대식 병원으로 개조하려면 1만 달러 정도의 비용이 들 것으로 예상되었다.

에비슨은 1900년 봄 뉴욕 카네기홀에서 열린 해외선교대회에 참석하여 한국의 병원 건립 모금을 위한 연설을 할 기회를 얻었다. 그 자리에는 스탠더드 석유회사의 재무담당 임원(CFO)이자 클리브랜드 장로교회의 장로인 루이스 세브란스가 참석했다. 에비슨의 연설이 끝나자 세브란스는 에비슨을 찾아와 병원 건립에 대한 추가 설명을 부탁했다. 에비슨이 '이미 설계까지 마쳤으며 1만 달러 정도면 건립이 가능하다'고 답하자 세브란스는 '1만 달러를 기부하겠다'고 밝혔다. 당시 1만 달러는 엄청난 거액이었다.

1902년 세브란스의 기부금과 기존 병원 매각대금을 합쳐 서울역 맞은 편에 병원을 짓기 시작, 1904년 11월 세브란스병원이라는 이름으로 문을 열었다. 세브란스는 그 후에도 계속 선교 후원금을 보냈고, 1906년 한국을 처음 방문했다. 세브란스는 '받는 기쁨보다 주고 보내는 기쁨이 훨씬 더 크다'면서 지속적으로 한국의 세브란스 병원에 기부를 했다. 세브란스의 사후 그의 아들을 비롯해 손자에 이르기까지 그의 유지를 받들어 만든 세브란스 펀드(미국 북장로교회가 관리)는 100년이 넘게 세브란스 병원을 후원했다. 100여 년 동안 세브란스 일가가 한국에 보낸 헌금은 1000억 원이 넘는다.

이승만은 에비슨, 언더우드, 헐버트 선교사와 함께 미 전역을 순회하며 한국 캠페인을 벌이던 중 세브란스 가문과 깊은 인연을 맺게 되었다. 특히 루이스 세브란스의 외아들 존 세브란스는 이승만의 절친한 친구가 되었다. 클리블랜드의 세브란스홀은 세계적인 교향악단인 클리블랜드 교향악단의 본거지로서, 1928년 존 세브란스가 기증한 것이다.

이승만이 1908년 미국 전역을 순회하며 한국 교회를 위한 '한국 캠페인'을 벌일 때 루이스 세브란스의 권유로 아들이 다니는 클리브랜드 세브란스교회와 갈보리교회에서 연설했다. 갈보리교회는 세브란스의 주치의이자 서울 세브란스병원과 세브란스 의과대학에서 평생을 봉직한 알프레드 러들로우(Alfred I. Ludlow, 1875~1961) 교수의 교회였다.

세 명의 선교사와 이승만의 열정적인 한국 캠페인으로 9만 달러가 모금되어 한국에 20명의 새 선교사를 파송하게 되었다. 이때 세브란스는 자신의 주치의인 러들로우 박사를 한국으로 보냈는데, 러들로우는 한국에서 26년간 외과 전문의로 활동하며 우리나라 의학 발전에 지대한 공헌을 했다.

찰스 에드먼, 앤드루 웨스트

이승만의 프린스턴 대학 은사들

하버드대 대학원을 졸업한 이승만은 진로 문제로 고민하던 중 조선에서 선교사로 활동한 바 있고, 한국 캠페인 과정에서 만난 어네스트 헐(Ernest Hall) 목사로부터 자신의 모교인 프린스턴대학에 진학할 것을 제안 받았다. 헐 목사는 프린스턴대학교 신학대학의 찰스 에드먼 학장, 대학원장 앤드루 웨스트 교수를 이승만에게 소개시켜 주었다. 에드먼 학장과 웨스트 학장은 이승만이 신학대학 기숙사에 기거하며 박사과정을 마칠 수 있도록 전폭적인 도움을 주었다.

프린스턴대학교 대학원장 앤드루 웨스트 박사는 라틴어의 대가로서, 타이거라는 별명이 붙을 정도로 엄격하면서 선이 굵은 인물이었다. 웨스트 박사와 우드로 윌슨 대통령 사이에는 유명한 일화가 있다. 윌슨 대통령이 프린스턴대학 총장 재직 시절, 대학원 건물 신축 문제로 웨스트 박사와 갈등을 빚었다.

윌슨 총장은 대학원 건물을 대학 구내에 지어야 한다고 주장한 반면, 웨스트 박사는 미래까지 내다보려면 학교 밖에다 지어야 한다고 주장하여 격론을 벌였다. 결국 웨스트 박사의 주장이 관철되어 윌슨 총장이 사표를 내고 물러났다. 그 후 윌슨 총장이 뉴저지 주지사에 이어 미국 대통령에 당선되자 웨스트 박사는 '프레지던트 메이커'라는 별명을 얻게 되었다.

신학박사인 찰스 에드맨 박사는 성경 해석의 권위자이자 재력과 학식과 덕을 겸비한 미국 북부장로교총회 회장으로, 교계의 실력자였다. 프린스턴 대학 신학부는 역사나 전통 면에서 세계 최고 수준으로 백낙준, 김관식, 박형룡, 최윤관, 윤하영 등 우리나라 기독교를 이끈 거목들도 이 학교 출신이다. [121] 이 두 사람의 도움으로 이승만은 프린스턴대학교에서 편안하게 박사 학위 과정 공부를 할 수 있었다.

우드로 윌슨

미국 대통령에 오른 이승만의
박사학위 논문 지도교수

프린스턴 재학 시절 이승만에게 잊을 수 없는 스승이 우드로 윌슨(Woodrow Wilson) 총장이었다. 윌슨 총장은 미국의 제28대 대통령(1913~21)을 역임했고, 1919년 노벨평화상을 수상한 거인이다. 1886년 존스 홉킨스 대학에서 정치학 박사학위를 취득한 윌슨은 1890년부터 프린스턴 대학 교수로 재직했고, 1902년 이 학교 총장에 올랐다. 1910년부터 1911년까지 미국 정치학회 회장을 역임했다. 1910년 윌슨은 뉴저지 주지사에 당선되었으며, 1912년 민주당 후보로 대통령 선거에 당선되었고, 4년 후 재선되었다. 1919년 노벨평화상을 수상했다.

아버지는 장로교회 목사이고 어머니는 목사의 딸이었던 우드로 윌슨 총장은 한국 선교에 지대한 관심을 가지고 있었고, 이승만을 특히 총애하여 자신의 가족과도 친하게 지내도록 배려했다. 윌슨 총장의 부인과 세 딸

들은 한국에서 온 이승만에게 비상한 흥미를 가지고 있었다. 월슨 일가는 가족 음악회를 즐겼는데, 이승만은 이 가족 모임에 가끔 초대되었다.

이승만은 월슨 총장의 장녀 엘리노어(Eleanor Wilson, 1889~1967)와 특히 가까운 관계였는데, 한 시절 연애감정에 빠진 적도 있다고 한다. 이승만이 하와이에서 학생들을 가르치고 있을 때 백악관으로부터 월슨 대통령의 딸 엘리노어의 혼인식에 참석해 달라는 청첩장을 받았다. 당시 하와이에서 월슨 대통령의 청첩장을 받은 사람은 하와이 총독과 이승만 두 명 뿐이었다.[122] 이 일로 인해 하와이 정가는 물론 한인사회에서 이승만의 위상이 크게 높아졌다.

후에 재무장관에 오른 윌리엄 맥아두(William G. McAdoo, Jr)와 결혼한 엘리노어는 이승만이 워싱턴에서 구미위원부를 중심으로 활동하던 1942년 무렵 매사추세츠 가에 마련한 구미위원부 의장 공관에 자주 드나들며 이승만에게 미국의 명사들을 소개해주는 등 이승만의 외교 독립활동에 지대한 도움을 주었다.[123]

월슨 총장은 이승만을 뉴저지 주지사 오글맨(Ogleman, 후에 상원의원) 같은 유력 인사에게 소개를 시켜주었고, 이승만이 미국 사회의 주요 모임에서 연설이나 강연을 할 수 있도록 추천서를 써 주었다. 다음은 월슨 총장이 1908년 12월 15일 이승만을 위해 쓴 추천서다.

'이승만 씨는 프린스턴 대학원의 학생이며 우수한 능력과 고결한 성품으로 우리들에게 호감을 주었습니다. 그는 놀랄 만큼 자국(自國)인 한국의 현재 상태에 관해서 뿐만 아니라 동양의 전반적인 정서에 대해서 정통합니다. 그리고 이와 같은 정세를 일반 청중들에게 성공적으로 개진할 수 있습니다. 그는 애국심이 강한 청년으로 동포에 대해 열렬하고 유익한 일꾼입니다. 동양에서 연구되고 보존하지 않으면 안 되는 권익에 대해 직접 배우고 싶어 하는 사람에게 나는 기쁘게 그를 추천합니다.'

이승만은 학사와 석사를 초단기간에 마치고 프린스턴 대학원에서도 맹렬하게 공부하여 2년 만에 박사 학위를 받았다. 1910년 6월 14일 이승만은 윌슨 총장의 지도로 「미국의 영향을 받은 영세중립론(Neutrality As Influenced by the United States)」이라는 논문으로 국제정치학 박사 학위를 받았다.

이승만의 박사학위 논문은 앤드루 웨스트 대학원장의 도움으로 1912년 프린스턴대학에서 단행본 서적으로 출판되었다. 후에 제1차 세계대전이 발발하여 공해상의 중립 문제가 부각되자 이승만은 중립 외교의 뛰어난 권위자로 자주 거론됐다.

이승만은 불과 5년 5개월 만에 미국의 최고 명문대학에서 학사, 석사, 박사 학위를 차례로 취득했다. 이승만이 박사 학위를 취득했다는 소식을 접한 의료선교사 에비슨 박사는 '한국 청년이 서구 청년에 비해 지적(知的)으로 조금도 열등하지 않은 증거'라며 크게 기뻐했다.

황성기독청년회 제자들

독립운동과 건국에 공헌한
이원순·허정·임병직

프린스턴에서 박사학위를 공부하던 중 이승만은 한국에서 활동하고 있던 언더우드 선교사에게 편지를 받았다. 자신이 곧 한국에서 대학 사업(연희 전문학교 설립)을 시작하는데 이승만을 교수로 초빙하고 싶다는 편지였다. 그는 이 무렵 황성기독청년회(서울 YMCA)의 게일 선교사와 질레트 선교사로부터도 함께 일하자는 요청을 받고 있었다. 이승만은 황성기독청년회를 선택했다. 감옥 동지이자 선배 이상재와 옥중 동지인 김정식, 유성준, 홍재기 등이 그곳에서 일하고 있었기 때문이다.

박사학위를 받은 이승만은 대서양을 건너 영국에 상륙했고, 프랑스를 거쳐 유럽을 순방한 다음 시베리아 횡단철도를 이용하여 1910년 10월 10일 귀국했다. 이승만은 뉴욕에 본부를 둔 YMCA 국제위원회가 임명한 황성기독교청년회의 청년학관 학감(Student Department Secretary)으로 재직하며 청소년들에게 성경, 서양사(특히 미국사) 및 국제법 등을 가르쳤다.[124] 이승만은 이 직책으로 뉴욕의 YMCA 국제위원회로부터 월 75달러의 봉급을 받았다. 개혁의 화신이었던 이승만은 미국에서 박사 학위를 받고 귀국하여 이렇게 말했다.

"와서 보니 시원한 일이 세 가지가 있는데 하나는 임금이 없어진 것, 또 하나는 양반이 없어진 것, 그리고 상투가 없어진 것이다."

그 무렵 황성기독청년회에는 이승만 외에도 김일선, 김재창, 육정수(육영수 여사의 숙부)를 비롯하여 YMCA 총무인 질레트, 공업과 주임 그레그(Gregg), 부주임 스나이더(Snyder), 브로크만이 교편을 잡고 있었다. 황성기독청년회 청년학관의 제자들이 후에 그의 비서 역할을 한 임병직, 이원순을 비롯하여 허정, 정구영, 안재홍, 이한호 등이었다. 이들은 후에 독립운동을 비롯하여 대한민국 건국에 큰 공헌을 했다.

이원순은 관립 외국어학교 영어과를 졸업하고 1911년 황성기독청년회가 운영하는 기독교청년학교 타이프과에 입학하여 이승만을 만났다. 1895년 5월 칙령으로 설립된 관립 외국어학교는 통역관 양성을 위해 설립된 영어학교의 후신이다. 학과는 영어부, 덕어(德語·독일어)부, 법어(法語·프랑스어)부, 한어(漢語·중국어)부, 일본어부가 있었다. 영어 교사는 영국인 프램톤(Frampton)이었는데, 그는 학생들이 제대로 영어를 못하면 마구 때렸다고 한다.[125]

허정은 보성중학교에 다니면서 황성기독청년회 중학부에서 영어를 배웠는데, 이때 이승만을 만났다. 허정은 이승만이 유머러스한 성품이어서 재치 넘치는 농담으로 학생들을 잘 웃겼다고 증언한다. 그러나 비위에 거슬리는 일이 있어 고집을 부리고 화를 내면 자기 뜻을 조금이라도 굽히거나 남의 사정을 이해하려 하지 않는 성격이었다고 한다. 허정은 이러한 이승만의 고집이 해방 후 남한에 단독정부 수립을 관철시키고 반공포로 석방 등 우리 역사에 적지 않은 기여를 했다고 평한다.[126]

임병직도 관립 외국어학교에 재학 중 황성기독청년회를 다니며 이승만을 만났다. 임병직은 이승만에게 미국 유학의 뜻을 밝혔고, 이승만은 절친한 배재학당 후배 신흥우에게 소개하면서 '임병직은 미국에 가서 공부할 뜻을 가지고 있으니 그 길이 열리도록 협조를 해 주기 바라네'하며 부탁했다. 신흥우는 임병직을 감리교 감독인 해리스 목사에게 추천했고, 해리스 목사의 주선으로 미국 유학을 떠났다. 임병직은 브로크만의 모교인 마운트 허먼 스쿨(Mount Hermon School)을 거쳐 미식축구로 유명한 오하이오주립대 농학과에 입학했다.

임병직은 오하이오주립대 재학 시절인 1919년 미국 필라델피아 시에서 열린 재미 교포대회에 참석했는데, 이때 이승만의 부름을 받고 임시정부 대통령 비서관을 맡게 되었다. 그는 워싱턴에서 이승만과 함께 구미위원부를 개설하고 미국 19개 도시에 한미친선회를 설립하여 독립운동을 벌였다. 해방 후 이승만이 귀국하면서 그의 후임으로 구미위원부 의장을 맡았고, 건국 후 1948년부터 1951년까지 외무부장관을 역임했다.

공주 영명학교와 평양 숭실학교를 졸업한 조병옥은 미국으로 유학을 떠나 컬럼비아대학에서 박사 학위를 받았다. 그의 자서전에 의하면 자신이 미국 유학을 떠난 것도 프린스턴대학 박사 출신의 이승만이 영웅처럼 보였기 때문이라고 한다. [127]

프랭크 브로크만, 필립 질레트

이승만과 함께 조선에서
학생 YMCA 운동 개척한 선교사

이승만이 1910년 귀국하여 황성기독청년회에서 활동하면서 인연을 맺은 사람이 프랭크 브로크만(Frank M. Brockman, 한국명 파락만·巴樂滿, 1878~1929)이다. 그는 YMCA 운동의 주역인 친형 플레쳐 브로크만(Fletcher S. Brockman)의 추천으로 한국에 와서 필립 질레트와 한국 YMCA 공동총무로 활동했다.

그는 학생 YMCA 운동의 개척자다. 한국에서 학생 YMCA 운동이 거세게 일어나자 YMCA 당국은 한국인 간사를 물색했는데, 제임스 게일 목사의 추천으로 프린스턴대학에서 박사 학위를 받은 이승만을 채용했다. 이승만은 1911년 5월 16일부터 6월 21까지 37일간 브로크만과 함께 전국을 순회하며 지방의 사립학교에 YMCA를 조직했다.

이승만과 브로크만은 전국을 돌며 33회의 집회를 열고 총 7,535명의

학생들과 만났다. 마지막 여정으로 두 사람은 윤치호가 개성에 설립한 한영서원(송도고등학교)에서 열린 제2회 전국기독학생 하령회(夏令會)에 참석했다. 하령회에 모인 93명의 학생들과 강사들은 항일과 애국을 결의했다. 이것이 후에 '105인 사건'으로 비화되어 윤치호를 비롯한 기독교 지도자들이 대거 구속되었다.

브로크만은 '105인 사건'으로 지도부가 투옥, 망명 등으로 쑥대밭이 되다시피 한 YMCA를 굳건히 지켜냈고, 1915년 윤치호가 석방되자 총무직을 윤치호에게 넘겨주고 자신은 청년 프로그램에 전념했다. 그 후 건강이 악화되어 미국으로 돌아가 1929년 프린스턴에서 사망했다. 그의 유해는 한국으로 운구되어 양화진 외국인 묘역에 안장되었다.

존 모트는 1901년 9월 필립 질레트(Phillip Gillette, 한국명 길례태·吉禮泰, 1870~1938) 선교사를 조선에 보내 조선 YMCA 창설 책임을 맡겼다. 질레트는 1870년 미국 일리노이 주에서 태어나 매사추세츠 스프링필드 YMCA 전문학교와 콜로라도대학을 졸업했다. 예일대학에서 1년 반 동안 수학한 후 같은 대학에서 YMCA의 전도담당 부목사로 재직 중 한국에 YMCA 창설 임무를 맡아 내한한 것이다.

질레트는 서울에 와서 헐버트 목사와 함께 2년간 노력한 끝에 1903년 10월 YMCA(황성기독청년회)를 창립하고 초대 총무, 헐버트는 초대 회장을 맡았다. 때마침 한성감옥에서 출옥한 양반 출신 기독교인들인 이상재, 유성준, 김정식, 이원긍, 홍재기, 안국선 등이 황성기독청년회에 합류했다.

질레트는 그 후 12년 간 한국에서 활동하면서 기독청년회 등을 조직했고, 국내에 야구, 스케이트, 농구 등을 도입하여 체육 발전에 지대한 공헌을 했다. 질레트는 영국 성공회 주교로 내한하여 제2대 YMCA 총무로 봉직한 아더 터너(Arthur Beresford Turner, 한국명 단아덕·端雅德) 선교사와 함께 축구, 농구, 배구, 야구, 육상, 체조 등 서양의 각종 스포츠를 보급했다. 특히 야구와 농구는 1905년과 1907년에 질레트 선교사가 처음 도입하여 YMCA 회원들에게 가르쳤다.

그와 제3대 회장에 취임한 터너 주교는 YMCA 회관 건립을 위해 기금 모금에 나섰다. 미국 백화점 왕으로 유명했던 존 워너메이커(John Wanamaker)의 재정 원조를 받아 1908년 12월 3일 종로회관을 신축하여 종로 YMCA 시대를 열었다.

질레트는 배재학당의 기독학생회를 학생 YMCA로 개편하고 이상재, 윤치호, 이승만, 김규식 등 민족 운동가를 YMCA에 영입했다. 또 일제의 탄압으로 해산된 상동교회의 청년학원 멤버들도 끌어들여 기독교 연합세력을 구축했다.

존 모트는 1907년 한국을 방문했는데, 당시 300명의 한국 신자가 공개 간증을 하느라 일제로부터 박해를 받았다. 일찍부터 한국의 실정을 잘 알고 있던 존 모트는 '105인 사건'이 발생하자 YMCA 국제위원회 본부를 통해 워싱턴 주재 일본대사에게 강도 높은 항의서한을 보내고 일본을 비판

하는 국제 여론을 조성했다. [128]

질레트는 '105인 사건'에 대한 보고서를 영국 에딘버러에 있는 국제기독교선교협의회에 발송했다가 1913년 6월 일제에 의해 강제 추방되었다. 그 후 질레트는 중국으로 가서 남경(南京·난징), 북경(北京·베이징), 상해(上海·상하이) 등의 YMCA 총무로 활동하다 1932년 퇴임했다. 그는 상해에서 외국인교회 목사로 활동하며 한국의 독립운동과 상해 임시정부 재정을 지원했다.

그런데 '105인 사건'의 발단이 된 데라우치 총독 암살 계획을 일제 당국에 제보한 사람이 한국 가톨릭의 수장인 귀스타브 뮈텔(Gustave Charles Marie Mutel, 한국명 민덕효) 주교였다는 사실이 후에 밝혀졌다. 뮈텔 주교는 구한말에서부터 일제 때까지 43년 간 한국 가톨릭의 수장을 맡아 한국 가톨릭의 부흥에 큰 영향을 미친 인물이다. 천주교 신자였던 안명근이 빌렘 신부에게 고해성사를 하는 와중에 데라우치 총독의 암살 계획을 털어놓았고, 빌렘 신부는 이 사실을 뮈텔 주교에게 보고했다. 뮈텔 주교가 조선에 주둔한 일본 장군 아카보에게 밀고하여 '105인 사건'이 벌어진 것이다.

뮈텔 주교는 천주교 신자인 안중근 의사가 이토 히로부미를 사살하자 '안중근은 천주교 신자가 아니다'라며 천주교 신자 자격을 박탈했다. 그는 안중근이 처형되기 전 종부(終傅)성사(죽기 전에 주는 천주교 의식)를 요청했으나 거절했으며, 종부성사를 행한 빌헬름 신부에게 성무집행정지처분을 내리는 등 친일 행적으로 논란이 됐던 인물이다.

뮈텔 주교는 고종의 두터운 신임을 받았었던 것 같다. 후에 밝혀진 바에 의하면 고종은 대한제국의 중요한 대외관계 문서들을 조카인 조남승을 통해 뮈텔의 성당에 맡겨 보관하고 있었다.[129] 고종은 측근들 명의로 상당 액의 비자금을 해외 은행에 예치해 놓고 있다가 밀사 파견 비용 등으로 인출하여 사용해 왔다. 1910년 6월 조남승이 고종 황제의 밀명을 받고 헐버트 선교사에게 상해의 독일계 은행에 예치한 비자금을 인출해 달라는 신임장을 전달한 혐의로 일경의 조사를 받게 되었다.

이 과정에서 통감부는 고종이 뮈텔의 성당에 몰래 숨겨두었던 대외 관계 비밀문서를 찾아내 압수했다. 당시 일본이 압수한 문서는 각국과의 통상조약 문서, 해외 파견 외교관 임명장, 경인철도 부설 계약 문서를 비롯하여 고종 황제가 이탈리아 황제에게 국외중립을 성명한 친서, 한일의정서 이후 러시아, 프랑스, 독일 황제 등에게 국권 회복을 청원한 친서, 청일전쟁 중 러시아 황제에게 보낸 친서와 밀칙 등 총 87건이었다.

존 모트

'105인 사건' 당시 이승만을 구한
YMCA 국제위원회 총무

이승만의 황성기독청년회 생활도 순탄치 못했다. 1909년 10월 안중근 의사가 하얼빈에서 이토 히로부미(伊藤博文)를 사살한 후 그의 사촌동생 안명근은 1910년 12월 친일파를 척살하고 북간도에서 독립군을 양성하기 위해 군자금을 모금하다가 일경에 체포되었다.

일제는 안명근 사건을 추적하는 과정에서 신민회 조직을 적발하고 안명근 사건을 신민회원 등이 배후에서 조종한 것처럼 조작했다. 유동렬, 윤치호, 양기탁, 이승훈 등 신민회 관계자들과 기독교 지도자들이 데라우치 마사타케(寺內正毅) 총독의 암살을 모의했다고 날조한 일경은 1911년 10월 12일 서울 경신학교 학생 3명을 검거했고, 11월 11일 평북 선천 신성학교 학생 20명과 교사 7명을 검거하여 서울로 압송했다. 다음해 2월 5일에는 하령회 대회장이며 YMCA 부회장 윤치호와 하령회 강사였던 선천의 양전백, 양준명을 검거하는 등 600여 명을 체포하여 그 중 105명을 기소했다. 이것이 '105인 사건'이다.

이 사건은 민족운동을 은밀히 지원하고 있는 한국 기독교회와 YMCA 세력을 말살하기 위해 일제가 꾸며낸 조작극이었다. 일제는 이승만이 비밀리에 독립운동을 하는 것으로 판단하고 그를 '105인 사건'에 연루시켜 체포 구금하려 했다. 필립 질레트 총무와 때마침 한국을 방문한 YMCA 국제위원회의 존 모트(John Mott) 총무, 그리고 일본에 머물던 동북아의 감리교 총책 비숍 해리스 감독, 뉴욕 장로교 해외 선교본부의 총무 아서 브라운 박사 등의 개입으로 이승만은 간신히 체포를 면했다. 그들은 미국에서도 널리 알려진 이승만을 체포하면 심각한 문제가 야기될 것이라고 조선총독부에 경고했다.

존 모트 총무는 미국 아이오와 출신으로, 부유한 목재상의 아들로 태어나 아이오와대학을 마치고 코넬대학교에 진학하여 정치학과 역사학을 전공했다. 그는 코넬대학에서 J.C.K 스터드의 설교를 듣고 감동을 받아 학생자원자 운동(SVM)에 헌신하게 되었다.

그는 학생자원자 운동과 함께 40년 이상 YMCA에서 활동하면서 16년 동안 총무로 활동했다. 또 YMCA 총무 시절 전 세계를 순례하며 각국의 독립된 기독교청년회를 모아 세계기독학생 연합회(WSCF)라는 조직을 만들었는데, 이 단체를 조직한 공로로 1946년 노벨평화상을 수상했다. 모트는 세계교회협의회(WCC)의 설립에도 참여했다. 또 윌슨 대통령의 영적

(靈的) 조언자가 되어 상당한 영향력을 행사했다.

이승만은 1911년 존 모트의 저서『Work for New Student』를『신입학생인도』라는 제목으로 번역 출판했다.[130] 1912년 2월 4일에는 개신교의 거두 윤치호가 사건의 주모자로 몰려 체포되자 신변이 위태롭게 된 이승만은 해리스 감독의 적극적인 보호 아래 미국 미니애폴리스에서 열리는 기독교 세계감리회 4년 총회의 한국 대표로 참석한다는 명분으로 1912년 3월 26일 출국했다. 그것은 기약없는 해외 망명생활의 시작이었다.

존 모트는 이승만이 하와이에 정착한 직후인 1913년 4월, 호놀룰루를 방문하여 호놀룰루 YMCA가 일본인, 중국인, 한인 YMCA를 조직하는 것이 좋다고 조언하면서 한인 YMCA를 위한 최적의 인물이 이승만이라고 천거했다. 1913년 가을 호놀룰루 YMCA는 이승만을 호놀룰루 YMCA 이사회의 명예회원으로 임명했다. 1914년 4월 23일 호놀룰루에 한인 YMCA가 조직되고 9명의 이사 중에서 이승만이 첫 회장으로 선출되었다.[131]

소다 가이치(曾田嘉伊智)

한국의 고아들을 헌신적으로 돌본
이승만의 YMCA 동지

이승만은 황성기독청년회에서 활동하는 동안 소다 가이치(曾田嘉伊智, 1867~1962)[132]라는 일본인과 인연을 맺었다. 소다 가이치는 어린 시절 서당에서 한학을 공부한 후 나가사키에서 초등학교 교사로 근무했다. 25세 때 노르웨이 화물선 선원이 되어 홍콩으로 가서 영어를 배웠으며, 28세 때는 청일전쟁의 승리로 일본이 차지한 대만으로 이주했다.

그는 주정뱅이가 되어 대만 거리를 방황하다 쓰러져 죽기 직전이었는데, 이름을 알 수 없는 한국인이 그를 업어다 치료를 해 주고 밥값을 대신 내 주었다. 그 고마움을 갚기 위해 소다는 1905년 서울로 와서 황성기독청년회 학관의 일본어 교사로 취업했다. 이때 한성감옥에 수감되었다가 석방된 이승만을 비롯하여 이상재, 유성준, 홍재기, 김정식 등이 YMCA 운동에 가담했다. 또 지방으로 좌천되었던 윤치호, 미국으로 유학을 갔던 김규식 등도 YMCA를 중심으로 모였다. 이들은 소다 가이치와 동지가 된다.

소다는 이상재에게 큰 감화를 받고 일평생 이상재를 스승으로 모시기로 마음먹었다. 그는 한국에서 우에노 다키라는 일본 여성을 만나 결혼했다. 우에노 다키는 나가사키 기독교학교를 졸업하고 한국에 와서 숙명여학교와 이화여학교에서 영어 교사로 일했다. 독실한 기독교인 부인을 만난 소다는 자신도 기독교에 귀의, 경성감리교회 전도사가 되었다.

105인 사건, 3·1운동으로 YMCA 지도자들이 투옥되었을 때 소다는 맹렬한 석방운동을 벌였고 일제의 만행을 고발했다. 1921년 소다는 가마쿠라 보육원의 경성지부장을 맡아 길거리에 버려진 고아들을 돌보았다. 부인 우에노 다키도 학교를 퇴직하고 보모가 되어 고아를 돌보았다. 소다는 8·15 해방 때까지 1,000여 명의 고아들을 돌보아 '고아의 아버지'라 불렸다.

1947년 10월 13일 소다는 부인을 서울에 남겨둔 채 홀로 귀국, 세계 평화를 위한 일본 전국 순회여행을 시작했다. 그는 한 손에는 '세계 평화'라는 팻말을 들고, 다른 손에는 성경책을 들고 일본 전역을 돌며 조국의 회개를 부르짖었다. 1950년 1월 14일 서울에 남았던 부인 우에노 다키가 세상을 떠났다.

1960년 1월 1일 아사히신문은 '한국 대통령 이승만의 오랜 친구인 소다 옹이 한국 귀환을 열망한다'라는 기사를 보도했다. 이 기사 덕분에 소다

옹은 1961년 5월 6일 한국에 올 수 있었다. 자신이 설립한 가마쿠라 보육원의 후신인 영락보린원에서 아이들을 돌보다가 이듬해인 1962년 3월 28일 96세로 별세했다. 정부는 일본인에게는 최초로 문화훈장을 추서했다.

4부

하와이 시절

시대상황

국제관계는 합리적 이성(理性)이나 도덕, 의리에 움직이는 게 아니라 국익에 따라 작동하는 것이 고금동서의 진리다. 프린스턴대학에서 박사 학위를 받고 귀국하여 1910년 10월부터 황성기독청년회를 중심으로 활동하던 이승만은 기독교도들을 탄압하기 위한 '105인 사건'의 여파로 신변이 위태롭게 되자 1912년 3월 26일 조국을 떠나 미국에서 기약 없는 망명생활을 해야 했다.

이승만이 하와이와 상해 임시정부 등지에서 교육사업과 외교 독립운동에 전념하던 1910~20년대 세계의 주도권은 영국, 프랑스, 독일, 미국을 위시한 열강들을 비롯하여 러시아와의 전쟁에서 승리한 일본이 쥐고 있었다. 이 와중에 1914년 제1차 세계대전이 발발하여 유럽 전체가 파괴와 살육의 소용돌이에 빠져들면서 유럽 열강들이 아시아 문제에 손을 쓸 수 없는 상황이 되자 일본은 천재일우의 기회를 맞게 된다.

일본은 동맹국인 영국이 독일과 교전상태에 돌입하자 1914년 9월 독일에 선전포고를 하고 적도 북쪽의 태평양에 흩어져 있던 독일령 섬들을 점령했다. 이어 청도(靑島·칭다오)를 중심으로 산동(山東·산둥)반도의 독일 조차지를 점령했다. 이 과정에서 일본군은 독일 조차지보다 훨씬 북쪽의 중국 영토에 상륙하여 조차지 인접지대의 독일 상사들이 투자했던 모든 철도, 광산, 공장시설들까지 빼앗았다. 이것은 명백히 중국 영토에 대한 불법 점령이었다.

이에 대해 중국 정부가 거세게 항의하자 일본은 1915년 1월 15일 만주와 산동성, 복건(福建·푸젠)성, 내몽고를 식민지화하기 위해 '21개 요구조항'을 강요했다. 중국은 일본의 요구에 굴복하여 5월 25일, 중국의 이권을 일본에 넘기는 조약을 체결했다. 중국인들은 이 날을 '국치일'이라 불렀고 미국 등 서양 열강들의 대일(對日) 감정을 크게 악화시켰다. 미국은 일본에 '중국의 주권을 침해하거나 문호개방 정책에 위반되는 어떤 조약도 인정할 수 없다'고 통첩했다.

후에 밝혀진 바에 의하면 1918년 9월 24일 중국 정부는 산동지방에서 독일이 보유하고 있던 모든 이권을 일본이 계승하는 데 동의했다. 또 산동지방의 각종 철도를 일본과 합작 운영하는 데 동의했고, 산동지방에 새로 건설할 철도를 위해 일본 차관을 얻기로 협약을 맺었다.

1917년 러시아에서 볼셰비키 혁명이 일어나 시베리아 지역이 무정부 상태가 되자 일본은 바이칼호 동쪽지역, 즉 흑룡강(黑龍江·흑룡강)성 지역까지 판도를 넓히기 위해 시베리아에 파병 계획을 세웠다. 문제는 미국이었다. 미국도 이 지역에 큰 관심이 있어 자칫하면 미·일 간의 충돌이 벌어질 수 있는 상황이었다. 일본은 미국과의 마찰을 피하기 위해 공동 출병을 제안했다. 윌슨 대통령은 때마침 블라디보스토크에 집결한 7만여 명의 체코슬로바키아 군단을 구출하기 위해 1918년 일본과 시베리아 공동 출병을 결정했다.

미국은 시베리아 출병의 목표를 체코 군단의 보호로 제한하여 미·일이 각각 7,000명의 병력 파병을 제안했다. 그러나 일본 군부는 미·일 정부의 합의를 무시하고 북만주에 1만 2000명, 시베리아에 6만 명의 대병력을 투입하여 만주와 시베리아 일대를 점령했다. 분노한 윌슨 대통령은 일본 정부에 엄중 항의하고 일본에 대한 재정과 물자의 원조를 중지시켰다.

미국은 1920년 1월, 시베리아 파견군을 철수했으나 일본은 1922년까지 시베리아를 군사 점령했고, 사할린은 1925년까지 점령했다. 이에 미국 정부는 '미국은 일본의 시베리아 점령에 의한 어떤 요구나 권한도 인정하지 않는다'는 경고문을 전달했다. 시베리아 출병을 둘러싼 미·일의 갈등은 이후 워싱턴 회의(1921), 만주사변(1931), 태평양전쟁(1941)에서 미국과 일본 간의 갈등과 전쟁의 전주곡이었다.

1910년대 동아시아에서 일본은 대적할 상대가 없는 강국이었다. 제1차 세계대전이 끝났을 때 일본의 판도는 북쪽으로는 바이칼 호 동쪽의 시베리아 지역에서부터 북만주 일대, 중국에서는 산동과 화중(華中)지역 양자강(揚子江·양쯔장) 일대, 남쪽으로는 태평양의 남양군도까지 광활한 지역을 장악했다. 그전까지 전 세계를 호령하던 서양 열강들은 제1차 세계대전으로 인해 전승국이나 패전국을 가릴 것 없이 결정적인 타격을 입어 재기 불능 상태에 빠졌다. 러시아에서는 공산 혁명이 일어나 갈등과 대립이 격화되었다. 따라서 동아시아 전역으로 뻗어나가는 일본을 억제하거나 견제할 세력이 없었다.

일본을 견제할 수 있는 유일한 나라는 러일전쟁 당시까지 일본을 지지하고 성원했던 미국이었다. 일본이 시베리아와 중국으로 팽창하면 할수록 중국의 주권을 옹호하고 시장 개방을 주장하는 미국과의 갈등과 마찰이라는 새로운 변수와 부딪치게 되었다.

열강으로 급부상한 일본은 산업력이나 군사력에서 다른 서양 열강들과 비교해도 뒤지지 않았다. 제1차 세계대전 기간 중에 일본은 해군력 확장에 전력을 기울여 전쟁이 끝날 무렵에는 미국과 비슷한 수준에 올라 1922년 워싱턴에서 군축회의를 열어 해군력 확장을 제한해야 하는 상황에까지 이르렀다.

이처럼 강력한 일본을 상대로 박용만이나 노백린 등이 구상한 수백 명 규모의 빈약한 무장을 한 군대가 독립을 위한 무장투쟁을 벌일 경우 얼마나 의미 있는 성과를 거둘 수 있었을까. 더구나 한국의 독립군은 체코 군단처럼 국제적 지원이나 관심도 끌지 못했다. 숭고한 이상은 현실이 뒷받침될 때 비로소 빛나는 법인데, 우리의 무장 독립운동은 이상은 원대했으나 현실이 따라주지 않았다.

1913년 2월 3일 하와이에 도착한 이승만은 일제의 기독교 탄압을 폭로하는 저서『한국교회 핍박』을 출간하여 일제는 기독교를 탄압하는 어둠의 세력이라는 점을 세계 여론에 호소했다. 또 하와이 미 감리교회가 운영하는 한인기숙학교 교장을 맡아 학교 이름을 한인중앙학원으로 바꾸었으며, 1913년 9월 20일에는 월간지『태평양잡지』창간(후에「태평양주보」로 제호 변경), 동지 박용만과의 불화, 1917년에는『청일전기』출간, 뉴욕에서 열린 25개 약소 민족대표회의에 한국대표로 참석하는 등 다채로운 활동을 전개했다.

이승만의 하와이 시절 제자들

주미 대사 양유찬, 주영한, 윌버트 최

이승만은 미니애폴리스에서 열린 기독교 세계 감리회 4년 총회에 참석한 후 시카고, 프린스턴, 볼티모어 등을 여행했고, 그 사이 민주당 대선 후보로 지명된 우드로 윌슨을 뉴저지 주 시거트에 있는 그의 별장에서 만났다. 윌슨에게 한국의 해방을 세계에 알리는 성명서에 서명을 요청하자 윌슨은 제자 이승만에게 이렇게 충고했다.

"나 한 사람의 서명을 받을 생각을 하지 말고, 미국인들의 마음의 서명을 받도록 하시오."

이승만은 하와이 교민 유지들의 초청을 받아 1913년 2월 3일 하와이로 가서 교포들이 마련해 준 푸우누이 애비뉴(Puunui Avenue) 2453번지의 집에 입주했다. 이곳에서 『한국교회 핍박』이라는 책의 저술에 착수하여 두 달 만에 탈고했다. 이 책에서 이승만은 하나님이 한국 민족을 동양에 기독교 국가를 이루게 하려고 특별히 선택했고, 그렇기 때문에 일본이 한국 교회를 핍박하는 것이라고 주장했다.

이승만이 하와이로 간 것은 한인 교민들의 초청을 받은 이유도 있지만, 하와이 제일감리교회 감리사 존 와드먼도 이승만의 하와이행을 원했다. 그 무렵 와드먼 감독은 친일적 발언으로 한인 사회에서 기피 인물로 지목되었는데, 자신의 입지를 만회하기 위해 이승만을 불러들인 것으로 보인다.

이승만이 하와이에 도착했을 때는 4,500여 명의 한인들이 살고 있었다. 1903년 1월 13일 첫 이민선 갤릭 호가 한인들을 하와이로 싣고 온 이래 1905년 8월 8일 마지막 선박 몽골리아 호까지 11척의 선박이 56회를 왕래하며 총 7,291명의 한인이 태평양을 건너 하와이로 이민을 왔다. 1910년부터 1924년까지는 한인 여성들이 하와이의 한인 남성들에게 시집을 온 '사진 신부'들, 그리고 이민 온 남자들이 본국에 두고 온 부인이나 자녀, 부모들을 데려오면서 하와이에 한인 사회가 탄탄하게 형성되었다. 당시 주한 미국공사 알렌은 하와이로 이주한 한인 노동자들에 대해 다음과 같은 기록을 남겼다.

"한국인은 아주 우수한 노동력을 갖춘 노무자로 입증되고 있었기 때문에 이곳에서는 한국인 이민을 환영하고 있다. 한국인 노동자들은 일하기를 좋아하고 주위환경에 적응력이 좋다는 것이다."(1903년 10월 23일)[133]

1903년에서 1910년 사이 하와이에서 미주 본토로 이주한 사람이 약 2,000명, 본국으로 돌아간 사람이 1,000여 명이었다. 미주 본토로 간 사람들은 샌프란시스코를 비롯하여 로스앤젤레스, 유타 주의 솔트레이크 시티, 콜로라도 주의 덴버 등으로 이주했다.[134]

1909년 2월 1일 하와이의 한인 단체인 대한인국민회(이하 국민회)가 발족되었다. 국민회는 하와이, 북미, 멕시코, 시베리아, 만주 등 5개 지역의 지방총회를 통합 조정할 정도로 위상이 드높았다. 국민회는 잃어버린 조국을 대신하는 정부의 역할을 담당했는데, 연무부를 두어 독립군 양성까지 하고 있었다.[135]

한인들은 자녀 교육열이 뜨거웠고, 교회를 열심히 다녀 한인 감리교인이 하와이 전체 감리교인의 75%를 차지할 정도였다. 하와이 감리교 선교부는 1906년 9월 학기부터 한인기숙학교를 개교하고 와드먼의 부인 메임 와드먼이 교장에 취임했다.

존 와드먼은 1913년 8월 26일 이승만을 한인기숙학교(Korean Boarding School for Boys) 교장으로 임명했다. 이승만은 한인기숙학교를 남녀공학 제도로 전환하고 학교 이름도 한인중앙학원(Korean Central School)으로 바꾸었다.[136] 그리고 9월부터 『태평양잡지』(영문 명칭 The Korean Pacific Magazine)를 발간했다. 1915년 가을 학기에는 소녀들을 위해 한인기독여학원을 설립했고, 이를 기반으로 1918년 한인기독학원(Korean Christian Institute)을 세우고 학교의 재정 문제를 해결하기 위해 한인기독교회를 설립했다.

한인중앙학원, 한인기독학원 졸업생들 중 일부는 해방 후 한국으로 귀국하여 활약했는데, 월터 정은 대한민국 초대 국무총리 특별보좌관, 박만서는 한국전기회사 사장, 이영규는 부산중학교 교장이 되었다.

2대 주미 대사를 지낸 양유찬은 하와이에서 이승만의 가르침을 받은 이민 2세로서 의사와 목재업으로 재력을 키운 인물이다. 양유찬은 1912년 한인기숙학교를 졸업하고 매킨리(McKinley)고등학교를 거쳐 보스턴대학에서 의학박사 학위를 받고 교수로 재직하다가 1923년부터 하와이에서 개업했다. 그는 1924년 7월 호놀룰루에서 개최된 제2차 범태평양회의에 민찬호, 김영기와 함께 해외 한인대표로 참석했다.

주영한은 하와이에서 학업을 마치고 테일러대학에 진학했으나 가정형편이 어려워 학업을 중단하고 노동을 하여 식당업을 하여 성공했다. 주영한은 식당에서 번 돈을 이승만에게 기부했는데, 후에 샌프란시스코 총영사를 지냈다.

4·19 직후 이승만이 하와이로 망명할 때 전세기를 보내주고 임종 때까지 극진하게 모신 하와이의 한인 갑부 월버트 최(Wilbert Choi)도 이승만의 하와이 시절 제자다.[137] 월버트 최는 정원설계가로 성공했는데, 하와이 주요 재벌들의 저택과 호놀룰루 국제공항 광장, 공원 등 공공건물의 정원은 모두 그의 손을 거친 작품들이었다.

당시 하와이에 있던 한인동지회는 교포들에게 1년에 10달러씩 이른바 인두세라는 헌금을 모금하여 상해 임시정부와 만주에서 활동하는 독립군을 후원했다. 당시 한인동지회가 지원하고 자주 연락하던 인물은 김좌진 장군, 이범석 장군, 독립군 지도자 김광서였다. 윤치영의 증언에 의하면 김광서는 윤치영의 백부(윤치호의 부친)인 윤웅렬의 부관이었던 김정후 공병 참령의 아들로, 일본 육군사관학교를 졸업한 후 만주로 탈출하여 독립군 지휘관이 되었다. 그가 일본을 공포에 떨게 만들었던 진짜 김일성이다.[138]

이민 초기 한인 교포들은 주로 하와이의 사탕수수 농장, 파인애플 농장 등에서 노동을 하여 힘들게 살면서도 열심히 저축하여 자본을 축적했다. 1941년 일본이 선전포고도 없이 진주만을 공습하여 태평양전쟁이 발발하자 미국 정부는 일본인의 활동을 제한하는 조치를 취했다. 이 와중에 일본인들은 자신들 소유의 아파트, 토지, 공장 등을 헐값으로 정리하게 되었다. 이것을 우리 교포들이 인수하여 부자가 된 사람들이 많았다.[139]

박용만

이승만의 절친한 친구에서 정적(政敵)이 된 무장독립투쟁론자

이승만은 1912년 서울을 떠나 1945년 10월 귀국할 때까지 33년 간 미국에서 망명 생활을 했다. 이 과정에서 정치적 견해나 이데올로기 갈등, 독립운동에 대한 방법론의 차이로 인해 여러 사람과 대립 갈등했다. 대표적인 인물이 박용만, 안창호, 이동휘, 김규식, 한길수 등이다.

이승만은 하와이에 도착하여 독립협회에서의 활약상, 5년 7개월간의 수감 생활, 『독립정신』 집필, 미국의 명문대학에서 공부한 한국인 최초의 국제정치학 박사 등 화려한 경력으로 인해 단숨에 하와이 한인 사회의 리더로 떠올랐다. 그러나 하늘에 두 개의 태양이 빛날 수 없듯이, 같은 시기 하와이에서 활동하던 박용만과 충돌하게 된다.

박용만은 이승만과 한성감옥에서 함께 수감생활을 했던 '감옥 동기'다. 강원도 철원 출신인 박용만은 한성감옥에서 석방된 후 1904년 도미하여

네브라스카 주의 링컨고등학교를 거쳐 헤이스팅스대학에서 정치학을 공부했다. 그는 1909년 네브라스카의 커니 농장에서 한인소년병학교를 설립했고, 1912년 하와이로 건너가 대한인국민회 하와이지부의 기관지인 『신한국보』(후에 『국민보』로 개칭)의 주필을 맡았다.

박용만의 독립노선은 무장투쟁이었다. 그는 자신의 독립노선을 구체화하기 위해 1914년 6월 10일 국민회 연무부(鍊武部)를 확대 개편하여 국민군단을 창설하고 8월 29일 아후마누 농장에 대조선국민군단 병영을 만들었다. 당시 미국에는 약 500명, 멕시코에 약 200명의 구한국군 출신이 있었다. 이들을 청년장교로 양성한 후 만주와 연해주로 보내 일본군과 무장투쟁을 벌여 독립을 쟁취하자는 것이 박용만의 구상이었다. 그런데 그가 청년장교 양성을 목적으로 설립했던 네브라스카의 한인소년병학교 졸업생들은 거의 대부분 대학에 진학하여 애초 기대했던 군인이 아니라 사업가나 의사, 교육자가 되었다.[140]

이승만은 빈약한 무장을 한 소수의 독립군이 세계적인 강대국으로 급부상한 일본을 상대로 무장투쟁이나 유혈 봉기로는 독립을 쟁취하기 어렵다는 입장이었다. 무력을 행사할 경우 열강의 정치가들은 1차 세계대전에 동맹국으로 참전한 일본의 손을 들어줄 우려가 있기 때문이란 이유에서였다.

이승만이 무장투쟁이나 의거와 같은 유혈 봉기에 거부감을 가지게 된 이유는 미국 유학 시절인 1908년과 1909년에 발생한 스티븐스와 이토 히로부미 암살 사건 때문이다. 이승만의 자서전에서 당시 상황을 옮겨본다.

"내가 하버드대학에 재학하고 있을 때 일본이 한국을 말살하기 위해 한국정부의 고문으로 앉혀놓았던 더함 스티븐스가 두 한국 사람에 의해 샌프란시스코에서 암살되었다…. 그리고 안중근 열사가 이등(이토 히로부미)을 하얼빈에서 살해했다. 신문에는 한국 사람들은 잔인한 살인광들이며 무지몽매해서 그들의 가장 좋은 친우인 이등과 스티븐스를 살해했다는 기사들이 가득 실리곤 하였다. 어떤 학생들은 나와 이야기하는 것을 두려워했고, 나의 교수는 나를 얼마나 무서워했던지 나의 석사논문을 나에게 우송해 주고는 (여름방학에 피서지로) 떠나기 전에 나를 만나주지 않았다."[41]

이 두 의거와 이승만이 처음 미국에 도착하여 겪은 에피소드와 대비시켜보자. 이승만이 미국에 와서 감동한 것은 거대한 산업시설이나 마천루 같은 물질적 진보가 아니라, 한국에서는 하찮게 여기는 '노동'과 '인간의 생명'이 미국에서는 가장 높이 평가되고 있다는 사실을 깨달은 것이었다. 이승만이 뉴욕에서 목격한 사건이다.

'한 이민 노동자가 자신이 몰던 마차에서 뛰어내려 비쩍 마른 늙은 말을 채찍질하기 시작했다. 그러자 사람들이 모여들어 저마다 그의 행동을 나무라는 것이었다. 잔뜩 화가 난 한 부인은 그를 나쁜 사람이라고 하면서 철창신세를 지도록 하겠다고 위협까지 했다. 누군가의 일이 그에게만 국한되는 것이 아니며, 인도적인 사랑은 인간에 국한되지 않고 짐승들까지 포함한다는 것을 보여준 그 사건은 얼마 동안 이승만의 뇌리를 떠나지 않

았다.[142]

이승만은 늙은 말에게 채찍질을 가하는 이민 노동자에게 보여준 미국 시민들의 적의(敵意)가 무엇을 뜻하는지를 고민해 보았다. 한국인들 입장에서는 잃었던 나라를 되찾기 위한 정당한 의거라도 미국 언론이나 시민들의 눈에는 '암살자는 흉악한 악당' 식으로 해석되는 것을 보면서 폭력을 동원한 독립운동은 한국의 독립을 앞당기는 것이 아니라 일본의 지배를 정당화해 줄 뿐이라는 교훈을 얻었던 것이다.

이런 이유 때문에 국민회의 재정이 군인 양성에 사용되는 것을 비판적으로 보았다. 이승만과 박용만 간에 갈등과 알력이 시작된 것은 1914년 말이다. 국민회는 이때부터 이승만 지지파와 반대파로 분열되었고, 박용만은 1918년 7월 국민회를 떠나 칼리히연합회를 조직했다.

그러나 박용만이 이승만을 상대하기에는 역부족이었다. 이승만은 한인중앙학교 교장으로서 교육자로 알려졌고, 국민회 교육활동 책임자로서 확고한 위상을 정립한 프린스턴대학 박사 출신이었다. 게다가 이승만은 교회라는 강력한 후원세력이 있었으나 박용만은 이 점이 부족했다. 박용만은 1915년 『국민보』 주필직을 사임했고, 그가 양성한 대조선국민군단도 점차 쇠퇴하여 1917년경 해체되었다. 이로써 1912년 말부터 6년 동안 박용만이 하와이 국민회와 유지해 온 관계는 단절되었다.[143]

1919년 상해 임시정부는 박용만을 초대 외무총장으로 선임했으나 이승만이 임정 대통령에 오르자 '이승만 아래서는 일을 할 수 없다'면서 취임을 거부하고 반(反)이승만 운동을 전개했다. 박용만은 신채호와 손을 잡았으나 박용만이 조선 총독의 초대를 수락한 사실이 알려져 1928년 10월 16일 베이징에서 의열단원 이해명에게 암살당했다.

안창호

이승만과 라이벌 관계였던 홍사단 창시자

홍사단을 창설한 안창호는 미주 교민사회와 상해 임시정부에서 이승만과 함께 활동했던 독립운동가이자, 미주 지역에서도 광범위한 지지자를 확보하고 있었던 인물이다. 세력으로만 보면 안창호 지지자가 이승만 지지자들보다 더 폭이 넓었고, 다수였다. 1878년 평남 강서 출생인 안창호는 언더우드가 세운 구세학당에서 공부했고, 1897년 독립협회에 가입하여 만민공동회 연설을 통해 명성을 얻었다.

고향에 조선 최초의 남녀공학 학교인 점진학교(漸進學校)와 평양에 대성학교를 설립하여 청년 교육을 하다가 1911년 도미하여 1913년 샌프란시스코에서 홍사단을 결성했다. 샌프란시스코와 로스앤젤레스에서 교민들의 권리증진을 위해 공립협회를 창립했고, 야학을 개설하여 교포 및 교포 자녀들의 교육에 힘썼다.

안창호는 상해 임시정부 내무총장 겸 국무총리 대리에 임명되었으며, 만주사변 직후 중국으로 건너가 1932년 윤봉길 의사의 의거에 연루되어 체포되었다가 3년간 옥고를 치르고 풀려났다. 1937년 중일전쟁이 벌어진 직후 수양동우회 사건으로 서울에서 다시 체포되었다가 12월에 석방되었으나 고문 후유증으로 1938년 3월 10일 서울에서 사망했다.

조선왕조 500년 동안 심한 차별을 받았던 서북 출신 인사들이 주축이 된 흥사단은 강력한 응집력과 일사불란한 충성심이 특징이었다. 노선이 비슷했던 이승만과 안창호는 동지가 될 가능성이 높았던 독립 운동가였다.

그런데 이승만의 열렬한 지지자인 로버트 올리버의 안창호에 대한 평은 박절하다. 그가 위대한 애국자로서 한국인들의 높은 존경을 받고 있지만 영어가 부족하여 영국과 미국의 민주주의 전통을 거의 접할 수 없었거나 그 원칙을 거의 이해하지 못했다고 평했다. 또 흥사단은 배타의식이 강해 '지배하지 않으면 망한다'는 원칙을 고수하는 바람에 이 운동을 이끄는 안창호는 거국적인 독립운동을 위한 협력 사업에 적합한 인물이 아니었다는 것이다.[144]

미주 한인 사회는 친(親)이승만 세력과 안창호의 흥사단, 박용만을 중심으로 한 반(反)이승만 세력으로 분열되었다. 이들은 서로 등을 맞대고 선 것처럼 교회도 따로 갖고 있었고, 경축일이나 기념일 행사도 따로 거행할 정도로 대화가 단절된 상태였다. 미주의 교민사회만 분열된 것이 아니다.

베이징에는 약 500명의 한국인이 있었는데 당파가 7개나 되었다고 한다. 베이징에서 '조선 애국자'들에게 두 번 강도를 당한 변호사 장수(張壽)는 윤치호에게 "북경의 조선 사람들이 서로 뭉쳐서 강도짓을 한다면 강도를 당해도 기쁘겠다"고 심경을 토로한 바 있다. [145]

허정의 회고록에 의하면 이승만은 미국에서 오랫동안 생활하면서 민주주의를 체득했음에도 불구하고 왕가 후예로서의 지배의식, 양반의식, 귀한 집 자손으로서의 고집과 독선이 강해 안창호, 서재필, 김구 등 다른 지도자들과 어울리지 못했다고 한다. 반면에 안창호를 지지하는 흥사단은 개화사상에 눈뜨고 새로운 지식을 갈망하여 미국으로 건너온 지식인과 학생층이 주축이었다고 한다. 허정의 회고다.

"이승만 박사는 무조건 복종하며 자기를 따르는 사람은 거두어 거느렸지만, 자기를 따르라고 적극적으로 권유하거나 설득하지는 않았다. 안창호는 한국인이 새로 미국에 왔다는 소식을 들으면 아무리 벽촌이라도 달려가서 밤을 새우며 설득해서 기어이 흥사단에 입단시켰다." [146]

조병옥은 장인 노병선이 이승만과 배재학당 동기로, 이승만과 함께 협성회 활동을 했던 개화파 인사였다. 이런 인연으로 유학을 위해 미국으로 향하던 도중 하와이에서 잠시 이승만을 만났는데 '한국의 독립은 외교에 있다'는 말을 듣고 도무지 공감하지 못했다고 한다. 조병옥은 하와이에서 선친의 친구인 박용만과도 만났는데, 그를 만난 소감을 자서전에서 이렇게 적고 있다.

"박용만 선생은 한인병학교(兵學校)를 경영하고 있었다. 학생의 총 인원 수는 70~80명 정도였으며, 군인을 양성하는 학교로서는 빈약하기가 짝이 없고 낡은 총을 메고 교련하는 것을 보았을 때 그 군인학교의 학생들이 언 제 자라나 일본과 일전을 할 것인가가 의문되었던 것이다.… 청일, 노일 양 전쟁에서 승리한 일본을 상대로 무력으로 독립을 쟁취하겠다는 말은 도저히 이해할 수가 없는 것이었다."[47]

반면 조병옥의 안창호에 대한 평은 대단히 우호적이다. 조병옥은 캘리 포니아에 잠시 머물며 노동을 하여 학비를 벌었는데, 그 시골 벽촌까지 안 창호가 찾아와 흥사단 입단을 권유했다. 조병옥의 회고다.

"안창호 선생은 '한국의 독립은 지구전이 되지 않을 수 없다'고 전제하면 서 일본의 당시의 국제적 위치를 말하고, 따라서 일본의 발언이 국제적으 로 커다란 영향력을 주고 있는 까닭에 우리 민족은 무엇보다 실력을 양성 하지 않으면 안 된다고 강조하는 것이었다. 우리 민족이 실력을 양성함에 있어 기술을 배워야 하고, 도의와 독립정신에 철저한 인재를 많이 양성해 야 한다고 했다. 이러한 인재를 양성하려면 무실역행(務實力行)의 정신 아 래 집단적 훈련을 하지 않으면 안 된다고 역설하는 것이었다. 나는 선생이 3일간을 두고 흥사단의 취지 설명을 하는 데 있어 정연한 이론과 옛날 희 랍 철인들의 문답식 방법을 가지고 열의로써 젊은 나를 설득하는 데 감복 하여 마침내 흥사단에 입단하여 충청도 대표로 활약하게 되었다."[48]

'교육을 통한 실력양성론'으로 요약되는 안창호는 박용만의 무장투쟁론에도 비판적이었지만, 이승만의 외교독립론에도 동조하지 않았다. 처음에는 화기애애했던 세 사람의 관계는 날이 갈수록 악화되어 서로가 서로를 비난하는 험악한 상황이 됐다. 이승만은 박용만에 대해 "현실성이 전혀 없는 주장을 하는 바람에 교민들이 사탕수수밭에서 힘들게 일해 모은 돈을 밑 빠진 독에 물 붓기 식으로 허비하고 있다"고 비판했고, 안창호의 실력양성론에 대해서는 "결국은 아무 것도 하지 말자는 주장"이라며 곱지 않은 시각을 가지고 있었다.[149]

안창호는 흥사단 모임에서 "윌슨 대통령에게 독립 승인을 요구하여 교섭한다는데, 가만히 앉았다가 글 몇 줄로 독립을 찾겠다는 것은 이치에 맞지 않는 짓"이라고 이승만을 정면 비판했다. 박용만에 대해서는 "무식한 동포들은 돈도 바치고 시간도 허비하여 속는 이가 많은데, 아무리 무식하여 판단력이 부족해도 전쟁이 어떤 것임을 알고 오늘에 그런 문제를 제출하는 것은 허망한 짓"이라고 통렬히 비판했다.

박용만의 무장독립, 이승만의 외교독립, 안창호의 교육을 통한 실력양성론이 서로 대립하지 않고 조화를 이루는 것이 이상적이었으나 불행하게도 세 사람이 조화를 이루기에는 개성이 너무 강했고, 독립운동을 바라보는 시각차가 너무 컸다. 또 1차 세계대전을 통해 세계 열강으로 성장한 일본의 위세를 꺾기에는 현실이 너무 가혹했다.

1917년 윌슨 미국 대통령이 민족자결주의 원칙을 발표한 후 10월 29일 뉴욕에서 피압박 약소국회의(The League of Small and Subject Nationalities)가 열렸다. 이승만은 이 회의에 박용만을 한인사회의 대표로 참가시켜 한국의 독립 지원을 호소하도록 했다. 두 사람이 사이가 좋지 않았지만 이승만은 박용만의 자질을 인정하고 있음을 알 수 있다.

한길수, 김용중

미국 내 반(反)이승만 세력의 대표적 인물

한길수는 1905년 6살 때 하와이로 이민을 가서 샌프란시스코의 구세군사 관학교를 졸업했다. 그 후 호놀룰루의 구세군 소대장, 부동산 중개업, 호 놀룰루 주재 일본총영사관 근무 등 다양한 경력을 쌓았다. 1937년 10월 호놀룰루에서 열린 하와이 주 승격문제를 다룬 미 연방의회 공청회에 나 타나 일본인의 군사비밀을 폭로하여 널리 알려졌다.

1938년 12월부터 워싱턴 DC에서 활동한 그는 김규식이 상해에서 조직 한 중한민중동맹단과 1937년 김원봉이 조직한 조선민족전선연맹의 미주 대표 직함을 가지고 있었다. 그는 김원봉 김규식 세력과 연계하여 미주에 서 이승만 거세운동을 벌였다.[150] 언변이 뛰어났고, 미국 상원의원들과의 인맥이 두터웠으나 어느 날 홀연히 사라졌다.

김용중은 국민회 기관지인 『신한민보』에서 이승만과 함께 일했던 인물이다. 그는『재미한인 50년사』의 집필자로서 이 책을 통해 이승만 비판에 앞장섰다. 김용중은 1947년 7월 일시 귀국하여 여운형의 측근으로 활동했는데, 7월 19일 여운형이 암살될 때 같은 차의 뒷좌석에 함께 타고 있었다. 김용중은 여운형 암살 후 다시 미국으로 돌아갔다.

알프레드 샤록스 선교사

3·1운동 직전 '대일(對日) 혁명 일으켜야 한다'는
이승만의 뜻 한국에 전해

3·1운동 한 해 전인 1918년 제1차 세계대전이 끝나고 자신의 프린스턴 대학 은사인 윌슨 대통령이 민족자결주의를 발표하자 그 의미를 꿰뚫어 본 이승만은 한민족이 일본을 향해 혁명을 일으켜야 할 때라고 판단하고 우선 미국 내의 교포들에게 다음과 같은 메시지를 보냈다.

"국내에서 바야흐로 독립운동이 치열하게 전개되고 있는 이때에 해외교 포들은 한층 합심 단결하여 이에 호응할 것이며, 주권회복을 위하여 총궐 기할 것을 호소한다."[51]

이승만은 자신의 복안을 정리한 후 안식년을 맞아 미국에 왔다가 다시 한국으로 가는 길에 잠시 하와이에 기착한 의료선교사 알프레드 샤록스 (Alfred Sharrocks, 한국명 사락수·謝樂秀) 박사를 통해 함태영, 양전백, 송진 우 등 지도자들에게 "국내에서 결정적인 대일(對日) 혁명을 일으켜야 한다"

는 메시지를 전했다.[152] 샤록스 선교사를 통해 이승만은 국내의 개신교 계통 독립운동가들과 비밀리에 연락을 주고받기 시작했다.

샤록스 선교사는 서울 제중원 의사로 근무하다 평북 선천으로 옮겨 미동병원 원장이 되었는데, 양전백이 같은 도시의 신성중학교에서 교사로 일하고 있었다. 양전백은 기미독립선언서 33명 서명자 가운데 한 사람, 함태영은 그 뒷일을 책임지는 48인의 한 사람이 되었다. 이런 사실들로 볼 때 미국에 있던 이승만은 어떤 형태로든 한국에서 거국적으로 일어난 3·1운동에 직·간접으로 연루되어 있었다고 볼 수 있다.

이승만은 1918년 11월 25일 샌프란시스코에 본부를 둔 대한인국민회 중앙총회로부터 파리에서 열리는 강화회의에 출석할 한국 대표 중의 한 사람으로 선출되었다. 이승만은 워싱턴으로 가서 미 국무장관 서리 프랭크 폴크에게 파리 여행에 필요한 여행증 발급과 윌슨 미국 대통령과의 면담을 신청했다. 그러나 이승만의 요청은 거절되어 파리 강화회의에 참석하지 못했다.

이렇게 되자 이승만은 그의 스승 서재필에게 미국 독립의 상징적인 지역인 필라델피아에서 한인대회를 소집하고 독립기념관(The Independence Hall)까지 시위행진을 하여 미국 국민과 정부에 한국민의 독립의지를 과시하자고 제의하여 동의를 얻었다. 이 회의 준비를 하는 동안 1919년 3월 1일 고국에서 3·1 만세운동이 벌어졌다.

3·1운동 당시 시위를 주도했던 지도부 일각에서는 폭력 혁명론이 대두

됐지만 절대다수는 '폭력을 써서는 안 된다'는 입장이었다. 그래서 일본과 세계 양심에 호소하기 위해, 그리고 평화적이고 합법적인 방법으로 한국민의 독립 의사를 일본에 전하기 위해 다음과 같은 지침이 전국에 시달되었다.

'당신이 무엇을 하든 일본인을 모독하지 말고, 돌을 던지지 말고, 주먹으로 때리지 마시오. 그러한 것은 야만인들이나 하는 짓입니다.'[153]

이상재가 사망했을 때 그의 비문을 시인 변영로가 썼다. 이 비문 가운데 3·1운동을 비폭력 무저항으로 해야 한다고 주장한 원조가 이상재였음을 다음과 같이 밝히고 있다.

"그 중에 특기할 것은 3·1운동의 방법을 지정한 것이다. ⋯ 다수인이 한결같이 살육을 주장했으나 오직 선생(이상재)은 살육하느니 보다 우리가 죽기로 항거하여 대의를 세움만 같지 못하다고 제의하셨다. 그리하여 무저항 비폭력의 혁명운동이 처음으로 전개되어 인류 역사상 우리가 영광스러운 시작을 가지게 되었던 것이다.'[154]

3·1운동은 한국 사회의 모든 계층, 그리고 남녀노소가 모두 참여했다는 점이 특징이다. 특히 여학생과 부인들의 만세운동 참여는 당시의 사회 여건상 가히 충격적인 일이었다. 심지어 나라를 팔아먹은 매국노로 지탄받던 이완용도 거금을 내놓아 후원을 했다. 독립선언에 서명한 33인 중의 한 사람인 최린의 증언에 의하면 3·1운동 직전 이완용을 찾아가 '매국노의 오명을 씻을 기회가 왔다'면서 만세 운동에 동참할 것을 종용하자 '나는

기왕에 역사에 오적(五賊)으로 찍힌 몸이니 독립운동에 내가 끼어드는 것이 오히려 일을 그르치게 될까 염려된다'면서 거금을 흔쾌히 후원했다는 것이다.[155]

3·1 만세운동은 평화적 시위였을 뿐 폭동은 아니었다. 전국의 일본인들 중 다친 사람이 없었고 일본 상점도 약탈이나 공격을 당하지 않았다. 당시 한국을 순방 중이던 미국의 한 언론인은 3·1 만세운동을 '정치적 이상의 구현을 위한 운동의 위대한 역사적 전형'이라고 표현했다. 그것은 인도의 성자 간디보다 앞서 전개된 세계 역사에 길이 남을 비폭력 저항운동의 표본이었다. 간디는 한국에서 3·1운동이 벌어진 사실이 외신을 타고 알려지자 조선 사람에게 '창과 칼을 던지는 일본인들에게 돌을 던지지 말라. 코리안이여! 조용히 칼을 받고 무저항으로 그들에게 저항하라!'라고 말했다.[156]

이러한 평화적 시위에 대해 일본은 모든 군중집회를 공격하여 해산시키고, 시위에 참여한 사람이나 시위대와 손을 잡았다고 생각되는 모든 사람들을 체포하는 것으로 맞섰다. 2주일 동안 피검자 수는 서울에서만 수천 명에 이르렀다. 일본은 비폭력 무저항의 만세 시위를 총칼로 탄압하여 5만 2,000명의 사상자가 발생했다.

3·1운동이 일어나자 크게 당황한 조선총독부는 3주 후 10명의 주한 선교사와 회합을 갖고 사태 수습에 대한 의견을 물었다. 이 회합에 참석했던 선교사는 에비슨, 벙커, 노블, 게일, 브로크만 등 이승만의 스승이거나 친

구들이었다. 이날 에비슨은 제1차 세계대전이 민주주의와 자유를 지키기 위한 전쟁이었음을 상기시키고, 새로운 시대에 일본도 자유의 원칙을 한국에서 실행할 것을 촉구했다. 당시의 회합 내용은 선교사들에 의해 보고서로 정리되어 미 상원에 제출되었다.

이때 정리된 주한 미국 선교사들의 보고서는 주일 미국 선교사들을 움직였고, 뉴욕의 선교본부를 통해 일본 정부를 압박하기 시작했다. 마침내 일본 정부는 조선의 식민정책을 근본적으로 재검토하여 바꾸기 시작했다. 그 결과 1919년 8월 12일 3·1운동을 무자비하게 진압한 제2대 조선총독 하세가와 요시미치(長谷川好道)를 경질하고 사이토 마코토(斎藤實)를 신임 총독으로 임명했다.

이때부터 조선에서 헌병과 총칼을 동원한 공포 통치가 종식되고 조선을 보다 부드럽게 대하는 문화통치가 시작되었다. 결국 일본의 조선 통치 방식을 공포 통치에서 문화 통치로 전환시킨 결정적인 역할을 한 사람은 당시 한국에서 활동 중이던 미국 선교사들이었다.

김노듸

이승만의 하와이 시절 제자이자 동지, 후원자

이승만의 하와이 시절 제자 김노듸(1898~1972)[157]는 평생에 걸쳐 이승만을 도우며 독립운동을 함께 한 동지이자 후원자다. 그녀는 1905년 5월 8일, 아버지 김윤종과 어머니 김윤덕, 오빠 김병건 부부, 여동생 매리와 함께 하와이로 이민을 왔다. 아버지는 와이파후 농장에서 노동을 했고, 어머니는 삯바느질과 산파(産婆)로 일했다.

김노듸는 호놀룰루 감리교 여선교회가 운영한 스잔나 웨슬리 홈에 기숙하면서 카아후마누 초등학교를 졸업했고, 한인기숙학교 구내에 있었던 한인감리교회에 나갔다. 한인중앙학교 교장으로 있던 이승만은 1914년 초에 김노듸를 오하이오 주 우스터(Wooster)시의 고등학교로 진학할 수 있도록 도움을 주었다.

그녀는 우스터 고등학교 졸업 후 오벌린대학에서 정치학을 전공했는데, 1919년 4월 14일부터 3일 동안 필라델피아에서 열린 제1차 한인의회 (The First Korean Congress)에 6명의 여성 대의원 중 한 명으로 참석하여 연설했다. 당시의 명연설에 감동한 이승만은 김노듸에게 동부 지역을 순회하며 한국친우회(The League of Friends of Korea)의 회원 모집을 해달라고 부탁했다. 그녀는 이 역할을 훌륭하게 수행했다.

오벌린대학을 졸업한 김노듸는 1922년 9월에 호놀룰루로 돌아와 한인기독학원 교사로 근무했다. 1923년 11월에 양유찬, 황혜수 등과 하와이 학생대연합회를 조직하여 양유찬이 회장, 김노듸가 부회장으로 선출되었다. 1923년 6월 20일에는 민찬호, 교사 김영우와 함께 하와이 한인 학생 고국방문단 20명을 인솔하여 한국을 방문했으며, 그 후 한인기독학원의 교장 대리를 맡았다.

그녀는 1927년 10월에 6개월 휴가를 내고 본토를 여행하던 중 시카고에서 윌리엄 병원 리(William Pyung Won Lee)와 만나 몇 개월 간 동거하다가 헤어졌다. 윌리엄 병원 리는 평안남도 출신으로 숭실중학교, 평양 유니온 신학교를 거쳐 1916년 도미하여 오하이오의 웨슬리안대학을 졸업한 후 오하이오주립대에서 세라믹 엔지니어링으로 석사학위를 받았다.

김노듸와 윌리엄 리의 로맨스가 알려지지 않은 상황에서 딸 위니프레드가 태어나 김노듸는 미혼모가 되었다. 이로 인해 위니프레드가 이승만의 딸이라는 근거 없는 소문이 퍼지기도 했다. 김노듸는 위니프레드를 출산한 후 한인기독학원으로 돌아가 교장으로 근무하다가 1932년 동지회 회장 손승운과 결혼했다.

이승만은 1953년 11월에 김노듸를 외자구매청장으로 임명했다. 그녀는 남편과 함께 귀국하여 1955년 2월까지 현직 근무를 하다가 1955년 7월에 하와이로 돌아갔다. 1969년 말 임영신 중앙대 총장이 하와이를 방문하여 이승만 전 대통령이 서울 동작동 국립묘지에 안장된 지 5년이 되었는데도 비석이 없다는 사실을 동지회 회원들에게 알렸다. 동지회 회원들은 1970년 1월 20일, 동지회 회관을 매각했는데, 이 기금에서 기념비석 건립비용을 지불할 것을 결정하고 '이승만 박사 비석건립위원회'를 조직하여 김창수와 김노듸를 위원으로 위촉했다.

김노듸는 화강암 기념비석을 구입하여 1971년 2월에 서울로 보냈고, 화강암 구입비용과 운송비, 기념비문 명각(銘刻) 비용 등도 동지회에서 제공했다. 김노듸는 1972년 5월 28일 하와이에서 사망했다.

하와이의 이승만 지지자들

이밖에 하와이 시절 이승만을 적극 지지했던 사람들은 다음과 같다.

도리스 듀크 여사와
그녀의 남편 제임스 크롬웰(주 캐나다 미국 대사[158])

도리스 듀크(Doris Duke) 여사는 노스캐롤라이나 주의 대재벌의 딸로서 월버트 최를 통해 이승만, 임병직과 인연을 맺었다. 듀크 여사는 하와이에 넓은 토지를 매입하여 호화로운 저택을 건축했는데, 정원을 꾸미기 위해 전문가들에게 정원 설계를 경쟁 시켰다. 이때 월버트 최의 작품이 선정되어 그의 솜씨로 멋진 정원이 탄생했다. 월버트 최의 멋진 정원 작품을 보고 하와이의 거부(巨富)들도 그에게 정원 장식을 의뢰하여 월버트 최는 일

약 유명 인사가 되었다.

듀크 여사의 남편 제임스 크롬웰은 캐나다 주재 미국 대사를 지냈는데, 크롬웰 부부는 수도 워싱턴 DC에 폭스 홀(Fox Hall)이라는 호화 저택을 보유하고 있었다. 이승만과 임병직이 워싱턴에서 구미위원부 활동을 할 때 듀크 여사는 폭스 홀에서 크고 작은 파티가 열릴 때마다 항상 두 사람을 초대했다. 크롬웰 대사의 모친은 임병직을 친자식처럼 아꼈는데, 크롬웰 대사는 모친과 합석한 자리에서 "벤(Ben, 임병직의 영문 애칭)은 우리 어머니의 애인(sweetheart)"이라고 농담을 하곤 했다.

이승만은 임병직이 워싱턴에서 외교활동을 하는 데 있어 직함이 필요하다고 생각하여 그를 대한민국 임시정부 군대의 대령으로 임명했다. 크롬웰 대사의 모친은 "군인은 군복을 입어야 한다"면서 이승만과 의논하여 고급장교 군복과 호랑이를 수놓은 모자를 손수 재봉하여 만들어 입히고 대령 취임을 축하하는 파티까지 열어주었다.

민찬호 목사

황해도 평산이 고향인 민찬호는 배재학당의 기독학생회 회장을 지내며 이승만과 함께 협성회 간부로 활동했다. 1905년부터 1911년까지 호놀룰루 한인감리교회에서 목회하다가 로스앤젤레스로 가서 1917년 신학석사

학위를 받고 로스앤젤레스 한인교회에서 목회를 했다. 이승만의 요청으로 1919년 10월 10일 하와이로 돌아와 한인기독학원 교장과 한인기독교회 담임목사로 부임했다. 한인기독교회는 1918년 12월 23일 이승만이 미국의 감리교회로부터 이탈하여 세운 교회다.

민찬호는 1923년 6월 20일 하와이 거주 한인 학생 고국방문단을 인솔하여 식민지하에 있던 고국을 방문했다. 이승만은 1921년 한인기독학원의 새 교사를 신축하기 시작하여 1922년 9월에 공사를 완료했다. 그런데 건축자금 3만 달러가 모자라자 기금 모집을 위해 학생방문단의 고국방문을 추진했다. 이 소식을 접한 국내에서는 이상재를 위원장으로 하여 환영위원회가 구성되었고, YMCA 초청 형식으로 1923년 7월 2일 하와이 한인학생 고국방문단이 부산항에 도착했다.

고국방문단은 2개월 동안 전국의 주요 도시를 순회하면서 강연활동과 운동회, 음악회 등을 개최하여 모금활동을 펼쳤다. 그 결과 4,900달러를 모금하여 한인기독학원 교사와 남녀 기숙사를 짓는 데 사용했다. 하와이 한인학생 고국방문에 대한 답방 형식으로 1924년 YMCA 야구단이 하와이를 방문했는데, 이때 윤치영이 야구단에 동행하여 하와이에 왔다.

민찬호는 초대 민단장이자 이승만의 강력한 지지세력이었던 대한인동지회의 설립자로서 평생에 걸쳐 이승만의 충실한 벗이자 동지였다. 그는 이승만과 함께 교포들의 단합 및 종교적으로 큰 공헌을 했다.

매터슨 「에드버타이저」 지 사장

1915년 이승만이 하와이에서 한인여학원 이사회를 조직했을 때 하와이에 거주하는 미국인 상류사회 인사인 매터슨(R.O. Matheson) 『에드버타이저』지 사장, 존 어드만(John P. Erdman) 호놀룰루 조합교회 목사, 안나 르푸바로우(Mrs. Anna H. Loofbourow) 미국 제일감리교회 목사 부인, 그리고 하와이의 유명한 기업가 존 워터하우스(John Waterhouse)의 부인 E.B. 워터하우스 등을 이사로 영입했다. 메터슨 사장은 에드버타이저 신문을 통해 한인여학원을 홍보해주어 큰 호응을 불러 일으켰다.

윌리엄 웨스터벨트 박사

이승만은 1913년 가을에 호놀룰루 YMCA의 명예 이사가 되었고, 1918년에는 누우아누 YMCA 창립이사가 되었는데, 10명의 창립 이사 중에는 윌리엄 웨스터벨트(William D. Westervelt) 박사가 있었다. 웨스터벨트는 1849년에 오하이오 주 오벌린에서 출생하여 오벌린대학을 졸업했다. 그 후 클리블랜드, 뉴욕 주의 모리스타운, 콜로라도 주의 머니토우와 덴버, 시카고에서 목회하고 1899년 하와이에 왔다.

웨스터벨트 박사는 하와이의 유명한 선교사 가문의 사위로서 경제적으로 여유가 있었고, 여러 사회단체의 이사로 활동하면서 기부도 많이 했으며, 하와이 역사에 심취하여 다수의 저서를 출판했다. 이승만이 김노디를 비롯한 하와이의 제자들을 오벌린대학에 보낼 수 있었던 것은 그 학교 출신인 웨스터벨트 박사의 도움이 있었기 때문이다.

웨스터벨트는 1923년부터 한인기독학원의 이사로 기금모집에도 참여하는 등 많은 도움을 주었다. 1935년 한인기독교회가 새 교회당 건축 기금을 모집할 때 5,000달러를 후원했다.

체스터 리빙스턴

한인기독학원과 한인기독교회 활동에 참여하여 꾸준히 이승만을 도와준 사람이 체스터 리빙스턴(Chester Livingston)이다. 그는 1880년 오하이오 출생으로 오벌린대학을 졸업하고 1906년 호놀룰루의 카메하메하학교(Kamehameha School) 교사로 부임했다. 그는 이 학교에서 음악, 수학, 기계공학 설계도 작성 등을 가르쳤고, 카메하메하 학교 채플 설립에 앞장섰다.

그는 1922년 교사를 그만두고 동생 스탠리 리빙스턴이 운영하는 부동산 회사에 입사했다. 두 형제는 하와이 사회에서 재력을 겸비한 유지로서 1920년부터 한인기독학원 이사회 재무로 이승만을 도왔고, 1935년 한인기독교회 새 교회당 건축기금 모집 공동위원으로 활동했다.

레이먼드 콜「스타 블르틴」지 사장

레이먼드 콜(Raymond Coll, Sr)은 1872년 피츠버그에서 출생하여 애리조나, 캘리포니아 등지에서 일하다가 1912년부터 1921년까지 피츠버그신문 편집장을 지냈다. 이어 호놀룰루의「스타 블르틴」지에서 일을 시작하여 1922년부터 1959년까지 사장으로 재직한 이승만의 열렬한 지지자였다.

윌리엄 보스위크

이승만이 1920년 가을 임시정부가 있는 상해로 밀항할 수 있게 배편을 주선해 준 친구가 윌리엄 보스위크(William Borthwick)다. 이승만은 당시 여권도 없는 데다가, 그가 임시정부 대통령에 선출되자 일본 정부는 이승만에게 현상금 30만 달러를 걸어 놓은 상태였다. 1919년 1월에 하와이를 떠나 1년 반이 넘도록 미주 본토에서 활동하고 온 이승만은 머물 만한 숙소도 없는 상태였는데, 이때 이승만을 보살핀 이가 보스위크였다.

1872년 일리노이 주 출생으로 하와이에서 장의사를 운영한 보스위크는 1932~1934년 하와이 영토 조세위원(Tax Commissioner), 1934년부터 1950년까지 호놀룰루 저축은행장을 역임했다. 6.25 전쟁이 한창이던 1952년 3월 이승만 대통령은 체스터 리빙스턴, 윌리엄 보스위크, 레이몬드 콜 등 3명에게 대한민국 국민훈장 무궁화장을 수여했다. 1952년 4월 21일자 「스타 블르틴」지는 양유찬 주미대사가 이 3명의 미국인에게 직접 훈장을 달아주었다는 기사와 사진이 게재되었다.

이 신문은 "보스위크의 이름이 한국 역사에 새겨질 것이며, 리빙스턴은 하와이 한인을 위해 시간과 열정과 사랑의 수고를 아낌없이 주었고, 「스타 블르틴」지 사장 레이몬드 콜은 사설과 신문기사를 통해 한인의 정의와 국권회복을 위해 노력해 준 것에 대한 보답"이라고 보도했다.

앨번 바클리 부통령

앨번 바클리(Alben W. Barkley)는 이승만의 친구로서 이승만이 워싱턴에서 활동할 때 그를 적극 지원했다. 바클리는 켄터키 주의 통나무집에서 태어나 에모리대학과 버지니아대학 로스쿨을 졸업했다. 1913년부터 연방 하원의원으로 재직했고, 1927년 연방 상원의원을 지냈다. 1930년대 프랭클린 루스벨트 행정부가 추진한 뉴딜 정책의 주요 입안자였다.

1937년 회기부터 상원 민주당 원내대표, 1948년 대통령 선거에서 해리 트루먼 대선 후보의 부통령 러닝메이트로 당선되어 제35대 부통령(1949~1953)을 역임했다. 부통령으로 재직하며 40년 가까이 하원과 상원에서 재직한 경험을 살려 무난하게 업무를 처리했다는 평을 들었다. 1955

년부터 다시 상원의원이 되었으나, 그 이듬해 연설 도중 심장마비로 사망했다.

김원용[159]

김원용(Warren Y. Kim)은 1917년 5월 8일 콜로라도 주 프에블로 지방의 탄광노동자로 미국 이민생활을 시작했다. 1918년 4월 대한인국민회 프에블로 지방회가 조직되었을 때 재무로 선임되었다. 그 때 서기로 선임된 김호와 평생 동지가 되었는데, 당시 김호와 김원용은 이승만 지지자였다.

김원용은 1930년 7월 15~21일까지 호놀룰루에서 열린 동지미포(美布: 미주-하와이)대표회에 시카고 대표로 참석했는데, 이승만은 김원용을 동지회 중앙이사부 상무원 겸 재무로 임명했다. 그런데 석 달 후인 10월에 김원용은 동지회의 모든 직에서 물러나면서 이승만과 결별했다.

그 후 국민회가 발간하는『국민보』주필, 1941년 재미한족연합위원회 설립 후 워싱턴 사무소를 설립했으며, 1945년 4월 의사부 위원장에 선출되었다. 재미한족연합위원회 한국파견대표단의 일원으로 한국에 갔다가 다시 미국으로 돌아온 김원용은 캘리포니아 주 리들리 김호의 집에 기거하면서 재미한인 역사를 집필하기 시작하여 1958년 12월에 필사본『재미한인오십년사』를 발간했다.

『재미한인오십년사』는 한인들의 미국 이민을 본격적으로 다룬 첫 통합 이민사로서 하와이와 미주 본토의 한인사회를 사회, 교회, 단체, 교육과 문화운동, 생활정형과 경제사정, 정치활동, 대한민국임시정부 등 7개 분야로 나눠 체계적으로 정리한 점에서 역사적 의미가 크다. 그러나 세부적으로 오류가 많고 이승만에 관한 편견과 곡해로 인해 이민 역사서의 중요성을 감소시켰다는 학자들의 평을 듣고 있다.

김현구[160]

김현구(Henry Cu Kim)는 1889년 충북 옥천 출신으로 서울 보성중학교, 양정의숙, 돈명의숙을 다녔다. 1909년 4월 블라디보스토크를 거쳐 1910년 뉴욕에 도착, 막노동으로 생계를 유지하다가 1913년 네브라스카 주 링컨의 헤이스팅스 고등학교를 졸업하고, 1917년 오하이오주립대학을 졸업했다.

1926년부터 1929년까지 워싱턴 구미위원부 임원으로 근무했는데, 이승만은 1929년 10월 김현구를 하와이로 불러 교민단 서기 겸 재무,『국민보』주필로 임명했다. 김현구는 또 동지회 지방회장,『태평양잡지』편집인, 중앙이사부 이사원 등의 직책을 겸임하며 이승만의 활동을 적극 후원했다.

그러나 김현구는 이승만이 동지회를 중심으로 한인 사회 통일운동을 전개하자 이승만이 독재를 한다면서 반(反)이승만 운동에 앞장섰다. 김현구는 1945년경부터 자서전을 집필하기 시작하여 1960년에 끝냈다. 그의 필사본 자서전에는 자신의 이야기를 비롯하여 이승만, 박용만, 정순만의 약전(略傳)이 포함되어 있다. 하와이대 한국학연구소 소장 서대숙이 1987년에 김현구의 기록을 영문으로 번역하여 하와이대 출판부에서 단행본으로 출판했다.

김현구가 쓴 '우남약전(雩南略傳)'은 김현구가 하와이에 온 것이 1929년 10월이고, 1930년 이전의 이승만의 활동을 자료 조사도 하지 않고 썼기 때문에 오류가 많다.

한성정부·통합 임시정부의
대통령에 선출된 이승만

무저항 비폭력 만세운동으로 일본을 비롯한 전 세계에 충격파를 던진 3·1운동의 파장은 임시정부 수립으로 이어졌다. 1919년 3월 12일 밤 10시가 조금 지나 상해 프랑스 조계 내의 보창로(寶昌路) 329호에 위치한 한 허술한 주택에 사람들이 모여들었다. 본국에서는 손정도, 최창식, 현순 등이 왔고 일본에서는 최근우와 이광수가 도착했다. 북중국과 극동 러시아 지역에서는 이동녕, 이시영, 김동삼, 신채호, 조소앙 등이 참석했으며 상해에 머물던 김철, 신석우, 여운형 등이 한 자리에 모였다. 임시정부를 수립하기 위한 회의가 소집된 것이다.

4월 10일 상해 금신부로에서 열린 회의에서 임시의정원(국회)을 구성하여 의장과 부의장을 선출했고, 11일 속개된 회의에서 국호를 대한민국으로 정했다. 정부기구는 국무총리를 수반으로 하는 국무원(내각) 안에 내무·외무·재무·법무·군무·교통 등 6부를 두고 국무총리를 위시하여 각 부 총장을 투표로 선출했다. 투표 결과 국무총리에 이승만, 내무총장에 안창호, 외무총장에 김규식, 재무총장에 최재형, 교통총장에 신석우, 군무총장에 이동휘, 법무총장에 이시영이 선출되었다. 그리고 이틀 후인 1919년 4월 13일, 내외에 대한민국 임시정부 수립을 선언했다.

이보다 앞서 3월 17일에는 러시아 연해주에서 대한국민의회가 선포되었다. 이보다 하루 전인 3월 16일에는 서울 내수동 64번지 현직 검사 한성오의 집으로 임시정부 수립 준비위원들이 비밀리에 모였다. 이날 참석자들은 임시정부를 조직하고 정부 이름을 '한성정부'라고 정했으며, 각료 선출에 나서 집정관 총재(대통령)에 이승만, 국무총리 총장 및 내무부 총장 이동휘, 외무부 총장 박용만, 군무부 총장 노백린, 재무부 총장 이시영, 법무부 총장 신규식, 학무부 총장 김규식, 교통부 총장 문창범, 노동국 총판 안창호, 참모부 총장 유동열 등을 선출했다. 그리고 4월 23일 한성정부를 선포했다.

서울과 상해, 블라디보스토크 등지에서 비슷한 시기에 임시정부가 선포되자 상해에 와 있던 대표자들은 국내외에서 선포된 임시정부를 하나로 통합하는 작업을 진행하여 다음과 같은 원칙을 세웠다.

1. 상해와 노령(露領)에서 설립한 정부들을 일체 해산하고 국내에서 13도 대표가 창설한 서울정부(한성정부)를 계승할 것이니 국내의 13도 대표가 민

족 전체의 대표임을 인정한다.

2. 정부의 위치는 당분간 상해에 둔다.

3. 상해에서 설립한 정부가 실시한 행정은 유효임을 인정한다.

이 원칙에 의거하여 9월 11일 서울과 블라디보스토크에 있던 임시정부를 상해의 대한민국 임시정부로 통합하고 대한민국 임시헌법을 공포했다. 그리고 이승만을 임시 대통령으로 선출했다. 임시정부는 민주와 민본(民本), 민권을 추구하는 민주공화제를 기본이념으로 삼았고, 임시의정원이라는 대의기관을 설치하는 등 삼권분립 원칙에 의거한 민주공화제 정부가 출범했다.[161]

이승만이 한성정부의 집정관 총재에 이어 통합 임시정부의 임시 대통령으로 선출된 것은 한성감옥 옥중에서 이승만의 전도로 기독교로 개종한 이상재, 신흥우, 유성준, 김정식 등 국내의 친이승만 기독교 세력의 영향력 덕분이다. 한성정부는 이유갑, 홍면희 등이 전면에서 활동했으나 그들의 배후에는 이상재, 신흥우, 오기선 등 YMCA의 리더 그룹들이 존재하고 있었다. 한성정부를 실질적으로 지휘한 인물은 이상재였다.[162]

또 이승만이 한성정부의 집정관 총재로 선출되었다는 소식을 미국에 있는 본인에게 알린 사람은 이승만의 절친한 친구이자 후배였던 신흥우였다. 미국 유학을 마치고 귀국하여 1912년 한국인 최초로 배재학당 당장(교장)에 오른 신흥우는 미국 유학 경험과 뛰어난 영어 구사력 등으로 감리교

내에서 대표적인 국제통이 되었다. 특히 국제 감리교회와 관련된 행사에서 한국 감리교를 대표하는 인물로 활약하게 된다. 덕분에 신흥우는 일제 치하에서도 1년에 한두 차례 이상 자유롭게 해외에 나갈 기회가 있었다.

한성정부가 선포된 직후 신흥우는 미국에서 열리는 감리교 백주년 기념대회 참석 차 미국 선교사 벡(S. A. Beck)의 가족과 함께 출국했는데, 벡 선교사의 딸 인형 속에 한성정부 문건을 숨겨가지고 나와 이승만에게 전달했다.[163]

허버트 밀러 교수

이승만을 도와 한국 독립 지지 운동에 앞장선 대학 교수

허버트 밀러(Herbert Miller) 교수는 이승만에게 미국 독립의 상징 도시인 필라델피아에서 한국인의 독립 의지를 알리는 대회를 열라고 제안한 사람이다. 이승만은 밀러 교수의 제안을 받고 1919년 4월 14일부터 16일까지 필라델피아의 리틀 시어터(Little Theater)에서 제1차 한인의회(The First Korean Congress. 대내적인 명칭은 대한인총대표회의)를 열어 한국의 독립을 대내외에 알렸다.

이날 밀러 교수는 한국의 독립을 지지하는 연설을 했으며, 이승만을 돕기 위해 한국친우회와 구미한국위원회의 위원이 되어 후에 대한민국 건국훈장을 받았다. 이 회의에는 이승만을 비롯하여 서재필, 정한경, 임병직, 조병옥, 장택상, 유일한, 장기영, 김노듸 등 해방 후 남한에서 중요한 역할을 맡게 되는 한인 대표 120여 명과 미국 정계의 거물급 명사들이 다수 참여했다.

제1차 한인의회가 열린 곳은 4개월 전 체코슬로바키아의 독립운동 지도자 토마스 마사리크(Thomas G. Masaryk)가 체코슬로바키아의 독립을 선포하고 기념사진을 촬영한 장소였다. 한인의회 개회식에는 재미 한인 교포들의 지위 향상을 위해 큰 도움을 준 미주리 주 출신의 셀던 스펜서(Seldon P. Spencer) 상원의원이 축사를 했다. 또 네브라스카 주 출신의 조지 노리스(George W. Norris) 상원의원이 한국 독립을 지지하는 연설을 했다. 두 상원의원의 연설문은 그 후 미 국회의사록에 수록되었다.

참석한 외국인 중에서 특히 주목을 끈 인물이 허버트 밀러 교수였다.[164] 중부유럽의 사정에 정통한 밀러 교수는 마사리크와 체코슬로바키아의 독립을 주장하고, 이를 실현시키기 위해 미국 내에서 체코슬로바키아에 우호적인 여론 조성을 위해 일생을 바친 학자다. 그는 체코슬로바키아 독립운동 지도자 마사리크 교수를 도와 1918년 '피압박민족 대회'를 뉴욕과 필라델피아에서 개최하여 의장이 되었고, '중부유럽연합'을 창시하여 이사 겸 사무총장이 되었다.

마사리크가 주도하는 중부유럽 대표들이 필라델피아 독립관에 모여서 독립선언을 한 것은 밀러 교수의 주선에 의한 것이었다. 미국의 여론을 환기시키려면 독립관이 최적의 장소라고 판단한 밀러 교수가 마사리크에게 아이디어를 제공한 것이다.

한인의회 대회를 마친 참석자들은 토마스 스미스(Thomas B. Smith) 필라델피아 시장의 양해를 얻어 회의장에서 2㎞ 정도 떨어진 인디펜던스 홀 (독립기념관)까지 비를 맞으며 행진했다. 스미스 시장은 한인 대표들과 함께 시가행진을 했고, 인디펜던스 홀에 도착하여 '자유의 종'을 울렸다. 이승만은 서울에서 반포된 독립선언서를 영문으로 낭독했다.

의장을 맡은 서재필은 회의 도중 이승만을 한국인 가운데 가장 유능하고 준비가 잘 된 지도자라고 칭찬했고, 인디펜던스 홀에 도착해서는 이승만이 미국의 초대 대통령 조지 워싱턴이 앉았던 의자에 앉도록 배려하고, 회의 종료 때는 이승만에게 만세 3창을 선창하도록 하는 등 이승만을 3·1 운동 후에 건립된 새 정부의 최고 지도자로 추대했다.[165]

상해와 러시아, 서울에서 임시정부가 결성된 사실을 모르는 상황에서 열린 제1차 한인의회는 회의 둘째 날인 4월 15일에 상해에서 수립된 대한민국 임시정부의 임시의정원이 이승만을 국무총리로 선출했다는 사실을 알게 되었다. 이승만은 당시 필라델피아 한인대회에서 서재필과 함께 '신대한의 비전'을 구상하고 제시했는데, 이것이 1948년 대한민국의 건국에 적지 않은 영향을 끼쳤다.[166] '신대한 건국 구상'은 다음과 같이 요약된다.

△ 민주주의 원칙에 입각한 국가를 건설한다.
△ 미국식 공화제 정부를 수립한다.
△ 중앙정부는 입법부(국회)와 행정부로 구성된다.
△ 국회는 국민을 대표해 헌법과 국법을 제정한다.

△ 국회의원은 도의회에서 선출한다.

△ 대통령은 국회에서 선출한다.

△ 대통령, 부통령, 내각 각료로 구성되는 행정부는 국회에서 제정한 법률에 따라 행정을 한다.

△ 인민의 교육 수준이 저급하고 그들의 자치 경험이 부족한 점을 고려하여 정부 수립 후 10년 간 중앙집권적 통치를 시행한다.

△ 정부 수립 후 10년 간 정부는 국민교육에 주력함으로써 인민이 미국식 공화제 정부를 운영할 수 있도록 만든다.

△ 인민의 교육 수준이 향상되고 그들의 민주주의적 자치 경험이 축적되면 이에 맞추어 그들의 참정권을 확대한다.

△ 인민이 자치 경험을 쌓을 수 있도록 그들에게 군과 도 등 지방의회 의원 선거권을 부여한다.[167]

이 구상이 헌법은 아니지만 준(準)헌법적 중요성을 지닌 문건으로서 장차 대한민국 정부가 제헌의회를 소집해 본격적으로 헌법을 제정할 때 참고하게 될 중요한 문건이라고 참석자들은 판단했다.[168]

당시 워싱턴에서 이승만을 적극 도운 인물들이 또 있다. 한국에 선교사로 파송됐다가 추방 당한 호머 헐버트와 S. A. 벡(S. A. Beck)이 그들이다. 이들은 구미위원부의 선전원으로 미국 전역을 순회하며 한국의 독립을 주제로 강연했다.

이승만은 6월 14일이 되어서야 지난 4월 23일 수립된 한성 임시정부가 자신을 집정관 총재로 추대한 사실을 알게 되었다. 이승만은 한성정부의 정통성을 인정하고 집정관 총재라는 직함을 대통령(President)으로, 국호를 대한공화국으로 번역하여 사용했다. 이때부터 이승만은 대한공화국의 대통령으로 활동하기 시작했다. 8월 25일에는 워싱턴의 한국위원회를 '구미위원부'로 개칭하고 파리 강화회의에 참석 후 미국으로 온 김규식을 초대 위원장에 임명했다. 허정은 이승만의 부름을 받고 구미위원부에서 통보(通報) 발간, 성금 모금 업무를 맡았다.

구미위원부가 설치된 후 이승만과 김규식은 공동 명의로 '한국민의 독립운동 지속 선포와 (이에 대한 열국의 지원) 요청'이라는 제목의 선언서를 발표했다. 이 문건에서 두 사람은 새로 건국할 신대한(新大韓)의 국가상과 대한민국의 기본 원칙을 다음과 같이 밝히고 있다.

(1) 대한민국의 국체는 공화국이다.

(2) 대한민국의 정체는 대의제이다.

(3) 대한민국은 종교와 양심의 자유를 보장한다.

(4) 대한민국은 언론의 자유와 소청의 권리를 인정한다.

(5) 귀족의 특권은 폐지한다.

(6) 교회와 국가는 완전히 분리한다.

(7) 국가의 안보와 독립 그리고 주권을 보전할 목적으로 상비군 대신 민병

대를 유지한다.

(8) 소수 민족들의 권리를 보호한다.

(9) 독립된 사법부를 설치한다.

(10) 교육을 특별히 장려한다.

(11) 사회 풍속을 정화한다.

두 사람은 새로 탄생하게 될 대한민국은 3권 분립의 원칙에 입각한 대의제 공화국으로 국민의 평등과 신앙 및 언론의 자유를 보장하는 나라를 구상하고 있었던 것으로 보인다.

토마스 마사리크

외교독립론 통해 체코슬로바키아 독립 이끈 '유럽판 이승만'

필라델피아 대회를 마친 이승만은 임병직을 비서로 임명하고 워싱턴으로 가서 백악관에 인접한 H가(街) 14번지에 위치한 15층짜리 컨티넨탈 빌딩에 두 개의 방을 구해 '한국위원회'(The Korea Commission)라는 간판을 달았다. 이승만이 워싱턴에 사무실을 개설한 이유는 자신의 프린스턴대학 스승인 우드로 윌슨이 미국 대통령으로 재직 중이라서 그로부터 유무형의 협조를 받을 수 있으리라는 기대를 가졌기 때문이다. [169]

이승만은 워싱턴의 한국위원회를 중심으로 미국 국민들에게 한국 문제에 대한 여론을 환기시켜 미국 정부에 압력을 가하는 쪽으로 운동의 방향을 설정했다. 이를 위해 이승만은 체코슬로바키아의 독립운동 지도자 마사리크 박사와 두 나라의 공동문제인 독립에 대하여 여러 차례 난상토론을 했다. 독일 및 오스트리아의 압제로부터 그의 조국을 독립시키기 위해 오래 전부터 워싱턴에서 활동하고 있었던 마사리크 박사의 경력은 이승만이 워싱턴에서 일하는 데 많은 참고가 되었다.[170]

마사리크의 조국인 체코슬로바키아는 원래 체코와 슬로바키아 두 민족으로서 1620년부터 1918년 독립될 때까지 300여 년을 오스트리아-헝가리 제국의 합스부르크 왕가 지배를 받았다. 프라하 대학 철학교수였던 마사리크는 1914년 제1차 세계대전이 발발하여 1918년 종전이 될 때까지 4년 동안 거의 혼자 힘으로 필설에 의지한 선전활동과 외교독립운동을 전개했다. 그 결과 중부유럽의 한복판에 체코와 슬로바키아 두 민족을 하나로 묶어 체코슬로바키아를 독립시키고 건국 대통령에 올랐다. 영국의 데이비드 로이드 조지(David Lloyd George) 수상은 이러한 성과를 두고 '제1차 세계대전의 진정한 승리자는 마사리크 교수'라고 말했다.

이승만과 마사리크를 비교 연구한 김학은 연세대 명예교수는 이승만과 마사리크는 사상이나 이념, 활동과 업적 등에서 거의 비슷한 인물이라고 평한다. 특히 두 사람이 강대국에 주권을 빼앗긴 약소국의 건국 대통령으로서 무력이 아닌 외교를 통해 조국의 독립을 실현하려 했다는 점, 미국을 주된 외교의 대상으로 삼았다는 점, 그리고 윌슨 대통령의 정치사상에 크게 기대를 걸었고 칸트의 영구평화론을 신봉한 점 등 놀라울 정도로 유사점을 보이고 있다는 것이다.

마사리크는 제1차 세계대전에서 러시아 내전에 휩쓸린 체코슬로바키아 반공포로를 이용하여 연합국을 비롯하여 미국의 윌슨 대통령과 협상을 벌여 7만여 명의 체코슬로바키아 군단(이하 체코군단)을 구출함으로써 그의 외교독립의 대미를 장식했다. 이승만도 한국전쟁 때 반공포로를 이용하여 미국의 아이젠하워 대통령(Dwight D. Eisenhower)으로부터 한미상호방위조약을 이끌어 내 한국의 안보를 확고부동하게 확보한 것이 거의 비슷하다고 지적한다. 이승만이 자신의 정치생명을 걸고 감행한 반공포로 석방은 1차대전 종전 때 체코 군단을 사지에서 구출해낸 마사리크의 영향을 받았을 가능성도 배제할 수 없다.

마사리크가 러시아의 사지(死地)에서 구출해 낸 7만여 명의 체코 군단은 1920년 만주 일대에서 활약하던 우리의 무장 독립군이 봉오동, 청산리 등지에서 일본군에게 통쾌한 승리를 거둔 것과 직접적으로 연관되어 있다.[171]

체코 군단은 제1차 세계대전이 발발하자 오스트리아-헝가리 제국의 통치 하에서 징집되었다가 탈주하거나 그전에 러시아로 망명하여 러시아 내에 살고 있던 체코인들로 구성된 부대였다. 체코 군단은 러시아와 오스트리아-헝가리 제국 간의 전쟁을 이용하여 오스트리아-헝가리 제국의 식민통치로부터 독립하기 위해 러시아 편에 서서 싸웠다.

이 와중에 러시아에서 볼셰비키 혁명이 일어나 더 이상 전쟁 수행이 어려워지자 러시아는 독일과 단독으로 강화했다. 이렇게 되자 체코 군단은 프랑스로 이동하여 서부전선에서 독일을 비롯하여 오스트리아-헝가리 제국 군대와 싸우기 위해 서부전선으로 이동하기를 원했다. 그러나 레닌의 혁명정부는 구 러시아 제국군의 일원이었던 체코 군단을 탐탁치 않게 여겼다.

이 와중에 독일과 국경을 맞대고 있는 러시아 서부 국경지대에서 볼셰비키의 소비에트 붉은 군대와 제정 러시아를 복구하려는 백군(白軍) 사이에 내전이 벌어지자 레닌의 혁명정부는 체코 군단이 백군에 합류할지도 모를 위험을 예방하기 위해 무장 해제를 명령했다. 이를 피하기 위해 체코 군단은 무장 열차 편으로 시베리아를 횡단하여 블라디보스토크로 가서 지구를 한 바퀴 도는 행로를 따라 고국으로 귀환하기로 결정했다.

7만여 명으로 구성된 체코 군단은 1918년 키예프를 탈출하여 2주에 걸쳐 러시아 접경지역 바크마흐에 집결했다. 그들은 우크라이나에서 볼가 우랄-시베리아를 거쳐 블라디보스토크까지 1만 ㎞에 달하는 사상 초유의 대장정을 시작했다. 7만여 명의 무장한 군대를 수송하기 위해 동원된 열차는 총 700여 편이었고, 무기 허용량은 열차 한 편당 소총 168정과 기관총 1정이었다. 무장 열차 내에는 군대, 은행, 병원, 우체국 등이 갖춰져 그 자체가 하나의 국가나 다름없었다.

당시 시베리아에서도 소비에트 붉은 군대와 백군의 치열한 내전이 한창이었다. 체코 군단은 무장 열차를 타고 시베리아를 통과하는 과정에서 붉은 군대가 무장을 해제하려 하자 그들을 무력으로 제압하고 볼가강에서 이르쿠츠크에 이르는 광대한 지역을 점령했고, 러시아 백군을 돕기 위해 소비에트 붉은 군대와 전투를 벌이기도 했다.

체코 군단의 기세가 등등하여 모스크바 일대까지 압박을 받자 트로츠키는 '무장한 체코인을 보면 즉석에서 사살하라. 각 부대에 한 사람이라도 무장한 자가 있으면 차량을 압수하고 포로수용소에 수감하라'는 명령을 내렸다. 30여 년 후 제2차 세계대전이 끝나고 체코슬로바키아에 진주한 소련군은 과거 시베리아를 횡단한 체코 군단에 가담했던 자들을 찾아내 모조리 숙청함으로써 피의 보복을 했다.[172]

체코 군단은 시베리아를 횡단하는 대장정 끝에 1919년 블라디보스토크에 도착했으나 그들이 타고 갈 선박이 없어 자칫하면 몰살당할 상황이 되자 6월 29일 반란을 일으켜 도시 전체를 점령했다. 다행히 체코 군단의 뒤에는 프랑스, 영국, 미국, 일본 등 러시아에서 소비에트 공산주의를 몰아내려는 연합군이 있었다. 그 연합군을 외교적 수완으로 움직여 체코 군단의 안전한 귀국을 성사시킨 인물이 마사리크다.

마사리크의 뛰어난 외교적 활약 덕분에 체코 군단은 안전한 귀국을 허락받았다. 그 결과 1920년 중반까지 6만 7739명이 고향으로 귀국했는데, 그 사이 전쟁은 끝나고 오스트리아-헝가리 제국으로부터 독립하여 새로 탄생한 조국 체코슬로바키아가 그들을 기다리고 있었다.

체코 군단이 블라디보스토크에 도착했을 때 만주와 연해주 일대에서 활약하던 한국 독립군 조직원들이 나타나 무기 판매를 요청했다. 체코 군단 지휘관들은 자신들의 조국이 식민지배로 인해 겪었던 아픔을 생각하여 소지하고 있던 무기와 탄약을 제공했다. 한국 독립군들은 그 대가로 만주 지역 곳곳에서 한인들이 모은 금비녀, 금반지 등을 건넸다. 이범석의 자서전『우둥불』에는 체코슬로바키아 군단과의 무기 거래를 이렇게 기록하고 있다.

"이들은 체코슬로바키아가 오스트리아 제국 식민통치 아래서 겪어온 노예 상태를 떠올렸고 우리에 대해 연민을 표시했다. 결국 체코슬로바키아 망명군대는 그들이 보관하고 있던 무기를 북로군정서에 판매하기로 했다. 무기 거래는 깊은 숲에서 한밤중에 이뤄졌다. 이러한 무기들은 우리 진영으로 옮겨져 숲속에 무더기로 쌓아놓았다."

독립군은 체코 군단으로부터 소총 1,200정, 탄약 80만 발, 박격포 2문, 기관총 6정을 구입했다. 이 무기로 무장한 우리 독립군들이 청산리와 봉오동 전투에서 일본군을 섬멸한 것이다.

당시 김좌진 장군이 이끄는 독립군에게 무기를 제공한 체코 군단 지휘관은 라돌라 가이다(Radola Gaida)라는 26세의 장군이었다. 라돌라 가이다는 체코 군단이 우크라이나에서 블라디보스토크까지 이동하는 동안 대위에서 장군까지 초고속 승진한 인물이다. 그는 후에 독립된 체코슬로바키아에서 무솔리니 흉내를 내어 파시스트 정권을 세우기 위해 마사리크와 대립하다가 좌절했다.

일제는 청산리와 봉오동에서 독립군에게 대패하자 중국 마적들을 사주하여 간도 훈춘현(琿春縣)의 일본 영사관을 습격하도록 사주하고, 이를 빌미로 일본군을 만주로 출병시켰다. 일본군은 독립군의 근거지를 초토화시키기 위해 만주의 한인 마을을 대상으로 무차별적인 학살 작전을 전개했다. 3~4개월에 걸쳐 수많은 한인 마을을 불태우고 재산과 식량을 약탈했으며, 한인들을 보는 대로 학살했다. 이것이 경신(庚申)참변이다.

존 스태거스, 제이 제롬 윌리엄스

이승만의 독립운동 헌신적으로 도운
미국의 오피니언 리더

이승만은 워싱턴을 중심무대로 삼아 한국의 독립 의지를 미국 언론에 알리고 친한(親韓) 분위기 조성을 위한 활동을 뜨겁게 전개했다. 이 와중에 워싱턴의 저명한 변호사 존 스태거스(John W. Staggers)와 인터내셔널 뉴스 서비스(INS)통신[173]의 제이 제롬 윌리엄스(Jay Jerome Williams) 기자와 친교를 맺게 되었다. 윌리엄스 기자는 재치 있는 문필과 사교계에 강력한 영향력이 있는 중견 언론인이었다. 그는 존 스태거스와 함께 이승만에게 미국 내 여론형성과 오피니언 리더 계층을 움직이는 데 필요한 조언과 헌신적인 도움을 아끼지 않았다.

한국의 독립이 요원하던 시절 스태거스 변호사는 법률문제 고문으로 맹활약했고, 윌리엄스는 한국의 독립에 관한 선전문을 작성하여 각 언론기관에 배부하여 여론을 환기시켰다. 윌리엄스는 한국에서 활동하는 선교사들이 제공해준 일제의 기독교 탄압 행위와 이를 증명하는 사진을 제공받아 격정적인 기사를 써서 미국의 각 언론기관과 외국 특파원들에게 제공했다.

스태거스와 윌리엄스의 도움으로 벌인 여론 환기 전략 중의 하나가 일본의 다이쇼(大正) 천황에게 '한국 침략을 즉각 중단하고 한국 독립을 보장하라고 권고한 공개서한' 사건[174]이었다. 이 편지는 이승만의 아이디어를 듣고 스태거스 변호사가 작성했는데, 요지는 다음과 같았다.

'일본은 정의에 입각하여 한국 독립을 승인해야 하며, 이런 용단을 일본이 내린다면 일본은 전 세계 인민으로부터 격찬을 받을 뿐만 아니라 동양 평화를 초래하는 결과를 가져올 것이다. 만약 이런 한국민의 선의의 제의를 일본이 거부할 경우 한국민은 수단과 방법을 다하여 자유를 획득할 것이며, 그렇게 되면 일본은 영원히 침략자로서 국제사회로부터 불신과 모멸을 면치 못할 것이다.'

이 공개서한은 일본 정부에 직접적인 효과를 기대하기보다는 구미 언론에 한국에 대한 우호적 여론을 확산하기 위한 목적이었다. 이 서한을 일본 대사에게 전달하기 위해 임병직이 워싱턴의 일본대사관을 방문했다. 마침 일본 대사는 외부 출장 중이어서 대사 직무를 대리한 일등서기관 히로타 고우키(廣田弘毅)와 면담했다. 히로타의 정중한 영접을 받은 임병직은 대한민국 임시정부 대통령 이승만 박사의 서한을 일본 천황에게 전달해 줄 것을 요청하고 편지를 수교했다. 히로타는 호의적인 표정으로 임병직에게 물었다.

"나는 일본 외교관이지만 미국에 주재하고 있어 한국 사정에 어두운 형편입니다. 한국 사정을 설명해 주시면 개인적으로 참고가 될 것 같습니다."

임병직은 히로타 서기관에게 3·1운동의 목적과 일본 관헌의 학정을 구체적으로 설명하고 임시정부의 활동상황, 구미위원부의 활동을 소개했다. 그리고 "유관순 같은 어린 여학생에게 악형을 가하는 일본 관헌의 잔인성을 당신도 신문이나 잡지를 통해 보았을 것이다. 일본인에게는 인정도 없는가"라고 말하자 그는 비통한 표정을 지었다.

두 사람은 오랜 시간 동안 친구처럼 대화를 나누고 헤어졌다. 히로타는 그 후 일본 외상에 이어 수상에 올랐는데, 태평양전쟁이 끝난 후 도쿄 전범재판에서 전범으로 기소되어 교수형에 처해졌다. 임병직이 일본 대사관을 방문하여 일본 천황에게 보낼 편지를 수교한 관련기사는 윌리엄스가 미국 신문과 외국 특파원들에게 제공하여 세계 곳곳에서 보도되었다.

건국 직후인 1949년, 주한 미군이 한국에서 철수할 때 이승만 대통령은 진해를 미 해군기지로 제공하겠다는 의사를 제이 제롬 윌리엄스를 통해 전하고 미국 정부와 교섭했다. 윌리엄스는 1949년 6월 초 퇴역 해군 제독인 코프만을 만나 진해 해군기지 건립과 한국 해군장교 양성을 지도해 달라고 요청했으나 거절 당했다. 그 후 윌리엄스는 미국 해군참모총장 루이스 던펠드(Louis E. Denfeld)와 진해 해군기지 문제를 놓고 교섭했으나 실패했다.

이렇게 되자 이승만은 1949년 7월 8일 빈포드 제독이 이끄는 태평양함대 소속 함정들이 한국에 입항했을 때 손원일 해군참모총장에게 명을 내려 태평양함대사령관 아더 레드포드(Arthur W. Radford) 제독 앞으로 편지를 쓰게 했다. 손원일 제독은 7월 18일 레드포드 제독에게 미 함대의 한국 방문에 감사를 표하고 진해를 비롯하여 부산, 인천 등의 항구를 미 해군기지로 제공하겠다는 의사를 표명했으나 이 시도도 실패했다.[175]

스태거스와 윌리엄스 두 사람은 대한민국 건국 후에도 미국 정부와의 특수 파이프라인 역할을 맡아준 코리아 로비스트들이었다. 이승만이 대통령에 취임한 후 스태거스와 윌리엄스 두 사람의 은공에 보답하기 위해 두 차례에 걸쳐 한국에 초청하여 환대했다.

프랭크 스코필드

3·1운동 촉발시키고, 제암리 학살사건
전 세계에 폭로한 의료 선교사

한국에서 활동하다 귀임하는 미국 선교사들은 이승만과 임병직에게 일본의 만행을 폭로하는 다양한 자료와 사진들을 제공했다. 그들이 제공한 사진 중에는 일제 군경의 칼에 팔이 잘린 유관순 열사의 참혹한 모습도 있었다. 뿐만 아니라 선교사들은 이승만이 주선한 강연회에 나가 한국에서 경험했거나 목격한 일제의 만행을 폭로하여 미국 각처에서 큰 성과를 거두었다.

그 중에서도 협조를 아끼지 않은 인물이 프랭크 스코필드(Frank Schofield, 1888~1970, 한국명 석호필·石好必) 선교사였다. 스코필드는 영국 출생으로 영국에서 고등학교를 졸업하고 1907년 캐나다로 이민을 가서 토론토대학 수의과를 졸업했다. 본교에서 박사학위를 받고 모교의 세균학 및 병리학 교수로 재직 중 1916년 서울의 세브란스 의학전문학교(연세대

의과대학의 전신) 교장으로 있던 에비슨의 초청으로 캐나다 연합장로교 소속 의료 선교사로 내한했다.

그는 세브란스 의학전문학교에서 세균학을 가르쳤는데, 1919년 초 미국에서 온 알프레드 샤록스 선교사로부터 미국에서 이승만, 안창호 등이 독립운동을 준비한다는 소식을 전해 들었다. 그는 이갑성(李甲成)에게 이 소식을 전하고 한국에서도 모종의 준비를 해야 하지 않겠느냐는 언질을 주어 3·1운동의 불꽃을 지피는데 역할을 했다.

3·1운동이 일어나자 그는 강의를 중단하고 만세운동 현장을 촬영하고 기록했다. 또 외국인의 치외법권을 이용하여 피해를 당하는 사람들을 구출하기도 했다. 수원 근교(현재의 화성시 향남면) 제암리에서 기독교도들을 중심으로 독립만세 시위가 벌어졌다. 이 시위에 대한 보복으로 4월 15일 오후 2시경, 육군 중위 아리타 도시오(有田俊夫)가 이끄는 일본 군경이 제암리 교회에 어린아이들을 포함한 기독교도 30명을 가둔 다음 집중 사격을 하고 교회에 불을 질렀다. 교회 안에 갇혔던 사람들 전원이 참혹하게 타 죽었다. 이어 근처 교회 건물과 민가 등 30여 호에도 불을 질러 다수의 사상자가 발생했다.

이 소식을 들은 스코필드는 일본 경찰의 삼엄한 경비망을 따돌리고 수원에서 자전거로 제암리에 잠입하여 몰래 제암리의 총살 방화 현장을 촬영하는데 성공했다. 이 사진들을 기초로 하여 작성한 '수원에서의 잔학행위에 관한 보고서'를 미국에 보냈다.

스코필드는 한국인의 독립운동과 일본인들의 만행을 해외에 알리기 위해 캐나다나 미국으로 나가는 친구들에게 사진과 자료를 제공하여 워싱턴의 이승만에게 보냈다. 이런 노력을 통해 세계 유수의 언론들이 제암리 학살 사건을 비판하는 기사를 보도했다.

스코필드가 한국인을 돕는다는 사실이 알려지자 조선총독부는 그를 강제 출국시켰다. 한국에서 추방되어 캐나다 토널드 대학에서 의학을 가르치던 스코필드는 1958년 대한민국 건국 10주년 기념식에 초청되어 내한했고, 1960년에는 대한민국 문화훈장, 1968년에는 건국공로훈장을 받았다. 서울대 의과대학에서 강의하였고, 1969년부터 한국에 정착하여 여생을 보내다가 1970년 4월 12일 사망했다.[176] 그는 외국인 최초로 한국 국립묘지에 안장되었다.

프리데릭 매켄지

이승만의 독립운동 헌신적으로 도운 영국 언론인

이승만은 구미위원부와 한국의 존재를 국제무대에 알리기 위해 외국인 필자 명의로 한국 관련 서적 발간을 추진했다. 이 작업에 도움을 준 사람이 언론인 겸 문필가 프리데릭 매켄지(Frederick Arthur McKenzie)다. 그는 런던에서 발간되는 「데일리 메일」지의 극동 특파원으로 러일전쟁 당시 조선에 특파되어 종군기자로 활동했고, 조선의 의병 활동을 취재 보도한 사람이다.

매켄지는 1869년 3월 캐나다의 퀘벡에서 태어난 스코틀랜드계 영국인이다. 장성하여 영국으로 건너가 언론계에 종사하면서 문명(文名)을 떨쳤다. 그는 1904년 런던 「데일리 메일」의 극동 특파원으로 러일전쟁에 종군한 것을 인연으로 한국에 대한 애정을 갖기 시작했다.

매켄지는 일시 귀국했다가 한국에 관한 자료 수집을 위해 1906년부터

1907년까지 한국에 머물면서 멸망해가는 대한제국의 모습을 지켜보았다. 이때 모은 자료와 현장 취재를 토대로 『대한제국의 비극』(The Tragedy of Korea)을 발간했다. 1919년 3·1운동이 일어나자 매켄지의 책이 큰 인기를 끌었고, 중국어로도 번역되었으며 여기저기서 인용하기도 했다.

자신의 책이 서구인들의 찬사를 얻자 매켄지는 아예 새로운 글을 쓰기로 하고, 3·1운동사를 중심으로 또 다른 한국사를 저술한 것이 『한국의 독립운동』(Korea's Fight for Freedom)이다. 매켄지는 이 책을 미국에서 집필했는데, 이때 이승만의 설명과 그가 제공한 자료를 참고했으며, 매켄지의 원고를 구미위원부 비용으로 대량 출판하여 한국에 우호적인 여론을 조성했다.

매켄지는 한국을 대단히 사랑했으며 영원한 자유주의자였다. 흥미로운 것은 매켄지가 『한국의 독립운동』에서 일본이 30년 내에 미국을 상대로 태평양전쟁을 일으킬 것이라는 사실을 다음과 같이 예언했다는 점이다.

"한국을 위해서 전쟁이라도 할 수 있는 모험을 각오해야 하느냐고 나에게 묻는다면, 오늘날 결연한 행동은 갈등을 불러일으킬 수도 있지만 그럴 위험은 매우 적다고 나는 대답하고자 한다. 그러나 오늘날 나약하게 행동한다면 적어도 30년 이내에 여러분들은 극동에서 거대한 전쟁을 맞이하게 될 것임이 거의 확실하다. 그러한 전쟁이 일어날 경우 서방 세계가 져야 할 대부분의 짐은 미국이 감당하게 될 것이다."[77]

한국친우회
(The League of Friends of Korea)

이승만과 한국의 독립 지원하는
미국 오피니언 리더들의 모임

구미위원부 사무실에는 서재필을 비롯하여 김규식, 노백린, 정한경, 윤치영, 명동(明東), 신형호, 남궁염 등이 와서 활동하고 있었다. 이승만을 비롯한 구미위원부 요원들은 미 국무성, 육군성의 고위 관리, 국회 상하원 의원들과 빈번하게 접촉하여 한국민의 입장을 설득하고 우호적인 여론 조성에 전력을 쏟았다.

이처럼 광범위한 활동을 위해서는 자금이 필요했다. 이승만과 구미위원부는 미주 대륙과 하와이의 교민들이 보내는 성금으로 근근이 버텨오고 있었기 때문에 형편이 대단히 궁핍했다. 구미위원부는 자금난 타개를 위해 고민하다 임시정부 명의로 국채를 발행하여 자금을 모집했다. 이 국채에는 다음과 같은 글귀가 새겨져 있었다.

'대한민국 임시정부는 조국 독립을 전취(戰取)하기 위한 투쟁에 있어 자금난에 봉착했다. 하나님은 기필코 한국민에게 자유를 부여할 것이며, 정의에 호소하는 우리 독립은 반드시 성취될 것이다. 임시정부는 자금 염출 방법으로 공채를 발행하나니 애국애족하는 충애하는 동포들이여, 솔선하여 공채를 구입하기 바란다. 이 금액은 일제 압제에서 해방되어 합법정부가 수립되는 즉시 상환한다.[178]

공채를 통해 상당한 금액을 마련하여 구미위원부 활동에 숨통이 트였다. 건국 후 정부는 국무회의에서 이 공채의 상환을 결정하고 이 사실을 주미 한국대사관에 훈령했다. 이 무렵 귀국한 하와이 교포는 이 공채를 한국은행에 제시하고 해당 금액을 받아갔다.

이승만은 경비 절약을 위해 스태거스 변호사가 주선한 매사추세츠 거리의 전셋집으로 이사를 했는데, 건물이 정갈하여 구미위원부 의장 공관으로도 활용됐다. 이 공관에 이승만을 비롯하여 서재필, 김규식, 노백린 등이 기거했는데, 가끔 한국 독립을 돕는 미국의 명사들을 초청하여 조촐한 파티를 열기도 했다.

이런 활동의 와중에 구미위원부는 친분이 있는 미국인 여론주도층 인사들을 규합하여 한국 독립을 지원하는 단체의 결성을 구상했다. 그 결실이 필라델피아에서 만들어진 '한국친우회'(The League of Friends of Korea, 한국우호연맹이라고도 표기한다)다. 이 단체의 회장은 플로이드 톰킨스 목사가 맡았는데, 미국 내에서 영향력 있는 유력한 인사들이 다수 참여하여 이승만의 외교를 통한 독립활동에 큰 힘이 되었다.

이승만은 1919년 한 해 내내 한국친우회를 조직하고 각 지부를 순회하며 독립에 관한 연설을 하여 열광적인 갈채를 받았다. 이승만은 혼자서, 때로는 서재필과 함께, 그리고 독립운동을 돕다가 한국에서 추방된 헐버트 등과 친한 여론을 조성하기 위해 미국의 크고 작은 도시를 순방하며 강연을 했다. 이 과정에서 인연을 맺은 미국 내 유력 인사들과의 친분은 이승만의 중요한 정치외교적 자산이 되었다. 덕분에 미국의 19개 도시에 지부가 결성되었다. 임병직이 밝힌 한국친우회 조직의 지부장들은 다음과 같다.

△오하이오 주 올라이언스 시: T. W. 브라이언 박사

△오하이오 주 맨스필드 시: R. E. 툴루즈 목사

△오하이오 주 포스토리아 시: F. A. 윌버 박사

△오하이오 주 리마 시: T. R. 해밀튼 목사

△오하이오 주 핀드레이 시: W. W. 게이어 박사

△오하이오 주 콜럼버스 시: 윌리엄 하우스턴 박사

△미시간 주 앤 아보어 시: W. C. 퓨퍼스 박사

△오리건 주 뉴버그 시: 찰스 F. 기브슨 박사

△일리노이 주 시카고 시: J.S. 바버 상원의원

△미주리 주 파크스빌 시: 쌜던 P. 스펜서 상원의원

△미주리 주 캔자스 시: 글랜 A. 로빈슨 박사

△워싱턴 DC: L. C. 올슨 제독

△매사추세츠 주 보스턴 시: L. N. 머린 박사

△펜실베이니아 주 필라델피아 시: 플로이드 W. 톰킨스 박사

△펜실베이니아 주 리딩 시: 프랭크 S. 리븐굿

△펜실베이니아 주 어퍼 페리 시: 콜빈 M. 딜롱 목사

이밖에도 열정적이고 유능한 변호사로 잘 알려진 프레드 돌프(Fred A. Dolph) 변호사를 구미위원부의 법률고문으로 위촉하여 한국의 독립을 지원하는 역할을 맡겼다. 각 지부는 회원의 포섭 과정에서 실업계 인사들의 모임인 상공회의소, 로타리클럽, 라이온스 클럽, 교회, 각 협회의 임원 등 미국 사회의 명사들을 확보하여 큰 영향력을 행사할 수 있었다.

이 시절 이승만과 서재필은 찰스 토머스(Charles Thomas), 존 쉬르스(John Suruse) 등 미국 상원의원들과 접촉하여 피압박 민족의 국제적인 발언권을 인정해 주자는 결의안을 국회에 제출하도록 영향력을 행사했다. 두 의원은 1920년 3월, '한국과 아일랜드의 독립을 일본 및 영국에게 각각 승인하도록 권고할 것이며 국제연맹에 가입케 하자'는 결의안을 제출했다.[179]

이 문제는 상원 회의에서 며칠 동안 논의되었으나 다른 나라의 내정에 속하는 일이라 미국 의회에서 논의할 성질이 못된다면서 반대하는 의원들이 많았다. 4월 16일 토머스 의원은 내용을 약간 변경한 수정안을 다시 제출했으나 54대 22로 부결되었다.

5부

상해 임시정부 시절

시대상황

1919년 4월 상해의 프랑스령 조계지에서 출범한 대한민국 임시정부는 한민족 최초로 근대적인 정치제도인 민주공화제를 내세운 민주정부였다. 말하자면 한민족 역사상 최초로 '국민이 주인인' 국가를 수립했다는 의미가 있다. 또 국내외 각지에 흩어져 있는 여러 독립운동 세력들의 지도단체라는 상징성과 정통성을 지니고 있었다. 그러나 국가 구성에 필요한 영토와 국민, 주권을 갖추지 못한 데다가 국제적 승인을 받지 못해 현실적으로는 '서류상으로만 존재하는 정부'였다. [180]

게다가 출범 초부터 극심한 분파 투쟁으로 파행을 거듭했다. 임정이 단결하지 못한 이유는 각료 인선 과정에서 거국적인 지원을 끌어내기 위해 파벌마다 자리를 안배했기 때문이다. 게다가 내각 인선은 해당 인물에 대한 객관적 평가보다는 대표들의 결정에 의존했기 때문에 상호 신뢰가 결여될 수밖에 없는 구조적 한계를 안고 있었다. 그 결과 구성원들은 투쟁방략에서 온건론과 급진론이 격돌했고, 민주주의와 사회주의 정체를 놓고 분열했으며, 기호·관서·함경 출신의 지역적 갈등, 총장과 차장 라인의 세대 차이 등으로 인해 내부적 통일성과 단합성을 기하기 어려운 상황이었다.[181]

제1차 세계대전을 종결하기 위해 1919년 1월 18일, 프랑스 파리에 전승국인 27개국 대표가 모여 강화회의가 열렸다. 1월 25일 제2차 총회에서 국제연맹 창설이 결의되었고, 5월 7일에는 대(對) 독일 강화조약 초안이 제시된 뒤 약간의 수정을 거쳐 6월 28일에 베르사유 궁전에서 강화조약 조인식이 이루어졌다.

회의는 영국, 프랑스, 미국, 이탈리아, 일본 등 5개국이 주축이었으나 일본과 이탈리아가 빠져 영국의 로이드 조지(Lloyd George) 수상, 프랑스의 조르주 클레망소(Georges Clemenceau) 대통령, 미국의 윌슨(Thomas W. Wilson) 대통령이 주도했다. 이 회의에서 국제문제를 풀어나갈 원칙으로 미국의 윌슨 대통령이 14개 조항(The Fourteen Points)을 제시했다.

그 주요 내용은 △공개외교 △공해상에서 해양의 자유 △무역조건의 평등화 △군비축소 △식민지나 영토문제는 당해 주민의 이해에 따라 해결 △러시아는 자신의 체제를 가질 권리 △벨기에에서 독일군 철수 △알자스-로렌 지역을 프랑스에 반환 △이탈리아 국경 민족구분성에 따를 것 △합스부르크 제국 안의 여러 민족은 자치정부를 가질 권리 △발칸반도에서 미군 철수 △투르크의 주권과 영토 보존 △폴란드 독립 △국제평화기구(국제연맹) 창설 등이었다.

월슨의 14개 조항에 담긴 핵심 주제는 민족자결주의(National Self-Determination)와 집단안전보장 원칙이었다. 이 구상에 따라 패전국에 대한 무배상, 무병합 원칙을 주장했으나 전쟁의 상처가 워낙 컸던 당사국들의 반대로 패전국에 대하여 가혹한 제재(배상과 영토 상실)가 강제되었다.

파리 강화회의에서는 '식민지나 영토문제는 당해 주민의 이해에 따라 해결'한다고 논의되었으나 동아시아에서 무적의 강대국 일본의 식민지가 된 한국의 독립 문제는 거론조차 되지 못했다. 이렇게 되자 이승만은 절친한 동지인 정한경과 함께 국제연맹이 한국을 위임 통치 해달라는 위임통치안을 작성하여 1919년 3월 3일 백악관의 윌슨 대통령에게 청원서를 제출했다. 당시 이승만과 정한경이 작성한 위임통치 청원서의 핵심 내용은 다음과 같다.

'저희들은 자유를 사랑하는 1,500만 한국인의 이름으로 각하께서 여기에 동봉한 청원서를 평화회의에 제출해 주시옵고, 또 이 회의에 모인 연합국 열강이 장래에 한국의 완전한 독립을 분명히 보장한다는 조건 하에 현재와 같은 일본의 통치로부터 한국을 해방시켜 국제연맹의 위임통치 아래에 두는 조치를 취할 수 있도록 하는 저희들의 자유 염원을 평화회의 석상에서 지지하여 주시기를 간절히 청하는 바입니다. 이것이 이루어질 수 있다면 한반도는 모든 나라에 이익을 제공할 중립적 통상지역으로 변할 것입니다. 아울러 이러한 조치는 극동에 하나의 완충국을 탄생시킴으로써 동양에 있어서 어떤 특정 국가의 확장을 방지하고 평화를 유지하는 데 도움이 될 것입니다.'

이러한 위임통치 청원은 아무런 효력도 발휘하지 못했고, 오히려 이승만은 비판자들로부터 '나라를 팔아먹은 매국노'로 몰려 거센 비난을 받게 된다. 상해 임시정부 출범 당시 대통령을 정하는 토론석상에서 이승만의 이름이 거론되자 신채호가 '이승만은 이완용보다 더 큰 역적이다. 이완용은 나라를 팔아먹었지만 이승만 놈은 아직 나라를 찾기도 전에 팔아먹은 놈'이라고 극언을 했다.[182]

이동휘는 상해에 도착하자마 '이승만은 썩은 대가리'라고 비난하고 환영회 석상에서도 '자치운동이나 위임통치를 원하는 외교가는 원치 않는다'고 극렬하게 비난했다. 위임통치 논란으로 인해 상해 임시정부는 출범 초부터 격렬하게 요동쳤고, 결국 이승만이 1925년 대통령직에서 탄핵을 당하는 원인이 되었다.

그런데 이승만의 위임통치 청원서는 이승만·정한경 두 사람의 단독 작품이 아니라 안창호를 비롯한 여러 인사들과 논의를 거쳐 준비된 것이며, 파리 강화회의에 한국 대표로 파견되었던 김규식도 이승만·정한경의 청원서와 거의 동일한 내용의 청원서를 윌슨 대통령에게 제출했음이 오영섭의 연구[183]에 의해 밝혀졌다. 다음은 오영섭의 연구 내용을 요약한 것이다.

일본은 제1차 세계대전의 승전국으로서 열강의 반열에 올랐다. 당시 미국은 러시아 혁명세력을 견제하기 위해 국제연맹에 일본을 끌어들이려 애쓰고 있었다. 이승만은 이런 국제정세 하에서 한국이 자력으로 독립을 달성하는 것은 당분간 어렵다고 보고, 미국의 도움을 받아서라도 국가 독립의 기틀을 마련해야 한다는 차원에서 위임통치 청원서를 작성했다. 위임통치 청원서 작성 때 다음과 같은 전문가들의 전문적 견해를 참조하여 만들었다.

1)중국 정부의 정치고문을 지낸 미국인 제레미치 젠크(Jeremich W. Jenks)가 1918년 12월 중순부터 정한경에게 한국이 일본의 식민통치에서 벗어나 완전독립을 확실히 담보하는 조건으로 국제연맹에 위임통치를 청원하라고 권고했다.

2)정한경이 위임통치 청원서의 초본을 작성할 때 미국의 유력인사를 비롯하여 한중(韓中) 양국의 유력한 친우들, 그리고 국제법 전문가들로부터 권고를 받았다.

3)위임통치 청원서를 발송하기 전에 미국의 친우들과 파리강화회의 대표단 책임자인 국민회 중앙총회장 안창호의 의향을 타진했다.

4)안창호는 국민회 중앙총회 행정위원회를 소집하여 위임통치 청원 문제를 논의, 승인한 후 승락서를 정한경에게 공문으로 보냈다.

5)이상의 과정과 절차를 모두 마친 후 국제법 전문가인 이승만의 검토 수정작업을 거쳐 이승만, 정한경이 서명했다.

이승만은 미국이 중국에서 문호개방정책을 통해 유럽 열강을 견제한 것처럼 한국에서도 같은 방식으로 일본의 영향력을 저지해주기를 기대했다. 아일랜드, 필리핀, 인도, 발칸 소국들이 열강들로부터 식민통치를 받는 기간에 자치운동을 통해 힘을 길러 독립을 획득한 사실을 주목하고 자신이 목도한 역사적 경험을 한국 문제에 적용하려고 한 것이다.

이승만은 윌슨 대통령이 구상한 위임통치제도는 '통상의 자유'를 원리로 하는 세계적인 통상망을 구축하기 위한 제도라는 점을 꿰뚫어보고 있었다. 이때 최대의 장애물 중의 하나는 열강 간의 끊임없는 영토쟁탈전을 야기하고 있는 식민지 문제였다. 이 때문에 윌슨 대통령은 식민지 해방을 위해 민족자결주의를 제창한 것이다. 이승만은 한반도를 문호개방 지역으로 만들어 일본의 식민통치에서 벗어나도록 하기 위해 위임통치 청원서를 제출한 것이다.

결론적으로 말하면 이승만, 정한경, 김규식 등이 준비한 위임통치안은 한국이 미국의 위임통치 하에서 중립적 지위를 누리고, 중립국 체제의 자치적인 정치 환경에서 민주주의를 정착시킨다. 그리고 미국과의 자유통상을 통해 국부(國富)를 증대시켜 실력을 다진다. 그 후 국제정세 변화를 능동적으로 활용하여 완전독립을 달성한다는 점진적이고 단계적인 준비론적 외교독립론 구상이었다.

이러한 위임통치 청원론은 1910년대 말 경 일제가 국제열강과 우호관계를 유지하며 세력을 확대해가던 국제정세 하에서 즉각적인 독립이 거의 불가능해지자 온건 성향의 독립운동가들이 제기할 수 있는 여러 독립방안 가운데 하나였다. 그러나 비판자들은 청원서에 분명하게 명시되어있는 '독립보장'과 '중립화 구상' 구절을 무시하거나 의도적으로 외면한 채단순히 국제연맹에 한국의 위임통치를 요청한 구절만을 악용하여 "나라를팔아먹은 이완용보다 더 악질적인 매국노이자 국적(國賊)"이라고 이승만과 정한경의 위임통치 청원을 매도했다.

위임통치 청원 비판운동의 핵심 세력은 하와이에서 이승만과 노선 갈등을 벌인 박용만 지지자들이었다. 박용만과 그 지지자들이 이승만의 이미지에 타격을 가하기 위해 위임통치 문제를 끊임없이 확대 재생산한 것이다. 박용만은 정한경과는 개인적인 악연이 있었다. 박용만은 정한경의숙부 박희병이 평안도 선천에 설립한 사립학교에서 국어와 산술, 중국 고전을 가르쳤는데, 정한경이 이 학교 학생으로서 박용만의 제자였다.

정한경이 협성회에 보낸 서한에 의하면 1904년 박용만은 정한경의 부친과 이희신의 자금 2만 원을 절취하여 미국으로 도주했다. 정한경은 이희신의 아들 이관영과 미국으로 건너가 샌프란시스코에서 박용만을 붙잡았는데, 박용만이 용서를 구하자 돈을 돌려받은 후 풀어주었다고 한다.[184]

임정 참여세력들은 한국의 독립이라는 대의를 위해 중국 땅 상해에 모였으나 악착스러운 지방색, 사상적 대립과 편견 때문에 일제와의 투쟁보다는 오히려 동족끼리 싸우는 데 정력을 더 많이 소모했다. 특히 서북(평안도, 함경도) 출신과 기호(경기도, 충청도) 출신으로 세력이 갈렸고, 이데올로기와 독립운동 노선상의 차이로 분파가 생겼다.

1919년 7월 상해로 간 허정은 김구를 비롯하여 이동녕, 이시영, 신규식, 여운형, 이광수 등 임시정부 요인들을 만났는데, 시간이 갈수록 임시정부에 크게 실망했다. 그는 임시정부가 독립운동의 총본산인 것은 틀림없었지만 독립운동의 구심점은 아니었다면서 다음과 같은 평을 남겼다.

"지방색과 당파를 앞세운 끊임없는 이합집산으로 갑론을박에 여념이 없는 임시정부는 내가 기대하고 있던 일사불란한 독립운동의 지휘부는 아니었다. 공산주의, 무정부주의에 이르기까지 20세기 초엽의 이데올로기는 모두 받아들여 각기 정당 하나씩을 만들어놓고 반목하는 지도자들을 볼 때, 젊은 혈기로서는 저분들이 입으로만 독립운동을 하는 것이 아닐까 하는 의구심조차 들었다. 내가 제일 싫어하는 지방열, 당파열은 더욱 고조되어 독립운동이 주인지 당쟁이 주인지 모를 정도였다."[185]

임시정부의 분열상에 크게 낙담한 허정은 신규식의 도움으로 중국 국민당 지도자 왕조명(王兆銘)이 설립한 유법검학회(留法儉學會)의 장학생으로 선발되어 프랑스로 갔다. 그는 프랑스에서 잠시 머물다 1920년 7월 미국으로 거처를 옮겼다.

이승만은 상해에 대한민국 임시정부가 수립되어 대통령으로 선임된 후에도 부임하지 않고 미주에서 독립운동을 전개했다. 그는 상해의 상황을 파악하기 위해 안현경, 현순, 장붕 등을 통신원(일종의 개인 정보원)으로 임명하여 이들로부터 상해 임정의 상황을 수시로 보고받았다. 이승만이 임시정부 대통령에 선출되자 상해 임정 요인들이 서로를 음해하거나 중상모략 하는 서한을 워싱턴의 구미위원부로 보내오는 것을 보며 이승만은 강력한 조치가 필요하다고 생각했다.

때마침 이승만이 대통령으로 선출되었음에도 불구하고 상해에 부임하지 않고 계속 미국에 머물며 활동하자 임시 의정원(국회)은 1920년 3월 22일 '대통령 내도(來到) 촉구안'을 만장일치로 가결했다. 이승만은 서재필, 김규식, 노백린 등에게 구미위원부의 업무와 활동을 일임하고 상해로 부임하기 위해 비서 임병직과 함께 워싱턴을 출발, 1920년 6월 29일 하와이에 도착했다.

이승만은 하와이에서 오래 전부터 알고 지내던 친구 윌리엄 보스위크에게 사정을 설명하고 일본을 거치지 않고 중국으로 직항하는 배를 이용하여 밀항할 수 있도록 도움을 요청했다. 이승만이 임정 대통령에 오르자 일제는 이승만에게 30만 달러의 현상금을 걸었다. 때문에 일본을 경유하는 선박을 이용할 경우 체포 위험이 높았기 때문에 상해로 직행하는 선박을 구해야 했다.

이승만과 임병직은 보스위크의 주선으로 1920년 11월 12일 중국 노동자들의 시신과 목재를 싣고 하와이에서 상해로 직행하는 네덜란드 선적의 화물선 웨스트 하이카 호에 몰래 숨어들었다. 두 사람은 이 배를 타고

12월 8일 상해에 도착했다. 상해 체류 기간 동안 이승만은 미국 안식교 선교사인 크로푸트(J. W. Crofoot)가 내준 거처에서 기거했다.

이승만은 1921년 1월 1일 신년 하례식을 시작으로 대한민국 임시정부 대통령으로서 공식 집무에 들어갔다. 임정에는 김구, 김규식, 이시영, 이동휘, 안창호, 이동녕, 신규식, 신익희, 조소앙, 여운형 등이 활동하고 있었다. 대통령 이승만을 맞은 임시정부는 활기를 띠기 시작했다.

당시 임정은 아침 8시 30분에 내각 요원 전원과 직원들이 강당에 모여 애국가를 부르는 것으로 하루 일과를 시작했다. 그런데 애국가를 한번만 부르는 것이 아니라 신이 나면 누가 더 부르라 하지 않는 데도 몇 번을 연거푸 불렀다. 그 후 업무 지시와 영도자의 훈시를 듣고 조례를 마쳤다.

조지 쇼

상해 임정의 독립운동
적극 도운 영국인(이륭양행 대표)

상해 임정은 필요한 자금을 국내에서 조달하여 사용했다. 흥미로운 것은 독립운동 자금 운반 루트 상의 주요 인물이 아일랜드 출신 영국인 조지 루이스 쇼(George Lewis Shaw)[186]였다는 점이다. 그는 중국 안동(安東·현재의 단둥)에 이륭양행(怡隆洋行)이란 무역회사를 설립하고 운영했는데, 이 회사 사무실 내에 대한민국 임시정부의 안동교통사무국을 설치하고 독립운동을 적극 지원해주었다. 때문에 이륭양행은 임시정부를 비롯한 각종 독립운동단체들의 '요새' 혹은 '국내 전진기지'로서 중요한 역할을 담당했다.

1921년 1월 26일 조지 쇼가 상해에 왔을 때 때마침 상해에 체류하고 있었던 대한민국 임시정부 대통령 이승만과 안창호 등이 그를 위해 환영연을 베풀어 주었다.[187] 항일 독립투사 김산에 의하면, 쇼가 상해에 도착했을 때 "임시 정부는 대규모 대중 집회를 열어 그를 환영했다. 쇼는 한국

의 독립을 위해 이런 희생을 한 것이 자랑스럽고 기쁘다고 말했다"고 한
다.[188]

쇼는 임시정부로부터 두 개의 금색 공로장(功勞章)을 받았는데, 안동으로
돌아온 뒤 그 중 작은 것을 가슴에 달고 '조선 독립이 가까워지고 있다'고 말
하고 다녔다. 조지 쇼는 상해에 체류하는 동안 임시정부의 요인을 비롯한
독립운동가들과 접촉하면서 장래 독립운동의 방법과 방향을 논의하고 모
색했던 것으로 보인다. 안창호는 임시정부를 대표해서 여관으로 쇼를 방
문하여 안동에서 교통사무국원을 보호해준 데 감사의 마음을 전했다.

조지 쇼는 이륭양행이 운영하는 선박을 통해 국내에서 거둔 자금을 안
동에서 상해까지 운반해 주었다. 국내에서 모금되는 독립운동 자금은 대
부분 부녀자들이 비밀리에 기부하는 금가락지나 은가락지, 패물, 노리개
등이었다. 이륭양행 선박으로 안동에서 상해까지 실어온 물건들은 임득
산이 인수하여 임정에 운반해 왔다.[189]

조지 쇼는 우리와 같이 나라를 제국주의자들에게 빼앗기고 망국의 설
움을 겪은 아일랜드계 영국인이어서 일제 관헌의 간섭을 거부하고 상해
임시정부와 독립운동가들에게 많은 편의를 제공했다. 신의주 건너편에
위치한 안동에 이륭양행이 위치하고 있는 관계로 3·1운동 후 국내와 만
주, 상해를 왕래하는 독립투사들은 큰 도움을 받을 수 있었다. 의열단이
다량의 무기를 비밀리에 국내로 들여보낼 때도 이륭양행 선박을 이용하
여 상해에서 안동현으로 운반해주는 등 독립운동을 원조했다.[190]

일본 경찰 당국은 눈엣가시 같은 조지 쇼를 밀착 감시하다가 그가 신의주로 입국하자 1920년 7월 내란죄 혐의로 체포했다. 그의 체포가 영일 간의 외교 문제로 비화되자 일본은 4개월 후인 11월 19일 보석 형식으로 그를 석방했는데, 일본 경찰은 조지 쇼에 대해 다음과 같은 기록을 남겼다.

'1919년 11월 의친왕(의화군) 사건 지원, 만주 독립운동자들에게 무기 수송, 이륭양행의 일부 사무실을 독립운동의 근거지로 제공….'

조지 쇼는 석방된 후에도 일제의 감시와 탄압에 아랑곳하지 않은 채 독립운동을 도와주었다. 그는 1921년 3월경 중국 안동 해관에서 오랫동안 근무하다가 퇴직한 김문규를 이륭양행 직원으로 채용하고 안동교통사무국의 기능을 회복시키는 데 전력했다. 그는 김문규에게 "지금 세계의 대세를 보라. 아일랜드는 영국으로부터 독립하고 인도의 독립 역시 가까이에 존재한다. 조선이 일본으로부터 독립함은 의심의 여지가 없다. 그대들이 만족할 만한 날은 멀지 않았다"고 말할 정도로 한국의 독립에 호의적인 입장을 갖고 격려를 아끼지 않았다.

조지 쇼가 이륭양행 내에 마련한 안동교통사무국은 독립운동가들의 운송과 보호 및 은닉, 무기 운반 업무를 주로 담당했다. 이륭양행은 독립운동가들이 거사를 도모하는 데 필요한 무기를 보관 전달하는 장소로도 이용되었다. 임시정부 요원들은 이륭양행 선박으로 폭탄 등 무기를 운반한 뒤 이륭양행을 통해 통의부, 정의부 등 만주지역의 독립운동단체들과 연락하면서 무기와 탄약을 운송했다. 1924년 초 조지 쇼는 통의부가 이륭양행에 파견한 특파원 박창열과 김규일의 부탁을 받고 국내 진입용 모젤권총을 구입해주기도 했다.

조지 쇼는 1937년 일본이 중일전쟁을 일으키자 1938년 5월 안동의 이륭양행 본점을 복건성의 복주(福州)로 옮겼다. 정부는 1963년 직간접적으로 수많은 독립운동가와 독립단체를 지원한 조지 쇼에게 건국공로훈장을 추서하기로 결정하고 쇼의 친손자 마조리(Marjorie Shaw)와 증손자 레이첼(Rachel Sassi)을 한국으로 초청하여 훈장을 전달했다.

박은식

제2대 상해 임정 대통령

상해 임정은 1919년 출범한 후 1945년 8월 해방 전까지 통치구조를 여러 차례 변경했다. 처음 출범 때는 임시의정원이 권력을 장악한 국무총리제 (1919년 4월~1919년 9월)를 채택했으나 한성·상해·노령 지역의 임시정부를 통합한 통합 임정은 대통령중심제(1919년 9월~1925년 7월)를 택했다. 이어 국무령제(내각책임제 성격의 집단지도체제·1925년 7월~1927년 4월), 국무위원제(1930년 4월~1940년 10월)를 거쳐 주석제(1940년 10월)로 바꾸었다.

5년 10개월 간 지속된 대통령중심제에서 대통령에 오른 사람은 이승만(1919년 9월 6일~1925년 3월 23일)과 박은식(1925년 3월 23일~7월 7일) 등 두 명이다. 두 사람 모두 황해도에서 태어나 몰락한 양반 가문의 후예이지만 여러 가지 면에서 이질적인 스타일이었다.[191] 이승만이 임정 내 기호세력의 대표자였던 반면 박은식은 안창호로 대표되는 관서세력의 정신적 지주가 되었다.

이승만이 기독교에 기초한 국가발전론과 자주독립론을 바탕으로 서구론자로 변모한 반면 박은식은 개신유학과 양명학에 기반한 사회개조론과 국가발전론을 추구하면서 개명유림으로 성장해 갔다. 또 이승만이 미국을 무대로 실력양성론과 외교독립론을 주장하는 사람과 협력하며 독립운동을 추구한 반면, 박은식은 원동 각지에서 무장독립투쟁론 및 혁명론을 주장하는 사람들과 친교를 맺고 독립운동을 펼쳤다.

1920년 들어 국내외에서 3·1운동의 열기가 점차 식어가자 상해 임정은 지도부의 분열과 극심한 재정난으로 큰 어려움에 처하게 된다. 1921년 들어 재정난이 더욱 어려워지자 임정의 분열은 더 심각한 양상으로 전개되어 조선시대의 사색당쟁을 연상케 할 정도였다.

이승만은 1920년 12월부터 1921년 5월까지 약 6개월간 상해에 체류한 기간을 제외하고 계속 미국에 머물며 외교독립운동을 벌였다. 박은식은 대통령 임면 권한을 지닌 임시의정원을 장악한 안창호 세력의 전폭적인 지원 하에 1925년 3월 30일, 대통령제를 폐지하고 국무령제를 중심으로 하는 내각책임제 헌법개정안을 임시의정원에 제출하여 만장일치로 통과시켰다. 이로써 박은식은 이승만과 그 일파를 임정에서 거세하는 데 결정적인 역할을 했다.

박은식이 임정의 초대 대통령 이승만을 축출하고 제2대 대통령에 오르는 과정에서 안창호 세력은 적극적인 역할을 했다. 광의로 해석하면 이승만이 임정에서 축출된 것은 안창호 세력의 반이승만 활동의 결과였다.

이승만이 상해에서 임시정부 대통령으로 집무할 때 임정의 재정 형편은 참혹했다. 국내에서 공급되는 자금 사정이 빠듯해 임시정부 요인들은 월급을 제대로 받지 못했다. 그 바람에 임정 요인들이나 그 추종자들의 생활은 엉망이어서 엉덩이가 찢어진 바지를 입고 다니거나 중국의 싸구려 호떡으로 식사를 대신하는 사람들이 대부분이었다. 경제 사정이 워낙 어렵자 임정을 배신하고 일본인들의 첩자 노릇을 하는 자들도 있었다.[192] 임시정부의 재정 궁핍은 극에 달해 불과 5원의 경비를 마련하지 못해 불법 어음을 발행하기도 했다.

1923년 임시정부는 세력이 급격히 쇠약해졌다. 당시 임정 청사 건물의 임대료는 미국 교민단에서 보낸 자금과 안창호, 김창세(중국 공무국 위생과 근무) 등이 제공하는 자금으로 충당했으나, 자금이 워낙 모자라 임대료를 체납하는 경우가 비일비재했다.

임정의 독립자금 마련과 관련된 파행적인 에피소드가 이경남이 쓴 『설산 장덕수』 평전에서 발견된다. 장덕수의 동생 장덕진은 3·1운동이 발발하자 만주로 건너가 관순현(寬甸縣) 홍도구(弘道溝)에 본거지를 둔 대한청년단연합회에 투신했다. 장덕진은 이 연합회 산하의 별동대 소속으로 1920년 8월 3일 국내에 침투하여 평안남도 경찰부 청사에, 8월 15일에는 신의주 철도호텔에 폭탄 공격을 가했다.

1923년 12월 장덕진은 상해 교민단 산하에 김구를 고문으로 한 의경대

(義警隊)를 조직하고 수석단원(행동대장)이 되었다. 1924년 8월 하순 장덕진은 동지 최천호와 함께 독립 군자금 마련을 위해 상해 프랑스 조계에 위치한 외국인 카지노를 습격했다. 장덕진은 권총을 들이대고 도박판 위에 있는 판돈을 쓸어 담은 다음 문을 나서다가 중국인 경비가 쏜 총에 맞아 절명했다. 임정은 장덕진의 거사 의도가 독립자금을 만들려는 국사(國事)의 일환이었다는 점을 감안하여 독립유공자로 간주하여 의경대 이름으로 장례를 치르고 추도식을 가졌다.[193]

위의 사례에서 보듯 상해 임정의 재정난이 심각한 상황이 되면서 군자금 마련 명목으로 떳떳하지 못한 행동이 빈발하자 이에 대한 비판이 임정 내에서 강하게 제기되었다. 이승만은 1921년 2월 28일 임시의정원 제8회 개원식에서 대통령 교서를 반포했는데, 여기서 폭력행위, 군자금 모금행위에 대한 자신의 입장을 다음과 같이 밝혔다.

"우리나라의 독립운동은 정의 인도를 주장하여 강포무도한 적을 치는 데 있으니 혹 개인이나 단체가 적국인에 대하여 비인도적 행동이 없기를 주의할지라.… 근래 독립운동을 빙자하여 사익(私益)을 추구하는 무리가 경향에 출몰하여 부호를 위협하고 정부 명의를 칭탁하여 금전을 토색하는 폐단이 있으니 이를 제거해야 한다."[194]

이처럼 형편이 어려운 가운데서도 임정은 광복군의 활약, 중국·미국·소련 등을 비롯한 대연합국 외교활동, 국내에서의 사보타지 공작, 사료 편찬, 기관지 「독립신문」 발간으로 교포들의 결속을 유도하고 대일(對日), 대

독일(對獨) 선전포고 등 수많은 업적을 거두었다.

이동휘

무장 독립투쟁 주장하며 이승만과 대립한 공산주의자

1920년 12월 8일 상해에 도착한 이승만은 1921년 1월 1일부터 임시정부 대통령으로서의 집무를 시작했다. 그런데 임정의 파열음은 며칠 지나지 않아 터져나오기 시작했다. 1월 5일 이승만 대통령과 각원들이 모두 참석한 가운데 국무회의가 열렸다. 이날 국무총리 이동휘는 "민족자결주의가 고창되던 때에 나온 이승만의 위임통치 청원과 정한경의 자치론은 외교상 실패이며, 한민족의 독립정신을 현혹시킨 행동이다. 이로 인해 사회의 비난이 정부로 밀려들고 있으니 대책을 강구하자"며 작심하고 이승만을 공격하고 나섰다.

당시 내각 내의 위임통치 청원 반대자들은 이승만을 축출하고 안창호로 하여금 내각을 조직하려 했으나 안창호가 "나도 위임통치 연루자이니 축출해 달라"고 발언함에 따라 회의가 성과 없이 끝났다. 이렇게 되자 이동휘는 1월 24일 국무총리직에서 사퇴했다. 이승만은 이동녕 내무총장을 총리 대리로 임명하고 2월 4일 이동휘의 사표를 수리했다.

1921년 2월에는 임정의 군무총장 노백린과 학무총장 김규식이 위임통치 청원 문제를 비판하며 이승만의 대통령직 사임을 요구했다. 노백린은 이승만이 상해 임정으로 떠나기 위해 하와이에 머물던 1920년 8월부터 5개월 동안 하와이에서 이승만과 함께 생활했던 인물이다. 그런데 박용만의 측근인 조용하가 노백린에게 접근하여 이승만의 위임통치 문제를 거론하며 이승만을 대통령직에서 탄핵하자고 권했다. 박용만 세력의 무장투쟁론에 공감한 노백린은 이승만에 반기를 드는 세력에 가담했다.

위임통치 청원과 관련하여 도무지 이해할 수 없는 행보를 한 사람은 김규식이다. 그는 자신도 이승만·정한경과 거의 같은 내용의 위임통치 청원서를 파리강화회의에 제출했음에도 불구하고 이승만의 위임통치가 잘못된 것이라며 공격하고 나선 것이다. 그는 '한국인이 독립운동을 하면서 어찌하여 위임통치 청원자 이승만을 대통령에 임명했는가 라는 각국 인사들의 반문에 아무런 말도 하지 못하고 비웃음을 샀다'면서 이승만의 위임통치를 통렬하게 비판했다. 오영섭은 김규식의 이런 이중적인 태도는 자기 보호를 위한 보신성 자구책이자, 구미위원부 위원장을 지내며 이승만과 불화관계에 빠졌던 경험 때문으로 해석했다.[195]

이동휘는 한인사회당을 결성한 공산주의자로서 그 시절부터 반공적 성향이 강했던 이승만과의 갈등은 피하기 힘들었다. 1921년 1월 이승만이 상해 임정에 부임하여 대통령으로서 집무를 시작하자 국무총리 이동휘는 대통령제에 의한 권한집중을 막아야 한다면서 국무총리에게 대통령 실권의 일부를 주자는 위원제 채택을 주장했다. 이에 맞서 이승만은 '국체는 민주국체를 채용한다'는 한성정부의 법통론을 내세워 이동휘의 제안을 물리쳤다. 이승만은 이동휘가 주장한 위원제를 소비에트 정부체제, 즉 공산당식 집단지도체제라면서 비판했다.[196]

상해 임정 시절 이승만은 공산주의자들로부터 집요한 공격을 당하면서 공산분자와는 뜻을 같이할 수 없을 뿐만 아니라 그들과 합작하면 어떤 일도 할 수 없다는 점을 절실히 깨달았다. 그 결과 1923년 3월에 「공산당의 당 부당(當不當)」이란 논고를 통해 공산주의의 장단점을 조목조목 지적하고 비판하고 나섰다. 이는 공산당에 대한 본격적인 비판으로는 세계 최초의 논설이었다.

이동휘는 함경남도 단천 출신으로 1896년 서울에서 문을 연 육군 무관학교에 입학했다. 이 학교 졸업 후 궁성수비대를 거쳐 1907년 일제에 의해 대한제국 군대가 해산 당할 때까지 강화도 진위대장으로 근무했다. 이동휘가 강화도 진위대장 시절 군대 해산 명령이 내려지자 진위대원과 의병들을 지휘하여 일본군과 전투를 벌어 일본군 6명, 일진회원이던 군수를 살해했으며, 화약고를 파괴했다. 그는 의병을 조직한 혐의로 체포되어 인천 앞바다의 섬으로 유배되기도 했다.

이동휘는 1911년 북간도로 망명했다가 일본 관헌에 쫓기자 1915년 러시아령 블라디보스토크로 이주했다. 러시아에서 10월 혁명이 성공하자 그는 1918년 김립, 유동열, 김알렉산드라, 오하묵 등과 최초의 한인 공산당인 한인 사회당을 조직했다. 상해 임시정부와 블라디보스토크 대한국민의회의 통합과정에서 한인사회당이 주도적으로 참여하여 이동휘가 통합 임시정부의 국무총리, 김립이 국무원 비서장에 올라 임시정부는 좌우합작 형태로 출범했다.

이동휘와 그 주변 인사들은 상해 임시정부를 코민테른의 통제를 받는 단체로 만들기 위한 공작을 전개했는데, 그 공작의 최대 표적은 이승만이었다.[197] 이동휘는 임시정부 국무총리에 취임한 직후 대표를 모스크바로 파견했다. 소련 공산당은 당시로서는 엄청난 거액인 40만 루블을 보내왔다. 임시정부 측은 그 돈은 임시정부에 내놓으라고 요구했고, 공산당은 그 자금을 자기들의 공작금으로 사용하려 했다.

그런데 소련 공산당이 보낸 40만 루블 문제가 국내까지 비화되어 장덕수가 자의 반 타의 반으로 해외 유학을 떠나는 계기가 된다. 동아일보사가 발간한 『인촌 김성수』에는 그 과정이 다음과 같이 기록되어 있다.[198]

상해 임시정부의 초대 국무총리 이동휘는 모스크바에서 열린 전로(全路)중국노동자대회에 한형권을 대표로 파견했다. 그는 한국 임시정부가 공산주의를 채택하고 선전한다는 조건으로 200만 루블의 활동자금을 받기로 하고, 그 중 1차로 60만 루블을 받아 상해로 돌아왔는데, 20만 루블은 모스크바에 있던 박진순에게 맡기고 40만 루블을 들여왔다.

이동휘는 이 자금을 임시정부에 내놓지 않고 고려공산당에 보낸 돈이라며 어물어물 써버리고 국내 활동비라 하여 5만 원만 김철수에게 들려보냈다. 이 돈을 받아 국내에서 잡지를 발간하는 자금으로 쓴 사람이 최팔용이었다. 그러나 엉뚱하게도 장덕수가 이 돈을 착복했다는 소문이 돌기 시작했다. 마침 최팔용이 병사(病死)하는 바람에 해명할 길이 막막해진 장덕수는 꼼짝없이 누명을 써야 했다. 좌익계는 동아일보까지 찾아와 항의하고 장덕수를 폭행하는 등 사태가 험악해지자 동아일보 사주 김성수가 장덕수의 신변의 위험을 염려하여 미국으로 유학을 보낸 것이다.

1921년 5월 6일 서간도의 김동삼 등이 이승만 퇴진과 임시정부 개조를 요구하는 성명을 발표하자 안창호도 이를 지지하며 임시정부를 떠났다. 이로써 좌우 합작의 임시정부는 1년여 만에 막을 내리고 이승만, 안창호, 이동휘 등 초기 임정을 이끌던 인물들도 손을 떼면서 김구 시대가 시작됐다.

상해로 옮겨온 한인사회당은 1920년 국제공산당이 파견한 김만겸 등과 함께 고려공산당을 조직했다. 이를 상해파 고려공산당이라 불렀다. 1920년 2월 상해 임시정부에서 탈퇴하고 재건을 선언한 러시아령의 대한국민의회는 아무르 주로 근거지를 옮겨 이르쿠츠크파 고려공산당을 형성했다.

이동휘를 중심으로 하는 상해파 고려공산당은 1923년 만주의 영고탑(寧古塔)에서 무장투쟁을 위해 적기단(赤旗團)을 조직했다. 이동휘는 1935년

1월 독감에 걸려 블라디보스토크의 신한촌 자택으로 옮겨졌다가 1월 31일 사망하여 블라디보스토크의 피르바 야레츠카 공동묘지에 안장되었다.

김규식

상해 임정 이끌며 이승만과 대립했던 언더우드의 양자

김규식은 일생 동안 이승만과 친분을 맺고 때로는 동지로, 때로는 정적(政敵)으로 얽히게 된다. 학식이 높고 외교노선을 중시하는 스타일 면에서 두 사람이 공통점이 있었으나, 상해에서 임시정부를 함께 하며 반감이 커져 멀어지기 시작한 것으로 보인다.

제1차 세계대전 종전 후 1919년 1월 파리에서 전승국들의 전후 문제 처리를 위한 강화회의가 열렸을 때 김규식은 파리에 파견되어 탄원서를 파리강화회의에 제출하고 한민족의 독립을 호소했다. 이때 이승만·정한경이 제출한 위임통치 청원과 거의 내용이 비슷한 위임통치 청원서를 독자적으로 작성하여 국제연맹에 제출했다. 임시정부에서 위임통치 청원 문제를 둘러싸고 격론이 벌어지자 그는 위임통치를 비판하는 세력에 합세하여 이승만을 공격했다.

그는 파리강화회의 후에 파리에 머물며 항일투쟁을 하기 위해『자유대한』(La Coree Libre)이라는 잡지를 발간했다. 이 와중에 조선의 황태자 영왕(영친왕)[199]이 일본의 왕족 나시모토미야(梨本宮)의 딸 마사코(方子)와 정략결혼을 하자 그는『자유대한』잡지에 이 결혼을 반대하는 기사를 실었다.

'강제결혼? 조선의 이 왕세자와 일본 나시모토 왕녀와의 결혼. 이 결혼은 너무나 파렴치한 행위다.… 나시모토 왕녀와의 약혼을 통고해 왔을 때 영왕의 아버님이신 상왕 전하(고종)께서는 강경히 반대했다. 영왕 자신도 단호히 거절했다. 그의 반대로 인해 결혼은 몇 번 연기되었다. 일본 정부는 여러 가지 구실을 내세워 이 결혼을 강요했다.'[200]

파리 강화회의가 끝난 후 미국으로 건너간 김규식은 이승만과 함께 1919년 8월 말에 대한민국 임시정부 구미위원부를 조직했으며, 1920년 10월 상해로 돌아와 임시정부 학무총장을 맡았다. 상해 국민대표회의 때 창조파의 일원으로서 블라디보스토크에 국민위원회를 정착시키려다 실패한 김규식은 1930년대 무장투쟁을 우선하는 공산주의자 김원봉과 제휴하여 공산주의에 동조하는 활동을 전개했다.

그는 1932년 말 중국 거주 한인동포 사회에 중한민중동맹단을 결성한 후 1933년 미국을 방문하여 미주 한인동포 사회에 추종자들을 모아 단체를 결성했는데, 그 중 한 사람이 한길수다. 한길수는 중화민중동맹단의 미주대표로 선정되었으며, 훗날 김원봉이 김규식과 조선민족전선연맹을 결성하자 그 연맹의 워싱턴 대표도 겸직했다.[201]

김규식은 1940년부터 대한민국 임시정부 부주석을 지냈으며, 해방 후 여운형과 좌우합작을 추진했다. 1948년 김구, 조소앙 등과 함께 방북하여 남북협상에 참여했으며, 대한민국 건국에 참여하지 않았다. 이승만과 김규식의 관계가 결정적인 파국으로 치달은 것은 미군정이 이승만의 지도력을 약화시키기 위해 추진한 좌우 합작 정치공작에 김규식이 앞장섰기 때문이다. 해방 공간에서 미군정청 경무부장을 지낸 조병옥은 김규식이 남북협상을 위해 평양으로 떠나기 전 그와 면담했는데, 당시 정황을 이렇게 전하고 있다.

"나는 컬럼비아대학 당시 쌍코비치 교수로부터 개인적 지도를 받아 공산주의의 본질과 공산주의의 파괴적 특성을 잘 파악하고 있는 고로 그들이 북행을 하여 남북협상을 한다고 하더라도 결국은 하등의 결론도 못 얻고 그대로 돌아올 것이라고 확신하고 있었다. 그래서 나는 김규식 박사를 방문하여 3시간 동안 면담하면서 현존 국제정세 하에 있어서 공산주의자들과 독립정부 수립을 위하여 협상한다는 것은 무익한 일이며, 협상을 하기 위하여 북행을 한다고 하더라도 그것은 허행(虛行)이 될 뿐만 아니라 마침내는 정치적 자살을 하게 될 것이라고 충고와 경고를 하였던 바, 당시 김규식 박사도 나의 의견을 존중히 여기고 북행하지 않을 것을 말하였던 것이다.

그러나 김규식 박사는 그의 가정환경과 민족주의연맹의 중간파 간부들의 책동과 열원(熱願)에 의지하여 불행하게도 이북의 땅을 밟게 되었던 것이다."202)

1881년 2월 경남 동래에서 태어난 김규식은 선교사 언더우드 집안에 양자로 들어가 언더우드의 장남 언더우드 2세(호러스 홀튼 언더우드·원한경)와 한 집에서 자랐다. 서재필이 운영하던 「독립신문」에 잠시 근무하다가 미국 버지니아 주의 로노크 대학에 유학했다. 로노크대학 재학 시절, 같은 학교에 유학을 온 의왕(의친왕) 이강과 친교를 나누었다.

미국에서 8년 간 유학을 마치고 1904년 귀국한 김규식은 언더우드의 비서, YMCA 학생부 간사, 경신학교 교사, 배재전문학교 영어강사, 연희 전문학교 강사를 지냈다. 또 새문안교회의 초대 장로로 활동하다가 1914년 상해로 망명했다.

상해에서 신채호, 홍명희 등과 친분을 맺었고, 1914년 가을부터 2년 여 화베이(華北)와 몽골 일대에서 사업을 했다. 1916년 앤더슨 앤 마이어(Anderson and Meyer Company) 회사에 입사하여 몽골 접경의 장가구(張家口)에서 2년여 근무했으며, 1918년 3월에는 외몽골의 수도 울란바토르 지점장으로 활동했다. 1950년 6.25 전쟁 중 납북되어 북한에서 사망했다.

의화군 이강

상해 임시정부 합류 위해
상해로 탈출하다 붙잡힌 고종의 아들

의화군(후에 의왕) 이강(李堈)은 1897년 5월 24일 게일과 언더우드의 주선으로 미국 유학을 떠나 버지니아 주의 로노크 대학에서 공부했는데, 같은 대학에 재학 중이던 김규식과 만나 가까운 관계가 되었다. 의화군이 미국에서 유학 중이던 1898년 8월 아버지 고종이 황제로 즉위하면서 의화군은 의왕(義王)으로 책봉되었다.

1905년 워싱턴에 도착한 이승만은 의왕과 몇 차례 만났으나 좋은 인상을 받지는 못했던 것 같다. 이승만은 당시의 의왕에 대해 다음과 같이 부정적인 평을 남겼다.

'그는 여자들을 위해 돈을 많이 허비하고 그의 부친(고종)에게 항상 돈을 울궈내고 있는 것으로 알려져 있었다. 서울 주재 미국 공사인 알렌 박사는 황제에게 너무 많은 돈을 보내지 말라고 충고한 일이 있다.[203]

의왕은 로노크 대학을 마치고 오하이오 주 델라웨어의 오하이오 웨슬리언 대학교 및 하와이와 샌프란시스코 등지를 돌아다니며 학업을 계속하다가 1905년 4월에 귀국했다.

고종은 7명의 부인으로부터 6남 1녀를 두었는데, 의화군 이강은 귀인 장 씨 소생이다. 이강의 친모 귀인 장 씨는 다른 후궁들과 마찬가지로 명성황후를 무서워해서 임신을 하자 궁 밖 외삼촌댁에 나가 숨어 지내며 의화군을 생산했다. 그런데 의화군을 낳은 지 6개월 후에 이 사실이 명성황후의 귀에 들어갔다. 장 씨는 궁에 불려 들어가 명성황후에게 호된 꾸지람을 듣고 쫓겨났다가 얼마 후 사망했다.

일찍이 생모를 잃은 의화군은 유모에게 맡겨져 궁중에서 외톨이로 자랐다. 자신보다 나이가 어린 영왕이 세자로 책봉되면서 의화군의 존재는 더욱 초라해졌다. 의화군은 조선 왕족 중에서 인물이 가장 출중하다는 평을 들을 만큼 미남이었고 머리도 영민했다. 성격도 호탕 대범하고 풍류를 아는 남아였다. 일본인들에게도 바른 말을 곧잘 하여 보는 사람까지 다 속이 후련했다고 한다.[204]

그러나 어린 시절부터 어머니의 사랑을 못 받고 자라면서 비뚤어지고 방탕한 인물이 되었다. 청년 이승만은 유약한 고종을 폐위시키고 의화군 이강을 새 임금으로 추대하려는 운동에 참여했다는 죄목으로 체포되어 한성감옥에서 5년 7개월 간 수감 생활을 한 바 있다.

명성황후가 시해 당한 다음날 의화군은 언더우드에게 사람을 보내 자신을 숨겨줄 수 있는지 물었다. 언더우드 부부는 의화군을 자신의 집으로 피신시키고 건장하고 젊은 선교사를 권총으로 무장시켜 선교구내 경호를 서도록 했다. 새 내각은 언더우드의 집에 숨어 있는 의화군에게 유럽 6개 국 순회 특파대사를 제안했다. 의화군이 이 제안을 받아들여 1895년 10월 27일 6개국 특파대사로 영국·독일·프랑스·러시아·이탈리아·오스트리아 등을 순방하고 1896년 귀국했다. 의왕은 미국 유학 후 귀국하여 육군 부장과 적십자사 총재를 역임했다.

1907년 헤이그 밀사 사건으로 고종 황제가 일제의 압력을 받아 퇴위하고 순종에게 양위했다. 아들이 없는 순종은 이복 동생 중에 황태자를 결정해야 했다. 이 와중에 의왕을 제치고, 그 아래인 영왕 이은을 황태자로 삼았다. 이것은 인물이 출중한 의왕이 후계자가 되면 일본은 여러 면에서 부담이 될 수 있기 때문에 내려진 조치였다.

1910년 나라가 망한 후 공(公)으로 격하된 의왕은 주색에 빠진 폐인 행세로 일본의 감시를 피하면서 항일 독립투사들과 비밀리에 접촉하여 독립운동을 지원했다. 상해 임시정부는 독립의지의 결집을 위해 멸망한 왕조의 왕족을 탈출시켜 상해 임시정부에 참여시키기 위해 다방면으로 노력했다.

당시 국내 인심은 망국의 백성들이 멸망한 조선왕조에 대한 동정과 향수가 강하게 자리 잡고 있었다. 이런 이유 때문에 '이강 전하가 손수 고르셔 신고 계시는 만월표 고무신'이라든가, '이강 전하께서 손수 틀어 육자배

기를 들으신 축음기'라는 식으로 광고 문구에 의화군이 자주 등장했다. [205]
민심이 의왕 이강에게 쏠리자 상해 임정은 비밀리에 의왕과 접촉을 개시
했다.

3·1운동 직후 국내에서 비밀결사로 조직된 조선 민족대동단 총재 김가
진이 상해로 탈출하여 임시정부에 합류했다. 구한말 농상공부대신, 중추
원 의장, 충청도 관찰사 등을 역임했고, 한일합방 후에는 일제로부터 남작
작위를 받았던 거물이 상해로 탈출하자 일제는 큰 충격을 받았다.

김가진에 이어 추진된 공작이 의왕 탈출사건이다. 임정과 연계된 대동
단원 전협이 1919년 11월 9일 밤 종로구 공평동의 비밀 가옥에서 의왕과
접촉하여 상해로 탈출하여 임정에 합류할 것을 권했다. 11월 10일 밤 의
왕은 변장을 하고 수색역에서 안동(현재의 단둥)행 기차에 올랐다. 의왕은
안동에서 조지 쇼가 운영하는 이륭양행의 배를 타고 상해로 이동할 계획
이었다. 그러나 기차에서 내려 안동역 개찰구를 빠져나갈 때, 입구를 지키
고 있던 일본 경찰에 체포되었다. [206] 이 사건으로 대동단의 많은 단원들이
투옥되었고 전협은 10년, 최익환은 5년 형을 선고받았다.

1919년 11월 20일자 「독립신문」에는 "의친왕 전하께서 상해로 오시던
길에 안동에서 적에게 잡히셨도다. 전하 일생의 불우에 동정하고 전하의
애국적 용기를 칭송하던 국민은 전하를 적의 손에서 구하지 못함을 슬퍼
하고 통분하리로다"라는 기사가 보도되었다. 조선총독부는 의왕에게 부
여되었던 '이강 공'이라는 작위를 박탈했다. 의왕은 이후 미친 사람 행세를

하며 일제의 감시의 눈을 피해 살았고, 끝까지 창씨개명을 거부했다.

노백린

미국에서 한인 비행학교 설립한 임정 국방부장관

노백린은 1916년 12월 하와이로 망명하여 이승만, 박용만을 만나 박용만과 함께 대조선국민군단을 창설하여 별동대 주임으로 독립군 양성을 위해 힘썼다. 그리고 『태평양시사』(The Pacific Times)의 사장 겸 주필로 활동했다. 또 워싱턴 구미위원부에서도 이승만을 도와 다양한 외교 독립활동을 전개했다. 상해 임시정부가 출범하자 그는 임정의 군무총장, 국무총리를 역임했고, 1924년 5월에는 참모총장에 임명되었다.

황해도 출신의 노백린은 1895년 조선 정부의 관비 유학생으로 일본 게이오의숙에 유학했다. 이어 일본 육군사관학교(11기) 보병과를 졸업하고 견습사관으로 근무하다가 1900년 6월 귀국하여 구한국 육군에 입대했다. 그는 일본 육사 재학 시절 이갑, 류동렬, 박중양, 윤치성 등 독립운동으로 명망을 떨친 인물들을 만나 평생을 함께 애국운동을 하게 된다.

1904년 러일전쟁이 일어났을 때 노백린은 관전 장교로 선발되어 대련 (大連·다롄)과 여순(旅順·뤼순) 등 격전지를 돌아보았다. 1906년 정령(현재 대령) 진급과 함께 연성학교 교장, 1907년 군부(현재 국방부) 교육국장에 임명됐으나 1907년 8월 1일 불과 두 달도 못되어 대한제국 군대가 강제 해산되었다.

노백린은 같은 달 무관학교 교장에 임명됐다가 9개월 후 무관학교 교장직에서 물러났다. 그는 정령 시절 보성학교에서 학생들에게 체조를 가르쳤는데, 당시 보성학교 제자가 이승만의 비서 역할을 했던 임병직이었다. 임병직의 회고록에 의하면 노백린 선생은 호주가(好酒家)였고, 성격도 정결해서 구두는 언제나 반짝이도록 닦았다고 한다.

1907년 안창호 등과 신민회에서 활약하다가 대한제국 군대가 해산 당하자 고향으로 내려가 광산, 피혁상 등을 경영하다가 1916년 하와이로 망명했다. 1920년 2월 20일에는 캘리포니아에서 쌀농사를 지어 한인 최초로 백만장자가 된 김종림으로부터 3만 달러의 거금과 윌로우스 농장의 부지를 제공받아 호국독립군단과 한인 비행학교를 설립했다.

호국독립군단은 윌로우스에서 일하던 300여 명의 한인을 공군으로 편성하고 교장인 노백린의 지휘 아래 낮에는 일하고 밤에는 군사훈련을 실시했다. 이를 위해 국민회 중앙총회에서 매달 600달러의 경비를 제공했다. 호국독립군단은 캘리포니아 교육국에서 임대한 퀸스 디스트릭트 퀸트 학교에서 교련, 전술, 전략, 비행술, 비행기 수리와 관리, 무선전신학,

영어 등을 교육받았다.

한인 비행학교는 김종림으로부터 자금 지원을 받아 연습용 비행기 5대를 구입했는데, 새로 구입한 비행기에 태극마크와 KAC(한국항공클럽)란 글씨를 새겨 넣었다. 1920년 7월 7일에 제1회 졸업식이 거행되어 우병옥, 오임하, 이용선, 이초 등이 졸업과 동시에 비행학교 교관으로 특채되었다. 한인 비행학교는 1922년에 41명, 1923년 11명 등 총 77명의 조종사를 배출했고, 이들 중 일부는 제2차 세계대전 때 미 공군으로 참전했다.

노백린은 상해 임정에서 활동하던 중 건강이 악화되어 심장질환으로 요양 중 1926년 1월 22일 상해 프랑스 조계의 단칸방에서 사망했다. 노백린에게 1962년 건국훈장 대통령장이 추서되었다.

상해 임시정부를 지킨 사람들

상해 임시정부에서 힘든 시기에 김구와 함께 임시정부를 끝까지 지켜낸 사람들은 다음과 같다.[207]

이동녕

초기부터 임시정부의 지도적 위치에 있으면서 임시의정원 의장, 국무총리, 국무위원회 주석 등을 역임했다. 그는 재덕이 출중한데도 일생을 자기만 못한 동지를 도와서 앞에 내세우고, 자기는 남의 부족한 점을 보완하고 고치도록 이끌었던 지도자라는 평을 들었다. 임시정부의 어른으로 존경받던 그는 1940년 3월 임시정부가 중국 기강에 머물 때 사망했는데, 해방 후 그의 유해를 국내로 옮겨 효창원에 안장했다.

이시영

명문가 출신 6형제(이건영, 이석영, 이철영, 이회영, 이시영, 이호영)가 국권피탈 후 만주로 망명하여 사재를 털어 독립운동에 투신, 노블레스 오블리주의 대표적인 예로 회자된다. 갑오경장 당시 총리대신을 지낸 김홍집의 사위 인 이시영은 임시정부의 재정 조달에 애를 썼다. 이시영은 1910년 나라를 잃은 후 형제 및 가족 50여 명과 함께 압록강 건너 남만주로 망명하여 신 흥무관학교를 개설하고 독립군 간부를 길러냈다. 이 학교를 통해 배출한 병력이 청산리 전투의 주축을 이루게 된다.

1919년 상해 임시정부를 조직하고 법무총장 재무총장 등을 역임했다. 1929년에는 한국독립당 창당에 참가하여 초대 감찰위원장, 1933년 임시 정부 직제 개정 때 국무위원 겸 법무위원, 1942년 재무부장에 피선되었 다. 1948년 초대 부통령에 올랐으며, 1951년 부통령직을 사임했다. 1953 년 4월 피난지 부산에서 사망했다.

조소앙

1904년 성균관을 수료하고 황실 유학생으로 선발되어 도쿄 부립 제1중학, 세이소쿠(正則) 영어학원을 거쳐 메이지(明治)대학 법학부를 졸업했다. 귀국하여 잠시 교사로 활동하다 1913년 상해로 망명하여 신규식, 박은식, 신채호 등과 박달학원을 창립하여 청년 교육에 힘썼다. 1918년 김좌진과 대한독립의군부를 조직하여 부주석에 선출되었으며 3·1운동 후 상해 임시정부 수립에 참여했다.

그는 민주공화제 헌법의 기초를 비롯한 임시정부의 국체와 정체의 이론정립 및 임시정부의 대외홍보를 맡았고, 국무위원에 선임되었다. 1919년 6월에는 파리로 가서 김규식을 비롯한 만국평화회의 대표단을 지원하고 유럽을 순방하며 한국의 자주독립을 역설했다.

국내외 민족해방운동전선에서 좌우 대립이 본격화되자 조소앙은 '정치, 경제, 교육의 균등을 통해 개인과 개인의 균등을 실현하고, 이를 바탕으로 민족과 민족, 국가와 국가의 균등을 이루며, 나아가 세계 일가(一家)를 추구한다'는 삼균(三均)주의를 제창했다. 김구의 한국독립당은 이를 정치 이념으로 채택하고 '혁명적 수단으로써 국토와 주권을 완전히 광복하여 정치·경제·교육의 균등에 기초한 신민주국을 건설한다'고 당의(黨意)를 채택했다. 즉 삼균주의에 바탕을 둔 신민주국가를 건설한다는 목표를 제시했고, 임시정부도 이를 건국 원칙으로 채택하여 1931년 4월 대외 선언을

통해 밝혔다.[208]

　해방 후 귀국한 조소앙은 단독정부 수립에 반대하여 1948년 3월 김구, 김규식 등과 함께 총선거 불참 공동성명을 발표했다. 4월에는 평양의 남북회담에 참가했으나 평양을 다녀온 후 한국독립당과 결별하고 남한 단독정부 수립을 인정한다고 선언했다. 조병옥은 자서전 『나의 회고록』에서 남북회담에 참석했던 조소앙의 입장을 이렇게 밝히고 있다.

　"조소앙 씨 같은 사람은 남북협상을 하기 위하여 이북엘 가기는 갔으나 협상의 앞날이 뻔히 내다보이는 것은 물론, 더우기 어디를 가든지 뒤를 따라다니는 감시의 눈을 벗어날 길이 없었기 때문에 기회를 잘 노리는 그는 다른 인사들보다 재빠르게 월남하여 성명서를 발표하고 이북 공산주의자들의 정체를 폭로한 일도 있었던 것이다."[209]

　조소앙은 1950년 5월 제2대 국회의원에 출마하여 전국에서 최고 득표로 당선됐으나 6.25 때 납북되었다. 북한에서 그는 1956년 7월 재북평화통일촉진협의회 최고위원을 역임했으나 국제간첩으로 몰려 투옥됐다가 1958년 9월 사망했다.

임정의 이남파와 이북파

임시정부는 출범 초부터 심각하고도 복잡한 노선 상의 갈등이 문제였다. 일부 인사들은 공산당과의 제휴를 원하고, 다른 쪽에서는 중국의 주요 당파와 손을 잡기를 원했다. 또 파괴활동이나 유격전, 일본 요인 암살을 시도하는 행동파도 있었다.

1921년 1월 5일 이승만이 상해에 도착한 후 첫 의정원 회의가 열렸는데, 이 회의에서부터 강경 무장투쟁론이 제기됐다. 임병직은 당시 제기된 강경론을 다음과 같이 밝혔다.

① 의병단을 만주에서 조직할 것. 이 무력을 압록강과 두만강을 건너 한국에 진입시켜 각지에서 폭동을 일으켜 일본 총독부를 불안상태에 몰아넣게 할 것.

② 소련과 연락하여 그들의 힘을 빌려 독립운동을 강화할 것.

③ 중국 안에 있는 배일(排日)정당과 제휴하고 무력 원조를 얻어 공동전선을 펼 것.

④ 중국과 한국에 있는 일본 관헌에 게릴라전을 전개하여 관청을 폭파하고 고위관리를 암살할 것.

이러한 무장투쟁론에 대해 이승만은 강력 비판하고 다음과 같은 방안을 제시했다.

① 의병단 조직이나 게릴라 작전은 일리가 있으나, 만약 이것이 행동화되면 국내 동포는 일본으로부터 더 한층 탄압을 받게 되고 많은 인명이 피해를 입게 될 것이다.

② 공산주의는 민주주의에 반대되는 사상이다. 동양에서 표본적 민주주의 문명국가를 구현하려는 우리 이념에 합치될 수 없는 이론이다. 공산주의 사회는 노예생활을 말하는 것이기 때문이다.

③ 국제외교를 통해 각국의 동정을 얻어 독립하는 방법이 최선의 길이다.

④ 공산당의 원조로 우리의 독립을 성취시킨다는 것은 천만부당하며, 그것은 조국을 다시 공산주의 국가의 노예로 만들자는 주장이다.

이승만의 국제외교를 통한 독립방안은 의정원에서 거부되었다. 손세일은 임시정부가 출범과 동시에 시대풍조인 공산주의의 영향을 크게 받음으로써 권력투쟁이 더욱 치열하게 전개된 것이 불행이었다면서 이렇게 지적했다.

"임시정부는 미국식 민주주의를 이상으로 생각하는 이승만을 대통령으로 하고, 볼셰비키의 지원으로 한인사회당을 결성했던 공산주의자 이동휘를 국무총리로 하여 출범했다. 말하자면 국공합작의 연립정부로 시작한 셈이다. 이동휘는 김구에게 혁명운동을 같이 하자고 했으나 김구는 이를 거부했고, 이동휘의 심복인 국무원 비서장 김립을 모스크바 자금을 임시정부에 내놓지 않는다고 하여 처단했다."[210]

임정 세력들의 정견의 차이는 파벌싸움을 더욱 부채질하여 비좁은 의정원 회의실에서 회의 도중 의견 차이로 주전자가 날아다니곤 했다. 당시 임정의 세력은 기호파(경기도·전라도)를 중심으로 이승만을 지지하는 세력도 있었지만 동북파(함경도)의 이동휘, 북간도의 국민군, 서간도의 군정서, 하와이의 독립단, 박용만의 국민공회, 신숙(申肅)의 통일당, 신채호·김원봉·장건상 등 적지 않은 세력이 이승만과 대립하거나 반기를 들었다.

임정에서 분열 반목하는 세력을 크게 나누면 이북파와 이남파의 갈등이었다. 결국 이러한 지역 갈등이 중국, 미국 등 주변국에까지 알려져 후에 남북 분단을 초래한 하나의 원인으로 작용했다는 것이 임병직의 분석이다. 임병직 회고록에서 관련 내용을 소개한다.

"한인의 분열 상태는 한국을 좀 안다는 서양 사람들은 누구나가 대개 알고 있었다. 일정시대 한국에서 선교사로 포교하고 있던 선교사들과 그 아들들은 한국인에 손색이 없을 만큼 한국 사정에 능통한 사람들이었다. 한국말은 말할 것도 없이 유창하게 사용하고 있었으며, 한국의 역사—더구나 분열을 가져온 원인인 이조시대의 사색당과 싸움, 소론·노론의 고질적 악폐 등 한국 근대 역사에 조예가 매우 깊었다.

이들은 제2차 세계대전이 발발하자 미국 정부 요직에 채용되었는데, 한국 실정에 몰이해한 미국 정부 고위층은 종전 후 한국 문제를 검토할 때 한국통인 그들의 의견을 십분 참작했을 것이라는 것은 극히 당연한 일이 아닐 수 없다. 이북 놈이니 이남 놈이니 하며 서로 반목하는 한인들인 만큼 남북으로 분단해도 무방하다고 해서 그런 결정을 내렸는지 누가 알겠는가.[211]

이승만, 상해 임시정부와 결별

당시 중국에 있던 독립운동가들은 만주를 거쳐 국내로 진격하여 실력으로 독립을 쟁취한다는 무장투쟁론에 심취해 있었다. 심지어 상해에는 외교기관만 두고 군사와 관계된 기관은 러시아령이나 만주로 옮기자는 주장도 제기됐다.

이념 대립과 노선 갈등의 소용돌이 속에서 이승만은 임시정부와 한국이 폭력적인 방법으로는 세계적인 군사 강국으로 떠오른 일본에게 승리할 수 없으며, 세계 열강에 평화적인 호소를 통한 외교독립론이 필요하다고 역설했다. 그러나 선명성을 앞세운 임시정부는 미지근한 외교를 통한 독립정책을 지지하지 않았다.

1921년 4월 17일 박용만, 신채호 등 무장투쟁파는 북경에서 군사통일회를 소집하고 상해 임정을 부인했다. 4월 24일 북경군사통일회는 이승만 등의 '매국매족죄'를 성토하고, 상해 임정과 임시의정원을 불승인하고 이승만과 임시정부가 시행했거나 시행할 시책을 모두 무효로 돌린다는 과격한 전보를 상해로 보냈다. 4월 27일 군사통일회는 대표 신성모를 상해로 보내 박용만 등 17인 공동명의로 임정과 의정원을 불신임한다고 통첩을 전달했다. 그 내용은 다음과 같다.

"임정은 위임통치 사건을 일으킨 이승만을 수령으로 삼았으니 존재 이유가 없으며, 임시의정원은 위임통치 사건의 주모자인 국적(國賊) 이승만을 국무총리로, 그 연루자 안창호를 노동국 총판으로 선임했으니, 이는 위임통치 청원을 묵인한 것에 다름아닙니다."

극심한 내분으로 인해 아무 일도 할 수 없다고 판단한 이승만은 1921년 5월 17일 "외교상 긴급과 재정상 절박"을 이유로 상해를 떠난다는 교서를 의정원에 보냈다. 그가 상해를 떠나고자 했던 이유는 북경의 의열단 단장 김원봉과 단원 10여 명이 이승만에게 모종의 테러를 가하기 위해 상해로 이동하여 활동을 시작했기 때문이다.

이승만은 1921년 5월 28일 상해를 출발, 필리핀을 경유하여 1921년 6월 29일 하와이에 도착했다. 이승만은 상해 임정에서 극심한 정쟁과 분열을 겪으며 자신에게 충성하는 사조직의 필요성을 절감한 바 있었다. 이승만은 하와이에 도착한 직후인 7월 7일 민찬호, 안현경, 이종관 등 자신의 지지자들을 모아 대한인동지회를 조직했다. 동지회의 목적은 임시정부를 옹호하며 교포들의 대동단결을 도모하는 것이었다. 이때 이승만은 "앞으로 여러분은 경찰도 되고, 군병도 되고, 몽둥이도 되어 악한 분자를 처치해야 한다"고 발언했는데, 상해에서 반대파들에게 당했던 수모가 가슴에 사무쳤던 것 같다.

당시 독립운동가들은 1921년 10월에 개최되는 워싱턴 회의[212]에 큰 관심을 가지고 이승만에게 모든 권한을 위임했다. 워싱턴에서 열린 9개국 군축회의(1921년 10월~1922년 1월)는 나폴레옹의 대외 침략전쟁의 패배로 인한 유럽의 전후처리를 위해 열린 1815년의 비엔나 체제, 1871년 이후에 형성된 비스마르크 체제, 1919년 제1차 세계대전 이후의 베르사이유 체제에 이어 제국주의 열강 간의 힘의 균형을 재편성한 세계 정치질서의 새로운 판짜기였다.

이승만은 대표단을 구성하고 워싱턴 회의에 한국 문제를 상정하기 위해 한국친우회 멤버들의 도움을 받아 총력전을 펼쳤으나 대한민국 임시정부가 국제적 승인을 받지 못했다는 이유로 의제로 상정하는 데 실패했다. 그 결과 이승만과 구미위원부, 임시정부의 위상이 크게 흔들렸다.

한편 1922년 1월 21일부터 2월 2일까지 소련 공산당의 지도에 따라 모스크바에서 극동인민대표대회가 개최되었다. 이 회의에 참석했던 이동휘, 여운형, 김규식, 박헌영 등 한인 대표단은 '상해 임시정부는 명칭만 과대하고 실력이 이에 따르지 못하므로 개혁할 필요가 있다'고 결의하여 전체회의의 승인을 받았다.

극동인민대표회의에 참가한 후 상해로 돌아온 인사들은 1922년 5월 임시정부 개혁을 논의하기 위한 국민대표회의를 결성했다. 이렇게 되자 임정 내에서 이승만을 지지하는 기호파는 국민대표회의 개최에 반대했고, 안창호가 이끄는 서북파는 찬성했다. 임정 기호파가 배제된 가운데 개최된 국민대표회의 참여자들은 이승만을 임정으로부터 축출하기로 합의했으나 그 후의 임정 구성 문제를 놓고 임정을 그대로 두고 구성원 교체를 주장한 개조파(여운형과 안창호 및 상해파 공산주의자들), 임정을 완전 해체하고 소련 영토에서 새로운 임정 조직을 주장한 창조파(원세훈, 신숙, 김규식 중심), 그리고 개조파와 창조파 어느 쪽도 선택하지 못한 중간파로 분열했다.

다수파를 형성한 개조파들은 이승만이 상해를 떠나자 이승만에 대한 탄핵안 혹은 불신임안을 네 차례나 제출했다. 1924년 6월 16일 이승만의 대통령 권한을 정지시키기 위해 '임시 대통령 유고안'을 통과시키자, 이승만도 1924년 9월 임정과 절교를 선언하고 독자 노선을 선포했다.

1925년 3월 23일 의정원은 "이승만이 상해에 부임하지 않았고, 독립운동 진영을 분열시켰으며, 대통령으로서 국정을 제대로 처리하지 못했다"는 이유로 대통령 면직안을 가결하고 박은식을 대통령으로 선출했다. 당시 박은식은 80세의 고령으로 인한 정신 혼미로 제대로 임시정부를 지휘하기 어려웠고, 또 박은식을 반대하는 세력도 만만치 않았다.

이어서 임정 헌법을 개정하여 대통령직을 폐지하고 국무령이 행정수반이 되는 내각책임제 정부 형태를 도입했고, 4월 10일 이승만이 워싱턴에 구성해 놓은 구미위원부의 폐지령을 공포했다. 이로써 이승만과 임시정부와의 관계는 단절되어 이승만은 개인 자격으로 활동해야 했다.

이승만은 1926년 1월 하와이에서 동지식산회사를 설립하고 동지촌 개발사업을 시작했으나 1929년부터 몰아친 대공황의 직격탄을 맞아 자본 부족으로 어려움을 겪다가 1931년 4월 파산했다. 이보다 앞서 1920년 7월 5일에는 국민회 중앙총회 사무가 정지되었고, 그 후 교민단으로 명칭을 바꾸었다가 1933년 2월 1일 다시 국민회로 변경했다. 교민단이 국민회로 복구되면서 1914년부터 지속되어 왔던 이승만과 그의 측근의 지배는 끝났다.

6부

미국에서 독립운동 시절

시대상황

1920년 미국 인구조사에 의하면 미주의 한인 교민은 6,174명으로 하와이에 4,950명, 미주 대륙에 1,224명의 한인이 29개 주에 흩어져 살았다. 미주 한인의 대다수가 하와이에 거주하고 있었던 것이다.[213] 1903년부터 하와이 사탕수수밭 농장의 노동자로 이민이 시작되었으니 당연한 결과다. 당시 미국으로 건너간 한인 유학생들은 시기별로 3기로 구분할 수 있다.[214]

제1기는 1882년 체결된 한미수호조약 이후 1902년까지 망명 혹은 유학을 목적으로 도미한 사람들로 유길준, 서광범, 박영효, 서재필, 김규식, 윤치호, 백상규, 이대위, 안창호 등과 이민시대에 망명 혹은 유학을 목적으로 도미한 박용만, 이승만, 이강(의화군), 신성구, 신흥우, 백일규, 정한경, 양주삼, 이원익 등 60여 명이다. 이 시절의 유학생 중 약 75%가 대학을 졸업했는데, 그들이 학교를 마칠 무렵 을사늑약 또는 경술국치가 있어 많은 사람들이 귀국하지 못하고 미국에 눌러 앉았다.

제2기는 한일합방 이후 3·1운동 이전까지 도미한 사람들로서, 교포사회에서는 이들을 '신도(新渡) 학생'이라 불렀다. 이들은 일제 무단 총독정치의 압박과 핍박을 피해 상해나 유럽(주로 프랑스)을 경유하여 미국으로 왔다. 이 무렵 미국 정부는 대한인국민회의 신원보증으로 한인들의 입국을 허용하고 영주권을 부여했다. 이 기간 중에 유학을 온 사람은 500여 명으로 추산되는데 그중 조병옥, 임병직, 윤영선, 주영한, 이춘호, 여운홍, 황진남, 장붕, 김여식, 백낙준 등 20% 정도만 대학을 졸업했다.

제3기는 1920년부터 1940년까지 조선총독부 여권을 가지고 미국에 온 학생들로, 289명으로 집계되었다. 이들은 주로 기독교 계통의 후원으로 도미했으며, 장덕수, 허정, 김도연, 김양수, 서민호, 최순주, 하경덕, 이철원, 황창하, 신성구, 유태경, 한경직, 홍득수, 이수남, 장이욱, 김원, 최필례, 김활란, 박은혜 등 대학 졸업생이 65%(이 중 박사 학위를 받은 사람은 15%)였다.

재미 유학생 단체는 1913년 박용만이 네브라스카 주 헤이스팅스에서 조직한 유학생회가 효시였다. 1914년에는 하와이에 한인 학생 친목회가 조직되었고, 1916년에는 샌프란시스코, 1918년에는 오하이오 주와 일리노이 주 등 북미 전역에 10여 개의 유학생 친목회가 결성되었다.

이들 친목회는 1921년 4월 30일 북미 한인유학생총회로 통합되어 이용직이 회장, 조병옥이 부회장에 선출되었다. 처음엔 뉴욕에 본부를 두었다가 2년 후 시카고로 옮겼다. 1927년 3월에는 명칭을 북미 대한인유학생회로 개칭했는데, 당시 대한인유학생회에 가입한 재미 유학생은 255명이었다.

뉴욕의 한인 교포는 얼마 되지 않았고, 대학에 적을 둔 사람은 컬럼비아 대학에 조병옥과 장택상, 장덕수, 김도연, 이철원, 황창하, 아메리칸 대학에 김도연과 윤홍섭 등 10여 명에 불과했다. 상해 임정뿐만 아니라 미국에서 활동하는 독립운동가들도 한인 교민들이 내는 성금으로 조직을 유지 운영했다. 때문에 재정 문제로 늘 어려움을 겪었다. 재정 문제와 관련한 허정의 회고다.

"내가 미국에 가서 독립운동 지도자들을 만나보고 놀란 것은 그들이 생계 수단이 될 직업을 갖지 않고 독립운동에만 전념한다는 점이었다. 이러한 지도자들을 뒷받침해주기 위해 재미교포들은 자신의 수입의 많은 부분을 떼어내고 있었다. 이러한 사정을 알게 되자, 나는 자기 생활조차 자기 힘으로 해결하지 못하면서 어떻게 독립운동을 할 수 있을 것인가. 적어도 교포들의 피땀 어린 성금이 독립운동 아닌 개인의 생활비로 쓰이는 일만은 없어야 할 것이 아닌가 하는 의문이 들었다."[215]

독립운동 지도자들이 물설고 낯선 이역만리에서 풍찬노숙하며 독립운

동을 하던 1931년, 일본은 만주를 침략하여 만주사변을 일으켰다. 1895
년 청일전쟁에서 승리한 이래 일본은 만주를 오매불망 잊지 않고 있었다.
시모노세키 조약에서 청국으로부터 전리품으로 얻었던 요동반도를 삼국
간섭에 의해 반환하자 러시아가 차지했기 때문이다.

일본 입장에서 만주가 반드시 필요했던 이유는 청일전쟁 때의 자존심
때문만은 아니었다. 일본 군부는 유럽에서 벌어진 제1차 세계대전이 국가
총력전이라는 미증유의 방식으로 전개되는 전쟁 양상을 목격했다. 일본
본토의 생산력만으로는 국가 총력전을 수행하는 데 한계가 있으니 광대
한 토지와 막대한 자원이 매장되어 있는 만주가 절실히 요구된다는 논리
가 자연스럽게 제기되었다.

만주사변은 내각의 통제를 벗어난 일본 군부의 드라이브에 의해 전개
됐다. 일본 관동군 참모 이타가키 세이시로(板垣征四郎), 이시하라 간지(石
原莞爾) 등은 유조구(柳條溝·류타오거우)에서 만주철도 선로를 폭파하고 이
를 중국의 소행으로 몰아 1931년 9월 18일 북만주 일대에 군대를 투입했
다. 당시 열강들은 미국에서 시작된 경제 공황의 직격탄을 맞고 빈사상태
에 빠져 일본의 만주침략을 저지할 여력이 없었다. 게다가 만주 군벌 장학
량(張學良·장쉐량)이 북경에, 봉천 군벌의 주력은 만리장성 남쪽에 흩어져
있어 힘을 쓸 수 없는 상태였다.

일본 관동군은 단숨에 요동(遼東·랴오둥)·길림(吉林·지린)·흑룡강(黑龍
江·헤이룽장)성을 장악했다. 일본은 1932년 3월 1일 청조의 마지막 황제

인 선통제(宣統帝) 부의(溥儀)를 왕으로 옹립하여 괴뢰국가인 만주국을 세우고 "만주족이 민족자결의 원칙에 의해 독립했다"고 선언했다.

일본의 만주 침략이 시작되자 중국 대륙에서 항일운동이 거세게 일어났다. 일본은 이를 제압하기 위해 상해에서 중국인을 매수하여 일본 니치렌종(日蓮宗) 탁발승을 저격하도록 음모를 꾸몄다. 이 사건으로 1932년 1월 28일 상해 조계(租界) 경비를 담당하던 일본군과 중국의 19로군(十九路軍) 사이에 전투가 벌어졌다. 일본은 2월 중순, 3개 사단을 파견하여 중국군을 상해에서 격파하고 정전협정을 체결했다.

이 와중인 4월 29일 일본 황제의 생일인 천장절(天長節)에 상해 홍구(虹口·홍키우) 공원에서 열린 전승 축하 기념식에서 윤봉길 의사가 폭탄을 던져 중국 주둔 일본군 총사령관 시라카와 요시노리(白川義則) 대장, 상해 일본 거류민단장 가와바타 사다쓰구(河端貞次) 등이 폭사하고, 제3함대 사령관 노무라 키치사부로(野村吉三郎), 제9사단장 우에다 겐키치(植田謙吉), 주중 일본 공사 시게미쓰 마모루(重光葵), 총영사 무라이 쿠라마츠 등이 중상을 입었다.

국제연맹은 중국 측의 제소에 따라 일본의 만주 침략을 논의하기 위해 스위스 제네바에서 총회를 개최했다. 이 소식을 접한 상해 임정은 1932년 11월 10일 이승만을 국제연맹에 보내 한국 독립을 탄원할 전권대사로 임명했다.

당시 만주에는 조선에서 이주해온 100만 명 이상의 한인들이 살고 있었다. 일본이 만주를 침략하여 세력을 확장할 경우 만주의 한인들은 또 다시 일본의 지배하에 들어가 가혹한 탄압을 당할 우려가 있었다. 이승만은 제네바로 가서 영국의 세실 경, 아일랜드의 레스터, 스페인의 마다리아자 이 로호 등 거물 외교관들과 접촉했다. 이들에게 국제연맹 총회가 아시아 대륙에서 일본의 침략을 저지하고 한국의 독립을 보장해 줄 것을 호소했으나 뜻을 이루지 못했다.

국제연맹은 리튼 경을 단장으로 하는 조사단을 파견하여 실태조사를 한 후 '리튼 보고서'를 제출했다. 그리고 만주에서 일본군의 철수를 요구했으나 일본은 열하(熱河) 지역 점령으로 국제연맹의 요구에 맞섰다. 국제연맹 총회에서 제재를 받게 된 일본은 리튼 보고서를 부정하고 1933년 3월 국제연맹을 탈퇴했다.

이승만은 리튼 보고서에 만주에 거주하는 한인들의 참상이 자세히 기록되어 있는 내용을 근거로 만주와 한국은 별개의 문제가 아니라 하나로 엮여 있다는 사실을 외교관들에게 설명했다. 이승만은 제네바 주재 미국 총영사 겸 국제연맹 옵서버인 프렌티스 길버트(Prentiss Gilbert)와 국제연맹 중국 대표 후스쩌(胡世澤, Victor Hoo)를 만나 한·미·중 3국이 소련과 합세하여 일본의 대륙 팽창을 응징하자는 안을 제시하여 찬동을 얻었다.

당시 소련은 일본이 세력 판도를 넓히기 위해 만주를 침략하자 자신들의 안전 문제 때문에 큰 우려를 나타내고 있었다. 이승만은 이런 이유 때문에 소련을 포함한 한·미·중 4개국 항일연대의 실현 가능성이 높다고 보고, 이를 교섭하기 위해 소련과 접촉을 시도했다.

이승만은 오랜 친구이며 비엔나 주재 중국 대리공사로 근무 중인 동덕건(董德乾·당데키엔)[217]에게 협조를 부탁했다. 동덕건 공사는 이승만의 부탁을 받고 이승만과 소련 공사 페테루스키를 임페리얼 호텔의 만찬에 초청했다. 동덕건은 페테루스키 공사에게 만주에서 일본의 위협에 맞서기 위해서는 아시아에서 연합전선을 구축해야 한다는 점을 역설하고, 한국의 지도자 이승만은 소련의 아시아 연합전선 구축에 필수적인 인물이라면서 도움을 요청했다.

페테루스키 공사는 동덕건의 의견에 공감하여 본국에 이승만의 소련 방문 비자 발급을 요청하여 허락을 받았다. 이승만은 기차 편으로 모스크바로 향했다. 그러나 모스크바 당국은 이승만에게 "귀하에게 비자가 발급된 것은 업무 착오였으니 즉시 모스크바를 떠나라"고 통보했다.

당시 소련은 동청철도[218] 문제로 일본과 긴장 상태였다. 소련은 동청철도 운영권마저 내놓아야 하는 상황이 되자 모스크바에 체류 중이던 마츠야마(松山) 일본 철도위원회 총재의 감정을 상하지 않도록 하기 위해 이승만의 모스크바 방문을 거부한 것이다.

1936년 조선총독부 보고에 의하면 한국의 독립을 위해 16만 9,961명이 연루된 게릴라 활동이 4,474건이나 발생했다.[219] 이러한 투쟁의 와중에 이승만은 많은 사람들이 '실패한 운동'이라고 규정한 기약없는 외교적 독립운동에 매달렸다. 그러나 기대했던 만큼 성과는 나오지 않았다. 이로 인해 하와이 교민사회는 이승만을 거세게 비난했고, 이승만 지지자와 동지들도 별무소득인 외교 투쟁에 지쳐 하나 둘 이승만을 떠났다. 이 무렵이 이승만에게는 암흑기나 다름없었다.

1937년 7월 7일, 일본은 만주에 이어 중국을 침공하여 중일전쟁이 발발했다. 일본이 군국주의의 길로 치달은 사건은 1932년 5월 15일에 발생했다. 일본 제국해군의 급진파 청년장교들이 수상 관저에 난입하여 이누카이 쓰요시(犬養毅) 수상을 암살한 것이다. 급진파 해군 장교들은 런던 해군 군축조약을 체결한 전임 일본 수상 와카쓰키 레이지로(若槻禮次郎)에 큰 불만을 가지고 있었다. 그들은 기회가 오면 와카쓰키를 습격하려고 작심하고 있었는데, 이노카이 쓰요시마저 해군 감축을 지지하자 반란을 일으켜 그를 암살한 것이다.

1936년 2월 26일에도 도쿄에 주둔한 제1사단의 일부 황도파 청년장교들이 1,500여 명의 병력을 이끌고 반란을 일으켰다. 그들은 수상 관저를 습격하고 중신 10여 명을 사상케 했는데, 이것이 일본을 군국주의의 길로 몰고 간 2·26 사건이다. 반란사건이 발생하자 군부는 제59연대를 출동시켜 반란 진압 임무를 맡겼다. 당시 진압군으로 출동한 59연대의 지휘관이 영친왕 이은이었다.

이누카이 쓰요시 암살과 2·26 사건으로 군부가 통제 불능, 무소불위의 세력으로 부상하자 재벌들이 군부를 지원하여 군이 외교와 정치까지 장악했다. 이로 인해 군국주의가 강화되어 중일전쟁으로 치닫게 된다. 일본군은 1937년 7월 7일 북경 교외의 노구교(蘆溝橋 · 루거우차오)에서 도발을 일으켜 북경과 천진(天津 · 톈진), 국민정부의 수도 남경(南京 · 난징)을 점령하고 30만 명이 넘는 무고한 시민을 대량 살육했다. 이어 무한(武漢 · 우한), 광동(廣東 · 광둥), 산서(山西 · 산시)에 이르는 주요 도시들을 점령했다.

일본군은 중국에서 삼광(三光)작전을 전개하여 잔혹하게 민간인들을 죽였다. 삼광 작전이란 살광(殺光), 소광(燒光), 창광(僋光)을 말하는 것으로 다 죽이고, 다 불태우고, 다 약탈하여 적의 근거지를 말살시키는 초토화 작전이다. 중국에서 이처럼 참혹한 작전을 펼친 결과 극동군사재판에서는 중일전쟁 중 전체 민간인 사망자 수를 최소 1,000만 명으로 추정했다.

중일전쟁이 장기화되어 일본군이 늪에 빠진 꼴이 되자 일제는 선전포고도 없이 일요일 아침에 진주만을 공습하여 태평양전쟁을 일으켰다가 패망을 길을 걷게 된다.

프란체스카 도너, 박승선

이승만의 부인들

이승만과 프란체스카 여사의 인연은 일본의 만주 침략이 계기가 되었다. 1931년 일본이 만주를 침략하자 국제연맹은 일본의 만주 침략 문제를 논의하기 위해 제네바에서 국제연맹 총회를 소집했다. 김구 주석이 이끄는 상해 임시정부는 이 회의에 참석하여 한국의 입장을 대변할 전권대사로 이승만을 임명했다. 이승만은 이 회의를 위해 제네바에서 활동하던 도중 평생의 동지이자 아내가 된 오스트리아 비엔나 출신의 프란체스카 도너 (Franziska Donner · 1900~1992) 양을 만나게 된다.

프란체스카는 1900년 오스트리아의 수도 비엔나 근교의 인서스돌프라는 소도시에서 철물 무역과 청량음료 공장을 운영하는 사업가 루돌프 도너의 셋째 딸로 태어났다. 그녀의 성씨(姓氏)인 도너(Donner)는 동유럽 유대인(Ashkenazic Jew)들의 성으로, 프란체스카 여사가 유대인이었을 가능성을 시사한다.

프란체스카 도너는 비엔나에서 상업전문학교를 졸업한 후 농산물 관리소에서 근무하다가 영국 스코틀랜드에 3년간 유학을 하여 영어 통역사 자격과 타자 및 속기사 자격을 취득했다. 덕분에 그녀는 모국어인 독일어를 비롯하여 영어와 불어를 구사할 수 있게 되었다.

프란체스카는 20세 되던 1920년, 중매를 통해 당시 젊은 여성들의 선망의 대상이었던 자동차경주 선수 헬무트 뵈링거와 결혼했는데, 결혼식 직후 뵈링거는 자취를 감추었다. 그동안 사귀어왔던 동거녀가 있었던 것이다. 상황을 파악한 프란체스카는 즉각 결혼을 취소하고 지참금까지 돌려받은 후 가업에 몰두했다. 아버지의 사업을 이어받을 후계자로서 현장 수업을 받던 중 어머니와 함께 제네바로 여행을 갔다가 때마침 국제연맹회의 참석차 제네바를 방문한 이승만을 만났다.

당시 이승만은 돈이 없어 식사도 제대로 하지 못하고 날계란에 식초를 타서 마셔야 할 정도로 가난한 동양의 작은 나라에서 온 독립운동가였다. 두 사람은 부모의 반대를 무릅쓰고 1934년 10월 8일 뉴욕의 몽클레어 호텔에서 존 헤인스 홈스 박사와 윤병구 목사의 공동 주례로 결혼식을 올렸다. 프란체스카 여사는 "신혼 시절 내 꿈은 하루속히 한국이 독립되어 고달픈 독립운동가의 떠돌이 생활을 청산하고 안정된 생활을 할 수 있도록 아담한 내 집을 갖는 것이었다"고 밝혔다.

「중앙일보」 보도에 의하면 프란체스카 여사는 오스트리아의 대표적인 유명 정치인 집안과 친척인 것으로 밝혀졌다. 프란체스카 여사와 혈연관계인 유명 정치가는 에르빈 프륄 북오스트리아주(州)의 주지사와 그의 조카이자 부총리를 역임한 요제프 프륄이다. 보도 내용을 소개한다.

"오스트리아 4대 일간지 중 하나인 「쿠리어」지는 2008년 8월 프란체스카의 집안 내력을 전면에 걸쳐 대대적으로 보도했다. 이 신문은 '한국 커넥션'(Die Korea-Connection)이란 제목 아래 '라트부른에서 서울로: 족보 연구가가 에르빈 프륄과 한국의 첫 퍼스트레이디 간의 관계를 밝혔다'고 전했다. 그러면서 두 사람의 가계도를 이들의 사진과 함께 게재했다.

현지인들 사이에서 67세인 프륄 주지사는 오스트리아 정계 내 다섯 손가락 안에 꼽히는 실력자로 통한다. 1992년 주지사로 선출된 뒤 6개 주중 가장 큰 북오스트리아주를 21년째 이끌고 있다. 오스트리아 사상 최장수 주지사다.

1968년생인 조카 요제프 프륄은 2003년 35세 때 농수산부 장관에 임명될 정도로 일찍이 정계에서 두각을 나타냈다. 그러다 2008년에는 여당인 국민당 당의장을 맡는 동시에 부총리 겸 재정부장관으로 발탁됐다. 그러나 불운하게도 폐색전(肺塞栓)에 걸리는 바람에 2011년 공직에서 물러나 지금은 쉬고 있다.

이 같은 사실은 오스트리아의 유명 계보학자 펠릭스 군다커가 한국의 독립 60주년을 계기로 프란체스카 여사의 족보를 추적한 끝에 알려졌다. 군다커는 프란체스카의 고향인 인체르스도르프에 가서 오래된 출생기록을 뒤지던 과정에서 문득 이 지역 유명 정치인인 프륄 주지사와 혈연관계일 수 있다는 생각이 들었다고 한다. 그리하여 두 사람의 계보를 거슬러 올라간 끝에 이들의 공동 조상을 찾을 수 있었다.

군다커의 조사에 따르면 이들의 공동 조상은 1753년 태어난 벤델린 도너라는 재단사인데, 프란체스카의 고조(高祖)이자 프륄 주지사의 5대조 할아버지로 판명났다는 것이다. 따라서 프란체스카와 프륄 주지사는 9촌 간인 셈이다. 벤델린 도너는 10명의 자녀를 낳았으며 이들의 후손이 오스트리아 전역으로 퍼져 나갔을 것으로 추정됐다.

군다커가 찾아낸 출생 기록에 따르면 1900년 6월 15일 인체르스도르프에서 태어난 프란체스카는 보름 뒤인 7월 1일 유아 세례를 받았다. 또 1869년 태어난 그의 어머니 프란체스카 게르하르틀은 사생아로 태어났다. 그러나 그 후 부모가 정식으로 결혼해 두 사람 간의 적법한 자식이 된 것으로 드러났다.

이와 함께 일부 조상들의 직업도 밝혀졌다. 증조부 요제프 도너 역시 그의 아버지처럼 재단사였으며 목동, 목수, 포도주 제조업자, 방직업자 등 다른 조상들은 다양한 직업을 갖고 있었다.

프륄 주지사의 경우 조상이 독일에서 건너온 것으로 추정됐다. 프륄이란 성 자체가 독일 바이에른 지방에서 유래한 것으로 알려져 있다. 과거 라트부룬에서 일하는 에드문트 탄처라는 목사가 프륄 주지사의 족보를 추적한 적이 있었다. 그리하여 프륄 주지사가 60세 되는 해, 이 목사는 프룔에게 그의 족보를 알려줬다고 한다. 하나 그때에는 프룔 주지사와 프란체스카의 관계까지 규명되지는 않았다고 한다. 프룔 주지사는 쿠리어지와의 인터뷰에서 '전혀 알지 못했던 조상이 세계 정치에 참여했었다는 건 정말로 대단한 일'이라며 '이번 일을 계기로 한국과 오스트리아 간 경제 관계가 발전했으면 좋겠다'고 희망했다.[220]

이승만도 프란체스카 도너 양과의 결혼이 재혼이었다. 이승만은 당시의 조혼 풍습에 따라 16세 되던 해에 우수현 근처에 살던 박춘겸의 딸 박승선과 혼인을 했다. 아내 박승선은 개성이 강하고, 당시로서는 학식도 갖춘 여인이었다.[221] 이승만보다 두 살 연상이었던 부인 박 씨는 남편의 이름에서 '승'자를 따서 승선이라는 신식 이름을 가지게 되었다. 남편이 독립협회와 만민공동회에서 개혁을 부르짖을 무렵 아들 봉수(아명 태산)를 낳았다.

이승만과 함께 서당과 배재학당을 다녔던 신흥우의 기록에 의하면 박승선은 성격이 급하고 진보적인 인물이었다고 한다. 이승만이 체포되자 남편의 석방을 요구하는 상소문을 올렸고, 사흘 밤낮을 덕수궁 앞에 꿇어앉아 탄원했다.[222] 유영익은 부인 박 씨가 불같은 성격을 지닌 신식 여성으로서 성격이 남편과 너무 닮아 부부간의 금슬은 좋지 않았다고 한다.

이승만이 출옥한 후 부인과의 사이에 깊은 금이 갔으며, 이승만이 1912년 미국으로 망명을 떠나면서 부부관계는 끝났다. 망명을 떠나기 직전 이승만은 친척에게 100원을 빌어 박 씨의 이혼 후 생활근거를 마련해 주었

다고 한다.[223]

이승만의 일가인 우제하의 증언에 의하면 부부 간의 사이가 틀어진 것은 이승만이 미국에서 박사 학위를 취득하고 1910년에 귀국했을 때 부인 박 씨가 그 동안 1,200평짜리 앵두밭을 절에 시주한 것이 표면적인 동기라고 한다. 이승만은 독실한 기독교인이었기 때문에 절에 앵두밭을 시주한 것에 격노했다는 것이다. 이승만은 1912년 미국으로 망명할 때 평소 사이가 좋지 않았던 아내에게 '다시 돌아올 기약이 없으니 헤어지자'고 해서 사실상 이혼을 했다.

박승선은 이승만이 미국으로 떠난 후 기독교인이 되어 신학 공부를 하여 해주, 원산, 진남포, 평양 등지에서 전도사 생활을 했다. 혼자 살기가 외로웠던지 양자를 들여 함께 살았다.[224]

아들 봉수는 이승만이 미국에 데리고 갔는데 1906년 2월 25일 필라델피아 시립병원에서 디프테리아로 사망했다. 윤치영의 회고에 의하면 해방 후 이승만이 귀국하여 돈암장에 기거할 때 부인 박 씨가 돈암장으로 찾아와 두 사람이 만났으며, 이승만은 박 씨 부인을 정중하고 후하게 대접하여 보냈다. 당시의 조우 장면을 윤치영은 이렇게 전하고 있다.

'돈암장으로 숙소를 옮기고 어수선한 가운데 질서를 잡아나가던 11월 중순 어느 날 나는 뜻밖의 손님을 맞았다.… 어느 노부인 한 사람이 나를 꼭 만나야겠다고 하여 직접 만나보았다. 그 노부인은 인품으로나 언사에서 바로 짐작되는 데가 있었다. 나는 노부인을 이 박사에게 안내했다. 나로서는 두 분의 만남을 지켜보며 남다른 인정의 기미를 헤아려 서로 간에 예절이나 태도에서 느낀 바가 많았다. 나는 이 박사의 뜻에 따라 정중하고 후하게 대접하여 보냈지만 그 뒤로 소식이 끊겨 지난 일이 되었다.[225]

평생 남편을 잊지 못했던 박 씨는 온갖 고생을 하면서도 재가를 하지 않고 지내다 해방을 맞았다. 남편이 외국 여성을 아내로 맞아 귀국하자 신설동에서 외로운 노년을 보내다가 1·4후퇴 때 인민군에게 납북되었다.[226]

이승만의 필리핀 인맥

이승만은 일찍부터 필리핀에 관심을 가졌다.[227] 그의 강력한 후원자인 맥아더 원수가 다년간 근무한 곳이 필리핀이며, 2차 세계대전 종전 후 가장 먼저 신생 독립국가가 되어 유엔 임시위원단의 일원으로 한국의 독립과 건국 과정에 도움을 주었기 때문이다. 이때 활동한 카를로스 로물로(Karlos Romulo), 아란즈, 루나 등과 친교를 나누었다. 필리핀은 신생 대한민국이 유엔으로부터 승인 외교를 전개하는 과정에서 미국과 함께 한국 대표단을 적극 지원했다.

카를로스 로물로는 1941년 코레히돌 섬에서 더글러스 맥아더 장군의 전속부관이 되어 '자유의 소리' 방송을 주관했고 일본이 코레히돌 섬을 점령하자 맥아더 장군과 함께 호주로 건너갔다. 이후 마누엘 케손 대통령이 이끄는 워싱턴 DC의 필리핀 망명 임시정부에 참여했다. 1941년 로물로는 태평양지역의 군사상황에 대한 전전(戰前)의 평가를 인정받아 퓰리처 상을 수상했으며, 일본이 패망하자 미군과 함께 필리핀으로 돌아왔다.

로물로는 유엔 창설의 주역을 맡았으며, 아시아인으로는 최초로 유엔 총회 의장을 비롯하여 유엔안전보장이사회 의장직을 두 번이나 맡았다. 그는 필리핀 외무장관, 주미 대사, 필리핀대학 총장, 교육부 장관 등을 역임했다.

3·1운동 후 일본 경찰은 이승만의 목에 30만 달러의 현상금을 걸었는데, 이승만이 상해 임시정부 대통령으로 재임하다가 미국으로 돌아갈 때 일본을 우회하기 위해 서울에 주재한 바 있던 한 미국 여성의 도움으로 이름을 바꾼 채 필리핀 마닐라에 잠시 머문 적이 있다.

2차 대전 종전 후 전범 재판 과정에서 한국인으로는 유일하게 전범으로 기소된 사람이 필리핀 주둔 일본군의 연합군 포로관리소장을 지낸 홍사익 장군(일본명 마사하루 홈마)이다. 경기도 안성 출신인 홍사익은 육군무관학교 재학 중 1909년 영친왕이 일본 유학을 떠날 때 이응준, 김석원과 함께 유학 동반자로 선발되어 일본에 갔다.

그는 일본 중앙유년학교를 거쳐 1914년 5월 일본 육군사관학교를 졸업(제26기)하고 소위로 임관했다. 함께 임관한 한국인 생도는 독립운동가 지청천, 이응준, 신태영, 조철호 등 13명이었다. 그는 일본 육군대학도 졸업했는데, 일제 시대에 일본 육군대학 출신 한국인은 왕족인 영친왕을 비롯하여 이건, 이우와 홍사익 네 명 뿐이었다.

왕족 아닌 조선인 출신으로 일본군에서 장성이 된 경우는 홍사익을 비롯하여 일곱 명(이병무, 조동윤, 어담 중장, 이희두, 조성근, 왕유식, 김응선 소장)이었다. 이들은 전원 대한제국군에서 참령 이상 계급에 있었던 고위 간부들로서 1920년 조선군이 일본군에 정식으로 편입되면서 일본군 계급을 부여 받은 것이다. 이들을 제외하면 한국인으로서 일본군에서 정식 코스를 밟아 장군에 오른 사람은 왕족을 제외하면 홍사익이 유일하다.

홍사익은 태평양 전쟁 중 중국에서 여단장, 1944년 필리핀 주둔 일본 남방군 총사령부의 병참총감, 연합군 포로수용소장을 겸직했다. 이 때문에 종전 후 필리핀에서 열린 전범 재판에 회부되어 포로 학대 혐의로 교수형을 당했다.

안나 엘리너 루스벨트 여사

이승만의 외교 독립운동 지원한
루스벨트 미국 대통령 부인

안나 엘리너 루스벨트(Anna Eleanor Roosevelt) 여사는 프랭클린 루스벨트 대통령의 부인으로서 이승만과 루스벨트 대통령을 이어주는 역할을 했다. 이승만은 태평양전쟁이 발발하자 미국의 전시 무기 대여법(Land Lease Act)에 의거하여 한국에 군사원조를 요청하기 위해 동서분주했으나 한국 임시정부가 국제적인 승인을 얻지 못했다는 이유로 뜻을 이루지 못하고 있었다. 프란체스카 여사는 자신과 남편 이승만이 무기대여법 문제로 영부인 엘리노 여사와 면담한 후 다음과 같은 편지를 로버트 올리버에게 보냈다.

"우리(이승만 부부)는 목요일에 그녀(엘리노 여사)를 만나러 갔습니다. 이 박사(이승만)가 귀하(올리버)의 책을 한 권 선사했습니다. 우리는 그저 우호적인 말을 나누려는 생각이었는데 그 부인은 바로 '당신들은 무기 대여 원조를 얻으려는 겁니까? 물어왔습니다. 이 박사는 우리가 일본에 대한 항쟁에 동참하려고 얼마나 여러 번 미국 정부의 원조를 교섭하여 왔으며, 지금까지 단 1달러의 원조, 단 한 자루의 다이너마이트도 받지 못했다는 이야기를 그 부인에게 들려주었습니다.

이 박사는 루스벨트 대통령이 우리에게 대하여 무엇인가 잘못 전해 듣고 있다고 생각하며, 그렇지 않다면 이럴 수가 있겠느냐고 말했습니다. 루스벨트 부인은 대통령에게 이야기하겠노라고 약속했습니다."

엘리너 루스벨트 여사는 이승만이 원하는 길을 터주기 위해 여러 경로를 통해 노력했다. 그녀는 이승만 부부와 함께 이야기를 나눈 뒤 1945년 3월 12일자 신문의 신디케이트 칼럼에 이렇게 썼다.

"나는 그 전에는 이 박사를 만나본 일이 없지만 그의 얼굴에는 아름다운 정신이 빛나고 그의 동포들이 오랜 세월 겪어왔을 인내심이라고나 할까 그런 것이 그의 잔잔한 표정에 번득이고 있었다."

영부인 안나 엘리너 루스벨트 여사는 26대 미국 대통령인 시어도어 루스벨트의 조카딸로, 영국에서 공부했으며 1905년 백부의 소개로 먼 사촌인 프랭클린 루스벨트를 만나 결혼했다. 미국 역사상 가장 활동적이고 가장 존경받는 영부인, 뛰어난 정치적 판단과 군중을 아우르는 리더십으로 미국 퍼스트레이디 역사상 가장 위대한 업적을 남긴 인물이 엘리너 루스벨트 여사다.

1921년 여름에 남편이 소아마비로 걸을 수 없게 되자 엘리너는 남편을 돕기 위해 정치 활동을 시작했다. 그녀는 남편의 '눈과 귀와 다리'가 되었고 아내의 내조 덕에 프랭클린 루스벨트는 뛰어난 전략가가 될 수 있었다. 이런 노력 끝에 정계 복귀에 성공하여 1933년 대통령에 당선되었다.

엘리너는 신문을 교묘하게 이용해 명성을 쌓았다. 그녀는 1936년 이후 수년 동안 일간신문에 '나의 나날'(My Day)이라는 칼럼을 썼는데, 이 칼럼은 500만 명의 독자를 확보할 정도로 인기가 있었다. 활달하고 자신만만한 루스벨트, 겸손과 활력을 두루 갖춘 엘리너는 미국을 대공황과 제2차 세계대전이라는 두 가지 위기에서 구해냈다.

엘리너와 프랭클린의 정체성과 국가에 대한 공헌도는 빌 클린턴과 힐러리보다 훨씬 더 독특하고 뛰어난 업적을 남겼다. 후임 대통령들과 퍼스트 레이디들이 모두 루스벨트 부부를 기준으로 자신들을 평가했을 정도다. 엘리너 루스벨트 여사는 곳곳에서 정치집회와 각종 단체에 연사로 초청받았다. 그녀는 전국청년협회, 아동복지, 실험적 애팔래치아 공동체, 빈민가 퇴치계획, 평등권 등과 같은 뉴딜 정책의 인도주의적 측면에도 각별한 관심을 보였다.

남편이 사망한 후 1945년부터 1951년까지 유엔 대사를 지냈고, 1946년에는 유엔인권위원회 의장으로 선출되었다. 그녀는 세계인권선언을 기안하는 데 기여했다.

펄벅, 스탠리 혼벡

이승만의 저서『일본내막기』
집필과 발간을 후원한 인물

히틀러의 나치 독일이 1938년 오스트리아를 합병한 데 이어 1939년에는 체코슬로바키아를 합병했다. 지구촌 곳곳에서 전운이 감돌기 시작하자 하와이에서 암울한 세월을 보내던 이승만은 1939년 4월 본격적인 외교활동을 개시하기 위해 동지회 사업은 임병직에게, 기독학원은 양유찬 박사와 이원순의 부인 이매리 여사에게 맡긴 다음 워싱턴으로 갔다.

이승만은 워싱턴에 사무소를 열면서 미국인들의 권유대로 체코인들의 국민외교부를 참고하여 대한국민위원부(Korean Nationalist Mission)라는 명칭을 사용했다. 일반적으로는 한국위원부(Korean Mission)로 알려졌다. 구미위원부라는 명칭을 사용하지 않기로 한 것은 임시정부와의 마찰을 피하기 위해서였다.[228]

워싱턴에 사무소를 개설한 이승만이 가장 먼저 착수한 작업은 1919년 구미위원부 설립 후 친한(親韓) 미국인들로 조직했던 한국친우회(League of the Friends of Korea)의 부활이었다. 그러나 친우회 조직의 부활은 기대했던 것만큼 쉽지 않았다.

1939년 8월 23일, 히틀러가 스탈린과 독·소 불가침조약을 체결하고 폴란드를 기습 공격했다. 이에 폴란드와 동맹관계를 맺고 있던 영국과 프랑스가 독일에 선전포고를 하면서 제2차 세계대전이 발발했다. 이승만은 유럽에서의 전쟁을 바라보며 중국을 침략한 일본이 미국을 상대로 전쟁을 일으키는 것은 시간문제라고 봤다.

이승만은 각국 외교 공관이 몰려 있는 거리에서 두 블록 떨어져 있는 노스웨스트 지구 호버트 가의 국립동물원이 내려다보이는 언덕 위에 위치한 작은 2층 붉은 벽돌집에 거처를 했다. 그리고 1939년 겨울, 오래 전부터 구상해 왔던 내용, 즉 일본이 조만간 미국을 침공할 것이라는 가설을 주제로 한 『일본 내막기-오늘의 도전』(Japan inside out-The challenge of today)의 집필을 시작했다. 통계자료를 비롯하여 집필에 필요한 자료 수집은 임병직이 도왔다.

1년 5개월간의 작업 끝에 1941년 8월 1일 뉴욕의 플레밍 H. 레벨 출판사에서 이승만의 저서가 출간됐다. 몬태나 주에 살던 교민 전인수 등이 출판비를 보조해 주었다. 이승만은 이 책을 프랭클린 루스벨트(Franklin D. Roosevelt) 대통령과 영부인 엘리너 루스벨트 여사, 헨리 스팀슨(Henry L. Stimson) 육군장관에게 우편으로 보냈다. 이승만은 루스벨트 대통령에게 자신의 저서와 함께 다음과 같은 편지(1941년 8월 1일자)를 동봉했다.

"경애하는 각하께.

나의 이 졸작『일본내막기』는 일본의 실체가 어떠한 것인지, 그들이 지향하는 바가 무엇인지를 미국 국민들에게 있는 그대로 드러내고자 하는 진지한 소망을 가지고 집필되었습니다. 이 책을 출판함에 있어 예상치 못한 지연이 있었지만, 그로 말미암아 이 책의 유용성이 사라지지 않기를 희망합니다. 이 책에서 말하는 바가 사실과 어긋나거나 또는 각하의 외교정책에 반하는 일이 없다면 진실로 그 이상의 기쁨은 없습니다. 혹 다른 경우가 있다면 재판 과정에서 수정이 이루어질 수 있도록 나에게 알려주시기 바랍니다.…"

헐 국무장관에게는 극동국의 스탠리 혼벡(Stanley K. Hornbeck) 박사를 통해 저서를 증정했다. 스탠리 혼벡은 이승만의 하버드대학 시절 스승인데, 그는 이 책의 집필 과정에서 내용을 읽고 정정해야 할 곳을 지적해 주었다.[229]

이승만의 저서가 발간되자 미국 주류사회는 '전쟁을 부추기는 망발'이라면서 냉담한 반응을 보였다. 그러나 1938년 노벨문학상 수상자인『대지』의 작가 펄 벅(Pearl S. Buck)은『아시아 매거진』(The Asia Magazine, 1941년 9월호)에 "이것은 미국인들이 반드시 읽어야 할 책이다. 왜냐하면 이 책은 미국인들을 위하여 집필되었으며, 지금이야말로 미국인들이 이 책을 읽어야 할 때이기 때문이다. 거듭 말하지만 나는 이것이 진실임을 두려워한다"는 서평을 실었다.

펄 벅 여사가 이처럼 호의적인 서평을 쓴 이유는 자신이 중국인의 시각에서 중국 입장을 대변하는 입장에 있었는데, 한국인의 일본 군국주의에 대한 비판이 충분히 경청할 일이며 자신의 주장과 활동에도 도움이 되었기 때문이다. 펄 벅은 중일전쟁 초기에 일본군이 남경 대학살을 저지른 소식을 전해 듣고 일본의 야만적인 군국주의를 비판했다. 펄 벅은 평화주의자였지만 중일전쟁에서 미국이 중립을 취하는 것은 사실상 일본을 지지하는 것이나 다름없다고 생각했다. 아시아에서 일본의 지속적인 팽창을 저지해야 한다는 점에서 이승만과 펄 벅은 견해가 일치했다.[230]

일본은 이승만의 예언을 증명하기라도 하듯『일본내막기』가 발간된 지 4개월 후인 1941년 12월 7일 오전 7시 55분(하와이 현지시각), 선전포고도 없이 진주만의 미 해군기지를 공습했다. 미국은 즉각 일본에 선전포고를 하여 4년여에 걸친 태평양전쟁이 시작됐다.

홍미로운 것은 이승만이『일본내막기』를 집필하고 있을 무렵 미 국무부의 대표적인 극동문제 전문가인 스탠리 혼벡 박사도 1940년 7월에 작성한 정책문서에서 일본의 세계정책에 대해 이승만과 비슷한 인식과 전망을 하고 있었다는 점이다.

스탠리 혼벡은 일본의 '대동아 공영권'을 언급하면서 일본의 국가목표는 일본 제국의 정치 경제적 지배력을 아시아 지역 전역에 확대하는 것이며, 이 지배권의 확립은 '하늘이 일본 민족에게 부여한 천명(天命)'을 실현하는 일이며, 천명에 따라 일본인들은 먼저 아시아에 광대한 제국을 건설하고, 최종적으로는 '현인신(現人神)'인 천황이 지배하는 세계 정복을 꿈꾸고 있다고 분석했다. 손세일은 혼벡과 이승만은 하버드 대학 시절 사제지간으로서 오랜 교분을 지니고 있었으므로 일본인들의 전쟁 심리에 대해서도 많은 대화를 나누었을 것으로 분석했다.[231]

진주만 공습이 개시되기 전까지 일본에 대한 미국의 대체적인 시각은 우호적이었다. 오직 이승만과 혼벡만이 일본의 침략 근성이 결국은 미국을 침공할 것이라고 경고했을 뿐이다. 일본의 진주만 공습으로 하루아침에 군인과 시민 3,000여 명이 살상을 당하고 나서야 미국은 일본의 위협을 실감했다.

4개월 전에 일본의 미국 침공을 예언한 저서를 발간한 이승만은 스타로 떠올랐다. 이승만의 저서는 미국 지도부 인사들에게 유명해졌고, 영국에서도 발간됐다. 일본을 우호적으로 바라보았던 미국 정부나 군부는 그제서야 일본 군국주의의 실상을 이해하기 위해 이승만의 책을 열심히 읽고 분석했다.

진주만 공습 전까지 이승만을 '완고하고 고집 센 노인' 정도로만 알고 있던 미국의 정객들은 "이승만 박사는 성서의 선지자와 같은 눈을 가지고 있다"고 칭찬을 아끼지 않았다.[232] 특히 미 군부에서 이승만을 호의적으로 바라보면서 미 국방부와 이승만의 협조 관계가 구축되기 시작했다.

한미협회(Korean-American Council)

한국 독립과 이승만 지지하는
미국 내 오피니언 리더들의 모임

이승만이 『일본내막기』 집필에 몰두하고 있던 1941년 4월 20일 하와이 호놀룰루에서는 미주 국민회와 동지회, 대조선독립단 등 9개 한인 단체 대표들이 모여 한인들의 분열을 막고 갈등을 봉합하기 위해 재미한족연합위원회를 결성했다. 이날 연합위원회는 임시정부 지지, 워싱턴에 외교위원부 설치, 독립금을 갹출해 3분의 2는 임정에 보내고 나머지는 외교위원부에 송금할 것을 결의했다. 그리고 연합위원회 위원장에는 이승만의 측근인 임병직을, 그리고 이승만을 외교위원장에 선출했다.

임정을 이끌고 있던 김구 주석은 이 위원회를 승인하고 1941년 6월 4일 이승만을 주 워싱턴 전권대표로 임명하고 신임장을 주었다. 이로써 이승만의 탄핵으로 단절됐던 임정과의 관계가 복원되었고, 사실상 구미위원부가 복원되어 이승만은 공식적으로 항일 독립외교를 할 수 있는 지위를 획득했다.

이승만은 1942년 3·1절에 맞춰 1919년 4월에 필라델피아에서 개최했던 대한인 총대표회의(제1차 한인의회)와 같은 대중 집회를 계획했다. 회의는 재미한족연합위원회와 미국인들로 구성된 한미협회(The Korean American Council)가 공동으로 주최하기로 했다.

한미협회는 이승만이 1939년에 워싱턴에 와서 지난날의 한국친우회(Leage of the Friends of Korea)를 부활시키려고 노력하다가 진주만 사건으로 상황이 급박해지자 1942년 1월 16일에 서둘러 결성한 단체다. 이사장은 위싱턴 파운드리 감리교회의 목사이며 미 의회 상원 원목(院牧)인 프레드릭 해리스(Frederick B. Harris) 목사가 맡았으며, 회장은 주 캐나다 대사를 역임한 제임스 크롬웰이었다.

해리스 목사는 미국 교계에 강력한 영향력이 있는 인물로서, 문필에도 뛰어난 재질이 있어 「워싱턴 스타」지의 칼럼니스트로서 일요일마다 기고를 하고 있었다. 그는 이 신문에 칼럼을 통해 한국 독립에 대한 문제를 여러 번 제기했고, 설교나 강연을 통해 한국 독립 문제를 자주 언급했다.

1954년 7월 이승만 대통령이 아이젠하워 대통령의 초청으로 미국을 국빈 방문했을 때 이 대통령은 '아무리 절차가 복잡하더라도 해리스 목사의 교회에서 일요 예배를 볼 수 있도록 하라'는 특별 훈령을 내렸다. 그 결과 이 대통령은 1954년 7월 30일 워싱턴의 파운드리 교회에서 해리스 목사가 인도하는 예배에 참석했으며, 교회 측에서는 이 대통령에게 강론을 할 수 있는 별도의 시간을 마련해 주었다. 이날 예배에는 6.25 때 유엔군사령 관을 역임한 밴 플리트 장군도 참석했다.[233] 해리스 목사는 1958년 3월 이 승만 대통령의 초청으로 방한하여 서울운동장에서 한경직 목사의 통역으 로 열광적인 설교를 했다.[234]

한미협회를 움직이는 핵심은 이사회와 전국위원회(National Committee) 구성원들이었다. 1943년 1월 현재 이사회 멤버는 해리스, 크롬웰, 스태거 스, 윌리엄스, 프란체스카를 포함한 8명이 올라 있었다. 또 전국위원회 명 단에는 서재필, 헐버트, 중국 중경(重慶·충칭)에서 활동하고 있는 조지 피 치(George A. Fitch) 목사의 부인 등 28명이 등재되어 있었다. 피치 목사의 부인은 1932년 상해에서 윤봉길 의사의 의거 당시 네 명의 한국인을 자 신의 집에 한 달 동안 숨겨주었는데, 그 중 한 사람이 김구 주석이었다. 또 중국 작가 임어당(林語堂), 중국군 대령 치아 예첸 박사가 전국위원회에 등 재되어 있었다.

이들의 직업은 상하원 의원, 주지사, 외교관, 대학 총장, 교수, 목사, 출 판사 회장, 잡지 편집인, 작가, 사회사업가, 현직 군인 등 다양했고, 박사가 15명이나 되었다. 한미협회의 멤버들은 대부분이 미국 주류사회에 영향 력을 행사할 수 있는 여론 주도층이었다. 이승만은 자신의 인맥을 활용하 여 미국 주요 언론과 의회의 지지를 등에 업고 미국의 외교정책에 영향력 을 행사하고자 한미협회를 결성한 것이다.

한미협회는 미국이 대한민국 임시정부를 승인하고, 임시정부가 대일전

(對日戰)에 참전할 수 있도록 하기 위한 활동을 전개했다. 이승만은 미국의 승인을 받은 임시정부가 존재해야만 제2차 세계대전이 끝난 뒤 소련이 한반도를 점령하여 공산화되는 것을 막을 수 있다고 주장했다.

이승만은 한미협회의 후원을 받아 워싱턴의 구미위원부를 중심으로 임병직, 정한경, 장기영, 김세선, 이원순 등과 함께 1942년부터 1945년까지 30여 차례에 걸쳐 미 국무부, 전쟁부, 백악관 등에 임시정부의 승인과 무기대여를 요청했다.

1942년 5월 5일 한미협회 회장 제임스 크롬웰은 헐 국무장관에게 "한국인들이 무엇인가 투쟁할 수 있는 대상을 가져야 한다. 임시정부를 즉각 승인하는 편이 전쟁을 수행하는 데 중요하다. 임시정부의 승인과 실질적인 원조를 해준다면 한국 내에서 잘 조직된 혁명 활동이 손쉽게 진전될 수 있을 것"이라는 서한을 보냈다.[235]

기독교인 친한회
(The Christian Friends of Korea)

이승만을 후원하는 미국 내
친한(親韓) 기독교인들의 모임

일본이 진주만을 기습 공격하여 태평양전쟁이 발발하자 언더우드를 포함
하여 당시 서울과 경기도 권역에서 활동했던 상당수의 원로 미국 선교사
들은 이승만을 지지했다. 이승만의 상투를 잘라준 애비슨은 세브란스 의
학전문학교와 연희전문학교 명예교장을 마지막으로 43년 동안의 한국 선
교생활을 마치고 1935년에 미국으로 돌아와 있었다. 올리버 애비슨은 이
승만의 초청으로 1942년 9월 22일 워싱턴에 와서 한국에서 활동한 경험
이 있는 선교사들을 대상으로 한국을 돕는 방안을 상의했다. 아펜젤러의
딸이자 이화여전 교장을 역임한 앨리스 아펜젤러도 이 자리에 참석했다.

이승만은 1942년 12월 애비슨과 헐버트를 앞세워 한국에 파송되었던
선교사들을 중심으로 한미협회와는 별도의 조직인 '기독교인 친한회'(The
Christian Friends of Korea)를 조직했다.[236] 애비슨은 82세의 고령에도 불

구하고 이승만의 부탁을 받자 한국에서 생활한 경험이 있는 미국 선교사 600명에게 장문의 편지를 발송했다. 애비슨은 이 편지에서 아시아에 기독교 문명을 전파하는 일은 일본의 지배에서 해방된 한국에 의해서만 가능하다고 말하고, 또 한국인들의 대다수는 이승만을 그들의 지도자로 신뢰하고 있다고 썼다.[237]

기독교인 친한회의 회장은 폴 더글러스 아메리칸대학교 총장 , 서기는 조지 피치 부인, 재무는 윌리엄스, 법률고문은 스태거스, 이사진에는 연방 대법원 판사 프랭크 머피 등 미국의 저명인사들이 참여했다.

이승만은 '한미협회'와 '기독교인 친한회'를 중심으로 미국을 움직이는 오피니언 리더들에게 편지 쓰기 운동을 벌였고, 상하원 의원들을 접촉하여 대한민국 임시정부 승인운동을 추진했다. 친한회 회장인 폴 더글러스 총장과 서기인 애비슨 목사는 두 사람 공동명의의 편지에서 "조선총독부가 선교사들에게 추방명령을 내려 한국에서 기독교가 말살되고 있다. 동양의 기독교는 자유 한국이 필요하고, 한국은 미국 여론의 즉각적인 지지가 필요하다"면서 한국에 관심을 가질 것을 호소하는 편지를 미국 주류사회의 인사들에게 보냈다.

이러한 활동 덕분에 미국 내에 거주하는 한국인은 적성국가 외국인 명단에서 제외되었고, 1943년 12월 1일 발표된 카이로 선언의 탄생에도 크게 기여했다. 카이로 선언에서 종전 후 한국의 독립을 보장한다는 내용을 집어넣은 것은 선언의 초안을 작성한 루스벨트의 특별보좌관 해리 홉킨

스었는데,[238] 그는 '한미협회'와 '기독교인 친한회'의 최우선 접촉 인물 중의 한 사람이었다.

당시 한미협회와 기독교인 친한회가 추진한 흥미로운 캠페인 사례를 소개한다. 1943년 4월 8일 워싱턴의 아메리칸대학교 교정에서는 대한민국 임시정부 수립 24주년 기념행사로 벚꽃나무 심기 행사가 진행되었다. 워싱턴을 끼고 흐르는 포토맥 강변에는 벚꽃나무 가로수가 장관을 이루고 있었다. 이것은 1909년 도쿄 시장이 미국과 일본 간 우호의 상징으로 벚꽃나무 묘목을 보내어 심은 것으로 '저패니스 체리 트리'(Japanes cherry tree)로 불렸다.

그런데 일본이 선전포고도 없이 일요일 아침에 진주만을 공습하자 흥분한 일부 미국인들이 이 벚꽃나무를 도끼로 찍어대는 사건이 벌어졌다. 미국 내무부는 "국민감정은 이해하지만 나무가 무슨 죄가 있는가" 하며 도끼질을 하지 못하도록 나무 주변에 경비를 배치했다.

이 소식을 들은 이승만은 한미협회를 통해 미국 내무부 장관에게 "저패니스 체리는 원산지가 한국의 제주도와 울릉도이며, 삼국시대에 한반도에서 일본으로 건너가 일본 열도에 퍼진 것이니 이름을 코리언 체리로 고쳐달라"고 제의했다. 내무부 장관은 확실한 근거가 없이는 이름을 고치기 어렵다고 회답했다.

이렇게 되자 이승만은 구미위원부의 정운수와 한표욱에게 벚꽃나무 원산지를 조사하도록 지시했다. 두 사람은 미국 의회 도서관에서 일본 백과 사전을 뒤져 일본의 겹사쿠라가 조선의 울릉도에서 전래되었다는 내용을 찾아냈다. 이승만은 이 자료를 내무부에 제출하자 얼마 후 "코리언 체리는 곤란하고 대신 오리엔탈 체리로 부르기로 했다"고 통보해 왔다. 이승만이 크게 섭섭해 하자 기독교인 친한회 회장인 아메리칸대학교의 폴 더글러스 총장이 "그렇다면 우리 학교 교정에 코리언 체리를 심자"고 제의했다.

임시정부 수립 24주년 기념식과 코리언 체리 트리 기념식수 행사는 주미외교위원부와 한미협회, 기독교인 친한회가 공동으로 준비했다. 행사에 앞서 3월 29일에는 몬태나 주 출신의 자넷 랭킨(Jannette Rankin) 의원이 하원에서 저패니스 체리 트리를 코리언 체리 트리로 고쳐 부를 것을 주장하는 연설을 했다. 랭킨은 미국 역사상 첫 여성의원이었다.

오전 10시부터 거행된 기념식에는 300명 가량의 사람들이 모였다. 워싱턴에 있는 동포들뿐만 아니라 뉴욕, 펜실베이니아, 디트로이트 등 동부 지역과 멀리 로스앤젤레스와 하와이 거주 한인들도 참석했다. 미 국무부의 정치고문 스탠리 혼벡은 부인이 대신 참석했고, 태국 공사와 체코슬로바키아 공사 부인 등도 참석했다. 나무는 네 그루를 심었는데, 그것은 하와이 대한인 부인구제회가 기증한 것이다.

또 다른 사례. 미국 체신부는 1944년 11월 2일 태극마크가 들어간 5센트짜리 한국 기념우표를 발행했다. 이 무렵 미국 체신부는 추축국에 점령되었다가 해방되고 있는 나라들의 국기를 도안으로 한 기념우표를 발행하고 있었는데, 한국도 그러한 나라의 하나로 인정받은 셈이다. 한국 기념우표 발행 아이디어를 제공한 사람은 이승만의 친구인 언론인 윌리엄스였다. 이 아이디어를 들은 이승만은 미 체신부 장관 프랭크 워커(Frank C. Walker)를 만나 한국 기념우표를 발행해 달라고 제의하여 뜻을 이루었다. 워커는 민주당 전국위원장을 맡을 정도로 루스벨트와 가까운 거물이었다.

「워싱턴 이브닝 스타」 신문사

이승만과 한국에 우호적인 기사를
자주 보도한 워싱턴 DC의 유력지

「워싱턴 이브닝 스타」 신문은 이승만이 독립운동을 할 당시 워싱턴에서 가장 영향력이 있는 워싱턴 최고 권위의 신문이었다. 당시 사주(社主)는 루스벨트 대통령의 친구였는데, 이승만에게 관심을 갖고 지면을 자주 할애해 주었다. 이승만은 이 신문에 기고도 많이 했고, 신문사 측은 비교적 친한(親韓)적인 기사를 자주 게재해 주었다. 「워싱턴 이브닝 스타」지의 경쟁지로는 「타임즈 헤럴드」지가 있었는데, 후에 「워싱턴 포스트」지가 이 신문을 인수했다.

이승만은 1954년 7월 아이젠하워 대통령의 초청으로 미국을 국빈 방문했을 때 워싱턴 펜실베이니아 11번가에 있는 이 신문사를 깜짝 방문하여 메코리 편집국장에게 "한국동란 때 귀 언론사가 한국 관계 기사를 잘 다뤄주어 고맙다"는 인사를 했다. 메코리 국장은 이승만 대통령의 예고 없는

방문을 영광스러워 했다.[239]

이승만은 미국 프로 야구계의 원로이자 워싱턴 세너터즈 프로야구 팀의 구단주를 지낸 클라크 그리피스와도 절친한 관계였다. 그는 이승만을 위해 많은 도움을 주었고, 또 미국 주류 인사들을 다수 이승만에게 소개해 주었다.

호적(胡適·후스)

'2차 대전 후 한국 독립'을
가장 먼저 밝힌 중국 외교관

독일군이 마지노선을 피해 벨기에 아르덴 고원의 삼림 지대를 돌파하여 전격적으로 3주만에 프랑스를 무너뜨리고 서유럽을 점령했다. 1941년 7월 일본은 이 틈을 이용하여 무주공산이나 다름없는 인도차이나 반도를 휩쓸자 연합군은 일본에 대한 경제 제재 조치로 맞섰다.

1941년 12월 7일(일본시간 12월 8일) 일본은 진주만과 필리핀, 그리고 말레이 반도를 동시다발적으로 공격했다. 진주만의 미 태평양 함대는 정박해 있던 7척의 미국 전함 가운데 5척이 격침되고, 200여 대의 항공기가 이륙도 못하고 지상에서 파괴되었다. 불행 중 다행이라면 항공모함은 출동 중이라서 단 한 척도 피해를 당하지 않았다는 점이었다.

일본군은 진주만 공습으로 미 태평양함대에 심각한 타격을 가한 사흘 후인 12월 10일에는 말레이 해전에서 항공 공격으로 영국이 동남아에 배치한 프린스 오브 웨일즈 호와 리펄스 호를 격침시켰다. 이후 일본군은 거칠 것이 없는 전진을 시작했다. 1942년 2월 15일 영국군 수비대가 싱가포르에서 항복했고, 3월 8일에는 인도네시아가 일본군 수중에 떨어졌다. 4월 9일에는 필리핀의 바타안 반도가 일본에게 함락되었다.

1942년 6월 미드웨이 해전에서 일본 연합함대가 미 태평양함대에 대패하여 주력 항공모함 4척을 한꺼번에 잃기 전까지 일본은 동남아시아를 마른 들판의 불길처럼 휩쓸었다. 미국이 필리핀과 괌을 잃는 등 전황이 암담하던 1942년 2월 27일부터 3월 1일까지 이승만은 워싱턴 백악관 근처의 라파예트 호텔에서 한인자유대회(Korean Liberty Conference)를 열었다.

이 대회에는 미주 각 지방에서 온 한인 대표 100여 명과 워싱턴의 정계 인사들을 포함한 미국인 내빈 100여 명이 참석했다. 참석자는 이승만을 비롯하여 크롬웰, 스태거스, 윌리엄스, 헐버트, 피치 부인, 워싱턴 주 출신의 존 커피(John M. Coffee) 하원의원, 하와이 군도 출신의 킹 하원의원, 방송인 오웬, 시사평론가 이튼, 헤이그 회의 자문이며 법률교수 스토웰, 국제법 학자 워다이머, 필리핀 법률자문 우가르트, 감리교 감독 해리스, 정치철학자 윌리엄, 주미 중국대사 호적(胡適·후스), 공화당 대통령 후보 윌키, 고종의 밀사 헐버트, 서재필 등이었다. 이날 회의는 재미한족연합위원회와 한국의 독립을 지원하는 미국 시민들로 구성된 한미협회가 공동으로 개최한 것이다.

이날 기조연설에서 이승만은 "미국 정부의 대한민국 임시정부 승인을 촉구하는 것이 회의의 중요한 목적의 하나"라고 밝혔다. 또 존 커피 의원이 한국 독립의 타당성을 부르짖어 분위기가 뜨겁게 닳아 올랐다. 회의는 WINX방송국에 의해 중계되었다.

회의 마지막 날 호적 주미 중국대사는 류치 영사를 대신 보내 자신의 연설을 대독시켰다. 주요 내용은 호적 대사가 1941년 12월 31일, 진주만 공격이 있는 지 3주 후 행한 연설이었는데, "종전(終戰)에 이은 평화회담에서 2,300만 한국인의 비원이 반드시 고려되어야 하고, 그들의 독립을 회복시키는 절차를 밟아야 한다"는 것이었다. 이 대목이 후에 카이로선언으로 연결되어 "적당한 시기에 한국을 독립시킨다"는 원칙을 천명케 한 것이다.[240]

1942년부터 이승만은 미국의 주요 도시에서 갖가지 명목으로 디너 파티를 열어 미국인을 상대로 설득 캠페인을 벌였다. 뉴욕의 월도프 아스토리아 호텔에서 열린 파티에는 맥아더 장군의 보좌역이었던 카를로스 로물로 대령이 참석하여 이승만의 연설에 열광적인 박수를 보냈다. 이승만의 모교인 프린스턴대학에서 가진 파티에서는 아인슈타인 박사도 참석했다.[241]

윌리엄 랭던

한반도 신탁통치안
최초로 제안한 한국 전문가

이승만이 워싱턴에서 구미위원부 인사들을 비롯하여 한미협회, 기독교인 친한회 인사들과 함께 한국 독립을 위해 고군분투하고 있을 때 미국 정부는 한반도의 운명을 가름할 전략 수립에 나섰다. 그 작업의 주인공은 윌리엄 랭던(William R. Langdon)이었다.[242]

랭던은 1891년 터키에서 출생한 직업외교관으로 1933년 11월부터 1936년까지 서울 주재 미국 영사로 근무했다. 이어 만주의 대련과 심양(瀋陽·선양)을 거쳐 도쿄의 미국 대사관에 근무했다. 1941년 6월부터 국무부 극동국에서 전후(戰後) 외교정책 자문위원회(Advisory Committee on Post-War Foreign Policy)의 영토위원회에 배치되어 전후 대한(對韓)정책 수립작업에 참여하고 있었다.

미 국무부의 극동국장 맥스웰 해밀턴(Maxwell Hamilton)은 한국통인 윌리엄 랭던에게 대일(對日)전쟁의 전후 처리 문제와 관련하여 한국의 장래를 위한 계획 수립을 맡겼다. 랭던은 1942년 2월 20일 '한국 독립 문제의 몇 가지 측면들'이란 18쪽짜리 보고서를 제출했다.

랭던의 보고서는 그 후 미국의 대한정책의 뼈대를 형성한 역사적인 문서로 평가된다. 핵심 내용은 △전후 상당기간 한국의 독립유보와 신탁통치 실시 △임정을 포함한 현존 독립운동단체들에 대한 불승인 방침 △광복군과 조선의용대 등 중국 본토의 한인 무장조직에 대한 군사지원 불가 등 3가지다.

신탁통치와 관련하여 랭던은 "한국인들은 정치적 경험부족과 자위력의 결여로 인해 나라를 잘못 운영할지도 모르고 다시 정복당하지 않기 위해 자신들의 나라를 방위할 능력도 없으므로, 한국은 근대국가의 지위를 확립하기까지 적어도 한 세대 동안 강대국들의 보호와 지도와 원조를 받아야 한다"고 제안했다. 이로 인해 랭던은 '신탁통치의 창안자'라는 말을 듣게 되었고, 이는 몇 년 후 미국을 비롯한 전승국들이 한국민들의 격렬한 반탁 운동에 직면하게 되는 원인이 된다.

랭던의 보고서는 '국무부의 모든 관리들, 특히 한국문제와 관계가 있는 사람들이 유념할 만하다고 여겨지는 사실정보가 많이 들어 있다'는 극동국장 해밀턴의 의견서가 첨부되어 서머 웰스(Sumner Welles) 차관에게 보고되어 기밀문서로 분류됐다. 랭던이 이 보고서에서 제안한 내용들은 미국의 대한(對韓) 정책 수립에 거의 그대로 반영되었다.

랭던의 보고서로 미루어볼 때 미국은 1942년 초부터 제2차 세계대전이 끝나면 한국을 강대국들의 보호와 지도와 원조를 받는 신탁통치를 실시할 계획을 세웠음을 알 수 있다. 랭던은 해방된 지 두 달 후인 1945년 10월 20일 하지 장군의 정치고문 메렐 베닝호프(H. Merrell Benninghoff)의 후임으로 서울에 왔다.

그는 남한의 정국을 관찰한 후 11월 20일 번즈 국무장관에게 "신탁통치를 이곳의 현실적 조건에 적용하는 것은 불가능할 뿐만 아니라 도덕적으로나 현실적 관점에서 타당하다고 확신할 수 없으며, 우리는 그 안을 폐기해야 한다"는 전문을 보냈다. 자신이 제안하여 본국 정부의 기본정책이 된 신탁통치안은 쓸모가 없으므로 폐기하라고 건의한 것이다.[243]

랭던은 이후 주한 미군정 사령관의 정치고문 겸 주한 미국 총영사, 미소공동위원회 미국 측 대표로서 이승만, 김구, 여운형 등과 접촉하며 미국의 한반도 정책에 깊이 관여했다. 흥미로운 것은 미군정이 이승만과 김구를 도외시하고 미국에 고분고분한 김규식, 여운형을 앞세워 좌우합작을 추진한 핵심 인물이 랭던이었다는 점이다.

이 사실을 알게 된 윤치영은 랭던이 과거 일제 시대 서울에서 재임하던 시절의 행적을 상세히 적고, 그가 미군정에 머물러 있는 한 정국 안정에 도움이 안 된다는 이유를 적은 진정서를 작성하여 익명으로 하지 장군에게 전달했다. 그런데 전달 과정에서 진정서가 윤치영이 작성했다는 사실이 알려지자 하지는 이승만에게 공식 항의를 했고, 이 사건으로 인해 윤치

영은 이승만의 비서실장 자리에서 물러나게 된다.[244]

로버트 올리버

한국의 독립과 건국에 헌신한 이승만의 정치 고문

이승만은 1942년 9월, 한국에서 태어난 펜실베이니아 주 루이스 버그 시 장로교회의 에드워드 정킨(Edward Junkin) 목사(정킨 목사는 한국에 파송된 장로교 선교사의 아들이었다)의 소개로 로버트 올리버 박사를 만났다. [245] 정킨 목사는 이승만에게 펜실베이니아 주 출신 하원의원 찰스 패디스(Charles I. Faddis)를 소개해 주었던 사람이다.

올리버는 오리건주립대학에서 박사 학위를 받고 시라큐스대학과 펜실베이니아 주 버크넬대학에서 수사학을 가르치다가 전쟁으로 인해 휴직하고 식량관리계획처 책임자로 일하고 있었다. 올리버가 이승만을 처음 만났을 때 이승만의 나이는 67세, 올리버는 33세였다. 올리버는 당시 『일본 내막기』가 미국인들 사이에서 화제가 되었기 때문에 필자인 이승만의 이름을 알고 있었다. 이날 이후 1965년 이승만 대통령이 서거할 때까지 로버트 올리버는 이승만과 대한민국을 위해 헌신적으로 일하게 되었다.

로버트 올리버는 이승만과 의기투합하여 미국 사회에 한국의 독립을 홍보하고 미국 행정부와 정계, 언론계 주요 인사들에게 친한(親韓) 여론 형성을 위한 로비 활동을 맡게 된다. 올리버는 1943년 3월 7일 「워싱턴 포스트」에 '일본의 숙적 한국'이라는 기사를 게재했으며, 정한경과 합작으로 『아시아 및 아메리카 잡지』에 '돌보지 않은 맹방 한국'(1943년 3월), 『월드 어페어스 잡지』에 '미국이 잊은 나라 한국'(1943년 6월) 등을 기고했다. 1944년 9월에는 퍼블릭 어페어스 출판사에서 『잊혀진 나라 한국』이라는 저서를 발간해 친한 분위기 조성에 앞장섰다.

미군정 사령관 존 하지 장군은 1947년 "미국과 소련의 신탁통치안에 반대하며 한국의 정부 수립을 위해 이승만을 돕는 올리버를 교수형에 처해야 한다"고 성명을 발표한 바 있다.

윌리엄 도노번,
프레스턴 굿펠로우

재미 한인들을 대일(對日) 특수작전에 참전시킨 OSS 책임자

진주만 공격이 개시되기 5개월 전인 1941년 7월 11일, 미국은 루스벨트 대통령의 지시에 의해 국가안보와 관련된 정보수집과 분석을 위해 정보조정국(Cordinator of Information·COI)이란 기구를 발족시켰다. 이 기구의 책임자로 루스벨트의 신임을 받고 있던 월스트리트의 영향력 있는 변호사 윌리엄 도노번(William J. Donovan)이 임명되었다.

윌리엄 도노번은 1916에는 미국과 멕시코 국경에 주둔한 뉴욕 주방위군에서 복무했고, 제1차 세계대전 때에는 프랑스 전선에 투입된 제165보병연대 지휘관으로 참전했다. 이때 대령으로 진급했으며 의회로부터 명예훈장을 받았다.

1차 대전이 끝난 후 법무부 차관을 역임했고, 1930년대에는 다시 변호사로 활동하다가 1941년 루스벨트 대통령에 의해 정보조정국 책임자

에 임명되었다. 1942년 6월 13일에는 새로 창설된 전략첩보국(Office of Strategic Service·OSS)의 국장으로 발탁되었다. 후에 미 중앙정보국(CIA)의 모태가 된 OSS는 외국 정보를 수집하고 반(反)국가 선전활동에 대처하며 비밀작전 수행을 담당했다. 도노번은 1953~54년 태국 주재 미국 대사로 근무했다.

COI는 중국을 통한 대일(對日)정보수집 계획을 추진했는데, 도노번은 그 임무를 담당할 책임자로 중국 전문가인 에슨 게일(Esson McDowell Gale)을 임명했다. 에슨 게일은 이승만이 한성감옥에 있을 때 그를 돌봐주었고, 그에게서 세례를 받고자 했으며, 1904년 이승만이 도미할 때 친지들에게 소개장을 써 주었던 제임스 게일 선교사의 조카였다. [246]

COI는 게일 사절단(Gale Mission)의 중국 파견을 위해 1941년 9월부터 12월까지 여러 차례 회의를 개최했는데, 이승만이 이 회의에 참석하면서 COI와 인연을 맺게 되었다. 이승만이 이 회의에 참석하게 된 것은 에슨 게일 외에도 COI의 2인자인 프레스턴 굿펠로우(Preston M. Goodfellow)와의 친분 때문이다. 이승만은 1941년 여름 게일의 소개로 굿펠로우와 만나 여러 차례 저녁을 같이했고, 자신의 저서『일본내막기』를 증정했다. 굿펠로우는 아이다호 주 포카텔로 시의 신문 발행인이었는데, 한반도에 투입할 100여 명의 한국계 미국인 특공대를 모집 훈련하는 계획에 이승만과 같이 일하도록 펜타곤(미 국방부)은 굿펠로우를 임명했다.

일본이 진주만을 기습 공격한 직후인 1942년 1월 미국은 스틸웰 중장을 중국 버마·인도 전구사령관으로 임명하고 중일전쟁에 참전했다. 미국은 지상군을 직접 투입하는 대신 중국 남부지역에 공군을 배치하여 중국군을 간접 지원했다.

태평양전쟁에서 미국이 승기를 잡기 시작하자 이승만은 외교독립론에서 한발 더 나가 한인 교포들이 미군에 입대하여 일본과 직접 싸우는 쪽으로 선회한다. 그 동안 이승만은 수백만 대군과 항공모함, 세계 최신예 전투기와 폭격기를 제작하여 미국·영국 등과 전쟁을 벌이는 일본을 대상으로 불과 수 백~수 천 명에 불과한 병력과 약소한 무장을 한 우리 독립군이 무장투쟁을 하여 조국 독립을 쟁취할 수 있다는 부장독립론은 현실성이 없다고 보았다. 이런 이유 때문에 무장 독립투쟁론자들과 갈등을 빚은 바 있다. 그러나 미국이 일본과 전쟁을 벌이고 있으니 우리 젊은이들도 무기를 들고 미국을 도와 적극적으로 일본과 싸울 때가 왔다고 판단했다.

COI는 1942년 3월 중국 중경 인근에 COI 본부를 설치하고 한국인을 활용하여 한국, 만주, 화북(華北·화베이), 양자강 등에서 정보 수집 및 사보타지 그룹을 지휘하는 계획을 수립했다. 이를 위해 COI는 최초의 특수작전부대인 '101지대'(Special Unit Detachment 101), 정식 명칭은 기동부대 5405-A(Task Force 5405-A)를 창설했다.[247] 이것은 이승만을 비롯한 재미 한인들이 집요하게 요구한 결과였다.

COI는 1942년 6월 22일 첩보부대 통폐합 조치로 인해 해체되고 합동참모부 산하의 전략첩보국(OSS)이 출범했다. 워싱턴의 OSS 본부가 이승

만의 요청을 받아 추진한 한미 군사합동작전은 다음과 같다.[248]

△ 냅코 작전(Napko Project): 미국 내 전쟁포로 수용소에 수감된 한인 포로들을 훈련시켜 오키나와에서 잠수함으로 한반도에 침투시키는 작전. 워싱턴의 OSS 기획단은 1945년 5월 31일 냅코 작전을 공식 승인했고, 미 합참도 6월 19일 이를 승인했다. 장석윤이 위스콘신 주 매코이 포로수용소에서 얻은 정보 및 공작원 확보, 미얀마 학병 탈주자들이 냅코 작전을 구체화시키는 데 커다란 역할을 했다.

냅코 작전에 동원된 한인들은 사이판에서 노무자로 일하다 미군 포로가 된 김필영, 김현일, 이종홍 등 3명, 학병으로 끌려갔다가 미얀마 전선에서 탈출한 박순동, 박순무, 이종실 등 3명이었다. 이밖에 미 육군에 입대후 OSS에 배속된 장석윤, 변일서, 유일한, 이태모, 차진주, 최창수 등 6명, 민간인 출신으로 OSS에 들어온 김강, 변준호, 이근성, 이초, 최진하, 하문덕 등 7명이었다. 한인으로서는 총 19명이 냅코 작전에 투입되었다.

19명의 한인 요원들은 샌프란시스코 연안에 위치한 산타 카탈리나 섬에서 강도 높은 특수 훈련을 받았다. 이들은 외부와 격리된 채 유격을 비롯하여 무선통신, 폭파, 첩보교육, 독도법, 촬영, 낙하훈련, 선전 훈련 등을 받았다. 1945년 3월에는 아이넥 조(Einec Mission), 차로 조(Charo Mission) 등 2개 조를 편성하여 아이넥 조는 서울로 침투하고, 차로 조는 평남 진남포를 경유하여 평양에 잠입한 후 일본에 침투 예정이었다. 1945년 5월에는 무로 조(Mooro Mission), 6월 23일에는 차모 조(Chamo Mission)를 추가 편성하고 작전 승인을 기다리던 중 일본이 항복하여 전쟁이 끝나는 바람에 실제 작전에 투입되지는 못했다.

△ 북중국 첩보작전(North China Intelligence Project): 중국 연안(延安·옌안)에 있는 중국 공산당 및 한인 공산주의자들을 활용하려는 작전.

△ 독수리 작전(Eagle Project): 광복군을 활용한 작전. 광복군과의 한미 합동훈련은 1945년 4월 3일 김구 임시정부 주석의 최종 승인을 받아 1945년 5월부터 주로 학병으로 끌려갔다가 탈출하여 광복군에 편입된 대원들에 대한 OSS의 훈련이 시작되었다. 훈련은 3개월에 걸쳐 진행되었는데, 작전 내용은 미국 잠수함을 이용하여 한인 특공대가 국내에 진입하여 국내에 활동 거점을 마련하고 일본군 주요 시설을 파괴한 후 OSS와 연락하여 비행기로 무기를 반입하여 적 후방에서 무장활동을 전개한다는 것이었다. 그러나 일본이 항복하는 바람에 국내 진입작전도 실행되지 못했다.

이승만은 이후 계속해서 제2차 세계대전 때 일본인 2세들로 구성된 '니세이 부대'(제100보병부대) 같은 미군 소속 한인부대 창설, 50만 달러의 무기대여 요청, 태평양 섬의 한인 노무자를 이용한 특수작전 등을 미 국방부에 제의했다.

장석윤

미군 101특수작전부대에 입대한 한국인 요원

미 정보조정국(COI)은 1942년 1월 27일 중국에서 한인 대원을 이용한 특수작전을 진행하기 위해 올리비아 계획(Olivia Scheme)을 수립했다. COI는 올리비아 계획을 위해 COI 최초의 특수작전부대인 101지대를 창설했다.

이승만은 워싱턴의 자유한인대회 폐막 직후 한국인 유학생 장석윤, 정윤수 등 한국인 20명을 101지대원으로 추천했다. 이들 대부분은 이승만을 따르는 재미 청년 지식인들이었다. 장석윤은 밴더빌트대학 지리학과를 졸업하고 동 대학원에 재학 중이었다. 그는 37세의 나이에도 불구하고 이승만의 지시에 따라 특수훈련을 받기 위해 입대했다. 그는 나이가 많다는 이유로 탈락할까 겁이 나서 33세라고 속이고 지원했다.

훈련생들은 메릴랜드 주의 격리된 산중 캠프에서 강도 높은 훈련을 받았는데, 이 캠프는 후에 캠프 데이비드(Camp David)로 개명되어 대통령 별장으로 사용되었다. 특수훈련과정을 수료한 101지대는 대서양을 건너고 아프리카를 거쳐 1942년 7월 8일 인도의 뉴델리에 도착했다.

칼 아이플러(Carl Eifler) 소령이 지휘를 맡은 101지대는 당초에는 중경으로 들어가 정보수집과 한국 침투 등 특수작전을 계획했으나 장개석(蔣介石·장제스) 총통과 스틸웰 장군의 반대로 버마 산중으로 들어갔다. 장석윤은 인도-버마 국경지역의 차보아에서 일본군 관련 정보수집, 일본인 포로 심문, 버마 청년들에게 게릴라 훈련 임무를 수행했다.

101지대의 아이플러, 장석윤, 그리고 1942년 중반 입대하여 미 14공군 소속이 된 정윤수 등이 이승만과 중경 임시정부의 중계역할을 담당했다. 1944년 7월 워싱턴으로 귀환한 장석윤은 OSS의 한반도 침투작전(Napko Project)에 필요한 요원 선발을 위해 남양군도에서 포로가 된 한국인 노무자 200여 명이 수용되어 있는 위스콘신 주 매코이 수용소에 포로로 가장하여 수감되었다. 이곳에서 한국인 노무자 중 특수작전 요원으로 활용 가능한 사람을 비밀리에 선발하여 본부에 인계했다.

아이플러와 장석윤은 1944~45년 로스앤젤레스 연안의 산타 카탈리나 섬에서 한반도 침투작전인 냅코 작전을 주도했으며, 정윤수는 같은 시기 OSS 중국지부가 중국 서안(西安·시안)에서 추진한 한반도 침투작전인 독수리 작전(Eagle Project)에 참여했다. 장석윤은 미국 정부가 전투 등에서 뛰어난 공을 세운 다른 나라 시민에게 수여하는 최고 등급 훈장인 공로훈장(Legion of Merit)을 받았다.

OSS는 한국그룹 요원 선발과 훈련을 담당할 '현장실험부대(FEU)'를 만들었다. 미 전쟁부의 특수기금으로 운영된 FEU에 장석윤과 찰스 리 상사, 얼 S 벤 중사, 이태모 하사, 스탠리 D 최, 박기북 등 한국계 인사들이 참여했다. 장석윤은 1944년 7월 중국 중경에서 김구 등 임시정부 인사들과 접촉하여 OSS 지부 설립 작업을 하다가 FEU 창립을 위해 미국으로 소환됐다.

1945년 해방 후 미군 군속 신분으로 귀국한 장석윤은 주한미군 사령부의 정보참모부(G-2)에서 일했다. 이승만은 대통령에 선출된 후인 1948년 7월 미 제 24군단 정보참모부의 토머스 워싱턴 대령과 한국 경무부의 미 고문 에릭손 대령과 회담하여 미 육군 방첩부대(CIC: Counter Intelligence Corps)를 모방하여 남한에 방첩대(CIC)를 조직했다.

미 CIC는 24군단에 소속되어 첩보활동을 담당한 방첩부대로서 첩보 및 정보수집, 한국인 정치지도자와 미국인 사찰, 정치공작, 대북 공작활동 등 광범위한 활동을 했다. 1948년 CIC는 한국에서 철수했으나 상당수 요원은 그대로 남아 켈로부대(KLO)와 미 극동공군의 대북 첩보기관인 인간첩보부대(USAF) 요원으로 활동했다.

남한에 조직된 방첩대(CIC)는 1949년 1월 사정국으로 이름을 바꾸었는데, 이 사정국의 지휘관이 장석윤이었다. 그는 6.25 발발 직전 내무부 치안국장에 임명됐으며 후에 내무부 차관, 내무부 장관을 역임했다.

에드윈 쿤스

'미국의 소리(VOA)' 방송에
이승만을 출연시킨 한국어 방송 감독

미국 정부는 제2차 세계대전이 한창이던 1942년 6월 미 정보조정국(COI) 대외홍보처를 해체한 후 전시정보국(Office of War Information: OWI)을 설치하고 11개의 단파방송국에서 세계 곳곳에 방송을 내보내기 시작했다. 이것이 '미국의 소리'(Voice Of America) 방송의 시작이다.

COI는 이승만을 비롯한 한인 유학생들에게 '미국의 소리' 한국어 단파방송[249]에 출연하여 심리전 방송을 해 줄 것을 요청했다. 이승만은 이 요청에 따라 1942년 6월 13일부터 7월에 걸쳐 여러 차례 국내외 동포들에게 '나는 이승만입니다'로 시작되는 우리말과 영어 육성방송을 했다. '미국의 소리' 한국어 방송은 에드윈 쿤스(Edwin W. Koons·한국명 군예빈·君芮彬)가 감독을 맡았다.

1903년 북장로교 선교사로 내한한 쿤스는 1913년부터 서울 경신학교 교장으로 근무하던 중 조선총독부의 신사참배 강요에 반대하여 교장직을 사퇴했다. 이후 한국에서 선교사로 활동하던 중 간첩 혐의로 일경에 체포 감금되었다가 미국으로 추방되었다. 쿤스는 귀국하자마자 전시정보국(OWI)의 해외부 태평양국의 한국과 고문으로 활동했다.

'미국의 소리' 한국어 방송은 로스앤젤레스에 있는 KGEI 라디오 방송국에서 9MHz로 오전, 오후 두 시간씩 '한국의 호랑이'라는 프로그램으로 전파를 탔다. 이승만은 이 방송을 이용해 일제 치하에서 고생하는 고국의 동포들에게 자주독립을 외쳤다. 한국어 아나운서는 재미 한국 유학생들 중 표준어를 사용하는 인물을 선발했는데, 유경남(Kingsley Lyu · 메릴랜드주립대학 도서관 근무), 황성수 목사 등이 담당했다.

이후 미국 록펠러 재단의 초청으로 송영호와 함께 미국에 갔던 박경호가 미국에 정착하여 VOA 방송국의 첫 정규 아나운서가 되었고, 황재경 목사는 1950년 봄 기독교회 일을 보기 위해 도미했다가 VOA 방송국 아나운서로 활동했다.

대일전(對日戰)에 참전한
한국인 OSS 대원들

COI는 1942년 6월 22일 첩보부대 통폐합 조치로 인해 해체되고 합동참
모부 산하의 전략첩보국(Office of Strategic Service·OSS)이 출범했다. 굿펠
로우는 대령으로 승진하여 OSS의 부국장이 되었다. 굿펠로우는 이승만에
게 일본에 침투시킬 한국인 공작대원 후보 50명을 요청해 왔다.

이승만은 1차로 한인 청년 12명을 추천했다. 당시 한인 중에 OSS 훈련
에 참여한 사람은 장기영, 이순용, 정운수, 유일한, 김길준 등이다. 1942
년 9월 워싱턴 대한민국 구미위원부(의장 이승만)가 OSS 사령관에게 보낸
서한에 따르면, 이 박사가 추천하는 인사 8명을 포함해 9명의 이력서를
보내며 "이로써 모두 23명의 이력서를 제출하게 됐다"고 밝히고 있다. 이
중 9명이 고된 특수훈련 과정을 수료하고 OSS 대원으로 선발됐다.

이들은 중국을 통해 한국으로 침투한 다음 철도와 터널을 폭파하고 요

인 암살 등 게릴라전을 전개하는 FE-6 프로젝트에 투입될 예정이었다. 그런데 이 프로젝트는 미 군부 인사들 간의 견해차로 인해 취소되었다. 훈련을 받았던 한인 대원 중 한사람인 장기영은 미 군사정보언어학교에 입교하여 6개월 훈련을 받은 후 메릴랜드 주에 있는 특수군사정보훈련소에서 훈련을 다시 받고 호놀룰루에 있는 부대에 배치되어 태평양전쟁이 끝날 때까지 괌, 사이판 등 태평양 격전지에서 정보요원으로 활동했다.[250]

미 국립문서보관소(NARA)가 공개한 자료에 의하면 미국 중앙정보국(CIA)의 전신인 OSS는 창설 초기인 1942년부터 일제에 대한 저항운동을 확산할 목적으로 한국 그룹(Korean Group)을 조직했으며, 함용준 박사 등 한국계 인사 80여 명을 채용했다. 이 중 OSS 한국그룹 요원으로 최종 선발된 사람은 이종석(Frank Lee), 서상복, 남궁탁(Peter Namkoong), 이경선, 이창희, 김순걸, 김추항(David Kim), 김훈(Chester Hoon Kim), 해리 리(Harry Lee) 등 9명이었다.

서상복은 프린스턴대학교 대학원 재학 중 행정업무 전문가로 채용됐으며 한국그룹의 수석요원으로 활동했다. 당시 23세로 가장 나이가 어렸던 해리 리는 예일대 중국어학교에서 언어심화 훈련을 받았으며, 다른 요원들은 캘리포니아 주에서 특수훈련을 받았다.

대부분 30~40대였던 이들은 다른 미국 요원 4명과 함께 1945년 8월 1일 중국 섬서(陝西·산시)성 서안(西安·시안)에 도착했다. 이들의 임무는 중경에서 한국인 등 200명을 모집해 한국 침투를 위한 훈련을 시키고 지하

네트워크를 구축하여 정보수집 및 분석, 역공작을 추진하는 것 등이었다.

OSS는 산하 극동작전국(FETO)과 중국에서 활동할 요원을 양성하기 위해 일본어와 중국어, 영어, 한국어를 동시에 구사할 수 있는 동양인을 모집했다. 이 과정에서 일본과 적대 관계에 있던 한국계 인사들을 대거 선발했는데, 미 국립문서보관소(NARA)가 공개한 그 밖의 한국계 요원 명단은 다음과 같다.

△ 함용준 박사: 예일대 출신으로 하버드대 등에서 강의를 한 경력이 있다. 미 해군정보국(ONI)에서 정보훈련을 받았으며, 캘리포니아 주 뉴포트 해안에 있는 OSS의 서해안 훈련센터에서 1945년 3월부터 약 2개월간 특수훈련을 받았다. OSS는 그를 지휘관으로 활용하기 위해 1945년 1월 미국에 귀화시킨 뒤 같은 해 3월 임시 대위로 임명했다.

그는 1945년 9명으로 구성된 한국그룹을 이끌고 중국에 파견되었다. 함 박사와 서상복, 피터 김 등은 1945년 8월 한국에 억류된 연합군 포로 석방을 위해 C-47기를 타고 침투하다가 항공기가 불시착하는 사고를 당했다. 함용준은 요원들을 안전하게 대피시킨 공로로 미국 정부로부터 군인장(Soldier's Medal)을 받았다.

△ 윤기승: 조선기독학교를 졸업하고 미국 유학을 떠나 오하이오 웨슬린대에서 공부했다. 일본어 및 중국어 통번역 및 현장 요원, 중국을 무대로 스파이 활동을 하는 점조직원으로 근무했다.

△ 곽충순 부부: 1943년 9월부터 전쟁부 언어부대에서 근무하며 일본 우편물 검열 작업을 했다. 조선기독학교 출신인 곽충순은 언더우드 2세(원한경) 박사와 친분이 있었는데, 전쟁부에서 한영사전 및 영한사전 편집을 담당했다.

△ 전조셉(육군 사병): 하버드대에서 일본어 훈련을 받다가 OSS 극동작전국으로 차출됐다.

△ 김태춘: YMCA 및 신간회 회원으로 이승만의 추천을 받아 OSS에 지원했다.

△ 유일한: 유한양행 창업자 유일한은 OSS 산하 침투훈련부대(FEU)에서 활동했다. 그는 한국 내 FEU 활동을 위한 대단히 중요한 비밀 정보업무를 수행했다. 당시 유일한을 OSS 요원으로 선발했던 모병관은 "이 사람이 수행해야 할 임무의 특성상 신분이 노출되면 큰 위험에 처할 수 있는 만큼 통상적인 신고 절차를 거치지 않고 비밀리에 신고할 수 있도록 하라"고 인사부에 요청했다.

△ 김강(일명 다이아몬드 김): 좌익 성향의 조선 민족혁명당 미주지부를 이끌던 김강은 OSS 비밀요원으로 활동했다. 그는 1945년 1월 4일 OSS 요원이 됐고, 한반도 내 일본군 거점을 무력화하기 위해 침투훈련부대(FEU)에 소속됐다.

△ 강한모, 조종익, 박기북: OSS는 중국과 한국 지역에서 대(對)일본 교란전을 펼치기 위해 극동작전국(FETO)을 설치하고 일본어에 능통한 한국계

인사들을 육군과 해군, 공군 등에서 차출했다. 이들은 통역전문가로 활동했다. 강한모는 미 육군 통신부대 출신으로 1944년 9월 일본 무선감청 목적으로 OSS에 차출됐다.

LA중앙일보(2014년 5월 15일자)에 게재된 '대일전쟁⑥ 재미한인들 40~50대에도 앞 다퉈 참전' 제하의 기사에 의하면 제2차 세계대전이 시작되자 대한민국 임시정부가 미국과 군사협력하에 본토 침투작전을 계획했음을 보여준다.

독수리작전은 임시정부와 미국의 협력이 구체화된 실제 사례로, 이범석 장군이 이끄는 광복군 2지대와 OSS의 연합작전이었다. OSS는 광복군 2지대와 별도로 조종문, 스탠리 최 등 한국계 미군들을 중국 전선에 파견해 독수리작전을 보강했다. 임시정부 비행학교(비행대)에서 독립전쟁을 준비했던 김종림, 이초, 조종익, 최진하 등은 징집 연령을 훨씬 넘긴 40대 중반에서 50대 후반의 나이였음에도 불구하고 일본과의 전쟁을 위해 미군에 입대했는데, 이들 가운데 이초, 조종익, 최진하는 냅코 작전 요원으로 선발되었다.

그러나 원자폭탄 세례를 받은 일본이 1945년 8월 15일에 항복하면서 전쟁이 미국의 예상보다 일찍 끝나 한반도 진공작전이 무용지물이 되는 바람에 이들은 일선에서 싸울 기회는 없었다.

7부

해방공간

시대상황

해방 전 해외에서 활동하던 독립운동 진영은 여러 분파로 분열되는 바람에 단결된 힘을 행사하는 데는 한계가 있었다. 임시정부를 따르던 광복군 세력은 해방 후 남한으로, 중국 공산당과 같이 항일투쟁을 하던 독립동맹과 동북항일연군은 북한으로 귀국하여 연안파라는 이름으로 활동했다. 이러한 분열은 해방 후 한반도의 운명을 분단으로 몰고 가는 데까지 영향을 미쳤다. 결과적으로 분단으로 향하는 길을 우리 스스로 닦은 셈이다.

남북 분단의 원인을 조선조 반상(班常)의 엄격한 신분구조에서 찾는 내재적인 시각도 있다. 조선조 500여 년 동안 양반 지주계급은 대대로 토지를 물려받아 부유한 생활을 영위할 수 있었다. 반면에 의무만 있고 권리는 거의 없는 일반 백성들과 노비들은 생명 없는 물건이나 다름없는 차별 대우를 받아왔다. 일제는 '분열시켜 통치하라(devide and rule)'는 구호 하에 한민족의 반상의 차별구조를 교묘하게 악용하여 식민정책을 구사했다.

그들은 권력 지향적인 양반과 지주계층은 회유하거나 후대한 반면, 일반 백성이나 가난한 소작인들은 잔인하게 압박 착취하는 등 유산계급과 무산계급을 차별 대우했다. 그 결과 일반 서민, 특히 지식층은 일제의 비호를 받는 지주 등 유산계급에 대해 증오심을 갖게 되었고, 그 틈을 이용해 공산주의 이데올로기가 손쉽게 침투할 수 있었다. 게다가 공산주의자들은 독립운동이라는 선명성을 앞세워 세력을 크게 확장해 나갔다.

그 결과 우리 민족은 공산주의의 정체를 잘 모르는 상황에서 독립운동의 일환으로 공산주의를 받아들였다. 식민지 시대 일제가 조성한 유산계층과 무산계층의 대립, 그리고 공산주의에 대한 환상이 해방과 함께 표면화되었고, 그 결과 공산세력은 손쉽게 남한에 광범위한 기반을 구축할 수 있었다.[251]

외재적 시각에서 본다면 한반도의 분단은 냉전의 산물이다. 미국이 38선을 소련에게 제안한 것은 소련이 한반도 전체를 점령하는 것을 막기 위한 고육지책이었다.

나치 독일과 격전을 치른 소련은 전후(戰後)에 자국 영토를 확장하고 접경지역에 이른바 '공산주의 우방국가'를 세우려고 했다. 반면에 미국은 자유선거를 통해 모든 유럽 국가들과 자유롭게 통상할 수 있는 개방국가를

세우려 했다. 이 두 목표가 충돌하면서 미국과 소련의 관계가 악화되기 시작했다.[252)

미소 두 나라는 1945년 8월 15일 이전에 폴란드 문제로 치열하게 대립했다. 영토문제로 러시아와 숙적 관계였던 폴란드에서 자유선거가 실시될 경우 반소(反蘇) 반공 정부가 들어설 위험이 있었다. 때문에 소련은 폴란드에 '공산주의 우방국가'를 세우기 위해 온갖 방법을 동원하면서 미국과와 관계가 악화되었다.

이정식은 미국이 폴란드에서 소련과 갈등을 겪은 사건이 한반도에서 38선을 설정하는 중요한 계기가 되었다고 지적한다. 1939년 독일과 소련의 협공을 받아 국토가 점령되자 폴란드의 주요 인사들은 런던으로 탈출하여 망명정부를 수립했다. 독일과의 전쟁에서 폴란드 인민의 협력이 필요했던 스탈린은 런던의 폴란드 망명정부와 동맹관계를 맺었다.

1941년부터 전후의 소련과 폴란드 국경을 조정하는 과정에서 소련은 자신들의 영토를 폴란드 지역으로 확장하고, 그 대가로 폴란드는 독일의 동부지역을 흡수한다는 안을 제시했다. 폴란드 망명정부가 이 안을 강력히 거부하자 스탈린은 망명정부와의 관계를 단절했다. 이어 소련 영토 내에 폴란드 애국자동맹을 급조하고 1938년 해산한 폴란드 공산당을 부활시켜 소련에 우호적인 정권을 수립했다. 반면에 미국과 영국은 친서구적인 망명정부 인사들을 지지했다.

폴란드는 연합국의 권유를 받아 1945년 6월 망명정부 인사들과 폴란드 애국자동맹 인사들을 아우르는 좌우 연립정부를 출범시켰다. 그런데 연립정부 출범과 동시에 좌익세력들이 우익계 인사들을 하나 둘 숙청했고, 의문사나 사고사 등을 가장한 암살, 부패·파렴치 행위 등을 폭로하여 차례로 제거하면서 실질적으로는 공산정권이 되고 말았다.

이런 상황을 지켜본 미국은 소련군 점령 지역에서는 미국의 영향력을 행사하기가 불가능하며, 소련 마음대로 조종할 수 있는 공산정권이 설립되는 것을 막을 가능성이 희박하다는 결론을 내렸다. 1945년 8월 9일 일본에 선전포고를 한 소련군이 전광석화처럼 한반도로 밀고 들어갔다. 소련군의 점령 속도가 워낙 빨라 이대로 가다간 소련군이 한반도 전체를 점령할 수 있는 상황이 되었다. 미국은 한반도에서 폴란드와 같은 사태가 반복되어서는 안 된다는 우려 때문에 8월 14일 38선 설정을 소련 측에 제안하게 된다.

스탈린은 무주공산이나 다름없는 한반도 전체를 손쉽게 점령할 수도 있었다. 그럼에도 불구하고 스탈린이 미국의 38선 제안을 수락하고 진격을 멈추었다. 이정식은 소련이 38선 이남의 점령을 스스로 자제한 이유는 8월 14일 소련이 중국과 맺은 우호동맹조약 때문이라고 지적한다.

소련은 중국과 우호동맹조약을 맺어 중화민국을 중국의 중앙정부로 인정하고, 만주에서의 철도 및 대련을 30년 간 공동 소유하며, 여순 군항을 중·소 양국의 전용 군항으로 사용하기로 했다. 러일전쟁 패전으로 일본에게 빼앗겼던 만주에서의 이권을 중국과의 우호동맹조약으로 고스란히 얻은 것이다. 만주의 핵심 이권을 차지한 소련 입장에서 볼 때 한반도의 38도선 이남 지역은 미국과의 관계를 악화시켜 가면서까지 얻어야 할 정도로 전략적 가치가 없다고 판단했다.

결국 1945년 8월 14일 북위 38도선을 경계로 하여 그 이북 지역은 소련군이, 그 이남 지역은 미군이 점령하게 되었다. 일본군의 항복을 받는다는 미국 측 제안은 미국 입장에서는 소련이 남한까지 점령해서는 안 된다는 의미가 담겨 있었지만, 소련 입장에서는 소련군이 38선 이북 지역을 점령해도 좋다는 긍정적인 의미로 해석되었다.

미국으로부터 38도선 이북 지역의 점령을 인정받은 소련은 자신들의 점령지인 이북에서 급속하게 공산화를 진행했다. 스탈린은 1945년 9월 20일 '북한에 반일적인 민주주의 정당 및 조직의 광범한 블록(연합)을 기초로 한 부르주아 민주주의 정권을 확립하라'고 지시했다. 북한에 독자적인 공산정권을 수립하라는 비밀지령을 내린 것이다. 이 지령에 의해 10월 10일에 조선공산당 북조선분국이 설립되었고, 1946년 2월 8일 북조선 임시 인민위원회가 출범하여 3월부터 무상몰수 무상분배 방식의 급진적인 토지개혁이 실시되었다. 이로써 북한 지역이 공산화되어 남북이 분단되었다.

존 하지

해방 후 미군정을 이끈 주한 미 점령군 사령관

미 국방부는 1945년 8월 23일, 38도선 이남을 점령하게 될 남한 점령군 사령관에 오키나와에 있던 제24군단장 존 하지(John R. Hodge, 1893~1963) 중장을 임명했다. '태평양의 패튼'이라는 별명으로 불리는 존 하지 장군은 미국 사관후보생학교를 졸업하고 1917년 소위로 임관했다. 제1차 세계대전 때는 대대장으로 참전하여 프랑스와 룩셈부르크에서 전투를 치렀고, 제2차 세계대전 중에는 태평양 전선의 솔로몬군도와 과달카날 전투에서 승리했고, 1945년 오키나와 침공 작전에서 혁혁한 전공을 세운 공격적인 야전군 사령관이었다.

9월 5일, 오키나와에는 태풍이 몰아치고 있었다. 하지 사령관이 탑승한 군함 캐톡틴 호를 비롯한 21척의 함정에 나눠 탄 미 육군 제24군단 병력은 오키나와를 출발, 9월 8일 새벽 인천항에 입항했다. 다음날인 9월 9일 오후 3시 45분 조선총독부 제1회의실에서 38선 이남 주둔 일본군의 항복 문서 조인식이 거행됐다.

하지 장군은 한국에 대해 아는 것이 전혀 없었고 점령군의 임무, 아시아의 역사, 아시아 사람들의 심리 등에 대한 지식도 없었다. 그는 미 육사에서 정규 교육을 받지 못한, 그저 용감하게 전투를 잘 하는 무골이었다. 때문에 국제정세와 국내정세가 복잡하게 얽혀 있는 한반도의 변화무쌍한 정황을 제대로 이해할 수 없었다. 그는 직업군인 특유의 저돌적인 방식으로 융통성 없이 해방공간의 정치 상황에 대처하다가 남한의 해방정국을 그르쳤다는 평을 듣는다.

1945년 10월 16일 수행원 한 명 없이 단신으로 귀국한 이승만은 하지 사령관의 호의로 조선호텔에 숙소를 마련했다. 하지는 이승만을 위해 조선호텔 3층에 큰 방 하나와 회의실, 순종 황제가 사용했던 리무진 승용차 한 대, 그리고 부관 스미스 중위, 소총으로 무장한 헌병 2명을 경호원으로 제공했다. 하지가 귀국한 이승만을 융숭하게 대접한 이유는 도쿄의 맥아더 원수로부터 "이승만을 한국의 영웅으로 극진하게 모시라"는 지시를 받았기 때문이다.

1946년 초만 해도 이승만은 하지 장군을 "우리들의 절친한 벗"이라고 보았다. 그러나 두 사람의 우호 관계는 깨지고 공개적으로 맞서게 되었다. 이유는 하지의 미군정을 비롯한 미국 정부가 남한의 이념적 좌우 대립과 충돌 구도에서 보수 우파인 이승만과 김구를 배제하고 중도파인 김규식과 여운형 등을 육성하려 했기 때문이다. 미군정과 미 국무부는 공산주의자와 반공주의자가 협력과 타협에 의한 연립 방식을 통해 합의에 이를 수 있으리라고 믿고 좌우합작 정책을 추진했다.

"공산주의자와의 타협은 공산주의에 대한 항복이며, 좌우 합작은 공산화"라는 확고한 철학을 가지고 있던 이승만은 당시의 냉전 상황으로 볼 때 좌우 합작을 강요하는 미국의 정책은 희망 없는 환상이라고 비판했다. 하지와 미군정 지도부는 이승만이 과대망상으로 인해 거의 제 정신이 아닌 것으로 판단했다.

이승만과 하지 사령관은 언제 폭발할지 모르는 관계로 치달았다. 서울에서 미소공동위원회가 열렸을 때, 미군정은 신탁통치를 결사반대하는 이승만과 심각하게 대립하고 있었다. 미군정은 이른바 모스크바 3상회의 결정(신탁통치안)을 지지하는 정당·사회단체만이 미소공위에 참석한다는 이른바 '5호 성명'을 발표했다. 이 성명을 본 이승만은 불같이 노해 하지를 찾아갔다. 다음은 이승만의 비서 윤석오가 밝힌 내용이다.[253]

"장군의 어깨에 단 별은 세 개 밖에 안 되는데…."

"내 어깨의 별과 '5호 성명'과 무슨 상관이라도 있단 말씀입니까?"

"장군을 야심만만한 군인으로 보고 있었는데…. 장군은 야심을 이루기엔 틀렸습네다."

"닥터 리, 또 나를 모욕 주려고 그러십니까?"

"별 네 개면 대장이요, 다섯 개 달면 원수고…. 앞으로 별을 더 달고 싶으면 그래가지고 되겠습니까?"

하지는 이 이상의 모욕이 없었기에 얼굴이 붉으락푸르락 했다.

"미스터 하지, 내 말 더 들으시오."

"뭐라고 말씀하셨습니까?"

"미스터 하지라고 불렀습니다. 미스터 하지는 내 아들 뻘밖에 되지 않습니다. 대장이나 원수가 되려면 정략적인 머리도 있어야지…, 모르면 물어서 군정을 펴 가십시오."

"닥터 리, 나의 상관은 미 국무성이나 맥아더 원수이지 닥터 리는 아닙니다."

"유능한 정략가는 그런 말을 안 합니다. 충고 받아야 할 것은 받는 게 유능한 정략가가 되는 첫길입니다. 그렇게도 내 말 알아듣지 못하면 미 국무성에 전보를 쳐서 바보 같은 장군을 소환하라고 할 수밖에 없습니다."

"마음대로 하십시오!"

이승만과 하지의 관계는 날이 갈수록 심각해져 갔다. 윤석오는 두 사람이 만나 대화를 할 때면 이승만은 자리에서 일어나 창가에 뒷짐을 지고 서서 창문 밖 뒷산만 바라보았다고 한다. 하지는 그런 이승만의 등 뒤에서 열심히 자신의 이야기를 했다. 다시 윤석오의 회고다.

"듣는 것도 안 듣는 것도 같이 서있던 이승만은 하지의 말이 끝나지도 않았는데도 뒤돌아보면서 '이봐, 윤 비서 우린 가세'하고 나와 버렸다. 하지는 갑자기 당하는 일이라 그저 어리둥절한 표정을 지었다. 어떤 땐 그래도 기분이 좀 내키면 얘기를 하기도 했지만 그때마다 뒤끝은 충돌.

'장군, 전쟁 얘기를 하면 나보다 나을 것이니까 내가 귀담아 듣겠지만 정치도 모르는 사람이, 더욱이 남의 나라에 와서 당신 마음대로 하겠다는 거요. 당신네는 나라도 생기기 전에 우리는 이미 4천년 역사를 가지고 있는 나라였다는 걸 인식하시오.'

'역사가 있다 해도 지금 현실에선 소용이 없지 않습니까.'

'당신이 하자는 대로 해 보았으나 안 되지 않았소? 당신 얘기는 더 들을 수도 없소이다."

1948년 8월 15일 대한민국 정부가 수립되어 주한미군 사령부와 대한민국 정부 사이의 정권이양 작업이 8월 24일까지 계속됐다. 8월 24일 하지 사령관은 중앙청을 방문, '과도기에 시행될 잠정적 군사안전에 관한 행정협정'에 서명했고, 하지 사령관의 후임으로 존 코울터(John B. Coulter) 소장이 임명되었다.

군정 이양작업이 끝난 후 하지는 중앙청으로 이승만 대통령을 예방했다. 하지가 대통령 집무실로 들어서자 이승만은 그를 얼싸안고 등을 두드렸다. 언제 무슨 감정이 있었더냐는 듯이 뺨까지 대며 하지를 맞아 들였다.

"프레지던트 리, 승리하셨습니다. 정말 고집으로 승리한 것입니다."

"장군의 협조 때문입니다. 장군의 협조가 많아 이 나라가 독립하게 된 것입니다. 장군이야말로 우리나라 독립의 공로자입니다."

"저야 임무를 수행한 것뿐이고 닥터 리야말로 독립을 쟁취한 승리자이십니다."

이승만과 하지의 회견은 약 20분 정도 계속됐다. 하지가 나가자 이 대통령은 "정치적 머리가 없어 탈이지 사람은 좋은 사람이야. 남의 나라에서 군정을 하려면 정치를 해야지, 군대서 하던 식으로 국무성 명령에만 매어서야 되나" 하고 혼잣말하듯 했다. 하지는 한국에서 군정 3년의 경험을 다음과 같이 고백했다.

"미군정 최고 책임자로서의 직책은 내가 지금까지 맡았던 직책들 가운데 최악의 직무(worst job)였다. 만약 내가 정부의 명령을 받지 않는 민간인 신분이었다면 1년에 100만 달러를 준다고 해도 그 직책을 결코 맡지 않았을 것이다."

1945년 9월 9일 서울에 설치된 재조선 미 육군사령부 군정청은 존 하지에 이어 존 코울터가 사령관(1948년 8월 27일~1949년 1월 11일 재임)을 맡았고, 역대 군정장관은 다음과 같다.

△1대: 아치볼드 빈센트 아놀드 소장(Archibald V. Arnold, 1945년 9월 11일~1945년 12월 17일)

△2대: 아서 러치 소장(Archer L. Lerch, 1945년 12월 18일~1947년 9월 11일. 재임 중 사망)

△3대: 찰스 핼믹 준장 직무대리(Charles G. Helmick, 1947년 9월 12일~1947년 10월 30일)

△4대: 윌리엄 F. 딘 소장(William F. Dean, 1947년 10월 30일~1948년 8월 15일)

△5대: 찰스 햄믹 소장(1948년 8월 15일~1949년 1월 11일)

조지 윌리엄스

해방 후 이승만을 조기 귀국시키는 데
결정적 역할을 한 선교사의 아들

하지 장군의 특별보좌관이었던 조지 윌리엄스 중령은 이승만을 한국에 전격 귀국시킨 일등공신이다. 그는 미군이 남한에 진주한 직후부터 쌍발 비행기를 타고 대전, 광주, 대구, 부산 등 남한 일대 민정 시찰에 나섰다. 당시 시민들의 관심은 "왜 우리 대통령 이승만 박사를 빨리 모셔오지 않느냐"는 것이었다. 윌리엄스는 자신이 보고 들은 민심을 하지 장군에게 보고했고, 하지는 혼돈상태에 빠져 있던 정국을 수습하기 위해 미국에 있는 이승만을 한국에 보내줄 것을 상부에 요청했다.

미 육군성 소속 군사정보처 산하의 워싱턴 출장소는 합참본부로부터 "이승만이라는 한국인을 찾아서 즉시 서울로 보내라"는 전보를 받았다. 이 전보 명령을 받은 윌리엄 킨트너 대령은 워싱턴 매사추세츠 가에 살고 있는 이승만을 찾아내 귀국시켰다. 이승만은 윌리엄스 덕분에 1945년 10월

16일 오후 그리던 고국으로 돌아올 수 있었다.

하지와 조지 윌리엄스와의 인연은 미군의 남한 진주과정에서 시작되었다. 하지 장군은 오키나와에서 갑자기 남한 점령군 사령관으로 임명되는 바람에 아무 준비도 없이 임지로 출발했다. 그가 지휘하는 부대 내에는 일본어가 가능한 일본 2세 통역관들은 있었지만 한국어 통역은 물론 24군단 소속 장교나 병사 가운데 한국어를 구사할 줄 아는 미군은 단 한 명도 없었다.

그런데 천우신조랄까 1945년 9월 8일 인천 부두에서 한국어를 유창하게 구사하는 해군 중령 조지 윌리엄스(George Z. Williams, 1907~1994, 한국명 우광복·禹光福)를 우연히 발견했다. 윌리엄스 중령은 하지 중장 휘하의 육군부대를 호위 수송한 7함대 소속 군의관이었는데, 하지는 한국어를 할 줄 아는 미군 장교를 발견하자 즉시 자신의 특별보좌관에 임명했다. 조지 윌리엄스의 증언이다.[254]

"인천에 내리기 위해 갑판 책임자인 육군 대령 하트먼에게 상륙 보고를 하러 갔을 때였습니다. 하트먼은 한국인 3명과 말이 안 통해 애를 쓰고 있었어요. 하트먼은 이탈리아어 불어 영어로, 한국인들은 중국어 일본어 한국어로 제각기 떠들고 있었죠. 내가 하트먼에게 '이 한국인들은 자신들이 제2차 세계대전 중 일본과 싸운 지하 독립운동가이며, 하지 중장에게 존경을 표하고 싶다고 얘기하고 있다'고 통역해 주자 하트먼은 내게 '어떻게 한국어를 아는가' 물었고, '저기 보이는 언덕 위 검은 지붕의 붉은 벽돌집이 내가 태어난 곳'이라고 하자 하트먼이 깜짝 놀랐던 기억이 생생합니다."

월리엄스는 1907년 인천에서 태어나 14세까지 충남 공주에서 자라 한국어와 일본어를 유창하게 할 줄 알았다. 그 후 콜로라도 주 덴버로 가서 고등학교와 의과대학을 마치고 미 해군 군의관 생활을 하던 중 하지 사령관의 보좌관으로 발탁됐다. 그의 양친 프랭크 윌리엄스(Frank E. C. Williams, 1883~1962, 한국명 우리암·禹利巖)는 감리교 선교사로 공주에서 오랫동안 선교활동을 했으며, 1906년 영명학교를 설립하여 유관순 열사, 조병옥, 임영신 등을 교육시켰다. 유관순 열사는 영명학교를 2년간 다니다가 서울 이화학당에 편입했다.

미군정 경무국장(경찰청장)을 지낸 조병옥은 영명학교 2회 졸업생으로 윌리엄스와 인연을 맺었고, 영명학교 교사 출신으로 「코리아 타임스」의 초대 사장을 지낸 이묘묵은 윌리엄스와의 인연 덕분에 하지 장군의 통역관이 되었다. 연희대(현 연세대) 초대 총장 백낙준과는 어린 시절부터 알고 지냈으며, 윌리엄스와 백낙준의 부모끼리도 친한 사이였다.

윌리엄스는 의사인 오긍선을 통해 서예가 오세창을 만났는데 오세창은 한국의 역사와 문화에 해박해 밤새도록 토론을 즐겼다. 의사인 이인선은 이탈리아에서 성악(테너)을 공부하고 해방 후 귀국, 이화여대 교수였던 윌리엄스의 어머니와 함께 한국 최초로 오페라 '춘희'(La Traviata)'를 공연했다.

윌리엄스는 한국 근무를 마치고 귀국하여 미 전쟁성(육군성)에서 근무할 때 하지 장군이 제출한 '10년 내로 북한과 전쟁을 할 것 같다. 전쟁을 막을 방책이 필요하다'는 내용의 보고서를 발견했다. 불행하게도 애치슨 국무장관은 하지의 중요한 보고서를 읽지도 않았으며, 당시 국무부의 한국 데스크는 한국을 한 번도 가본 적이 없는 해군 대위가 맡고 있었다고 한다. 윌리엄스는 숱한 남침 정보와 경고에도 불구하고 미국이 아무런 대책을 세우지 않았기 때문에 1950년 북한이 남침했을 때 미국은 속수무책이었다고 증언했다.

조지 윌리엄스는 1994년 사망했는데, 자신의 유해 절반은 태평양에 뿌리고, 나머지 절반은 영명학교에 묻어달라고 유언했다. 그는 충남 공주시 영명중고교 뒷산에 묻혔다.

존 R. 힐드링

이승만의 '남한 정부 수립안'을 지지한
미 국무부 피점령국 담당 차관보

존 R. 힐드링(John R. Hilldring) 장군은 미 국무부의 피점령국 담당 차관보로서 한국 사정에 능통했고, 또 맥아더 장군과도 친한 인물이었다. 힐드링 장군과 이승만의 인연은 1946년 12월, 이승만이 한국의 독립방안을 미국 조야에 알리기 위해 워싱턴을 방문했을 때 이어졌다.

당시 국내 정세는 이승만 입장에서 볼 때 최악의 상황으로 전개되고 있었다. 1945년 9월 8일 인천에 상륙하여 점령정책을 시작한 미국의 한반도정책은 사전에 전혀 준비가 안 되어 결과적으로는 '관망정책'(wait and see)이 되었다. 즉 미국은 소련의 세력팽창을 막는다는 소극적인 목표로 남한을 점령한 후, 중국에서의 사태 진전을 바라보며 앞날을 관망하는 입장이었다. 때문에 치안유지 외에 이렇다 할 정책이 없었다.[255] 서울에서 하지 장군의 정치참모 역할을 했던 윌리엄 랭던은 이 시기의 미국 정책을

'표류의 정책'(a policy of drift)이라고 표현했다.

스탈린은 1945년 9월 20일 '북한에 부르주아 민주주의 정권을 수립하라'는 비밀지령을 내린 직후부터 북한에서는 공산 단독정권 수립을 위한 일사불란한 움직임이 시작됐다. 1945년 10월 10일에는 조선공산당 북조선분국이 설립되었고, 10월 28일에는 북조선 5도 행정국 설립, 이어 북조선중앙은행이 창설됐다.

1946년 2월 8일 평양에서 북조선 임시인민위원회가 창설됐다. 다음날 위원장 김일성, 부위원장 김두봉, 서기장 강양욱 등 총 23명으로 구성된 임시인민위원회 명단이 발표됐다. 이들은 행정과 입법 권한을 가지는 독재적 기관으로서 '임시인민위원회는 우리의 정부'라고 선언했다. 북한이 일방적으로 단독정부를 설립하고 이를 공표했다. 이승만이 정읍에서 '남한만이라도 임시정부를 수립해야 한다'는 정읍 발언이 나오기 4개월 전에 이미 북한은 공산 단독정부를 출범시킨 것이다.

반면에 미국은 새로 창설된 국제연합의 성공을 위해 민주국가와 공산국가의 화해와 협력(즉 좌우합작)을 통해 국제문제를 해결한다는 '샌프란시스코 환상'에 매달렸다. 이승만은 좌우합작이란 용어와 명분은 그럴 듯 해 보이지만, 자유민주주의와 공산주의는 지향점이 정반대라서 절대 통합될 수 없다는 점을 꿰뚫어 보고 있었다. 이미 38선 이북의 소련 점령지역에서 '북조선 임시인민위원회'라는 공산 단독정부가 수립된 마당에 남한에서 좌우합작이 추진되면 북한의 공산세력과 남한의 공산세력이 힘을 합쳐 한반도 전체가 공산화되는 것은 시간문제라고 판단한 것이다.

이승만은 절체절명의 상황에서 난국 타개를 위한 승부수로 1946년 6월 3일, 정읍에서 남한만의 임시정부(단독정부)를 수립해야 한다고 밝혔다. 이승만은 미국이 1882년 체결한 한미우호통상조약을 일방적으로 방기한 사실을 생생하게 기억하고 있었다. 남한에 정부가 수립되지 않아 혼란이 계속되고, 미군정이 이를 수습하지 못하면 남한은 공산화될 것이 뻔했다. 남한만이라도 독립된 정부를 세워 혼란을 잠재우고 질서를 회복하는 길이 공산화를 막는 길이라는 것이 정읍 발언의 핵심이었다.

그러나 이승만의 정읍 발언은 격렬한 소용돌이를 몰고 왔다. 하지와 미군정, 그리고 그 배후에 있는 미 국무성의 좌익세력들은 김규식을 선호했다. 미군정은 즉각 '진보적 강령으로 민중의 지지를 획득할 수 있는 인물'로 김규식과 여운형을 지목하고, 두 사람을 앞세워 좌우합작 공작에 돌입했다. 이렇게 되자 이승만은 미국의 여론 주도층과 언론에 한국에 대한 올바른 정책을 세워줄 것을 직접 호소하기 위해 미국 방문을 결정했다.

1946년 12월 4일 출국한 이승만은 12월 7일 워싱턴에 도착, 칼튼 호텔에 여장을 풀고 전략위원회를 소집했다. 당시 전략위원회 멤버는 △법률가 존 스테거스 △언론인 제이 제롬 윌리엄스 △OSS 책임자 프레스턴 굿펠로우 △미군정청 사법관 에머리 우돌(Emory Woodall) 대령 △미 상원 목사 프레데릭 브라운 해리스 △임영신 △임병직 등이었다.

이 회의에서 난상토론 끝에 다음과 같은 6개 항의 안건을 긴의서로 작성하여 미 국무성에 제출했다.

'1. 남한에 과도 정부를 수립하여 한국의 두 지역이 다시 통일될 때까지 활동하도록 하며 그 뒤에 즉시 총선거를 실시할 것.

2. 한국에 대한 미소 간의 일반적인 합의들을 깨뜨리지 않고 이 과도정부는 국제연합에 가입되어야 하며, 한국 점령 같은 미결 문제들에 관해 소련과 미국에 직접 교섭하도록 허용할 것.

3. 한국 경제 재건에 도움이 되도록 대일 청구권 문제를 조속히 고려해 줄 것.

4. 기타 국가들과 평등 원칙에 입각하여 어떤 국가에도 편중된 혜택을 주지 않도록 전적인 통상권을 한국에게 부여할 것.

5. 한국 화폐를 국제환 제도에 따라 안정시키고 제도화할 것.

6. 점령 중에 있는 양국 군대가 동시에 철수할 때까지 미국 치안군이 계속 남한에 잔류할 것.'[256]

이 건의서를 받은 미국 정부 요인들은 남한만이라도 민주정부를 수립해야 한다는 이승만의 주장을 지지하는 의견과 거부하는 의견으로 갈렸다. 국무부 동북아국장 휴 보턴(Hugh Borton)과 존 카터 빈센트 극동국장은 이승만에게 5년 기한의 신탁통치를 받아들일 것을 권고했다. 반면 피점령국 담당 차관보 존 R. 힐드링(John R. Hilldring) 장군은 한국 사정에 능통했고, 또 맥아더 장군과도 친한 사람이어서 이승만의 주장을 적극 지지했다.

빈센트나 휴 보턴의 반대에도 불구하고 힐드링 장군은 얼마 후 이승만이 국무성에 제출한 6개 항목의 건의안을 지지하겠다고 확약했다. 그는 소련이 남한 침략을 강행할 목적으로 북한에서 50만 군대를 편성하고 있다고 폭로하여 미국을 놀라게 했다. 임병직은 힐드링 장군의 강력한 지지가 대한민국 정부수립에 큰 공을 세웠다고 자서전에 기록하고 있다.[257)]

당시 미국에서 이승만을 도왔던 임영신은 로스앤젤레스에서 사업으로 성공한 오빠 임일을 설득하여 미국에서 친한(親韓) 여론 조성을 위한 활동비, 교제비 등을 지원 받았는데, 한국이 유엔 결의에 의해 총선을 치르고 정부 수립이 결정되기까지 무려 38만 달러나 되었다. 임일은 최두선과 휘문의숙 동기다. 이 사실을 알게 된 이승만은 건국 후 임영신을 초대 상공부장관으로 임명하여 빚을 갚은 셈이 되었다.

제임스 하우스만

한국군 창설에 앞장선 이승만의 군사 고문

1918년 미국 뉴저지 주 태생인 제임스 하우스만(James Harry Hausman, 1918~1996)은 미 육군 대위로서 대한민국 국군 설립에 큰 영향을 미쳐 '대한민국 국군의 아버지'라고 불린다. 원래 이름은 존 오토 하우스만 2세였는데, 입영 가능 연령 이전인 16세에 군에 들어가기 위해 자신보다 6살 위인 형의 이름을 도용하여 입대하는 바람에 제임스 하우스만으로 이름이 바뀌었다.

그는 제2차 세계대전에 참전한 후 1946년 7월, 한국에 와서 조선경비대 총사령관 러셀 배로스(Russel D. Barros) 대령 산하의 조선경비대 집행국장(Executive Officer) 겸 고문관에 임명되어 조선경비대 창설 임무를 수행했다. 당시 그의 나이 28세의 앳된 청년이었다. 그는 미군 조직법을 번역하여 국군 조직법을 만들었고, 국군 창설 과정에서 '실전경험'을 우대하여 일본군과 만주군 출신의 경험 있는 군인들을 중용했다.

1948년 8월 대한민국 정부가 수립된 후 이승만 대통령은 1주일에 한 번 이상 최고국방회의를 주재했다. 이 회의의 참석 멤버는 대통령을 비롯하여 국방장관, 육군총참모장, 로버츠 주한미군사고문단장, 하우스만 육군총장 고문관 등 5명이었다.

1949년 미군이 남한에서 철수하면서 군사고문단(KMAG)이 만들어지자 하우스만은 미 군사고문단장과 한국군 참모총장 사이의 연락 임무를 맡았다. 하우스만은 당시 계급이 육군 대위에 불과했지만 이승만 대통령의 군사 고문 역할을 맡아 대통령을 자주 만날 수 있었다. 이승만은 하우스만을 수시로 경무대로 불러 군사와 관련된 조언을 들었고, 군의 사기문제나 조직 개편 등에 관한 보고서 등을 요구했다.

6.25 남침 초기 하우스만은 채병덕 참모총장의 판단력에 대해 다음과 같이 신랄한 비판을 퍼부었다.

"채병덕은 6월 25일 국회에 불려나가 증언석에서 졸다가 국회의원들에게 호통을 맞았고, 의정부 전선 시찰 때도 전날 먹은 술 때문에 술 냄새를 풍기고 있었다. 더욱 한심한 것은 그의 반격론이었다. 국회 증언과 육본 발표를 통해 '국군은 서울을 사수한다. 지금 국군은 반격 중이다'라고 거짓 발표를 해 서울을 아무런 피난 준비도 못 하게 한 채 고스란히 적 수중에 던져 넣었다."[258]

그는 또 채병덕 총장과 신성모 국방장관의 전시(戰時) 지도능력에 대해서도 "두 사람 모두 한국전과 같은 미증유의 전쟁을 감당하기에는 부족한 인물들이었다"고 비판했다.

맥아더 장군의 인천상륙작전이 성공한 후 동해안의 국군 3사단이 38선에 도달하자 이승만은 정일권 참모총장에게 "북진하라"는 엄중한 명령을 내렸다. 정일권은 참모총장 고문 하우스만과 이 문제를 숙의했다. 하우스만은 국제 전사(戰史)를 뒤지고 법령집을 연구한 끝에 긴급추적권(hot pursuit)이라는 방법론을 찾아냈다. 긴급추적권은 전쟁 중 원래는 적을 추적하여 전투를 벌이지 못하게 되어 있는 지역이라도 긴급 상황이 발생하여 불가피하게 일정 기간, 일정 지역을 추적하여 적을 공격할 수 있는 권한이다.[259]

이 권한을 이용하여 3사단 23연대가 38선을 넘어 북진을 개시한 것은 10월 1일 오전 11시 25분이었다. 23연대 소속의 1개 중대 병력은 북진 명령이 내려지기 전에 이미 38선을 넘어가 양양 뒷산까지 진출해 있었다.

김구

대한민국 임시정부 끝까지 지켜낸 독립운동 지도자

백범(白凡) 김구(金九)는 3·1운동 직후 신의주를 거쳐 중국 안동으로 가서 이륭양행 여객선을 타고 1919년 4월 13일 상해에 도착했다. 그는 안창호의 주선으로 임시정부 경무국장에 임명되었다. 이승만이 임시정부 초대 대통령에 추대되었을 때 김구는 문지기를 자청한 경무국장이었으며, 세월이 흘러 김구가 임시정부 주석에 올랐을 때 그는 주미 외교위원장인 이승만에게 호의적인 신임을 보냈다. 이승만과 임시정부는 원만한 관계를 유지하지 못했지만 김구와 이승만 사이는 개인적 정분이 두터웠다.

한 하늘에 두 개의 태양이 존재할 수는 없는 법이다. 김구는 해방 후 환국하여 본격적으로 정치무대에 뛰어들었으나 이승만이라는 거목과 동 시대에 정치 활동을 했다는 것이 그에게는 비극이었다. 김구는 개인적으로는 이승만과 가까우면서도 정치적으로는 이승만과 선뜻 손을 잡지 못했다. 두 사람은 표면상으로는 우호적인 관계를 유지했다. 김구는 연장자인 이승만을 '형님'이라고 호칭하면서 "우리 둘은 이신동체(異身同體)"라고 했고, 이승만은 김구를 '아우님'이라 부르며 깍듯이 예우했다. 그러나 두 사람은 겉으로는 온화하고 원만했지만 속으로는 날이 서 있었다.[260]

당시 국내 우익 정치세력의 대표격이었던 한민당은 신생 대한민국의 첫번째 집권자는 이승만이어야 하고, 이승만이 나라의 초석을 다듬은 뒤에 김구가 정권을 계승한다는 구상을 했다. 한민당 지도부는 이 구상이야말로 독립운동 원로들을 정당하게 예우하는 길이며, 건국 초의 다사다난한 시기를 위대한 지도자 아래 똘똘 뭉쳐 착실히 국가 기반을 다진다는 점에서 가장 합리적이고 실질적인 방안이라고 판단했다.[261]

이 구상을 실천하기 위해 한민당 외교부장이었던 장덕수가 돈암장과 경교장을 수시로 왕래하며 의견 조율을 하느라 애를 먹었다. 장덕수는 이승만보다는 김구와 가까운 관계였으나 객관적 정세로 볼 때 국제정세에 해박한 이승만이 먼저 집권하는 것이 불가피하다고 판단했다. 그러나 임시정부 요인들은 '김구 먼저'라는 확고한 생각을 버리지 않았고, 이런 이유 때문에 한민당을 경계했다.[262]

해방 공간에서 학식과 인격, 살신성인의 정신을 소유하여 여러 세력들로부터 높은 평가를 받았던 인물이 장덕수다. 고집 세기로 유명하고, 남의 의견을 잘 듣지 않는 이승만조차도 그를 신임하고 그의 의견을 존중했다. 김구를 비롯한 임시정부 요인들도 장덕수 의견만큼은 소홀하게 취급하지 못했다. 그는 해방공간에서 이승만과 김구, 하지 사령관을 이어주는 교량적 인물이었다. 그런데 그가 1946년 12월 2일 자택에서 현직 경찰관의 흉탄에 맞아 암살당했다.

만약 장덕수가 암살당하지 않았더라면 이승만과 김구, 이승만과 하지 사령관의 관계는 훨씬 원만하고 융통성 있게 진행되었을 것이다. 장덕수가 암살당한 후 한민당은 이승만과 김구의 합작 노력에 활기를 잃었고, 그 결과 이승만과 김구 세력 사이에는 깊은 골이 패이기 시작했다. 장덕수 암살과 관련하여 김구가 증인으로 법정에 불려나가기도 했는데, 이와 관련하여 허정은 자신의 회고록에 이런 기록을 남겼다.

"나는 설산(장덕수)이 암살당한 날, 조소앙 씨에게 달려가서 '왜 설산을 죽였소?' 하고 격렬하게 항의한 일이 있었다. 조소앙 씨는 너털웃음을 터뜨리며 말을 피했다.

'너털웃음으로 숨길 수 있을 줄 아십니까? 끝내 속이지는 못합니다' 하고 외치고는 뛰쳐나왔다."[263]

제1차 미소공동위원회가 결렬되자 미군정은 김규식과 여운형을 중심으로 좌우합작을 추진했다. 그런데 좌우합작 문제가 대두되자 김구를 비롯한 임시정부 요인들은 중국의 국공합작과 연관시켜 생각한 탓인지 좌우합작에서 정치적 활로를 찾으려 했다. 이승만은 좌우합작의 말로는 공산화라고 결론짓고 좌우합작에 전혀 응하지 않은 채 남한임시정부(단독정부) 수립론을 들고 나왔다.

김구는 국제정세의 흐름에 어두웠다. 그는 미국이 중대한 국제문제에 직면해 있으며, 한국문제도 미국의 세계전략에 맞춰 풀어갈 것이라는 이승만의 주장을 납득하지 못했다. 김구는 거시적 안목이 부족했고, 미국의 세계전략에 따라 한국문제가 영향 받을 이유가 없다고 생각했다. 게다가 김구는 임정의 권위를 업고 쿠데타를 통해 미군정을 무너뜨리려고 여러 차례 시도했다. 언더우드는 김구에 대해 "거칠고 접근하기 어렵고 무자비하며 비민주적"이라고 평했다.[264]

좌우합작을 시도하던 사람들은 남한 임시정부 수립론을 좌시하지 않았다. 이승만과 김구는 '남한 단독정부 수립'과 '남북협상' 문제로 정면충돌하게 된다. 김구는 김규식, 조소앙, 홍명희 등과 38선을 넘어 평양에서 남북협상회의에 참석했다. 하지 장군의 도움이 없었다면 김구와 김규식을 비롯한 그의 추종자들은 북한으로 가지 못했을 것이다. 김규식은 38선까지 미군 병사의 호위를 받았다.

이 무렵 임시정부는 사분오열되어 공산주의자들의 노선을 따라가는 사람이 있는가 하면 김구와 김규식에 동조하는 남북협상파도 있었고, 이시영·신익희·이범석·이청천은 이승만 노선을 따랐다.

김구가 남북협상을 제창했을 때 허정은 조소앙을 찾아가 남북협상이 어리석고 불가능한 일임을 누누이 설명했다. 그러자 조소앙은 "당분간 가만히 있어주시오. 그러면 보여줄 것이 있소"라고 답했다. 허정은 남북협상파들이 보여준 것은 젊은 공산당 두목에게 우롱당한 것뿐이었다고 통탄

했다.[265]

이승만의 '남한 단독정부' 노선과 김구의 '남북협상' 노선은 정치에 있어서의 이상과 현실을 보여주는 좋은 예다. 이와 관련하여 허정은 자신의 회고록에서 다음과 같이 밝히고 있다.

"요즘도 간혹 백범(김구)의 노선에 따랐더라면, 남북 분단의 장기화는 피할 수 있었을 것이고 결국은 어떠한 형태로든 통일정부가 수립되었을 것이 아닌가, 하고 말을 하는 사람들이 있다.… 그러나 나의 입장을 말한다면 당시의 정세로 보아 남한 단독정부 수립은 최선의 길이었다. 그때 만일 남한에 민주정부가 수립되지 않았더라면, 우리나라의 공산화는 필연적이었을 것이라고 나는 지금도 굳게 믿는다.…

백범은 어떠한 희생을 치르더라도 이상에만 충실하려는 고집을 버리지 않았다. 하기는 통일정부를 수립하는 길이 없었던 것은 아니었다. 만일 자유민주주의의 신봉자들이 무조건 백기를 들고 공산주의자들 앞에 항서(降書)를 썼더라면, 공산정권의 수립으로 적화 통일의 길이 있었을 것이다. 공산주의자들이 요구하고 있던 것은 민주 진영의 무조건 항복이었다.…

그때나 지금이나 마찬가지지만, 이상적으로 말한다면 남북 분단의 비극을 막기 위해 우선 어떤 형태로든 통일정부를 수립하고 민주주의냐 또는 공산주의냐 하는 이데올로기의 선택은 그 다음으로 미루어 민의(民意)에 맡기거나, 또는 민주 진영과 공산당의 연립정부를 수립하는 것이 최선의 길처럼 생각될 것이다. 이러한 방식은 시기의 늦고 빠름은 있더라도 공산화라는 결말에 이르게 된다는 것은 2차 대전 후의 동구 제국(諸國)이 보여준 역사적 교훈이었다. 그런데 바로 이것이 백범이 추구하던 노선이었다. 당시의 현실을 괄호 속에 묶어두고 이상만을 앞세운다면 분명히 이것은 최선의 길이었을 것이다.

백범은 현실을 외면한 채 이상만을 추구하려고 했으나 우남(이승만)을 중심으로 한 남한 단독정부안 지지자들은 현실을 중요시하지 않을 수 없었다. 우리의 소망은 다만 통일정부 수립에만 있었던 것이 아니라 '민주적 통일정부의 수립'에 있었기 때문이다.… 백범은 이상을 위해 현실을 버릴 수 있는 스타일의 정치가였다면, 우남은 현실을 위해 이상을 유보할 수 있는 스타일의 정치가였을 뿐이다.[266]

정부 수립 후 조병옥이 대통령 특사로 중국으로 가서 장개석 총통을 만나 김구, 김규식의 정치적 지위에 대한 질문을 받았을 때 조병옥은 이렇게 답했다.

"나는 김구, 김규식 양씨를 독립운동의 선구자로서 존경하고는 있으나 그들은 단선, 단정을 반대하고 북한 공산괴뢰집단과 남북협상을 하기 위하여 이북에 갔다 온 사실로 말미암아 정치적으로는 완전히 국민으로부터 신망을 잃었을 뿐만 아니라 정치적 자살을 한 거나 마찬가지입니다. 그러므로 중국 정부나 장개석 총통은 그들 양씨를 한민족의 대변자로서 상대하여서는 안 될 것입니다."[267]

1876년 황해도 해주 출신인 김구는 어린 시절 고향에서 한학(漢學)을 공부했고, 1893년 동학에 가담했다. 1894년 동학군 선봉장으로 해주성을 공격했으나 관군에게 대패했다. 1895년 동학군의 기강이 무너져 백성들의 원망을 사게 되자 김구는 신천군 진사 안태훈에게 신세를 졌다. 당시 안태훈의 아들 안중근은 16세의 어린 나이임에도 부친을 따라 동학군을 토벌하고 있었다. 이때 김구는 당시 명망 높은 해서(海西)의 거유(巨儒) 고능선에게 한학을 배웠다.

김구가 1911년 안악 부호들을 협박하여 독립운동자금을 빼앗아 서간도에 무관학교를 세우려 했다는 소위 '안명근(안중근의 동생) 사건' 관련자로 서대문 감옥에 수감되었을 때 그곳에서 이승만의 손때가 묻은 책을 발견했다. 김구는 "이 박사의 손때와 눈물 흔적으로 얼룩진 '감옥서'라는 도장이 찍힌 『광학류편』, 『태서신사』 등의 서적을 보았다. 나는 그러한 책자를 볼 때 그 내용보다는 배알치 못한 이 박사의 얼굴을 보는 듯 반갑고 무한한 느낌이 있었다"고 회고했다.

김구는 1928년 3월 25일 이동녕, 안창호, 송병조, 차이석, 조완구, 조소앙, 엄항섭 등과 한국독립당을 조직했고, 1931년 말에는 독립운동 활성화를 위해 한인애국단을 결성했다. 1932년 1월 8일에는 김구가 일본에 밀파한 이봉창 의사가 일황(日皇) 히로히토의 마차 행렬에 폭탄을 던졌으나 천황을 살해하는 데는 실패했다.

3개월 후인 4월 29일에는 윤봉길 의사가 상해 홍구(虹口·홍커우)공원에서 열린 천장절(일본 황제의 생일잔치)과 전승기념 축하식 단상에 폭탄을 투척하여 시라카와 요시노리(白川義則) 대장을 비롯한 일본군 지휘관이 현장에서 사망하고 주중 공사 시게미쓰 마모루(重光葵)는 한쪽 다리를 잃었다. 그는 후에 외무장관에 올라 미주리 전함 함상에서 일본이 미국에 항복할 때 히로히토 일본 천황과 함께 일본 정부 대표 자격으로 목발을 짚고 참석했다.

한인애국단원들의 눈부신 활약으로 그 동안 침체되었던 독립운동에 새로운 활력이 생기기 시작했다. 중국 국민당 정부도 자금을 제공하고 독립군을 훈련시키는 등 적극적으로 한국의 독립운동을 돕기 시작했다. 김구가 남경(南京·난징)의 중국 중앙군사학교에서 장개석 총통을 만나 한국 청년들이 낙양(洛陽) 군관학교에 입교하여 군사교육을 받을 수 있는 길이 열렸다. 낙양 군관학교에서 한인 청년들의 군사교육은 1940년 광복군 창건으로 이어져 윤봉길 의거의 파장은 생각보다 훨씬 깊고 컸다.

그러나 반대급부도 만만치 않았다. 상해의 프랑스 조계에 위치해 있던 임시정부가 상해를 떠나게 된 것은 윤봉길 의거의 파장 때문이다. 1919년 상해의 김신부로(金神父路. 현재의 瑞金二路)에서 임시의정원 회의가 처음 열린 이래 상해에서만 12번이나 소재지를 옮겼으나 프랑스 조계 당국은 임시정부의 활동에 제약을 가하지는 않았다.

그러나 윤봉길 의거 이후 프랑스 조계 당국은 일본 관헌이 한국의 독립운동가들을 단속하는 것을 용인하면서 임시정부 요인들의 신변이 위태롭게 되자 임정은 상해를 빠져나와 인접한 도시 항주(杭州·항저우)로 옮겨야 했다. 1937년 중일전쟁이 벌어지면서 임시정부는 진강(鎭江·전장), 장사(長沙·창사), 광주(廣州·광저우), 유주(柳州·류저우), 기강(綦江·치장)을 거쳐 중경(重慶·충칭)으로 8년여를 떠돌이 생활하듯 계속 이동했다.

임시정부 관계자와 가족들까지 합치면 100여 명이 넘는 대식구들은 목선을 타고 호수와 강을 건넜고, 기차와 자동차로 이동하는 도중 일본군 비행기의 공습을 받기도 했다. 이 험난한 시기에 김구는 경무국장, 내무총장, 국무령을 거쳐 1940년 헌법 개정으로 주석에 취임하여 임시정부를 영도했다.

김구는 사회주의나 공산주의에 대해서는 대단히 부정적인 입장이었다. 자신의 저서 『백범일지』에서 만주지역의 무장독립운동이 분열하게 된 이유가 공산주의자들의 책동 때문이라고 밝혔고, 만주지역의 무장단체들과 임시정부의 관계가 제대로 발전하지 못한 것도 공산주의자들과 민족주의자들의 알력 때문이었다면서 이런 기록을 남겼다.

"공산당들은 상해의 민족운동자들이 자기의 수단에 농락되지 않음을 깨닫고 남북 만주로 진출해서, 상해에서보다 십백 배 더 맹렬하게 활동하였다. 이상룡의 자손은 살부회(殺父會)까지 조직하고 있었다. 살부회에서도 체면을 생각해서인지 회원이 자신의 손으로 직접 아비를 죽이는 것이 아니라, 너는 내 아비를 죽이고 나는 네 아비를 죽이는 것이 규칙이라 하였다.

남북 만주의 독립운동단체로 정의부, 신민부, 참의부 외에 남군정서(南軍政署), 북군정서(北軍政署) 등 각 기관에 공산당이 침입하여 각 기관을 여지없이 파괴 훼손하고 인명을 살해하였다. 백광운, 정일우, 김좌진 등 우리 운동계에 다시없는 건강한 장군들을 다 잃어버렸고, 그로 인하여 내외지 동포의 독립사상이 날로 미약해져 갔다.[268]

그러나 그는 임시정부를 살리고 독립운동을 지속하기 위해 1941년 임시정부 밖에 있던 좌파들을 참여시켜 좌우합작을 성사시켰다. 임시정부 좌우합작의 배후인물이 중국 외무장관이자 장개석 총통의 처남인 송자문(宋子文·쑹쯔원)이다. 그는 미 국무성과 협의하여 자신과 친한 좌익계 인사인 김규식, 김약산(김원봉), 조소앙과 합작하라고 김구에게 권했고, 김구는 그들을 각료로 임명했다. 임시정부 판 국공합작이 이루어지자 이승만은 그 결정을 취소하라고 강력하게 요구했다.

김구는 1940년 9월 17일 중경에서 광복군을 출범시켰다. 1941년 11월 중국 정부는 광복군의 중국 영토 내에서의 활동을 승인하고 무기와 일체 경비 등을 지원해 주는 조건으로 광복군의 모든 행정과 작전은 중국군사위원회의 통할 지휘를 받아야 한다는 요지의 '한국광복군 9개 행동준승'을 체결했다. 이어 12월 9일에는 임시정부가 일본에 선전포고를 하여 본격적으로 대일(對日) 항전에 나설 수 있는 기반을 마련했다.

제2차 세계대전 막바지에는 광복군의 국내 진공을 위해 곤명(昆明·쿤밍) 주재 미군 전략첩보국(OSS) 본부와 '한미군사합작 합의사항'이 이루어졌다. 이에 따라 중국 내 광복군의 본토 상륙을 위한 훈련소를 설치하고 미국의 지원 하에 득수훈련을 시작했다. 그러나 일본이 예상보다 빨리 항복하는 바람에 광복군의 본토 진군은 물거품이 되고 말았다.

1945년 11월 23일 김구는 김규식 부주석 등과 함께 환국했는데, 바로 그 날 38선 이북의 국경도시 신의주에서 대규모 반공 학생의거가 일어났다. 이어 12월 2일에는 신익희, 조소앙, 조완구, 김원봉, 조성환 등 임정 제2진이 군산비행장을 거쳐 서울에 도착했다.

김구와 한민당 간의 정식 대화는 11월 27일 송진우가 경교장을 방문함으로써 시작되었다. 당시 임정 요원과 접촉한 국내 정객들은 임시정부를 절대시해 왔으나 막상 그들과 만나 대화를 나눠본 결과 '대단한 인물은 없는 것 같다'는 것이 중론이었다. 또 임시정부는 한독당을 중심으로 한 민족진영과 김원봉 등의 좌익진영 및 중간파 등의 연합체로 구성되어 있어 머지않아 내부 분열이 일어날 기세였다.[269]

임정 세력과 한민당이 파열음을 낸 것은 한민당이 환국한 임정에 제공한 정치자금 때문이다. 한민당의 주역이었던 김성수와 송진우는 임시정부 환국에 앞서 '환국지사 후원회'를 조직하고 정치자금 900만 원을 모금하여 임시정부 요인들이 환국하자 이 자금을 전달했다. 그런데 김구는 이 자금을 수령하지 않고 임정 재정부장 조완구를 시켜 돌려보냈다. 김성수와 송진우가 주동이 된 '환국지사 후원회'에는 친일행위를 한 실업인이 참여하고 있어 그 돈은 부정한 자금이라고 잡음을 넣는 사람들이 많았기 때문이다. 김구는 1949년 6월 26일 육사 특8기 출신의 안두희가 쏜 총탄에 맞아 사망했다.

김성수

한민당 창당하여 이승만의 건국을 도운 대한민국 부통령

해방 공간에서 국내 정치계를 이끈 또 하나의 거목은 김성수였다. 그는 일
제 치하에서 언론 및 교육사업을 펼쳐 중앙학교와 보성전문학교를 통해
수많은 인재를 배출했으며, 동생 김연수와 함께 경성방직을 창업하여 국
내를 대표하는 민족기업으로 성장시켰다.

1919년 설립된 경성방직은 '우리 옷감은 우리가 만든다'는 기업정신으
로 당시 조선 광목시장을 석권한 일본 도요방적에 맞섰다. 경성방직이
1941년 만주 소가둔(苏家屯·소가툰)에 설립한 남만방적은 국내 기업 해외
진출 1호라는 역사적 의미가 있다. 남만방적에서 근무하던 한국인 기술자
들이 해방 후 귀국하여 일본 기술자들이 철수하여 가동 중단 상태에 빠진
방직공장들을 가동시키는 데 결정적인 역할을 했다.

김성수는 상해 임시정부를 자랑스럽게 생각하고 있었다. 합법적인 망

명정부였기 때문에 해방이 되면 그들의 환국을 도와 법통을 이어받는 새 정부가 건국되어야 한다고 주장했다. 해방이 되자 김성수는 대한민국 임시정부 환영준비위원회를 조직하여 그들의 귀국을 기다렸다. 그러나 여러 가지 사정으로 임시정부의 귀국이 지연되고, 이 와중에 좌익세력들이 발호하자 민족세력의 결집과 단합을 위해 한국민주당을 창당했다. 임정 요인들이 환국하자 환영회를 베풀고 그들의 생계를 위해 활동비까지 모금하여 전달했다.

1945년 12월 28일 모스크바 외상(外相)회의에서 한국에 대한 5년 기한의 신탁통치가 결정되자 국내에서 격렬한 반탁운동이 일어났다. 김구가 이끄는 임시정부는 당장 국민투쟁을 벌여 미군정으로부터 정권을 인수해야 한다고 주장했다. 그러나 김성수와 친분이 깊은 송진우는 "미군정으로부터 정권 인수는 일종의 쿠데타"라면서 온건론을 주장했다. 이렇게 되자 임정 강경파들은 송진우를 찬탁론자로 몰아 공격했다.

12월 29일 저녁 8시부터 30일 새벽 4시까지 송진우는 임정의 강경파들과 격론을 벌였다. 이날 새벽 6시 15분 한현우 등 극우 테러리스트 6명이 송진우의 저택에 들이닥쳐 열 세발의 총탄을 쏘아 송진우를 암살했다.

임정은 김구를 중심으로 한 한독당을 비롯하여 네 개의 정파가 반목하고 있었다. 그들은 한민당을 친일파로 매도하고 한민당의 정책 노선을 비난했다. 1947년 겨울 김성수는 감기몸살로 고생하다가 건강을 회복한 김구를 위문하기 위해 장미꽃 한 다발을 들고 경교장으로 갔다. 그런데 경호원들이 김성수 일행을 제지하며 경비실로 끌고가 "누구를 만나러 왔는가" "왜 만나려 하는가" 하며 몸수색을 하기 시작했다. 김성수의 수행원이 거세게 항의하자 경호원들은 "위에서 지시가 있어서 수색을 하는 것이니 협조해 달라"는 것이었다. 온갖 모욕을 꾹 참던 김성수는 김구와의 면담을 포기하고 돌아가면서 측근에게 이런 말을 했다.

"해외에 나가 독립운동을 했다 하여 위대하게 보았더니 들어와 하는 꼴을 보면 정말 한심해서 말이 안 나온다. 그런 사람들 데리고 독립운동을 한 안도산(안창호)이, 백범(김구)이 불쌍하다."[270]

국내 우익 정치세력인 한민당 창당의 주인공은 김성수였다. 그러나 김성수는 교육사업을 하고 있다는 점을 앞세워 표면에 나서지 않았다. 그는 자기보다는 남을 더 배려하고 위하는 등 자기희생 정신이 강한 인물이었다. 김성수는 어떤 일에서나 꼭 필요할 때가 아니면 전면에 나서려 하지 않았다. 그가 꼭 필요할 때란 대체로 어떤 인물이나 조직이 모종의 사건이 벌어져 곤경에 처하거나 위기를 맞았을 때였다. 송진우가 암살되어 한민당이 곤경에 처했을 때에서야 비로소 김성수는 한민당 수석총무를 맡아 당을 안정시켰다.

김성수에게는 개인적 야심이 없었다. 그에게 명예나 권세를 추구할 야심이 있었다면 그는 해방 후 자신의 야심을 손쉽게 달성할 많은 기회를 가졌을 것이다. 그는 무슨 일에서나 뒤에서 돕는 일을 좋아했다. 그것은 자기희생 정신과 이타심의 결과였다. 김성수는 자리의 높고 낮음에 구애되

거나 명성과 명예를 추구하는 사람이 아니었다.

김성수는 이승만으로부터 재무부장관 직을 맡아달라는 요청을 받자 "이재에 밝고 성실한 사람이 있다"면서 자기 대신 최두선을 추천했다. 이런 모습을 곁에서 지켜본 허정은 김성수를 "언제 어디서나 나라를 위해 이바지하는 길이 있으면 묵묵히 실천하는 성품"이라고 평했다. 덕분에 이승만도 한편에서는 그를 경계하면서도 김성수를 높이 평가했다.

제헌국회에서 내각책임제를 중심으로 한 헌법 초안이 확정될 무렵 이승만 대통령이 "내각제 헌법으로는 강력한 정치를 할 수 없다"면서 반발했을 때 이를 수습하고 대통령제와 내각제의 절충형 헌법으로 위기를 모면한 것도 김성수였다. 헌법기초위원회는 물론 한민당을 비롯한 대부분의 의원들이 내각책임제를 주장하여 이승만과 의견 대립이 벌어졌을 때 김성수는 다음과 같은 논리로 내각제 주장론자들을 설득했다.

"이 박사를 중심으로 겨우 민족적 단결을 보여 주었는데 정부 구조를 가지고 그 분과 대립해서 싸운다면 국민이, 세계가 어떻게 보겠소? 내각책임제냐 대통령책임제냐 그 자체보다도 독립정부 수립이 하루라도 빨리 돼야 하오. 우리가 싸운다면 혼란이 오고 좌익에게 어부지리를 주게 됩니다. 물러설 수 없는 우리의 현실을 다 감안하고, 이 박사가 고집을 부리고 있는 데야 어쩌겠습니까. 우선 정부를 수립하고 독립을 세계에 선포하고 봅시다."[271]

이러한 김성수의 노력이 없었다면 대통령중심제 헌법은 탄생하기 힘들

었을 것이다. 농지개혁 관련법안 제정 때도 호남 대지주이자 한민당 총수
였던 김성수는 "농지개혁만이 공산당을 막는 최선의 길"이라는 유진오의
설득에 약간 망설이는 빛을 보이다가 "그것도 그렇겠다" 하고 동의함으로
써 농지개혁이 쉽게 진행될 수 있었다.

존 무초

이승만과 6.25 함께 치르며

한국을 구원한 초대 주한 미국대사

이승만 대통령은 재임 기간 동안 총 5명의 주한 미국 대사와 만났는데 그 면면은 다음과 같다.

　△ 초대: 존 무초(John J. Muccio, 1949년 4월~1952년 11월)

　△ 2대: 앨리스 브리그스(Ellis O. Briggs, 1952년 11월~1955년 5월)

　△ 3대: 윌리엄 레이시(William . B. Lacy, 1955년 5월~1955년 7월)

　△ 4대: 월터 다울링(Walter C. Dowling, 1955년 7월~1959년 10월)

　△ 5대: 월터 메카나기(Walter P. McConaughy, 1959년 10월~1961년 4월)

　5명의 주한 미국 대사들은 미국에서 공부한 미국 전문가인 이승만 대통령을 상대하며 때로는 전선의 참호 속에서 함께 뒹굴기도 했고(무초), 이 대통령에게 위협을 당하기도 했으며(브리그스), 때로는 쫓겨나기도 했다(레이시). 이 대통령은 누구보다 미국을 속속들이 알고 있었고, 미국 내에 광범위한 친한(親韓) 인맥을 보유하여 여론 조성에도 능수능란했다. 또 외교 실무라인을 배제하고 자신이 직접 나서서 곳곳에 포진한 개인적 인맥을 통해 복잡한 외교 문제를 해결하기도 했다.

1948년 8월 13일 트루먼 미국 대통령은 존 무초를 한국 주재 최고대표(주한 특사)로 임명했다. 한국의 유엔 승인외교 과정에서 당시 미국대표단의 단장이었던 존 포스터 덜레스 국무장관은 주한 특사 무초를 파리로 불러 한국 승인외교를 지원하라고 명했다.[272]

1948년 12월 12일 대한민국이 유엔으로부터 '한반도의 합법정부'로 승인을 받자 미국은 1949년 1월 1일 한국 정부를 공식 승인하고, 한 달 뒤 공사관 격이었던 주한 미국 외교대표부를 대사관으로 승격했다. 그리고 1949년 4월 7일 48세의 총각인 무초 특사를 주한 미국대사로 임명했다.

1949년 4월 20일 거행된 존 무초 대사의 신임장 봉정식은 장안의 큰 구경거리였다. 을지로 입구 미국대사관에서 경무대에 이르는 중심가에 40m 간격으로 군인들이 도열했고, 무초 대사는 수도경찰의 호위를 받으며 경무대에 도착했다. 경무대에서 신임장을 제정한 무초 대사는 이승만 대통령으로부터 이런 충고를 들었다.

"이제는 미군정이 끝났으니 하지 중장이나 딘 소장이 한 것처럼 해서는 안 되오. 당신은 나의 친구 트루먼 씨가 각별히 나와 우리 민족을 위해 힘껏 도우라고 파송해 준 사람이오. 그러니 내가 이 땅을 통일시킬 때까지 내 곁에서 힘껏 도와주어야 합니다."[273]

무초 대사는 이탈리아 출신으로 1921년 미국에 귀화한 직업외교관이다. 독일 함부르크 주재 부영사로 근무했고 홍콩, 상해, 주 쿠바대사관 참사관으로 근무하다가 한국 대사로 부임했다. 그는 말쑥한 옷차림에 나비넥타이를 애용하여 여성들에게 인기가 높았다. 당시 한국에서 유행했던 '베사메 무초'라는 번안가요 덕분에 이름이 널리 알려졌고, 도보로 시내를 돌아다니기를 좋아해 시내에서 곧잘 그를 마주칠 수 있었다.

한국에 부임한 무초 대사는 1883년 푸트 공사가 사용했던 한식 기와집에 여장을 풀었다. 무초는 조병옥, 신흥우, 정일형 등 보수 정치세력인 한민당, 홍사단 계통과도 친하게 지냈는데, 이들이 내각이나 정부 요직에 임명되도록 이승만 대통령에게 영향력을 행사했다. 그 대표적인 인물이 초대 주미 대사로 임명된 장면이었다. 이 대통령이 자신의 심복인 임병직이 아닌 장면을 초대 주미 대사로 임명한 것은 무초 대사와 장면의 관계가 각별했기 때문이다. 이 대통령은 조병옥, 장면 등을 무초의 사람으로 의심하면서도 미국의 비위를 맞추기 위해 타협을 한 것이다.[274]

이승만 대통령은 무초 대사에게 "북한군의 침략을 막아낼 수 있는 좋은 장비와 무기를 한국군에게 넘겨 달라"고 집요하게 요청했으나 뜻을 이루지 못했다. 1950년 6월 25일 북한군의 남침이 개시되자 무초 대사는 상황을 분석하여 미국의 원조를 요청했고, 수원에서 맥아더 장군과 회담이 끝난 직후 북한 야크기의 공습을 받자 자신의 생명을 무릅쓰고 이승만 대통령을 보호했다. 대전과 대구에서 더 이상 남쪽으로 철수하지 않겠다는 이 대통령을 설득하여 천도하도록 한 것도 무초 대사였다.

공산군이 파죽지세로 밀고 내려와 낙동강 방어선 곳곳이 위태롭게 된 1950년 8월 14일, 무초 대사는 임시수도 대구가 적의 공격권에 들어가자 이승만에게 정부를 제주도로 옮길 것을 건의했다. 무초 대사는 "적의 공격으로부터 멀리 떨어져 있고, 최악의 경우 남한 전체가 공산군에 점령된다 해도 망명정부를 지속시켜 나갈 수 있기 때문에 제주도로 천도하는 것이 좋다"고 설명했다.

무초가 한참 열을 올리며 설명하고 있을 때, 이승만 대통령이 허리에 차고 있던 모젤 권총을 꺼내들었다. 순간 무초는 입이 굳어져버렸고 얼굴색이 하얗게 질렸다. 이 대통령은 권총을 아래위로 흔들면서 "이 총으로 공산당이 내 앞까지 왔을 때 내 처를 쏘고, 적을 죽이고 나머지 한 알로 나를 쏠 것이오. 우리는 정부를 한반도 밖으로 옮길 생각이 없소. 모두 총궐기하여 싸울 것이오. 결코 도망가지 않겠소"라고 단호히 말했다. 충격을 받은 무초 대사는 더 이상 아무 말 못하고 혼비백산하여 돌아간 일도 있다.[275]

무초 대사는 6.25와 인천상륙작전, 중공군 개입과 1·4후퇴 등 파란만장한 전쟁을 몸으로 부대끼며 1952년 11월까지 재임했다. 임기 내내 친

(親)이승만 입장의 맥아더 장군과, 반(反)이승만 입장의 애치슨 사이에서 주한 대사직을 수행하느라 마음고생이 심했다. 1952년 1월부터 시작된 부산 정치파동 때는 김성수를 중심으로 한 야권의 편에 서서 수정된 개헌 안까지 만들어 이승만과 야권이 타협하도록 막후에서 조정했다.

한국에 부임할 때 48세의 노총각이었던 무초 대사는 한국에서 이임한 다음해인 1953년 세일리 메를루 여사와 결혼했다. 1973년 한국을 다시 방문해 이승만 묘소를 참배하고 이화장에 거주하던 프란체스카 여사를 찾아 인사를 했다.

조봉암

농지개혁 위해 헌신한 공산당 출신 농림부장관

이승만은 대한민국 건국을 위한 초대 내각의 조각(組閣) 과정에서 농지개혁을 염두에 두고 조봉암을 유심히 지켜보았다. 이승만이 1946년까지 좌익 활동을 하다 인천에서 제헌 국회의원으로 당선된 진보 성향의 인물을 농림부장관으로 발탁한 것은 그가 농지 문제에 해박한 지식을 가지고 있었기 때문이다. 조봉암을 입각시킨 것은 지주세력의 물적 기반인 농지를 철저히 개혁하겠다는 이 대통령의 의지를 직설적으로 표현한 셈이다.

1947년 농림부 조사에 의하면 남한의 농가 총 호수 200여만 호 가운데 자작농은 16%인 약 36만 호에 불과했다. 농업이 주업이면서도 땅 한 뙈기도 소유하지 못한 소작농이 총 농가의 42%인 90여만 호, 나머지는 자소작농이거나 소자작농이었다. 소작농은 매년 수확철마다 수확물의 50~70%에 달하는 고율의 소작료를 내야 했기 때문에 흉년이 들면 입에

풀칠하기도 힘든 상황이 반복됐다. 이러한 지주-소작 관계는 부자와 빈자(貧者)간의 계급갈등으로 이어져 농촌사회의 근대화를 가로막고 있었다. 이승만은 그 무엇보다 농지개혁이 시급하다고 보고, 공산주의자 출신의 조봉암을 농지개혁의 주무장관으로 전격 발탁한 것이다.

이승만은 정부수립 선포식이 끝나자마자 농지개혁법 제정을 다그쳤다. 그리하여 농림부 직제가 공포되기도 전인 1948년 9월 7일 농지개혁법 기초위원회가 발족했는데, 위원장은 농림부 장관 조봉암, 부위원장은 기획처장 이순탁과 농림부 차관 강정택, 위원은 농림부 농지국장 강진국과 지정과장 윤택중, 분배과장 배기철, 사정과장 안창수 등이었다.

농지개혁 관련법안 제정에 착수했지만 참고자료도 없고, 각종 통계도 믿을 만한 것이 없어 필요한 자료를 농촌으로부터 직접 수집해야 했다. 농림부가 자료 수집 문제로 시일을 끌자 1949년 봄갈이까지 농지개혁을 실시할 것이라고 공언했던 이승만은 11월 중순에 조봉암을 불러 불호령을 내렸다. 농지개혁이 늦어지면서 신문에 지주와 소작인 사이의 분쟁이 연일 보도되고 있었기 때문이다.

조봉암의 열성적인 노력으로 1948년 11월 22일 농림부의 농지개혁법 시안이 발표됐고, 이 안이 이듬해 국무회의에 상정되어 2월 4일 통과됐다. 법안은 3월 10일 국회 본회의에 상정돼 1949년 6월 21일 농지개혁법안이 국회를 통과했다. 그러나 일부 조항에 대한 이의 때문에 개정안이 마련되어 1950년 3월 25일 이승만 대통령의 서명으로 법률로 확정됐다.[276]

농지개혁법이 최종적으로 확정된 1950년 3월 10일 이후, 동법 시행령(3월 25일)과 시행규칙(4월 28일) 및 농지분배 점수제 규정(6월 23일)이 제정됐다.

농지개혁에 대한 농림부 안이 제출된 직후 조봉암은 비리혐의로 사임하고 후임에 한민당계의 이종현이 임명되었다. 농지개혁이 예정했던 것보다 속도를 내지 못하자 이승만은 농림부에 "춘궁기가 촉박했으므로 추진 상 불소한 곤란이 있더라도 만난을 배제하고 농지개혁을 단행하라"고 엄명을 내렸다.

대통령의 명령에 따라 농림부는 농지개혁법 확정 이전인 1950년 1월에 '매수농지 평가요령 제정에 관한 건'(1950년 1월 21일)에 근거하여 지가(地價)조사에 착수했고, '농지소표(農地小表) 작성에 관한 건'(1950년 2월 3일)에 의해 매수농지의 지번과 지목, 지적, 소유자, 소작인 등을 조사했다. 그리고 '농가별 분배농지 일람표 정리에 관한 건'(1950년 2월 3일)에 의해 일람표를 열흘 간 공람시켜 이의가 없으면 소유권이 확정되도록 했다. 이 절차를 3월 15일부터 3월 24일까지 완료토록 시달했고, 4월 10일부터 농지분배 통지서가 발급되어 농민들이 농지를 분배받음으로써 1950년 4월 15일에 농지개혁은 실질적으로 완료됐다.

농지개혁이 일사천리로 진행된 과정을 자세히 들여다보면 대통령의 명령에 의해 시행법령이 만들어지지도 않은 상황에서 집행됐기 때문에, 엄격히 따지면 대통령의 월권행위에 해당하는 것이었다. 그러나 이승만 대통령의 월권행위가 없었다면 농지개혁은 6.25로 인해 무위로 돌아갔을 지도 모른다. 농지개혁법의 마지막 시행법령인 농지분배 점수제 규정이 공포된 것이 1950년 6월 23일, 그러니까 6.25 남침 이틀 전의 일이다.

6.25 남침 이전에 이미 대통령의 지시에 의해 농민들이 '내 소유의 땅'을 갖게 된 덕분에 남한 각 지역에서 인민혁명을 기대했던 공산주의자들의 꿈은 물거품이 되고 말았다. 만약 6.25 전에 농지개혁이 시행되지 못했다면 공산군 점령치하의 대다수 남한 농민들은 무상몰수 무상분배라는 감언이설에 현혹되어 공산당에게 동조함으로써 한반도가 적화됐을지도 모른다.

이승만이 추진한 농지개혁은 소작농이 토지를 소유하기 위해서는 대가를 지불해야 하는 유상몰수 유상분배였지만, 분배조건이 지주보다는 농민에게 훨씬 유리했다. 농지를 분배받은 소작인은 평년 수확고의 1.5배를 5년에 나누어 현물로 상환하도록 되어 있었기 때문이다.

그 결과 전 농지의 92%가 자작농화했는데, 그 성과는 농지개혁의 성공 사례로 꼽히는 일본과 타이완의 개혁 실적을 능가한다는 평을 받고 있다. 농지개혁으로 인해 이 땅에 지주라는 전근대적 계급이 사라지고 자본가 계급이 등장했다. 이를 계기로 한국 사회도 식민지 반봉건 사회에서 자본주의 사회로 전환할 수 있었다.

흔히 이승만은 일제에 협력한 인사들을 중용했기 때문에 친일을 극복하지 못했다고 비난한다. 그러나 김승욱(중앙대 경제학부 교수)은 "인재가 부족했던 시대에 인재들을 처벌하는 것보다 일제강점기 동안 유리한 제도로 인해 부를 축적한 토지 지주들의 부(富)를 피해자라고 볼 수 있는 소작인에게 돌려주는 것이 더 근본적인 친일청산"이라고 평했다.[277]

김승욱은 또 농지개혁이 양반제도의 물적 기반을 파괴하여 근대화된 국가로 출범할 수 있었다고 지적한다. 해방 후에도 다수의 양반 지주 계층들이 전국 각지에서 대규모 농지를 보유하고 실질적인 영향력을 행사하고 있었는데, 농지개혁 당시 문중의 토지를 인정하지 않고 3정보 이상을 보유하지 못하도록 했다. 그 결과 양반 지주 계층의 물적 토대가 일순간에 붕괴하여 사라졌다.

농민에게 유리한 조건으로 토지를 분배하는 과정에서 이승만은 전통적 양반 지주계급의 정치경제적 기반과 농업지배계급을 해체했다. 지주계급 정당의 성격이 강한 한민당이나 그 후신인 민국당 세력은 이승만의 농지개혁에 강하게 반발했고, 이승만 대통령의 권력을 약화시키기 위해 내각책임제로의 전환을 시도했다.

이 대통령은 이에 맞서 대통령 직선제로 헌법을 개정하여 야당에 승리함으로써 전통 농업세력인 야당을 약화시키고, 산업화를 추진하기 위한 유리한 사회적 조건을 형성했다. 이것이 1952년 부산 정치파동의 또 다른 관점이다.[278]

1898년 강화도 출신인 조봉암은 농업보습(補習)학교를 졸업하고 강화군청 급사로 일하던 중 상경하여 서울기독교청년회(YMCA) 중학부에서 1

년간 수학했다. 1919년 3·1운동에 가담한 혐의로 1년간 복역했고, 출옥 후 일본에 건너가 주오(中央)대학에서 정치학을 공부했다. 이때 사회주의 사상을 접하면서 그는 치열한 공산주의자로 변신했다.

그는 1923년 소련으로 가서 모스크바 동방노력자(勞力者)공산대학 속성과를 수료했다. 같은 해 9월 조선공산청년동맹과 조선공산당 조직 임무를 부여받고 국내에 잠입했다. 조봉암은 1925년 4월 국내에서 조선노동총동맹, 조선청년동맹, 조선공산당, 고려공산청년동맹 등을 결성했으며, 1926년 2월 상해에 조선공산당 해외부 설치, 4월에 조선공산당 만주총국(總局)을 조직하여 책임비서가 되었다. 같은 해 7월 코민테른 극동국 조선위원, 1927년 5월 중국공산당 한인지부 책임자, 6월 국제적색노동조합(프로핀테른) 주최의 범태평양노동자대회에 조선 대표로 참석했다.

1931년 12월 만주사변 발발을 계기로 상해에서 한인반제(反帝)동맹을 결성했고, 1932년 11월 상해에서 일본 경찰에 체포되어 신의주 형무소에서 7년간 복역했다. 출옥 후 인천에서 지하운동을 하다가 1945년 1월 다시 검거되었으나 해방이 되어 석방되었다. 해방 직후 조선공산당 중앙간부 겸 민주주의민주전선 인천지구 위원장에 취임했으나 1946년 반(反)박헌영 공개서한을 발표하고 조선공산당을 탈당, 반(反)좌익 성향의 정치노선을 견지했다.

조봉암은 1950년 제2대 민의원 부의장을 지냈고, 1952년 제2대 대통령 후보로 출마했으나 차점으로 낙선했고, 1956년 제3대 대통령 후보로 출마했으나 또 다시 낙선했다. 그해 11월 진보당을 창당하고 위원장이 되어 활동하나가 1958년 1월 진보당 사건으로 체포되어 국가보안법 위반 혐의로 1959년 사형 당했다.

K. P. S. 메논과 모윤숙

'유엔 감시 하에 남한에서의 총선' 성사시킨 일등공신

K. P. S. 메논(Menon)은 주중 인도대사로 근무하던 중 유엔이 파견한 유엔한국임시위원단(UNTCOK)의 일원으로 내한했다. 메논은 1948년 1월 8일부터 3월 18일까지 한국의 건국과 관련된 유엔의 결정이 진행되는 숨 가쁜 시기에 유엔한국임시위원단 단장으로 서울에서 근무하다가 외무부장관으로 영전하여 본국으로 귀임했다. 4년여 외무부장관직을 수행한 후 1952년 소련 주재 인도 대사로 부임하여 9년여 근무했다.

메논의 한국에서의 활동은 대한민국의 탄생과 중요한 관련이 있다. 1947년 11월 14일 유엔총회 본회의는 한반도에서 유엔 감시 하의 총선거를 통해 남북 통일정부를 세운다는 미국 안을 43 대 0으로 채택했다. 이를 수행하기 위해 유엔한국임시위원단을 구성하고 독립정부가 수립된 후 7월 1일까지 미국과 소련 양국 군대를 철수시킨다는 결의를 했다.

1948년 1월 8일 9개국 대표로 구성된 유엔한국임시위원단 60여 명이 한국에 도착했나. 위원단은 1월 12일 서울 덕수궁에서 첫 회의를 열고 메논 박사를 의장으로 선출했다. 1월 14일 서울운동장에서 20만 인파가 운집한 가운데 위원단 환영대회를 대대적으로 열었다. 1월 22일 소련의 주유엔 대표 안드레이 그로미코는 "유엔한국임시위원단이 소련 점령 하의 북조선 입경을 거부한다"는 성명을 발표했다. 이렇게 되자 남한을 대표하는 정치인들의 입장이 두 갈래로 갈렸다.

이승만은 시종일관 유엔위원단의 활동이 가능한 지역 내에서 총선거를 실시하여 중앙정부를 수립해야 한다는 입장이었다. 김구와 김규식은 1948년 1월 25일까지만 해도 "유엔 감시 하에 수립되는 정부가 중앙정부라면 38선 이남에 한하여 실시되는 선거라도 참가할 용의가 있다"고 했으나 갑자기 태도를 바꾸었다. 2월 10일 김구는 "나는 통일된 조국을 건설하려다가 38선을 베고 쓰러질지언정 일신에 구차한 안일을 취하여 단독정부를 세우는 데에는 협력하지 않겠다"라는 성명을 발표하여 총선 반대 입장을 분명히 했다.

유엔한국위원단도 국가별로 의견이 갈려 합의점을 찾지 못했다. 캐나다와 호주는 중립을 표방했으며, 시리아 대표는 노골적으로 남북협상을 지지하며 공산 측에 유리하게 활동했다. 의견이 분분하자 메논은 뉴욕으로 가서 유엔총회의 의견을 듣기로 결정했다. 사실 메논을 비롯한 인도의 입장은 '한국의 부자연스러운 분단을 영구 고착화할 어떤 일도 하고 싶지 않다'는 것이었다.

메논은 한국 도착 이틀 후 서울운동장에서 열린 환영대회에서 "북한에도 애국적인 지도자가 있으며, 독립도 중요하지만 한국 사람들은 단합하여 남북 통일정부를 수립해야 한다"고 연설했다. 애매한 내용의 연설이 계속되자 이승만과 김구는 자리를 박차고 퇴장했다. 또 유엔총회의 의견을 듣기 위해 뉴욕으로 떠나기 전 "민주주의 원칙에 의해 나라는 세워질 것이며 어떤 지도자든 국민의 지지를 받는 분이 유엔 소총회에 소개될 것"이라고 밝혔다. 이것이 유엔한국위원단의 입장이었다.

당시 하지 미군정 사령관은 좌우합작이 가능한 중도파 김규식을 한국의 지도자로 밀고 있었고, 메논도 그 사실을 잘 알고 있었다. 이런 상황에서 메논은 2월 19일 유엔 소총회에 참석하여 유엔한국위원단 의장으로서 한국 사정을 설명하고 "유엔은 빈손으로 조선을 떠날 수 없다. 남조선에 수립될 수 있는 별개 정부가 총회의 결의에서 규정된 바와 같은 중앙정부일 수 있다고 생각하는 데 보다 의견이 일치한다. 이승만은 전설적인 국민적 지도자다"라고 연설했다.

이어 메논은 이승만이 주장했던 '남한에서의 총선거'를 승인해 줄 것을 촉구했으며, 김규식이 아닌 이승만을 한국을 대표하는 국민적 지도자로 소개했다. 이 연설을 들은 유엔소총회는 1948년 2월 26일 유엔위원단이 활동 가능한 남한지역에서 총선을 실시할 것을 가결함으로써 역사적인 제헌의회 의원 선출을 위한 선거가 실시될 수 있었다.

'남한지역에서의 총선 실시'라는 대업(大業)을 성사시킨 메논이 한국으로 돌아오자 이승만은 그를 얼싸안고 목메어 울었다. 메논이 본국 정부의 의견을 거슬러가면서까지 자신의 입장을 바꾸는 과정의 배후에는 모윤숙이 존재하고 있었다.

모윤숙은 1934년 이광수의 소개로 만난 안호상(당시 보성전문학교 교수)과 결혼하여 딸을 하나 두었는데, 그 후 남편과 결별하고 딸과 함께 살고 있었다. 모윤숙은 메논과 만남의 전 과정을 기록으로 남겼는데, 그 기록에 의하면 서울에 온 유엔한국위원단의 숙소가 자신이 살던 회현동 집에서 가까운 곳에 위치한 국제호텔이었다.

유엔한국위원단 환영 파티에서 모윤숙과 첫 대면한 메논 박사는 첫눈에 모윤숙의 문학적 재능과 인품에 반하여 파티가 끝나고 그녀를 집에까지 데려다 주었고, 다시 비서를 통해 호텔로 모윤숙을 초대했다. 이날 만남 이후 두 사람은 수시로 만나 시와 인생을 논했고, 서로를 존경하는 사이가 되었다. 모윤숙은 "김활란, 조병옥, 김성수, 장택상 같은 어른들의 지시를 받으면서 중립적인 인도 정부의 두뇌를 한국적인 입장으로 돌리는 데 적잖이 땀을 흘려야 했다"고 기록했다.

메논이 유엔소총회에 참석하기 위해 뉴욕으로 떠나기 며칠 전, 이승만은 모윤숙에게 "무슨 일이 있어도 오늘 저녁 메논을 이화장 만찬에 초대하라"고 엄명을 내렸다.[279] 마침 이날 메논은 하지 장군과 저녁 선약이 있었는데 모윤숙으로부터 이화장 만찬 연락을 받자 "선약이 있으니 차나 한 잔

마시고 나오겠다"면서 가벼운 마음으로 이화장을 방문했다.

모윤숙은 메논을 이화장으로 안내하는 과정에서 그가 김규식이 주장하는 남북협상을 통한 통일정부 구성 쪽으로 마음이 기울고 있다는 사실을 알게 됐다. 모윤숙은 그것이 이상적인 통일론이기는 하나 아무래도 이승만이 주장하는 남한만의 총선거론이 한국의 장래를 위해 옳은 판단이라고 생각했다.

이날 저녁 이승만과의 만남이 이승만과 남한을 위한 중대 고비가 될 것이라고 판단한 모윤숙은 메논에게는 비밀로 하고 하지 장군 사무실에 전화를 걸어 메논 박사의 비서를 사칭하고 "오늘 저녁 메논 씨가 급한 일이 생겨 저녁식사를 할 수 없는 상황이니 약속을 다음으로 미뤄 달라"고 거짓말을 했다. 덕분에 메논은 꼼짝없이 이화장에 붙들려 이승만과 식사를 해야 했다. 만찬이 끝난 후 이승만은 눈물을 흘리다시피 하며 한국 정세를 간절하게 호소했다.

메논이 유엔으로 떠나기 전날 밤에도 이승만은 모윤숙에게 전화를 걸어 "이봐 윤숙이, 밤이 좀 늦었지만 메논 씨를 좀 데려와. 중요한 일이야"하고 명을 내렸다. 모윤숙이 "지금 시간이 몇 신데 여자가 그런 청을 할 수 있어요"하며 완곡하게 거절하자 "나라가 흥하느냐 망하느냐 하는 고비에 밤이고 아침이고가 어디 있나. 전화 좀 걸어 봐. 제발, 마지막 청이야"하고 간곡하게 부탁했다.

모윤숙은 메논에게 금곡릉 산책을 가자고 불러낸 다음 체면 불구하고 이화장으로 안내했다. 이승만이 뛰어나와 메논을 얼싸안고 눈물을 흘렸다. 두 사람이 거실에서 인삼차를 마시고 있는 사이 프란체스카 여사가 모윤숙을 부엌으로 불러내어 한지에 붓글씨로 쓴 두루마리를 주었다. 이승만을 지지한다는 저명인사들의 서명이었다.

당시 한국위원단은 자신들이 협의 대상으로 삼고 있는 정당 사회단체의 인물들을 공식으로 인정하는 요식행위로 최소한 200명 이상의 지지자 서명을 받은 연서 명부를 요구했다. 김규식이나 김구는 지지자 서명을 이미 제출했으나, 이화장은 이기붕이 깜박 잊고 제출하지 못했던 것이다.

이승만은 타이프를 쳐서 사인을 하거나 도장을 찍은 서명은 무게가 없다고 하여 모두 한지에 붓으로 이름을 쓰고 도장을 찍도록 했다. 그런데 그날 밤 프란체스카 여사가 모윤숙에게 전달한 서명은 대부분 가짜였다. 이승만의 비서 윤치영이 꼬박 하루에 걸쳐 서로 다른 필적으로 이름을 쓰고 도장을 파느라 땀을 흘린 것이다. 후에 모윤숙이 이 문제로 항의하자 이승만은 "정치라는 게 그런 거야. 모르면 가만 있어"라고 말했다. 다시 모윤숙의 설명이다.

"이화장에서 돌아오는 길에 나는 메논 씨의 코트 주머니에 이 두루마리를 가만히 넣었다. 이것만을 기억해 달라는 듯이….

'죽을죄를 지었어요. 실은 금곡릉이 목적이 아니라 이 두루마리가 목적이었습니다. 이 박사를 이해해 주시고 좀 비사무적으로 된 일을 용서해 주십시오.'

'이런 서류는 사무국을 통해 나에게 와야 유엔에 도달하는 거예요. 이런 비공식적인 일을 이 박사는 왜 미스 모에게 시킬까요. 그는 포기한 줄 알고 있었어요.'

그의 목소리는 잔인하리만큼 냉엄했다. 나는 들은 체도 하지 않고 '모든 이유는 시일이 지난 후에 역사가 의장님께 일러 줄 겁니다. 이 서류를 만약 의장님이 성공시키신다면 말이죠. 저는 의장님을 믿습니다. 온 한국민과 함께 이 서류에 쓰인 대로 이런 지도자를 한국 사람은 지금 필요로 하고 있다는 것을…'

그는 가만히 내 손에 악수를 청했다. 모든 것을 이해하겠다는 암시였다. 메논 씨는 하지 중장의 의도나 중립노선을 걷고 있는 인도 정부의 훈령을 묵살하고, 아니 그 자신의 애당초 생각과도 어긋나게 유엔총회에서 이 박사의 노선을 채택하도록 역설, 이 박사를 전설적인 국민적 지도자라고 찬양하고 2주일 후에 다시 김포공항에 내렸다.…

유엔한국위원단의 임무가 끝나 영영 인도로 돌아가기 며칠 전, 우리는 이화여대에서 두 번째 강연을 끝내고 이번에는 이화장이 아닌 진짜 금곡릉으로 마지막 산책을 갔다.”

이승만은 메논이 유엔소총회에 참석하기 위해 미국으로 떠난 후 더 초조해졌다. 이승만은 모윤숙에게 “전보를 쳐야 해, 윤숙이. 우리가 원하는 바를 그가 잊지 않도록 전보를 쳐야 해” 하고 말했다. 이승만은 자신이 손수 타이프를 친 다음 '매리언 모'(Marion Moh, 모윤숙의 영문 이름)라고 끝맺고는 모윤숙에게 사인을 하라고 했다. 모윤숙의 설명이다.

"이 박사가 내 이름으로 메논 씨에게 친 전보는 일주일 동안에 10통이 넘었다. 정치란 이런 엉큼한 수단도 필요한가 하는 생각이 들어 이 박사가 원망스럽기도 했다. 메논 씨는 내가 그렇게 유창한 전보문을 쓸 수 없다는 것을 알았을 텐데 꼬박꼬박 회현동 내 집으로 답전을 보내주었다. '한국민이 원하는 대로 힘쓰고 있소. 선이(모윤숙의 딸)에게 초콜릿을 전해 주기 바라오' 대충 이런 내용들이었다."

메논은 1965년에 자서전 『많은 세계들』(Many Worlds)에서 당시 자신이 남한만의 총선거로 입장을 바꾸게 된 과정을 이렇게 토로하고 있다.

"모윤숙은 시인일 뿐만 아니라 애국자였다. 그녀의 태도는 상당히 단순했다. 그녀에게는 남한이 한국이었고, 북한은 아데나워의 동독처럼 하나의 저주일 뿐이었다. 그녀의 눈에는 남한에 주권공화국을 세우려 투표하는 것은 나라 전체의 독립을 위해 투표하는 것이고, 그것을 반대하는 것은 나라에 대한 배반이었다. 모윤숙은 모든 희망을 나에게 걸고, 심지어 나를 '한국의 구세주'라고 부르는 몇 개의 시도 읊어 주었다.

이러한 상황 속에서 만일 나의 나라가 유엔 결의를 거부한다면 그녀는 심장이 터질 것이다. 그리고 나는 한국으로 돌아올 때 그녀의 얼굴을 볼 수 없었을 것이다. 그래서 나는 일들이 되어 가는 대로 내버려 두었다. 이것은 어쩌면 나의 공직 가운데 나의 심장이 나의 두뇌를 지배하게 한 유일한 경우였다."[280]

이승만은 모윤숙의 공적에 대한 보답으로 1949년 6월 회현동에 집을 한 채 주면서 여기서 문화 활동을 전개하도록 했다. 이것이 펜클럽의 모체가 되었고, 이 집은 한국 문인들의 아지트가 되었다. 여기에 문예사의 간판을 걸고 『문예』지가 탄생했고, 이를 이어받아 조연현이 『현대문학』을 발간했다.

모윤숙은 파리 유엔총회에서 대한민국의 승인을 받고 귀국하는 길에 1949년 2월 메논의 초청을 받아 인도를 방문했다. 모윤숙은 인도에 한 달간 머물며 국빈 대접을 받았고, 네루 수상과 환영만찬을 함께 했다.

1949년 3월 17일 오후 3시경, 모윤숙의 귀국을 환영하기 위해 연세대 뒷산에 있는 언더우드 2세(원한경) 댁에서 교수 부인들이 모였다. 이때 공산당원이 모윤숙을 살해하기 위해 원한경의 집에 침입해 총격을 가했는데, 그만 원한경의 부인 에델 언더우드 여사가 그 총탄에 맞아 사망했다.

모윤숙은 6.25 때 피난을 가지 못하고 적 치하의 서울에서 3개월을 숨어 살았다. 이 와중에 「뉴욕타임스」에 모윤숙이 한강에서 사망했다는 오보가 실렸다. 그 기사를 본 인도 외무장관 메논은 인도 신문에 장문의 애도사를 썼다. 얼마 후 모윤숙이 살아 있다는 내용이 다시 보도되자 메논은 주일 인도 대사에게 '모윤숙을 찾아내 일본으로 피난을 시켜 달라'라고 협조를 부탁했다.

주일 인도 대사는 수소문 끝에 모윤숙의 연락처를 알아내 전화를 걸었다. '메논 장관의 요청이다. 주일 인도 대사관 내에 숙소를 마련해 놓았으니 딸과 함께 일본으로 초청을 하겠다'는 내용이었다. 메논은 모윤숙에게 다음과 같은 편시를 보냈다.

"다시 곤경을 당하면 누가 매리언(모윤숙)과 써니(모윤숙의 딸)를 보호해 주겠소. 써니는 인도에서 고등학교를 마치면 옥스퍼드에 유학 시킬 테니 빨리 일본으로 가서 몸을 회복한 후 인도로 오시오."

메논의 본명은 쿠마라 파드마나바 시바샹카라 메논이다. 인도의 명문 가문에서 태어나 옥스퍼드대학에서 수학하고 샌프란시스코 유엔창립총회의 인도 대표, 주중 인도대사를 역임했다. 그의 부인 아누지 여사는 인도 국회의장을 지낸 나이르(B. N. Nair)의 딸이다. 메논은 중국 대사로 부임할 때 낙타를 타고 125일에 걸쳐 히말라야와 실크로드를 탐험 여행을 했는데, 그 당시의 체험을 『델리에서 충칭(重慶)까지』라는 책으로 엮어냈다.

메논은 유엔한국임시위원단 의장으로 활동할 당시 국내 곳곳에서 연설을 했는데, 이 연설문을 모아 1948년 『메논 박사 연설집』을 발간했다. 이 책의 발간 과정에서 서문을 이승만이 직접 썼는데, 그만큼 이승만이 메논을 중요한 인물로 생각하고 있었음을 엿볼 수 있는 대목이다.

당대 최고의 인격과 지식과 문학적 재능을 가지고 있던 메논과 모윤숙의 국경을 넘나든 애틋한 사랑 이야기는 한 편의 담백한 수채화를 보는 듯 아름다운 드라마였다. 이승만을 매개로 한 두 사람의 아름다운 드라마는 결국 대한민국의 건국이라는 결실을 가져다 주었다.

더글러스 맥아더

공산 침략으로부터 대한민국을
구한 이승만의 오랜 친구

해방과 분단, 건국과 6.25 동란의 과정에서 한국의 운명에 깊이 개입했던 맥아더 장군은 이승만과 인연이 깊다. 맥아더는 첫 부인과 헤어지고 후에 재혼했는데, 첫번째 부인의 장인이 이승만이 한국 독립을 지지하는 미국인들을 모아서 결성한 한미협회의 멤버로서 이승만의 후원자였다.

이승만은 조지워싱턴대학에서 학사, 하버드대학에서 석사, 프린스턴대학에서 박사 과정을 공부했다. 이승만이 조지워싱턴대학에서 미국 유학 생활을 시작한 1905년부터 맥아더는 대통령 군사참모 찰스 브롬웰 (Charles Bromwell) 대령의 부관으로 워싱턴의 백악관에 근무했다. 이 무렵 조지워싱턴대학에 재학 중이던 이승만과 만나 친교를 나누었다.

맥아더의 참모장이었던 휘트니 장군은 "두 사람은 제1차 세계대전 전 맥아더 장군이 국방성에 있을 때부터 서로 알고 지냈다. 당시 이 박사는 프린스턴대학 재학생이었다. 이 박사와 맥아더 장군은 서로 존경하면서 오랫동안 친교를 유지해 왔는데, 맥아더 장군은 이승만 박사야말로 결단성 있고 타협할 줄 모르는 당대의 영웅적인 항일 투사라고 항상 칭찬했다"고 말했다.[281]

맥아더를 특징짓는 키워드는 반공주의와 기독교다. 맥아더는 켐벨 가문 출신이었는데, 켐벨 가문은 십자군 전쟁에 주도적으로 참여했고, 탬플 기사단의 일원으로 활약했다. 그는 기독교 신앙의 확산이 아시아를 통합하고 공산주의와 같은 악(惡)의 이데올로기에 대항하는 '불굴의 영적(靈的) 방어막'을 세우는 것이라고 주장했다. 또 자신은 교황 비오 12세(라틴어로는 피우스 12세)와 함께 공산주의라고 하는 무신론자들에 대해 공동의 전투를 하고 있다고 말했다.[282]

맥아더는 기독교 정신과 민주주의, 애국심을 하나의 가치로 높게 평가했다. 이러한 반공주의와 기독교는 이승만의 입장과 정확하게 일치하여 해방 이후 대한민국의 건국, 6.25 때 공산군과 싸우는 과정에서 이승만에게 결정적인 힘으로 작용하게 된다.

해방 후 이승만이 미국에서 귀국할 때 도쿄에서 이승만과 회담하고 항공편을 마련하여 서울로 보내주었고, 주한 미군 사령관 하지에게 이승만을 거국적으로 환영하라고 한 사람이 맥아더다. 맥아더는 공산군이 남침을 개시한 4일 후 수원으로 날아와 이승만과 회담했고, 한강 방어선을 시찰한 후 트루먼 대통령에게 미 해공군을 비롯하여 지상군 파병이 필요하다고 보고했다. 맥아더의 보고를 받은 트루먼 대통령은 미 해공군 참전에 이어 남한에 육군 파병을 지시함으로써 미군이 본격적으로 한국전에 참전하게 된 것이다.

맥아더는 당시의 미군으로는 드물게 동양을 이해한 인물이었다. 동양, 특히 극동 지역에 대한 맥아더의 관심은 청년 시절로부터 시작되었다. 1905년 8월 러일전쟁이 끝나고 포츠머스 강화조약이 체결된 지 한 달 후 맥아더는 전쟁부의 지시에 따라 아버지 아서 맥아더 장군이 근무하는 일본 도쿄에 참모부관으로 임명되었다. 1905년 10월부터 1906년 3월까지 맥아더 부자(父子)는 '정찰 임무'를 띠고 아시아 각국을 여행했다. 중국에서 출발하여 동남아시아를 거쳐 인도까지 이어진 여정은 맥아더에게 아시아에 대한 새로운 인식을 심어주었다.[283]

그의 아버지 아서 맥아더 장군은 1905년 시어도어 루스벨트 대통령의 군사시찰단장으로 러일전쟁을 관전하기 위해 한반도와 중국 북부에 파견되었다. 아서 맥아더 장군이 방한했을 때 고종 황제는 황실에서 사용하는 청동제 향로를 하사품으로 선물했는데, 아들 맥아더가 2차 세계대전 중 최대의 격전이었던 필리핀 코레히돌 섬에서 작전 수행 중 이 향로를 분실했다. 맥아더는 아버지의 유품이자 대한제국 황제의 하사품을 잃어버리고 매우 애석해 했다.

이 정보를 입수한 이승만 대통령은 백방으로 수소문한 끝에 구황실이 250여 년 전에 제조한 것과 같은 종류의 청동제 향로를 소장하고 있다는 사실을 확인하고 1948년 8월 15일 대한민국 건국 축하사절로 방한한 맥아더에게 그 향로를 선물했다.[284]

이승만은 일관되게 맥아더 지향 정책을 펼쳤다. 이와 관련하여 윤치영은 "이 박사의 맥아더 지향 정책은 이 박사와 프린체스카 여사의 시종여일한 우정의 호소로 지속되었다. 이 박사는 도쿄를 경유하는 사람들에게는 물론 내외국인을 막론하고 반드시 맥아더 사령부를 찾아가 그의 관심과 안부 인사를 전하게 했으며, 부단히 친필 서신공세를 펴왔다"고 말했다.[285]

그러나 이승만의 철저한 친(親)맥아더 정책은 대미(對美) 외교에 적지 않은 역효과를 가져왔다. 당시 미국 군부 내에는 유럽을 우선시하는 마샬-애치슨 파와 아시아를 중시하는 맥아더 파의 대립과 갈등이 심했다. 휘트니 장군은 이 문제와 관련하여 다음과 같이 말했다.

"국무성에서의 맥아더 장군에 대한 질투는 매우 심했다. 사사건건 그의 충고나 조언을 무시하고 멸시했는데, 한국이 독립되어 맥아더 사령부로부터 국무성으로 그 관할이 이관되자 한국에 대한 경시도 노골화되었다."

맥아더는 미 육군사관학교를 수석으로 졸업하고 제1차 세계대전 당시 미 원정군 42사단(일명 무지개 사단)에 배속되어 프랑스 전선에서 싸웠다. 맥아더는 이 전쟁에서 육군 수훈 십자훈장 2개, 프랑스 무공십자훈장 2개, 은성훈장 7개, 상이기장 2개, 수훈장을 받는 등 혁혁한 전공을 세웠다. 덕분에 1918년 11월 38세의 나이로 42사단장에 임명되었는데, 이는 전

시(戰時) 사단장으로는 미군 역사상 최연소 기록이다.[286]

1919년 6월 제1차 세계대전이 종전되어 귀국한 그는 모교인 육군사관학교 교장에 임명되어 육군 근대화에 결정적으로 기여했다. 이어 마닐라 군관구 사령관, 3군관구 사령관을 역임했으며, 1927년에는 미국 올림픽 위원회 위원장을 맡아 암스테르담 올림픽에 출전했다. 암스테르담 올림픽에서 맥아더가 이끄는 미국 대표팀은 1위를 차지했다. 올림픽 후 다시 필리핀 군관구 사령관에 임명되었고, 1930년 11월 미국 역사상 18번째로 4성 장군으로 진급하여 육군참모총장에 임명되었다.

맥아더는 군비를 삭감하고 사회복지와 평등주의, 뉴딜정책을 추진하는 루스벨트 정권과 마찰을 빚어 1935년 12월 참모총장에서 해임되고 계급도 소장으로 강등되었다. 이때 필리핀 상원의원 마뉴엘 케존이 맥아더를 필리핀 군사고문으로 요청, 맥아더는 다시 필리핀으로 갔다.

30대 초반에 이혼한 맥아더는 57세 때 진 페어클로스와 재혼했고, 1937년 건강상의 이유로 전역을 신청, 12월 31일자로 그는 육군 현역 명단에서 제외되었다. 맥아더는 필리핀 군사고문으로 활동하면서 이 무렵 자신의 부관으로 훗날 '바탄 갱'(Bataan Gang)이라 불리는 참모들, 즉 찰스 월로비 중령, 리처드 서덜랜드 중령, 리처드 마셜 중령, 코트니 휘트니 소령, 휴 케이시 중령, 윌리엄 마퀘트 중령 등을 만났다.

일본이 진주만을 공격하기 5개월 전인 1941년 7월 26일, 루스벨트 대통령은 미국과 필리핀 군대를 통합하여 미 극동육군을 조직하고 사령관에 맥아더 소장을 임명했다. 그는 다음날 육군 중장으로 진급했다.

1941년 12월 8일 일본군이 진주만을 기습하여 미 태평양 함대가 큰 타격을 입었다. 같은 날 타이완에서 출격한 일본 항공기들이 필리핀을 침공하여 필리핀 주둔 미군을 공격했다. 필리핀 주둔 미군은 손쓸 사이도 없이 태반의 항공력을 상실하는 등 큰 피해를 당했다. 이틀 후인 12월 10일 루손 섬에 상륙한 혼마 마사하루(本間雅晴) 중장 휘하의 일본 제14군은 미·필리핀 혼성군에 심대한 손실을 입혔다. 맥아더는 전쟁이 개시된 지 열흘 후인 12월 18일, 이전 계급인 육군 대장으로 승진했다.

1942년 2월 22일 루스벨트 대통령은 맥아더에게 코레히돌 섬을 떠나 호주로 이동할 것을 명령했다. 코레히돌에서 일본군의 공세를 2주간 막아내며 버티던 맥아더는 지휘권을 웨인 라이트 장군에게 넘기고 호주로 가서 남서태평양지구 총사령관에 임명되었다.

맥아더는 본격적인 반격작전을 위해 기상천외한 '섬 건너뛰기' 전략을 구사했다. 개구리가 점프하듯 일본군이 중무장하여 요새화한 섬은 건너뛰고, 경비가 취약한 섬들을 골라서 상륙 점령하여 일본군의 퇴로와 병참선을 절단하는 전법이었다. 이를 위해 맥아더는 태평양전쟁 과정에서 육해공 합동 상륙작전을 87회나 실시하여 모두 성공시켰다. 이러한 성공사례가 6.25 때 인천상륙작전을 결행한 계기가 된 것이다.

1944년 12월 16일 미국 상원은 맥아더를 비롯하여 조지 마셜(George Catlett Marshall, 육군), 드와이트 아이젠하워 (Dwight David Eisenhower, 육

군), 헨리 H. 아놀드(Henry Harley Arnold, 육군), 윌리엄 D. 레이히(William Daniel Leahy, 해군), 어네스트 킹(Ernest Joseph King, 해군), 체스터 니미츠(Chester William Nimitz, 해군) 등 6명을 원수(5성 장군)로 임명했다.

맥아더는 미 태평양 육군사령부의 사령관에 임명되었고, 트루먼 대통령은 태평양전쟁 마지막 날인 1945년 8월 15일 맥아더를 일본 점령 연합국 최고사령관(GHQ/SCAP)에 임명했다. 맥아더는 일본 통치의 전권을 위임받아 '푸른 눈의 대군(大君)'이라 불렸다. 맥아더는 일본의 군국주의를 일소하고 민주화를 추진하는 등 일본 사회를 전면적으로 개조했다. 1950년 6월 25일 공산군의 남침으로 미군이 참전하자 맥아더는 7월 7일 유엔군 총사령관 임무를 겸임하게 되었다.

인천상륙작전과 38선 이북으로의 북진을 통해 북한 지역 점령을 목표로 설정한 맥아더는 중공군의 개입으로 전세가 역전되자 중국으로의 확전을 주장하며 미국 수뇌부와 대립했다. 결국 1951년 4월 12일 트루먼 대통령은 맥아더를 전격 해임했다. 맥아더의 막료였던 휘트니 장군은 애치슨이 영국의 압력을 받아 맥아더를 해임하도록 트루먼 대통령에게 영향을 미쳤다고 비난했다.

트루먼 대통령이 맥아더를 해임한 결정적인 계기는 1951년 4월 5일 맥아더가 공화당 하원 원내총무 조 마틴 의원에게 보낸 편지 때문이다. 이 편지에서 맥아더는 "한국전쟁이야말로 소련이 세계를 정복하기 위한 최전초 전쟁이다. 이 전쟁을 끝장을 내야 한다. 그러나 정부는 나를 구속하고 있다. 있을 수 없는 일이며, 미국 역사에도 전례가 없는 일"이라고 자신의 심정을 토로했다. 이 편지를 마틴 의원이 공개하여 언론에 보도되자 트루먼이 맥아더를 해임한 것이다. 해임된 맥아더는 영웅 대접을 받았고, 그를 내쫓은 트루먼은 인기가 하락했다.[287]

맥아더가 지휘하는 유엔군이 인천상륙작전에 이어 38선을 넘어 북진을 개시하자 공산측은 중공군 개입으로 맞섰다. 중공군이 대대적으로 병력을 한반도에 투입하자 맥아더는 만주와 중국 본토로의 확전, 원자탄 사용 등으로 공산세력의 절멸을 주장했으나 트루먼 대통령은 제3차 세계대전의 방지를 위해 제한전 원칙을 고수했다.

미군 측이 중공군의 개입을 공식 확인한 날은 1950년 11월 5일이다. 중공군 개입 사실을 확인한 후 맥아더 장군은 다음날인 11월 6일 B-29 폭격기 90대를 출격시켜 중국과 북한을 잇는 압록강의 철교 세 개(신의주, 삭주, 만포진)를 파괴하라는 명령을 내렸다. 이 소식을 들은 워싱턴의 통합참모본부는 B-29 편대가 이륙하기 1시간 20분 전 도쿄의 맥아더 사령부에 '한만(韓滿) 국경 8km 이내 지역에 대한 폭격은 별도의 명령이 있을 때까지 보류하라'는 명령을 내렸다.

이에 대해 맥아더 장군은 '중공군의 증강을 저지하는 유일한 방법은 압록강 철교 폭파뿐이며, 이는 보다 더 큰 재앙을 막기 위해 반드시 필요한 작전'이라면서 재고를 촉구했다. 워싱턴의 통합참모본부는 '그렇다면 철교의 남쪽 절반만 폭격하라'면서 조건부 폭격 재가가 떨어졌다.

11월 8일, B-29, B-26 중폭격기와 F-80 전투기 등 연 600여 대의 항공기가 일본의 여러 기지에서 출격했다. 약 한 시간 후 공군사에서 특기할만한 공중전이 압록강 상공에서 전개됐다. 강 건너의 중공군 기지에서 이륙한 미그 15 전투기가 덤벼들었다. 뻔히 내려다보이는 활주로를 노려보면서 미 공군기 조종사들은 군침만 꿀꺽거렸다. 단 한 치라도 압록강을 넘어서는 안 된다는 단서가 붙은 출격이었기 때문이다.[288]

당시 워싱턴은 유엔군이 어떤 경우에도 북한의 국경 남쪽 5마일선 이상을 진격하지 못한다는 것과 미 공군에 국경선을 엄격히 그어 중국 쪽으로는 단 1㎞도 넘어가서 폭격을 해서는 안 된다는 것, 그리고 수풍발전소와 발전시설은 절대 공격해서는 안 된다는 방침을 정해놓고 있었다.[289]

맥아더 사령부가 중공 병력의 추가 도강과 보급선 차단을 위해 한·중 국경 너머에 대한 폭격을 준비할 때마다 워싱턴 당국은 '어떤 경우든 국경선을 넘는 행위는 용납되지 못한다'라는 명령을 거듭 내렸다. 중공군은 미국 수뇌부에 침투해 있는 소련 간첩망을 통해 이런 결정들을 훤히 알고 편안한 마음으로 압록강을 무시로 건넜다.

지금까지 우리는 맥아더가 중공군의 참전 사실을 전혀 알지 못했고, 이로 인해 북진을 거듭하던 유엔군이 중공군의 기습을 당해 전쟁을 망친 것으로 알고 있다. 그러나 이는 역사적 사실과는 다르다는 사실을 정일권 회고록을 통해 알 수 있다. 정일권 회고록에 의하면 오래 전부터 이승만과 맥아더는 중공군의 개입 사실을 알고 있었고, 중공군의 개입을 역이용하여 중국으로 전선을 확대하여 지구상에서 공산주의를 끝장내려 했다.

중공군이 대거 압록강을 건너온 사실이 확인됐을 때 이승만 대통령은 당시 육군참모총장 정일권에게 두 통의 편지를 보여주었다. 한 통은 이승만이 맥아더에게 보낸 편지의 필사본이었고, 또 한 통은 맥아더가 1950년 10월 13일 이승만에게 보낸 답장이었다. 다음은 이승만이 맥아더에게 보낸 편지 내용이다.

'북진이 순조롭게 진행됨에 따라 워싱턴과 영·불은 소련 및 중공의 군사 개입을 겁내고 있는 경향이 두드러지고 있는데, 본직(本職)은 소련은 몰라도 중공의 개입 가능성은 매우 크다고 보는 바입니다. 솔직히 말하면, 이번 트루먼 대통령을 만나더라도(트루먼과 맥아더의 웨이크 섬에서의 회동을 말함-필자 주) 이 가능성을 긍정하지 말았으면 합니다. 귀하가 긍정함으로 해서 북진을 방해하는 작전상의 제한이 가중될 우려가 있기 때문입니다. 한국민은 거족적으로 북진통일만을 열망하고 있습니다. 그리고 귀하의 영매하신 지도가 아니고서는 이 열망 달성이 불가능하다는 점을 굳게 믿고 있습니다. 이 간절한 심정을 살펴주시기를 바라는 바입니다.[290]

이 편지를 받은 맥아더는 다음과 같은 답장을 이승만 대통령에게 보냈다.

"전적으로 동감합니다. 본직은 믿을 만한 정보통의 보고를 받고 있습니다. 중공군은 반드시 나타날 것입니다. 하나, 이 가능성을 겉으로는 긍정할 수 없습니다. 그들은 숨어서 압록강을 건널 것입니다. 조금도 모르는 것으로 할 것입니다. 중공은 그 방대한 군사력을 배경삼아, 가까운 장래에 아시아에 있어서 데모크라시(민주주의)의 최대 위협이 될 것입니다. 그 배후에는 소련이 있습니다.

중공의 잠재적인 군사력을 때릴 만한 기회는 지금 아니고서는 없을 것입니다. 전략은 이미 준비되어 있습니다. 다만 워싱턴이 어디까지 본직의 전략을 뒷받침해 주느냐가 문제입니다. 경우에 따라서는 거센 반대에 부딪힐 것입니다. 하지만 불퇴전의 결의는 조금도 변하지 않을 것입니다. 이미 말씀드린 바와 같이 필요하다면 원폭도 불사할 것입니다."[291]

중공에 대한 원폭 공격과 관련하여 정일권은 1951년 초 동해안 양양 전선으로 시찰을 나온 맥아더와 만나 나눈 대화를 자신의 회고록에서 다음과 같이 밝히고 있다.

"이제까지 만주 폭격과 원폭 사용을 주장해 왔지만 조금도 잘못은 아니다. 원폭이라 했지만 본보기로 허허벌판에 한 발 터뜨려 보자는 것이었다. 난들 왜 가공스러움과 죄악스러움을 모르겠는가. 다만 중공군에게 제동을 걸어 보자는 것인데, 트루먼은 끝내 거부해 오고만 있다. 군사전략을 정치의 잣대로 재고 있는 것은 이해할 수 있지만…. 지금도 늦지 않았는데….

제너럴 정, 당신도 잘 알다시피 원폭을 그토록 바라고 있는 당신네 이 대통령에게 말할 수 없이 미안하오. 만날 때마다 '원폭도 불사한다'고 했던 약속이 이처럼 허사가 될 줄은 몰랐다고, 노인에게 전해 주시오…."[292]

결국 트루먼 미국 대통령은 중공으로의 확전을 통해 공산주의를 멸망시켜야 한다고 주장하는 맥아더를 해임함으로써 한반도 통일의 꿈은 물거품이 되고 말았다. 여기서 우리가 짚고 넘어가야 할 점은 맥아더의 군사상의 전략이 시시각각 미 수뇌부와 영국에 침투해 있던 소련 간첩망에게 넘어가 중공에 상세하게 알려졌다는 점이다. 1964년 4월 6일 맥아더가 84세를 일기로 세상을 떠났을 때, 10년 전 맥아더와 비밀 인터뷰를 했던 짐 루카스(Jim G. Lucas) 기자는 당시 맥아더와의 미공개 인터뷰 내용을 다음과 같이 공개했다.[293]

"맥아더 장군은 그가 워싱턴에 보낸 메시지와 워싱턴이 그에게 보낸 메시지는 모조리 국무성에 의해 영국에도 제시되었으며, 그러면 영국은 인도를 경유하거나 런던 주재 소련대사관을 통해 이런 메시지가 영국에 의하여 중공에 48시간 이내에 전해졌다. 따라서 중공은 맥아더 장군이 취하라고 제의한 조치는 하나도 빼놓지 않고 미리 알고 있었으며, 중공은 맥아더가 손발이 묶여 효과적으로 항전하지 못할 것이라는 것을 영국으로부터 확인받고서 한국전쟁에 참전키로 한 것이다."

루카스 기자는 1950년 10월 맥아더와 트루먼 대통령과의 웨이크 섬 회담에 관한 내용도 다음과 같이 폭로했다.

"맥아더 원수는 만일 중공이 외국에 개입한다면 중공군이 압록강을 건너게 한 다음 중공군 뒤의 교량들을 파괴하여 보급로를 차단시키고 격멸당하기 전에 아사(餓死)케 만들겠다고 트루먼 대통령에게 말했다."

또 맥아더 장군은 미국이 풍부하게 보유하고 있는 방사능 코발트를 폭 5마일로 압록강을 따라 한·중 국경지대에 뿌려 항구적으로 한반도를 중공 땅으로부터 폐쇄시키려 했다는 사실을 보도하면서 이렇게 썼다.

"맥아더 장군은 중공군이 한국전쟁에 개입하자 공군에 압록강 다리를 폭격하도록 명령을 내린 바 있으나, 4시간 후, 그러니까 항공기들이 폭격 임무로 출격할 준비를 하고 있을 때 그의 명령은 당시의 국무장관인 조지 마샬 장군에 의하여 독단적으로 취소되었으며, 이와 마찬가지로 압록강 발전소(수풍 발전소)를 폭격하려던 계획도 국무성 내포세력의 심부름꾼 노릇을 하는 마샬에 의해 거부되었다."

루카스 기자는 맥아더 장군과의 비밀 인터뷰를 다음과 같은 내용으로 끝을 맺었다.

"1. 맥아더 원수는 항구적인 평화는 없을 것이지만 한국에서 현재 이상의 전투는 없을 것을 확신했다.

2. 보병 병력만으로는 충분치 않다는 것을 깨닫고 중공은 휴전을 바라게 되었고, 현대식 전투 장비를 가질 계획에 착수했다. 5년이 될지, 20년이 될지 모르나 중공은 끝까지 버티어나갈 군사 장비를 갖출 때까지는 다시 침략자가 되지는 않을 것이다.

3. 맥아더 원수는 우리가 아시아를 잃은 것으로 믿으며, 이는 국무성 안에 있는 앵글로 색슨 일변도 경향 때문이라고 생각한다. 그는 시리(時利)가 공산 측에 유리하며 그들은 '익은 사과가 떨어지기를' 기다리기만 하면

된다고 말하고 있다.

4. 휴전 후 한국으로부터 2개 사단을 철수시키라는 드와이트 D. 아이젠하워 대통령의 명령은 앵글로 색슨 민족의 후퇴하는 일반계획의 일부라고 맥아더 장군은 주장했다. 그는 극동 문제에 관하여 한 번도 협의를 받은 일이 없다고 말했다.

5. 맥아더 장군은 1952년의 미 극동군 총사령관이었던 마크 클라크 장군이 '이 이상 참고 견딜 수가 없어서 퇴역을 자원했다'고 말했다. 그는 클라크 장군이 오스트리아 주둔 미국 점령군 사령관으로서 훌륭하게 임무를 수행했으며, 그때와 같은 지원을 받을 것으로 생각하고 일본에 부임했던 것이 부임한 지 두 주일도 못되어 워싱턴이 그의 뒷덜미를 치는 짓을 했다고 말했다.

맥아더 원수는 클라크 장군의 후임자인 존 헐 및 맥스웰 테일러 양 장군에게는 멸시가 섞인 연민의 뜻을 표시했다. 맥아더 원수는 1950년 12월 한국에서 지프 사고로 전사한 워커 장군이 좌익계 신문 및 국무성에 의해 끈덕지게 혐구의 대상이 되었다고 불평했다. 맥아더 원수는 또한 거제도 수용소에서의 포로 폭동이 당시 사령관 리지웨이 장군의 책임이지만 그가 뒤로 물러서기 때문에 클라크 장군이 이를 해결했다고 말했다.

또한 맥아더 장군은 1952년 11월 대통령에 취임하기 전의 아이젠하워 원수와 뉴욕의 덜레스 저택에서 회견하고 한국전쟁뿐만 아니라 동서 냉전 그 자체를 종결시킬 비책을 진언했다. 그 내용은 명백히 알려지지 않았으나 그의 회상기에서 보면 맥아더 원수는 아이젠하워 원수에 대하여 '미국의 실책' 때문에 중공이 만주의 기지를 굳히고, 큰 세력으로 등장했다고 설명하고, '그래도 중공을 무너뜨리는 방법'으로서 아이젠하워, 스탈린의 양 수뇌회담을 열어 다음 5개 항목에 걸친 최후 통고를 소련에 내밀 것을 진언했다.

(1) 국민이 선택하는 정치형태에 의해 한국과 독일을 재통일한다.

(2) 독일, 오스트리아, 일본 및 한국을 중립화하고 미·소는 이들의 중립을 보증하여 세계 각국에도 미·소와 보조를 같이할 것을 촉구한다.

(3) 독일, 일본 및 한국에서 모든 외국 군대를 철수시킨다.

(4) 미국과 소련 헌법에 국책의 수단으로서의 전쟁을 비합법화한다는 수정조항을 넣는다.

(5) 소련이 이상의 사항에 따르지 않는 경우 미국은 북한에서 적 병력을 일소할 것을 고려한다는 뜻을 통고한다.

고(故) 덜레스 씨는 이 계획을 찬성했으나 아이젠하워 원수는 '대통령으로서의 지위'를 튼튼히 하기 위해 1년쯤 기다려야 한다는 의견이었다. 이에 대해 맥아더 원수는 대통령 임기 초기야말로 아이젠하워 원수의 신망이 가장 높은 만큼 행동의 자유도 용이하게 할 시기라고 반론했다."

1961년 5·16 혁명 후 김종오 당시 육군참모총장은 뉴욕의 월도프 아스토리아 호텔에서 맥아더 장군과 대화를 나누었다. 당시 김종오 총장이 전한 맥아더의 의견이다.[294]

"한국은 위대한 찬스를 놓쳤다. 나의 계획으로는 첫째, 한국전을 한국 내에만 국한시켜서는 승리할 수 없으니 전쟁을 근본적으로 해결하기 위해서는 만주를 폭격하고 중공을 봉쇄하는 한편, 국부군의 본토 상륙전을 감행하여 장개석 씨로 하여금 북경을 차지하게 해야 한다. 그래서 극동에서 분쟁의 씨를 영원히 뽑아버리고 한국은 압록강까지 찾아서 통일을 이룩하자는 것이었다. 당시의 중공군은 수는 많았지만 장비는 유치했으며, 소련도 그 당시까지는 실전용 원자탄을 갖고 있지 않았다. 나의 계획은 실행만 했으면 반드시 성공했을 것이며, 그렇게 되었으면 극동뿐 아니라 세계의 역사까지도 달라졌을 것이다."

당시 김종오 총장과의 대화에서 맥아더는 이승만에 대해 이렇게 평했다.

"이승만 박사는 내가 소령 때부터 아는 분입니다. 그는 평생을 조국을 위해 싸웠으며, 정치를 할 때 다소 잘못이 있었더라도 고국에 돌아가서 명예로운 최후를 마쳤으면 좋겠습니다."

김종오 참모총장과 은퇴한 맥아더가 뉴욕에서 회담할 무렵 이승만은 하와이에서 병든 육신을 이끌고 고국으로 돌아갈 날만을 기다리며 하루하루를 힘들게 살아가고 있었다. 그러나 쿠데타로 정권을 잡은 박정희 군사정권은 이승만의 귀국을 허락하지 않아 이승만은 1965년 7월 19일 하와이에서 사망했다. 맥아더는 이승만보다 1년 전인 1964년 4월 3일 84세의 나이로 월터 리드 육군병원에서 사망했다.

제임스 밴 플리트

이승만을 아버지처럼 모신
한국군 현대화의 일등공신

트루먼 대통령은 1951년 4월 10일 한국전을 중공으로 확전해야 한다고
주장하는 맥아더 원수를 모든 지휘관직에서 해임하고 리지웨이 장군을
그의 후임으로 임명했다. 리지웨이 장군이 맡고 있던 주한 미8군 사령관
에는 제임스 밴 플리트(James Alward Van Fleet, 1892~1992) 장군이 후임으
로 부임했다. 그는 1년 10개월 동안 한국에 머물며 미8군 사령관으로서
중공군과 북한 인민군을 상대로 혁혁한 전과를 올렸다.

그는 한국에 도착 직후 "승산 없는 전쟁이니 도쿄로 철수해야 한다"는 참
모의 건의를 듣고 "나는 승리하기 위해 이곳에 왔다. 나와 함께 하기 싫다
면 당장 집으로 돌아가라"고 하여 현장 분위기를 단번에 바꾸었다. 부산
임시 경무대로 부임 인사를 온 밴 플리트 장군은 이승만 대통령에게 차렷
자세로 인사를 하고는 "대통령 각하. 저는 싸우러 왔습니다. 유엔군은 이

제부터 공산 침략군을 격멸하고 말 것입니다" 하고 말했다. 이날 밴 플리트 장군은 이승만의 내면적인 강인함과 결의에 감복했다고 한다.

밴 플리트는 진지하고 성실한 인간이었고, 한국에 대한 정이 깊었다. 이승만 대통령은 월턴 워커, 리지웨이 등 전임 미8군 사령관들과는 사이가 좋지 않았지만 밴 플리트 장군과는 우호적인 관계를 유지했다. 밴 플리트 장군은 대통령을 면담하러 올 때면 손수 아이스크림 두 개를 들고 와 대통령과 마담 프란체스카에게 권했고, 주말이 되면 서울 동숭동의 서울대 문리대 건물에 있던 미8군 사령관실로 이 대통령 내외를 초대하여 칠면조 고기와 스테이크 등을 직접 썰어 접시에 담아주기도 했다. 밴 플리트 장군이 이 대통령을 대하는 자세는 마치 자식이 부모를 모시듯 했고, 존경의 도를 넘어 숭배하는 자세였다고 백선엽 장군은 회고했다.[295]

그는 전쟁 수행 과정에서 이승만 대통령 의견을 가능한 한 존중했다. 1952년 말에는 감축하는 미군 장비를 한국군에 넘겨주어 3개 사단을 증강시켰고, 한국군을 10개 사단에서 20개 사단으로 증강하는 작업에 결정적인 후원자 역할을 했다. 4년제 육군사관학교 설립도 밴 플리트 장군의 노력으로 결실을 맺었다.

그는 사재(私財)를 털어 육군사관학교 도서관 건립기금을 내놓았고, 다른 미군 지휘관들에게도 모금을 하여 건물을 완성시켰다. 육군사관학교에는 그의 업적을 기리기 위한 동상이 서 있다. 1953년 초 밴 플리트 장군이 미8군 사령관직을 떠날 때 '달러'라면 벌벌 떨던 이 대통령은 막대한 전

별금을 주었다고 황규면 비서는 증언했다. 이승만이 하와이에서 서거했을 때 밴 플리트 장군은 고인의 유해를 모시고 한국에 왔다. 밴 플리트 장군은 『라이프』지에 이승만 대통령에 대해 이런 기고를 했다.

"그는 내 재임 거의 2년 간 평균 1주일에 한 번씩 나와 함께 온갖 역경을 마다않고 전방과 훈련지역을 시찰했다. 추운 날 지프를 타야 할 때면 죄송하다는 내 말에 미소로 답하고는 자동차에 올랐다. 목적지에 도달할 때까지 그의 밝은 얼굴과 외투 밖으로 보이는 백발은 검은 구름 위에 솟은 태양처럼 빛났다."

네덜란드계인 제임스 밴 플리트 장군은 할아버지 때 미국으로 이민을 와서 플로리다에 정착했다. 미국 대통령에 오른 아이젠하워, 그리고 오마 브래들리와 미 육군사관학교 동기다. 제1·2차 세계대전에 참전하여 혁혁한 전공을 세워 전쟁영웅으로 추앙 받았던 장군이다. 제2차 세계대전 당시 육사 동기인 아이젠하워는 노르망디 상륙작전을 총지휘했으나, 밴 플리트는 연대장(대령)으로 노르망디의 유타 해안에 상륙했다.

그는 프랑스 유타 해안 상륙작전을 대담하고 용감하게 수행한 공로로 상륙 직후인 1944년에 미 제29사단장에 발탁되었다. 이때부터 그는 지휘관으로서 두각을 나타내 '야전의 맹장'이자 철저한 공격형 지휘관으로 알려진 인물이었다. 특히 그는 유명한 벌지 전투(Battle of the Bulge)를 지휘했으며, 프랑스에서 독일군을 몰아내는데 결정적인 역할을 했다. 또 그리스 정부를 도와 현지의 공산 게릴라를 소탕했다.

1951년 중공군은 철의 삼각지대를 중심으로 중부전선에서 대공세를 펼쳤으나, 국군과 유엔군이 이를 되받아쳐 10만 명 가까운 인명손실을 입혔다. 당시 보급이 끊긴 중공군 포로들은 하나같이 굶주려 있었고 탄약조차 없었다. 먹지 못해 지친 병사들이 생포 당하기 위해 길가에 줄지어 있는 형편이었다.

중공군의 1951년 봄 춘계 대공세는 중공의 전쟁 수행능력이 한계에 다다랐음을 보여주었다. 춘계 공세를 기점으로 국군과 유엔군은 전선의 주도권을 확실하게 장악했다. 이 무렵 밴 플리트 장군은 중공군의 춘계 대공세를 막아내고 적을 크게 무찌른 전과를 확대하기 위해 도쿄사령부에 원산 상륙작전을 건의했다. 밴 플리트 장군의 구상은 기진맥진한 중공군을 거세게 두들겨 전선을 평양-원산 선까지 밀어 올린다는 것이었다.

그러나 도쿄사령부는 이 작전을 허가하지 않았다. 그 무렵 도쿄의 리지웨이 장군의 구상은 밴 플리트의 공세적인 자세와는 크게 달랐다. 리지웨이는 "공격은 계속되고 있었으나 큰 피해가 따를 무모한 추격은 가능한 한 피하고, 조심스럽고 철저하게 연구된 자세를 넘어 신중하게 선택된 목적지로 진격하는, 목적이 한정된 형태의 공세"[296]를 원했다. 이 무렵 전방의 군인들 사이에선 "비기기 위해 죽어야 하나?"라는 냉소적인 표현이 유행했다.[297]

밴 플리트 장군은 아들 밴 플리트 2세 공군 중위를 한국전에서 잃었다. 아들도 아버지와 함께 한국전에 참전하여 B-17 폭격기 조종사로 근무했

는데, 1952년 3월 19일 북한 순천지역에 대한 야간 폭격작전에 출격했다
가 적의 대공포에 맞아 실종됐다.

장면, 패트릭 번 주교,
교황 비오 12세

파리 유엔총회에서 한국 승인 외교
성공시킨 공로자들

교황 비오 12세는 제2차 세계대전 기간에 전개된 막후 외교에서 중재자역할을 수행함으로써 국제 외교무대에서 강력한 영향력을 행사하고 있었다. 비오 12세는 1947년 10월 미국 메리놀 외방전교회의 패트릭 번 주교 (한국명 방일은)를 특사로 한국에 파견했다. 번 주교는 10월 9일 입국하자마자 '한국을 합법적인 독립 국가로 인정한다'는 교황청 문서를 발표, 교황청이 세계 최초로 한국이 독립국가임을 천명했다. 이는 국제 관례상 교황청이 한국을 주권국가로 승인한 것으로 이해되어 한국이 국제적 승인을 얻는 과정에서 큰 힘이 되었다.

이승만은 대한민국 건국이 공표되기 나흘 전인 1948년 8월 11일, 유엔에서 신생 대한민국의 승인을 받기 위해 장면을 수석대표로 하는 특별사절단을 유엔총회가 열리는 파리로 파견했다. 사절단은 수석대표 장면, 차

석대표 장기영, 정치고문 조병옥, 법률고문 전규홍, 경제고문 김우평, 기타 고문에 정일형·김활란·모윤숙·김준구 등 9명으로 구성됐다.

개신교 신자인 이승만이 가톨릭 신자였던 장면을 정부 승인외교의 수석대표로 임명한 것은 초대 주한 교황사절로 부임한 패트릭 번 주교가 장면의 미국 유학 시절 스승이라는 사실을 알고 있었기 때문이다. 장면과 번 주교의 인연을 통해 로마 교황청의 외교망을 유엔 승인외교에 적극 활용하기 위한 이승만의 심모원려였다.

당시는 바티칸만이 대한민국을 국가로 승인했을 뿐 미국조차도 승인을 미루고 있었다. 한국대표단은 유엔의 승인을 얻기 위해 58개국 대표들을 접촉하여 대한민국 탄생의 당위성을 설명했다.[298] 그러나 유엔 회원국이 아니었던 한국대표단은 옵서버 자격으로 일반 방청석에서 회의를 참관할 수밖에 없어 교섭 상대국 대표들을 공적으로 만나 외교활동을 전개할 수 없었다.[299]

이 와중에 번 주교는 1948년 12월 12일 파리 유엔 총회에서 정식으로 한국이 합법적인 독립국가로 승인 받을 수 있도록 적극 후원했다. 번 주교의 보고를 받은 교황 비오 12세는 바티칸의 국무장관 지오반니 바치스타 몬티니 대주교와 재불(在佛) 교황청 대표 론칼리 대주교에게 파리 유엔 총회에 참석한 한국대표단을 지원하라고 지시하여 한국이 유엔의 승인을 받는 과정에서 외교적 지원을 아끼지 않았다.[300]

패트릭 번 주교와 한국과의 인연은 그가 1923년 5월 10일 한국에 입국하여 평안도 지역에서 포교 활동을 시작하면서부터 시작되었다. 교황청은 1927년 3월 17일 평양지목구를 설정하고 초대 지목구장으로 번 신부를 임명했다. 번 주교는 1928년 귀국했다가 1947년 교황청으로부터 초대 주한 교황사절로 다시 한국에 부임했다.

6.25 동란이 발발하자 번 주교는 외국인 성직자들을 일본으로 피신시킨 뒤 교황청 대사관을 지키다가 7월 11일 보좌역인 부드 신부와 함께 공산군에 체포돼 인민재판에서 사형 선고를 받았다. 번 주교는 인천상륙작전 이후 유엔군이 북진을 시작하자 평양감옥-만포-고산진-초산진-중강진 하창리 수용소까지 '죽음의 행진'을 겪으며 극심한 고문과 수난을 당하다가 1950년 11월 25일 62세 나이로 수용소에서 순교했다. 그의 유해는 동료 성직자들에 의해 하창리 마을에 안장됐다.

존 포스터 덜레스

한미상호방위조약
체결의 일등 공신

이승만과 존 포스터 덜레스 국무장관(John Foster Dulles, 1888년 2월 25일 ~1959년 5월 24일)은 조지 워싱턴대학과 프린스턴대학 동문이다. 이승만은 조지 워싱턴대학에서 학사, 프린스턴대학에서 박사학위를 공부한 반면, 덜레스는 프린스턴대학에서 학사를 공부하고 조지 워싱턴대학에서 국제법을 전공하여 법학 박사 학위를 받았다.

강경 반공 보수 성향의 덜레스는 1948년 유엔 승인외교, 6.25 남침 초기 한반도에 미군 파병, 그리고 1953년 한미상호방위조약 체결 과정에서 결정적으로 한국을 도운 인물이다. 한국의 유엔 승인외교 과정에서 가장 확실한 우군은 미국이었다. 당시 미국 대표단의 단장이었던 덜레스는 주한 특사 존 무초를 파리로 불러 한국 승인외교를 지원하라고 명했다.[301] 장면은 후일 덜레스에 대해 "대한민국의 건국과 국제적 승인을 위해 누구보다도 열렬한 동정과 노력을 아끼지 않아 찬연한 공훈을 세움으로써 우리가 잊으려야 잊을 수 없는 거룩한 은인"이라고 표현했을 정도다.

덜레스는 1946년과 1947년, 1950년에 국제연합 회의 때 미국 대표, 뉴욕 주 상원의원을 역임했으며, 1950년 4월 19일 트루먼 정권에서 딘 애치슨 국무장관 고문에 취임했다. 같은 해 5월 18일에는 대일(對日)강화조약 체결 담당 대통령 특사로 파견되었으며, 6.25가 발발하기 일주일 전인 1950년 6월 17일 미 국무장관 고문 자격으로 한국을 방문했다.

반공 성향의 공화당원인 덜레스가 민주당의 트루먼 정부와 손잡고 일하게 된 사연이 흥미롭다. 당시 미국은 루스벨트 대통령 시절 제2차 세계대전을 치르는 과정에서 소련과 군사동맹을 맺고 히틀러, 일본 등 추축국과 전쟁을 치렀다. 이 과정에서 다수의 친소련 인사를 비롯한 좌익계 인물, 공산주의자, 소련 간첩들이 행적을 숨기고 행정부 고위직에 임명되었다.

미국에 충성하지 않는 반국가적 인물들이 상당수 미국 수뇌부에서 암약하는 것을 보다 못한 조지프 매카시 상원의원은 1950년 2월, '국무성 안에 205명의 공산주의자가 있다'는 폭탄 선언을 했다. 공화당도 트루먼 대통령과 애치슨 국무장관 등 민주당 지도부가 공산주의에 지나치게 유화적이고, 정보관리가 허술하여 소련에 원자탄 비밀이 누설됐다며 공격을 퍼부었다.

거센 반공 열풍으로 정치적 위기에 처한 트루먼과 애치슨은 공화당과 반공세력의 압력을 피하기 위해 반공 공화당원인 존 셔먼 쿠퍼와 존 포스터 덜레스를 행정부 고위직에 임명했다. 덜레스는 자신이 동아시아의 정책 결정에서 강력한 실권을 가진다는 조건으로 트루먼 행정부에 합류했다. 말하자면 공화당의 유명한 대공 강경론자인 덜레스는 그 무렵 민주당인 트루먼 대통령이 공화당 강경파를 무마하고 초당파적인 인사정책을 펼치고 있다는 점을 보여주기 위해 기용한 인물이었다. 이후 트루먼과 애치슨은 '소련에 대한 총력외교'로 방향을 수정했고, 한국에서 공산군이 전면 남침하자 '반공주의자들의 오해를 사지 않기 위해' 미국의 즉각 참전을 결정했다.[302]

1950년 초 주미 한국대사 장면은 덜레스 미 국무성 고문의 방한(訪韓) 정보를 입수했다. 장면은 파리 유엔총회에서 3개월 동안 거의 매일같이 덜레스와 만나 한국 승인 문제를 상의했고, 그 후 미국에서 자주 만났기 때문에 꽤 친숙한 사이였다. 당시 덜레스는 장면 대사에게 "내가 대한민국 탄생에 산파 노릇을 했다"고 입버릇처럼 말했다고 한다.

장면 대사는 본국 정부에 '덜레스가 방한하면 국빈으로 융숭한 대접을 할'것, 무슨 일이 있더라도 38선을 시찰시키고, 새 국회(제2대 국회) 개원식에 초청하여 연설할 기회를 만들어 달라'고 긴급 전문을 보냈다.

그리고 방한을 앞둔 덜레스를 만찬에 초청하여 한국에 가면 38선을 직접 가볼 것, 국회 개원식에 참석하여 유사시 미국이 한국을 즉각 지원하겠다는 언약을 해줄 것을 간곡히 부탁했다. 덜레스는 "전쟁이 당장 일어날 것도 아닌데 왜 이처럼 서두는가?" 하고 물었다. 장면은 "한국에 가보면 자연히 알게 될 것이오. 그만한 언약도 안할 바에야 한국에 가도 아무런 의미가 없으며, 아무도 환영하지 않을 것"이라고 주장했다.

덜레스는 "내가 미국 정부를 대표하는 공식 직위에 있지도 않으면서 어떻게 그런 책임 있는 말을 할 수 있는가" 하며 망설이는 눈치였다. 장면은 "이는 한국의 사활이 걸린 문제니 꼭 들어달라"고 재삼 요청했다. 덜레스는 장면 대사와 만찬 후 애치슨 미 국무장관을 만나 자신이 한국 방문 중에 한국 국회에서 행할 연설문 초안을 보여주면서 "유사시 한국은 혼자 싸우지 않을 것"이라는 정도의 의례적인 발언을 해도 좋은지 의견을 물었다. 그러자 며칠 후 한국에서 전쟁이 일어나리라고는 꿈에도 생각지 못했던 애치슨 장관은 "그 정도 발언은 무난할 것"이라며 허락을 했다. 말하자면 외교적인 립 서비스 정도로 생각한 것이다.

덜레스는 1950년 6월 17일 한국에 도착했다. 일행은 덜레스 미 국무성 대외정책 특별고문 내외, 미 국무성 동북아국장 존 앨리슨, 비서 도일 양 등 네 명이었다. 일본어를 유창하게 구사하는 앨리슨은 당시 덜레스를 수행한 덕분에 훗날 공화당 행정부에서 덜레스가 국무장관에 임명된 후 그를 주일대사로 발탁했다.

덜레스는 서울 도착 직후 경무대로 이승만 대통령을 방문하여 회담했는데, 두 사람은 반공이라는 차원에서 의기투합한 사이였지만 이때는 분위기가 살벌했다. 이승만은 미국이 한국을 극동의 방위권에서 제외하고 군사원조를 제대로 해주지 않는 문제를 비판하면서 "미국이 고식적인 정

책만을 견지하다가 앞으로 크게 후회할 날이 있을 것"이라며 언성을 높였다.[303]

덜레스는 다음날인 6월 18일 오전 신성모 국방부장관, 임병직 외무부장관, 채병덕 참모총장 등의 안내로 동두천 지역의 38선을 시찰했다. 망원경을 통해 38선 너머를 유심히 살피던 덜레스는 말없이 고개를 끄덕였다. 38선 시찰을 마치고 돌아오는 길에 덜레스는 임병직 장관에게 "지금까지 워싱턴에 있는 사람들 말만 믿고 한국 사정은 별로 대단치 않은 것으로 생각했는데 막상 눈으로 보니 딴판"이라면서 "미국에 돌아가는 대로 애치슨 장관 등에게 한국 원조의 필요성을 전하겠다"고 말했다.

덜레스는 다음날인 6월 19일 오후 4시, 대한민국 제2대 국회 개원식에 이승만 대통령과 나란히 참석하여 축사를 겸한 연설을 했다. 이날 덜레스는 "여러분들은 외롭지 않습니다. 여러분들이 인류의 자유 수호라는 위대한 시련기에 있어서 맡은 바 사명의 완수를 계속하고 있는 한 여러분은 절대로 외롭지 않습니다"라는 의미 있는 연설을 했다.

이는 1950년 1월 12일, 딘 애치슨 미 국무장관이 워싱턴의 내셔널 프레스 클럽에서 "아시아에 있어서 미국의 방어선은 알류산 열도에서 일본을 지나 오키나와와 대만을 거쳐 필리핀으로 그어진다"고 선언한 것과는 정반대의 의미가 함축되어 있는 연설이었다. 덜레스는 한국을 떠나 일본으로 갔는데, 사흘 후 6.25가 터졌다.

6월 25일, 38선 전역에서 공산군의 남침이 벌어졌을 때 일본 교토에 머물던 덜레스는 급보를 받고 도쿄로 가서 맥아더 장군과 한국 사태에 대해 의견을 나누었다. 이 자리에는 동행했던 미 국무성 동북아국장 존 앨리슨과 필립 제섭 대사(극동정책 자문위원장)도 배석했다. 평소 한국을 아끼고 뒷받침해주던 맥아더 장군과 한국의 국회에서 '여러분은 외롭지 않다'는 연설을 한 바 있는 덜레스는 공산군을 격퇴시키기 위해서는 한시라도 빨리 미군이 투입되어야 한다는 데 의견의 일치를 보았다. 덜레스는 앨리슨 국장과 함께 다음과 같은 보고서를 애치슨 미 국무장관 앞으로 긴급 타전했다.

"한국은 단독으로 공격을 견제하거나 격퇴시킬 가능성도 있다. 그렇게만 되면 최상의 해결책이다. 그러나 만약 그렇게 될 수 없을 것 같이 보일 때에는 소련 쪽으로부터 반격 행동의 위험성이 있다 할지라도 미국의 군사력이 사용되어야 한다고 우리는 믿고 있다. 한국이 기습 공격으로 짓밟히고 있는데도 그대로 수수방관한다면 아마도 이것은 틀림없이 세계대전으로 발전하는 파국적인 연쇄현상의 실마리가 되리라는 것이다. 우리는 안전보장이사회가 유엔헌장 제109조에 의해 5대 강국이나, 또는 이에 호응할 용의가 있는 국가들에 유엔을 대신하여 행동을 취하도록 요청할 것을 제안한다."

당시 주미 한국대사였던 장면은 "한국 사태에 대해 단호한 결정을 내리지 못하고 주저하고 있던 트루먼 대통령에게 덜레스의 이 전문이 결정적 작용을 한 것은 틀림없는 사실"이라고 기록하고 있다.[304]

덜레스는 6.25 후에 장면 대사를 만났는데, 장 대사에게 "그때 한국 국회에서 했던 연설에 대한 책임을 느껴 더욱 한국 지원을 위해 최대한 노력했다"면서 이렇게 말했다고 한다.

"여보! 글쎄 그런 법이 어디 있소···. 그날 저녁에 나는 멋도 모르고 지독하게 비싼 저녁 한 끼 얻어먹고 그 밥값을 치르느라고 어찌나 혼이 났는지 말도 못하겠소."[305]

덜레스는 1953년부터 1959년 5월 24일 사망할 때까지 아이젠하워 정부에서 제52대 국무장관을 지내면서 강력한 반공주의자로 명성을 얻었다. 덜레스는 6.25가 발발했을 때는 바로 직전에 한국에 방문하여 38선을 생생하게 지켜보았던 경험을 살려 미군의 빠른 참전을 유도하여 대한민국을 살렸고, 휴전협정 체결 과정에서는 이승만을 제거하려는 미국의 에버레디 계획[306]에 제동을 걸었으며, 한미상호방위조약 체결을 성사시키는 데 앞장서게 된다.

당시 주미 한국대사였던 장면은 공산군의 남침이 벌어졌을 때 유엔이 공산 침략을 격퇴하고 한국을 지원하는 모든 긴급결의를 진행하는 데 있어 결정적인 공헌을 한 사람으로 트리그브 리 유엔 사무총장, 미국의 유엔 수석대표 오스턴 상원의원, 필리핀의 로물로 장군 등을 꼽았다. 6월 24일 (미 현지시각) 미 국무성 관리들이 트리그브 리 유엔 사무총장을 한밤중에 깨워 긴급사태를 설명하고, 밤늦게라도 안보리 11개국 멤버에게 통지해서 내일 안으로 안보리 긴급회의를 소집해 달라고 요청했을 때 리 총장은

"아이쿠 하나님! 이건 유엔에 대한 도전이다!"라고 외쳤다고 한다.[307]

1953년 8월 4일 덜레스 미 국무장관은 8명의 미 고위사절을 대동하고 방한하여 한국 대표와 상호방위조약 초안 검토를 위한 회의를 열었다. 그리고 나흘 후인 8월 8일 변영태 외무장관과 덜레스는 중앙청에서 '대한민국과 미합중국 간의 상호방위조약'에 가조인을 했다. 덜레스 미 국무장관은 가조약에 조인한 뒤 "이 조약은 우리 청년들의 피로 봉인되었다"고 선언했다.

덜레스 장관은 조인이 끝난 후 낚싯대 한 벌을 이승만 대통령에게 전달하면서 "이 낚시도구는 베델 스미드 차관이 직접 산 것"이라고 소개했다. 낚싯대를 받아 든 이 대통령은 이리저리 들여다 본 뒤 한국말로 "이 친구들이 이제 낚싯대를 주면서 고기는 우리더러 잡으라는 말이로군" 하고 혼잣말로 중얼거렸다. 10월 1일 미국 워싱턴에서 변영태 장관과 덜레스 미 국무장관이 서명함으로써 한미상호방위조약이 체결되었다.

낙랑클럽

주한 외국인 상대로
고급 외교 담당한 비밀 사교단체

낙랑클럽은 해방과 더불어 외국인들의 방한이 차츰 늘자 한국 여성들이 외국인들에게 아름답게 보이고, 한국의 고급문화를 보여주기 위해 이승만이 계획하고 프란체스카 여사의 동의하에 활동이 시작됐다. 이승만 대통령의 후원과 프란체스카 여사의 도움, 그리고 운영과 관련된 경비는 국무총리실에서 지원했다.

이 단체의 총재는 김활란이 맡았고, 모윤숙이 회장으로 클럽을 주도했다. 회원은 주로 이화여대 출신으로 영어에 능통한 미모의 여성 150여 명으로 구성되었는데, 고구려 시대 낙랑공주와 같이 고귀한 신분을 가진 여성들만을 선택하여 입회시킨다 하여 낙랑클럽이란 명칭이 붙었다.

이 단체가 언제부터 공식적인 활동을 시작했는지는 분명치 않으나 전숙희의 기록에 의하면 1946년 남한의 우파 정치인들과 친분이 두텁던 모윤숙이 주동이 되어 발족했으며, 미군정청의 실력자들인 장성급을 비롯한 고위 장교, 남한에 와 있던 각국 외교관들과 유엔 산하 각종 단체장들과 만나 고급 외교를 담당하는 비밀 사교 모임으로 출범했다.[308]

낙랑클럽이 처음 발족했을 때는 회현동에 있던 모윤숙의 자택에 회원들이 모였으나 얼마 후 미군정청과 선을 대고 있던 우익 정치인이 주선하여 일본인 저택을 적산가옥으로 불하받았다. 회원들은 그 저택의 다다미방에서 모임을 가졌다.

이 단체가 주목을 받은 것은 낙랑클럽 회원이었던 김수임의 간첩사건 때문이다. 김수임은 미국인 선교사의 도움으로 이화여전 영문과를 졸업했는데, 영어가 능통하여 세브란스병원에서 미국인 통역으로 일했다. 그녀는 대학 시절 모윤숙의 소개로 경성제대 법학과 출신 유부남 이강국을 만났다. 해방 후 미군정기에는 군정청 직원으로 근무하면서 헌병대장 존 베어드와 동거생활을 했다. 1946년 말 이강국에 대한 체포령이 내려지자 그를 미국인 고문관 집에 숨겨주었다가 월북시켰다. 정부 수립 후 주한 미국대사관 통역관으로서 사교계의 여왕으로 활동하던 중 남한의 고급 정보를 북한에 넘긴 혐의로 1950년 4월 체포돼 두 달 후인 6월 15일 한강에서 총살당했다.

그런데 AP통신은 2008년 8월 17일 여간첩 김수임 사건이 조작됐을 가능성이 있다고 보도했다.[309] 당시 공개된 미국 국립문서보관소의 1950년대 비밀문서에 의하면 김수임의 간첩 혐의가 고문에 의한 조작일 수 있다는 근거들이 있다는 것이다. 특히 미군 정보기관 자료에 월북한 이강국이 미 중앙정보국(CIA)의 비밀조직인 '한국공동활동위원회'(JACK)에 의해 고용된 것으로 나타났다고 보도했다.

국내의 한 언론과의 인터뷰에서 모윤숙은 낙랑클럽의 존재와 활동 내용에 대해 다음과 같이 증언했다.

"낙랑구락부(클럽)는 6.25 피란 시절(1951년) 부산에서 생겨 약 2년간 지속되었지. 이승만 대통령이 불러 '외국 손님 접대할 때 기생파티 열지 말고 레이디들이 모여 격조 높게 대화하고 한국을 잘 소개하라'고 분부하지 않겠나. 우리는 부랴부랴 낙랑구락부를 조직, 김활란 박사를 고문으로 하고 내가 회장을 맡았지. 금방 50명 가량의 회원이 모였는데 그때 예쁘고 인기 있던 여성으로 손원일 제독 부인인 홍은혜, 화신백화점 박흥식 사장 부인 허숙자 씨 등이 생각나는군. 말하자면 낙랑은 정부의 부탁으로 이른바 파티 대행업을 한 셈인데….

부산 송도 바닷가 돌멩이 위에 지은 집(귀속재산)을 우양(허정) 장관한테서 빌려 씨 사이드 맨션이라고 부르고 파티비용은 청구서에 따라 장면 총리실에서 지불해 주었죠. 한 번에 5만 내지 10만 원 정도였든가 몰라. 국무위원들이 귀빈들을 초대하는데 빈객으로 오는 덜레스 미국 국무장관, 리지웨이 장군, 워커 장군, 밴 플리트 장군에 무초 미국대사 등이 온 것 같고, 그때 장면 총리와 무초 대사가 뜰 모퉁이 버드나무 밑에서 수군수군하는 모습을 보고 우린 전쟁이 멎고 통일이 되는 줄로 알았지.

헬렌 김(김활란)이 외국인 대하는 매너 에티켓 등의 회원 교양을 지도했고, 나는 모닝 캄(Morning Calm) 나라에 와 주서서 반갑다는 두 마디 환영사만 했었지. 그리고 서툴러서 손님 구두를 밟는 가운데 사교댄스도 췄고 미인계도 썼지 뭐. 그러나 낙랑을 통해 우린 값진 민간외교를 했다고 자부하고 있어요."310)

사울 아이젠버그

이승만의 철강공장 건설 과정에
깊이 개입한 유대인 무역상

프란체스카 여사와의 오스트리아 인맥을 통해 한국에 등장한 사람이 박정희 정부 시절 국제 로비스트로 활약한 사울 아이젠버그(Saul Eisenberg)[311]다.

1953년 4월 4일 이승만 대통령은 내각에 철강산업 진흥책을 마련하라는 특별지시를 내렸다. 그는 미국에서의 유학과 망명생활을 통해 산업문명의 핵심이 철강산업에 있으며, 철강이 '산업의 쌀'이라는 사실을 간파하고 있었다. 6.25 전쟁의 휴전 문제가 구체화되기 시작하자 이승만은 전후복구를 위해 철강공장 건설이 시급하다고 판단하여 이런 지시를 한 것이다.

관계부처는 철강산업에 대한 기본 대책을 검토한 끝에 대통령령으로 인천의 대한중공업공사[312]를 국영기업으로 출범시키고, 연산 5만 톤 규모의 평로(平爐·구식 용광로)를 건설하여 제강공장과 압연공장을 재건하기로

결정했다.[313]

당시 우리 경제는 미국으로부터 오는 무상원조가 국가 예산의 절반을 차지할 정도였다. 정부는 철강공장 건설계획을 수립한 후 미국 원조기관에 철강공장에 필요한 자금 지원을 요청했다. 그러나 미국 원조당국은 "지금 수백만의 피난민들이 굶주리고 있는데 무슨 철강공장인가. 시급한 민생문제부터 해결하라"면서 우리 측 요구를 거절했다. 보고를 받은 이승만은 "미국이 돈을 못 내겠다면 정부가 보유한 자체 보유 달러로 공장을 지으라고 내각에 지시했다. 그리하여 철강공장 건설을 위해 140만 달러를 투자하기로 결정했다.

이승만은 전쟁 부상자 치료를 위해 부산에 와 있던 서독 적십자병원장 후버 박사에게 한국의 철강공장 건설에 서독이 기술지원을 해 달라고 도움을 요청했다. 이승만의 부탁을 받은 후버 박사는 한국의 철강공장 건설계획을 서독 정부에 보고했고, 서독 정부는 일본에서 활동하며 유엔군에 물자를 공급하던 유태인 중개상 아이젠버그를 교섭 상대로 내세워 적극적인 수주 활동을 벌였다. 이때 오스트리아 출신인 프란체스카 여사는 오스트리아 여권을 소지한 아이젠버그를 이승만 대통령에게 소개하여 한국 프로젝트와 인연을 맺기 시작한 것이다.

1954년 실시된 대한중공업공사의 5만 톤 규모 평로 제강공사 국제입찰에는 미국, 스위스, 서독의 전문회사가 참여하여 경합을 벌였다. 그 결과 서독 최대의 제철시설 제조회사인 데마그 사가 공사를 수주했다. 이어

1956년 2단계로 실시한 380만 달러의 압연공장 건설사업도 데마그 사에게 돌아갔다.

이후 아이젠버그는 한국의 경제개발 과정에 깊이 개입하게 된다. 그는 박정희 정부 시절 서독 차관 도입을 주선했으며, 전화 교환 설비, 화력 발전소, 시멘트 공장, 원자로 도입 등 대형 프로젝트에 필요한 외자 도입에 관여했다. 1973년 가압 중수형 캐나다 캔두 원자로의 도입 때는 유럽 30개 은행의 차관단 컨소시엄을 구성해 자금을 공급하기도 했다.

아이젠버그는 또 공산권과도 깊은 연계를 맺고 있어 베트남 패망 당시 교민 철수 과정에서 사이공을 빠져나오지 못하고 월맹군에게 체포되어 수감생활을 하고 있던 이대용 공사의 석방에도 도움을 주었다.

1921년 독일 뮌헨에서 태어난 아이젠버그는 1939년 가족과 함께 나치의 유대인 박해를 예감하고 독일을 떠나 스위스와 네덜란드를 거쳐 중국 상해로 이주했다. 당시 일본군 점령지였던 상해엔 유럽 각국에서 피난 온 약 3만 명의 유대인들이 게토를 이루고 살았다.

아이젠버그는 상해 체류 중 훗날 이스라엘 건국의 실질적 주역이 된 시온주의 청년 행동대 '베타르'에 가입했다. 오스트리아와 일본의 혼혈 여성과 결혼한 아이젠버그는 1945년 미군 점령지였던 일본으로 건너가 도쿄에 거점을 두고 미군을 상대로 생활용품과 고철 판매, 한국을 비롯한 아시아 각국에 주재하는 미국 대사관과 극동군사령부 산하 각 부대의 용역을 수행했다.

존 B. 코울터

운크라(UNKRA) 단장으로 한국에
공장 건설을 도와준 은인

존 B. 코울터(John B. Coulter) 장군은 우리나라의 공업화에서 중요한 의미
를 가지는 인물이다. 이승만 대통령이 미국의 원조자금을 이용하여 공장
을 건설하려고 했으나 미 원조당국은 소비재 도입을 강력 주장하여 팽팽
하게 맞서곤 했다.

전후복구 과정에서 미국 정부는 일본의 경제 부흥을 돕기 위해 미국이
제공하는 원조자금으로 일본에서 생산되는 소비재를 구입하여 한국에 도
입하는 데 사용하도록 강력한 압력을 행사했다. 덕분에 원조자금이 한국
의 생산시설 건설에는 거의 쓰이지 못했다. 일본을 중시하는 미국의 동북
아 정책에 의하면 한국은 일본의 소비재 시장으로 기능하도록 초점이 맞
춰져 있었다.

이승만은 원조자금을 일본에서 생산한 소비재를 구입하는 데 쓰는 것

보다는 그 돈으로 국내에 공장을 지어 자급자족해야 한다는 철학을 가지고 있었다. 때문에 미국의 원조자금으로 우리가 원하는 공장을 건설해야 한다면서 미국 원조당국과 격돌했으나 별다른 성과를 거두지 못했다. 1955년 1월에는 경무대 접견실에서 이승만 대통령과 당시 대한(對韓) 원조 총책임자인 ICA(International Cooperation Administration, 미 국무성 내의 국제협조처)의 타일러 우드와 심한 언쟁을 벌이기도 했다.

이 대통령은 "언제까지 미국이 제공하는 원조물자에 기댈 수는 없으니 원조자금의 7할을 투자로 돌리고 3할만 소비부문으로 써야 한다"고 주장했다. 그러나 타일러 우드는 "굶주리는 한국인의 생계보장이 급선무"라면서 소비재 도입 우선 정책을 굽히지 않았다. 이 대통령은 "우리 국민이 어려움을 겪고 있는 것이지 당신네들이 배고픈 것은 아니지 않소. 우리는 전란 후의 일시적인 굶주림을 참을 태세가 되어 있으니 그런 걱정은 안 해도됩니다. 원조물자를 생산부문으로 돌려주시오"하고 강력하게 요구했다.

이 대통령은 2차 대전 후의 서독을 예로 들면서 "원조를 무조건 우리 측에 넘겨라"라고 요구했다. 심지어 자기와 뜻이 맞지 않는 미국 원조기관 ICA의 책임자 타일러 우드를 그들이 묵고 있는 조선호텔에서 내쫓으라고 당시 유완창 부흥부장관에게 명령하기도 했다.[314]

이 와중에 이승만은 국제연합 한국재건위원회(United Nations Korean Reconstruction Agency · UNKRA)의 단장인 존 코울터 장군을 설득하여 운크라 자금으로 한국에 공장을 건설해달라고 요청했다. 존 코울터 장군도 이승만의 제안에 적극 찬성하여 운크라가 제공하는 원조자금으로 인천에 판유리공장(후에 한국유리), 문경에 시멘트공장(후에 대한양회)을 건설했다.

운크라는 1958년 6월 말 폐쇄될 때까지 한국의 식량, 농업생산, 동력, 수송, 광산, 건축, 교육, 위생 등 거의 모든 분야에 걸쳐 경제부흥에 혁혁한 공헌을 했다. 한국의 경제 재건을 돕기 위해 미국, 영국, 프랑스를 포함한 35개 유엔 가맹국가가 1억 4,000만 달러의 기부금을 제공했는데, 이처럼 방대한 경제 원조자금을 재원으로 하여 판유리와 시멘트 공장 건설 외에도 안양의 금성방직 복구, 서울 영등포의 교과서 공장 건설, 철도국의 기관차 수리공장, 포항과 묵호 어항에 통조림공장 등을 건설했다.

한국은행이 발표한 '미국 대한(對韓) 원조의 내용'이란 자료에 의하면 미국이 한국에 제공한 31억 9,900만 달러의 원조 중 소비재가 25억 3,100만 달러로 전체의 81%를 차지한 반면, 시설재는 6억 80만 달러로 전체의 19%에 불과했다.

미국 원조자금 중 운크라(UNKRA)만이 시설재 70%, 소비재 30%로 한국경제 재건사업 지원이라는 당초 설립취지에 맞게 집행됐을 뿐 나머지는 소비재 도입 방식으로 원조가 이루어진 것이다.

존 코울터 장군은 1948년 8월 24일 하지 미 군정사령관이 군정의 폐지와 함께 물러가고, 그의 후임으로 주한미군사령관 겸 14군단장으로 부임했다. 6.25 때는 경주·포항지구 전투에서 미 제9군단을 지휘하여 혁혁한 전공을 세웠고, 이어 미8군 부사령관으로 재직했다. 1952년부터 1958년까지 유엔이 한국의 전후복구와 재건을 돕기 위해 설치한 운크라의 단장에 임명되어 전란으로 초토화된 한국의 재건과 전후복구를 위해 온 힘을 다 했다.

한국경제 재건에 결정적인 역할을 한 코울터 장군의 공로를 기리기 위해 이승만은 유엔이 운크라 사업의 중지를 결정했을 때 서울 이태원에 장군의 동상을 건립했다. 이 동상은 1977년 서울 광진구 능동의 어린이대공원 동문으로 이전되었다. 동상 건립문에는 다음과 같은 글이 새겨져 있다.

'대한민국 국민은 존 B 코울터 장군의 자유에 대한 백전 불굴한 헌신과 또한 전시와 평화시를 통하여 한국에 끼친 공적이 거대함을 생각하여 여기 이 동상을 세워 길이 기념하는 것이다.

그는 1871년 4월 27일 미국 텍사스 주 샌 안토니오에서 난 이로 1950년 한국 동란 중 위기일발의 포항전투에서 미국 육군 제9군단을 지휘하여 공산 침략군을 격파 승리하였고 이어 미국 제8군 부사령관으로서 공훈을 세웠으며 다시 1952년부터 1958년까지는 국제연합 한국재건단 단장으로 재직하여 초토화한 한국의 재건과 한국인을 위하여 힘을 다하였다.

그는 이같이 자유와 정의를 사랑하는 정신으로써 마침내 이름을 떨치었고 오늘의 역사상에 높은 위치를 차지하게 된 것이다.'

참고문헌

『경무대 사계』(중앙일보사)

『내가 만난 이승만 대통령』(사)건국대통령 이승만 박사 기념사업회, 2013

『우남 이승만 문서: 동문편』(8)

『인촌 김성수-인촌 김성수의 사상과 일화』 동아일보사, 1985

『재계회고』(1~10) 한국일보사, 1984

강용자 지음·김정희 엮음, 『나는 대한제국 마지막 황태자비 이 마사코입니다』 지식공작
　소, 2013

곤도 시로스케(權藤四郎介) 지음·이언숙 옮김, 『대한제국 황실비사』 이마고 출판사,
　2010

김기혁 외 지음, 『청일전쟁의 재조명』 한림대학교 아시아문화연구소, 1996

김낙환, 『아펜젤러 행전 1885~1902』 청미디어, 2014

김낙환, 『우남 이승만 신앙연구』 청미디어, 2012

김용덕 등 편, 『서재필과 그 시대』 서재필기념회, 2003,

김용삼, 『이승만과 기업가 시대』 북앤피플, 2013

김용삼, 『이승만의 네이션 빌딩』 북앤피플, 2014

김원모 완역, 『알렌의 일기-구한말 격동기 비사』 단국대학교 출판부, 1991

김일영, 『건국과 부국』 기파랑, 2010

김충남, 『성공한 대통령 실패한 대통령』 도서출판 둥지, 1998

김학은, 『이승만과 마사리크』 북앤피플, 2013

김학은, 『이승만의 정치 경제사상 1899~1948』 연세대학교 대학출판문화원, 2014

김희곤 외 지음 『제대로 본 대한민국 임시정부』 지식산업사, 2009

남정옥, 『이승만 대통령과 6.25 전쟁』 이담북스, 2010

데이비드 핼버스탬 지음, 이윤진·정은미 옮김,『콜디스트 윈터-한국전쟁의 감추어진 역사』, 살림, 2009

도진순 주해,『백범일지』, 돌베개, 1997

로버트 올리버 지음·박일영 옮김,『이승만 없었다면 대한민국 없다』, 동서문화사, 2008

로버트 올리버 지음·황정일 옮김,『신화에 가린 인물 이승만』, 건국대학교 출판부, 2002

류대영,『개화기 조선과 미국 선교사』, 한국기독교역사연구소, 2007

류대영,『초기 미국 선교사 연구』, 한국기독교역사연구소, 2013

매튜 리지웨이,『한국전쟁』, 정우사, 1984

박실,『벼랑 끝 외교의 승리-이승만 외교의 힘』, 청미디어, 2010

박지향,『윤치호의 협력일기-어느 친일 지식인의 독백』, 이숲, 2010

박용만,『제1공화국 경무대 비화』, 내외신서, 1986

복거일,『죽은 자들을 위한 변호』, 북앤피플, 2012

브루스 커밍스 외 지음·박의경 옮김,『한국전쟁과 한미관계』, 도서출판 청사, 1987

서영희,『일제 침략과 대한제국의 종말』, 역사비평사, 2012

서정주,『우남 이승만전』, 화산문화기획, 1995

송복 외 지음,『이승만의 정치사상과 현실인식』, 연세대 출판부, 2011

시바 료타로 지음·이송희 옮김,『언덕 위의 구름』(1~10), 도서출판 명문각, 1994

언더우드 지음·주장돈 역,『한국전쟁, 혁명 그리고 평화』, 연세대학교 출판부, 2002

엘리자베스 언더우드 지음·변창욱 옮김,『언더우드 후손이 쓴 한국의 선교역사 1884~1934』, 도서출판 케노시스, 2013

연세대학교 의과대학,『의학백년 기념화보』제1집, 1985

왕현종 외 지음,『청일전쟁기 한·중·일 삼국의 상호 전략』, 동북아역사재단, 2009

원영희·최정태 편집,『뭉치면 살고…』, 조선일보사, 1995

유영익·이채진 편,『한국과 6.25 전쟁』, 연세대 출판부, 2002

유영익 외 지음,『이승만과 대한민국 임시정부』, 연세대학교 출판부, 1009, 272~273쪽

유영익 편,『이승만 대통령 재평가』연세대학교 출판부, 2007

유영익,『건국대통령 이승만』일조각, 2013

유영익,『이승만의 삶과 꿈』중앙일보사, 1996,

윤성렬,『도포입고 ABC 갓 쓰고 맨손체조』학민사, 2004

윤치영,『윤치영의 20세기』삼성출판사, 1991

이강훈,『대한민국 임시정부사』서문당, 1999

이경남,『설산 장덕수』동아일보사, 1982

이광린,『올리버 R 에비슨의 생애』연세대학교 출판부, 1992

이덕희,『하와이 대한인국민회 100년사』연세대학교 대학출판문화원, 2013

이덕희,『하와이 이민 100년 그들은 어떻게 살았나?』중앙M&B, 2003

이상호,『맥아더와 한국전쟁』푸른역사, 2013

이원순,『인간 이승만』신태양사, 1988

이정식,『대한민국의 기원』일조각, 2011

이정식,『이승만의 구한말 개혁운동』배재대학교 출판부, 2005

이주영 외 지음,『이승만 연구의 흐름과 쟁점』연세대학교 대학출판문화원, 2012

이한우,『거대한 생애 이승만 90년』(상·하), 조선일보사, 1995,

이현희,『이야기 이승만』신원문화사, 1995

임병직,『임정에서 인도까지』여원사, 1964

장면 박사 회고록,『한 알의 밀이 죽지 않고는』가톨릭출판사, 1967

전숙희,『사랑이 그녀를 쏘았다: 한국의 마타 하리 여간첩 김수임』정우사, 2002

전택부,『양화진 선교사 열전』홍성사, 2013

전택부,『월남 이상재의 생애와 사상』연세대학교 출판부, 2002

정일권,『정일권 회고록』고려서적, 1996

정일화,『아는 것과 다른 맥아더의 한국전쟁』미래한국신문사, 2007

제임스 브레들리 지음·송정애 옮김,『임페리얼 크루즈』도서출판 프리뷰, 2010

조병옥,『나의 회고록』도서출판 선진, 2003

조이제 외,『한국 근대화 기적의 과정』월간조선사, 2005

짐 하우스만 · 정일화 공저,『한국 대통령을 움직인 미군 대위』한국문원, 1995

천순천(陳舜臣) 지음 · 조양욱 옮김,『청일전쟁』세경출판사, 2012

최상오 · 홍선표 외 지음,『이승만과 대한민국 건국』연세대학교 출판부, 2010

최종고,『이승만과 메논 그리고 모윤숙』기파랑, 2012

프란체스카,『6.25와 이승만 대통령』기파랑, 2012

프란체스카,『이승만 대통령의 건강』도서출판 촛불, 2007

프리데릭 A. 매켄지 지음, 신복룡 역주,『대한제국의 비극』집문당, 2010

프리데릭 A. 매켄지, 지음, 신복룡 역주,『한국의 독립운동』집문당, 1999

하라다 게이이치(原田敬一) 지음 · 최석완 옮김,『청일 러일전쟁』어문학사, 2013

한철호 역,『미국의 대한정책 1834~1950』한림대 아시아문화연구소, 1998

한표욱,『이승만과 한미외교』중앙일보사, 1996

한표욱,『한미외교 요람기』중앙일보사, 1984

해롤드 노블, 지음, 박실 옮김,『이승만 박사와 미국대사관』정호출판사, 1982

허정,『내일을 위한 증언』샘터, 1979

『대통령 이승만 박사 담화집』(1~3), 공보처, 1959

기사 및 논문

「개항 100년 속의 미리견(米利堅·아메리카) 200년」『동아일보』 1976년 5월 13일

「이 대통령 위훈을 흠모, 아 여사 별세에 조의」『동아일보』 1950년 2월 24일

「이승만 대통령과 부통령, 헐버트 박사를 문병」『경향신문』 1949년 8월 7일

「헐버트 박사 영결식 거행」『자유신문』 1949년 8월 12일

「을사늑약 반대한 한규설 '회고담' 100년 만에 발굴」『경향신문』 2005년 11월 14일

이헌표, 「이승만 대통령의 미국 국빈 여행기-#14~15 조지 워싱턴 대학 연설」『국방일보』 2012년 8월 12일

이승만, 「남을 대적하려면 내가 먼저 준비할 일」『공립신보』 1908년 8월 12일

이승만, 「일본의 기탄하는 일이 곧 우리의 행복된 일이라」『공립신보』 1908년, 9월 2일

『독립신문』 1921년 3월 5일, 「대통령의 교서」

『중앙선데이』「체코슬로바키아 군단과 청산리 전투」 2011년 8월 21일

주명준, 「의친왕의 상해 망명기도 사건」『황실학논총』 제7호(2006년 12월), 한국황실학회

남정옥, 『이승만 독립외교노선의 특징』 뉴데일리(http://newdaily.co.kr/news/article.html?no=42527)

박재선, 「박재선의 유대인 이야기: 냉전시대 동과 서를 잇던 사울 아이젠버그」『중앙선데이』 2011년 8월 28일(제233호)

「프란체스카 여사, 오스트리아 유력 정치인 집안과 친척」『중앙일보』 2013년 9월 15일

서희건, 이승만 전 대통령 외교고문 로버트 올리버 박사 인터뷰, 「한국 번영 보니 이 박사 옳았다」『조선일보』 1995년 2월 26일

「애치슨, 이승만 싫어해 귀국 막았다」『중앙일보』 2011년 8월 15일

홍순호, 「장면 외교의 명암」『경기사학』(5), 2001

『서울신문』 1948년 8월 16일

백선엽의 6.25 징비록(52)-아이스크림 장군 밴 플리트」, http://blog.daum.net/

hak1232/5325(검색일 2014. 8.4)

이주천,「건국초기 미국의 대한정책과 이승만의 대응책(1948~1950)」,『서양사학연구』19, 2008

허동현,「대한민국의 건국외교와 유엔」,『숭실사학회』제30집(2013년 6월)

유태호,「운석 장면 선생 탄신 백주년 기념 학술회의」발표문(1999년 8월 27일)

『한겨레신문』2008년 8월 17일

김상도,「6.25 무렵 모윤숙의 미인계 조직 '낙랑클럽'에 대한 미군 방첩대 수사보고서-미
    국립문서보관소 비밀해제로 최초 공개」,『월간중앙』1995년 2월호

이근미,「이승만 대통령 내외와 14년 간 생활한 방재옥 인터뷰」,『월간조선』2001년 3월호

손세일의 비교 평전(58)「한국 민족주의의 두 유형-이승만과 김구」"임시정부도 3·1절에
    독립선언문 낭독하지 않아",『월간조선』2007년 1월호

손세일의 비교 평전(60),「한국 민족주의의 두 유형-이승만과 김구」"연기하는 것은 해결
    이 아니다-미·일전 예언하며 미국의 선제공격 촉구",『월간조선』2007년 3월호

손세일의 비교 평전(63)「한국 민족주의의 두 유형-이승만과 김구」"미-일전쟁으로 슬픔
    의 눈물은 끝났다!",『월간조선』2007년 6월호

손세일의 비교 평전(64),「한국 민족주의의 두 유형-이승만과 김구」"나는 이승만입니다!
    —단파방송으로 파괴공작 선동」,『월간조선』2007년 7월호

손세일의 비교 평전(65)「한국 민족주의의 두 유형-이승만과 김구」"한인 게릴라 부대 창
    설계획과 중국의 임시정부 지원방침 전환",『월간조선』2007년 8월호

손세일의 비교 평전(66)「한국 민족주의의 두 유형-이승만과 김구」"임시정부의 좌우합
    작과 한인게릴라부대 창설계획",『월간조선』2007년 9월호

손세일의 비교평전(75),「한국 민족주의의 두 유형-이승만과 김구」"미군 진주와 양분되는 정국"

손세일의 비교평전(80),「한국 민족주의의 두 유형-이승만과 김구)」"미군 정부의 국가비
    상사태 선언을 지원하다",『월간조선』2010년 11월호

손세일,「한국현대사의 행복과 불행」,『월간조선』2008년 3월호

한철호,「1920년대 전반 조지 엘 쇼(George L. Shaw)의 한국독립운동 지원활동과 그 의

의-1920년 11월 석방 이후를 중심으로」

주

1 김원모 완역, 『알렌의 일기-구한말 격동기 비사』, 단국대학교 출판부, 1991, 53쪽.

2 박지향, 『윤치호의 협력일기』, 이숲출판사, 2010, 111~113쪽 참조.

3 박지향, 앞의 책, 144쪽.

4 김원모 완역, 앞의 책, 380쪽.

5 기독교의 한국 전도 관련 내용은 엘리자베스 언더우드 지음·변창욱 옮김, 『언더우드 후손이 쓴 한국의 선교역사 1884~1934』, 도서출판 케노시스, 2013, 64~65쪽 참조.

6 민영익은 보빙 사절단으로 미국을 여행하며 문명개화의 필요성을 절감하여 그 후 우정국(郵政局) 설치, 경복궁의 전기설비, 육영공원을 설립했다. 1884년 12월 갑신정변이 벌어졌을 때 개화파들이 그를 살해하려고 공격했으나 큰 부상을 입고 미국인 선교사 알렌의 치료를 받아 살아났다. 1905년 을사늑약 체결 후 상해로 망명하여 그곳에서 죽었다.

7 류대영, 『초기 미국 선교사 연구』, 한국기독교역사연구소, 2013, 135쪽.

8 엘리자베스 언더우드 지음·변창욱 옮김, 『언더우드 후손이 쓴 한국의 선교역사 1884~1934』, 도서출판 케노시스, 2013, 36~37쪽, 61쪽 참조.

9 류대영, 『개화기 조선과 미국 선교사』, 한국기독교역사연구소, 2007, 332쪽.

10 미당 서정주 시인이 이승만의 구술을 받아서 쓴 『우남 이승만전』에는 이승만의 눈을 치료해 준 사람은 알렌이 아니라 진고개의 일본 의사라고 기록하고 있다.

11 김원모 완역, 앞의 책, 380쪽.

12 전택부, 『양화진 선교사 열전』, 홍성사, 2013, 41~42쪽.

13 류대영, 『개화기 조선과 미국 선교사』, 한국기독교역사연구소, 2007, 107~108쪽.

14 류대영, 『개화기 조선과 미국 선교사』, 한국기독교역사연구소, 2007, 110쪽.

15 김원모 완역, 앞의 책, 131쪽.

16 윌리엄 다이 관련 내용은 『동아일보』

「개항 100년 속의 미리견(米利堅·아
메리카) 200년」(1976년 5월 13일)
참조.

17 김원모 완역, 앞의 책, 282쪽.

18 김낙환, 『아펜젤러 행전 1885~1902』
청미디어, 2014, 219~220쪽.

19 윤성렬, 『도포입고 ABC 갓 쓰고 맨
손체조』 학민사, 2004, 101쪽.

20 1892년 1월 올링거 선교사가 배재
학당 내에 설립한 출판사. 영어, 한
글, 한문 등 세 가지 활자로 출판을 하
여 삼문(三文)이라는 이름이 붙었다.
이후 삼문출판사는 베크가 새로운 책
임자로 부임하면서 1900년 8월 미국
교인들로부터 모금된 자금으로 제본
기와 활자 등을 구입하여 시설을 확
충하고, 출판사 이름을 감리교출판
사(The Korea Methodist Publishing
House)로 변경했다.

21 묄렌도르프(1848~1901)는 주청(駐
淸) 독일영사관에서 근무했고, 1869
년 청국의 세무 관리가 되었다. 1882
년 임오군란이 일어나자 조선 정부
는 각국과의 수교 및 상업사무를 처
리하기 위해 청국에 외국인 고문관

초빙을 요청했다. 이때 이홍장(李鴻
章·리훙장)의 추천으로 한국 최초의
서양인 고문으로 부임하여 통리아문
의 외무협판으로 외교 고문 역할을
맡았다. 또 해관(海關, 세관) 총세무
사가 되어 해관 신설 등 통상무역 업
무도 총괄했다. 1884년 조·러 수교
를 위해 천진(天津·톈진) 주재 러시
아 공사 베베르가 내한하자 조선 정
부를 적극 설득하여 7월 7일 조·러수
호통상조약을 체결하도록 했다. 묄렌
도르프는 러시아와 통상조약을 맺는
과정에서 활약한 공로로 러시아 정부
로부터 훈장을 받았다. 조선에서 청
국의 이익이 아니라 러시아의 이익
을 위해 움직이다가 이홍장의 눈 밖
에 난 묄렌도르프는 1885년 6월 외
무협판에서 해임되었고, 7월에는 해
관 총세무사에서도 해임되어 조선을
떠났다. 이홍장은 묄렌도르프의 후
임으로 해관총세무사에 미국인 헨리
메릴(Henry F. Merrill)을, 외무협판
에는 천진 주재 미국 영사 오웬 데니
(Owen N. Denny)를 각각 추천하여
임명되었다. 이들은 이홍장의 지시에

따라 청국의 새 조선정책을 추진하기
위해 원세개(袁世凱·위안스카이)를
중심으로 구성된 '북양 3인방'이었다.
김기혁 외 지음, 『청일전쟁의 재조명』
한림대학교 아시아문화연구소, 1996,
36쪽.

22 류대영, 앞의 책, 121쪽.

23 김낙환, 앞의 책, 232~233쪽 참조.

24 윤성렬, 앞의 책, 183~186쪽 참조.

25 「이 대통령 위훈을 흠모, 아 여사 별
세에 조의」 『동아일보』 1950년 2월
24일.

26 윤성렬, 앞의 책, 56~57쪽.

27 언더우드 관련 내용은 전택부, 「한국
선교의 아버지 언더우드」 『양화진 선
교사 열전』 홍성사, 2013, 51~77쪽
참조.

28 알렌은 1884년 9월 조선에 입국했지
만, 그는 미국 선교부가 파송한 정식
선교사가 아니라 주한 미국 공사관의
무급 의사 신분으로 입국했다.

29 프리데릭 A. 매켄지 지음, 신복룡 역
주, 『대한제국의 비극』 집문당, 2010,
75~76쪽.

30 류대영, 앞의 책, 292~295쪽, 306쪽

참조.

31 한반도에서 러시아를 몰아낸 일본은
1905년 11월 18일 을사보호조약을
강제로 체결했다. 국가와 국가 간에
체결하는 조약이란 국제법 주체 간에
국제법률 관계를 설정하기 위한 명시
적(문서에 의한) 합의라는 뜻이고, 늑
약이란 폭력이나 위력을 사용하여 강
제로 체결된 조약을 뜻한다. 을사보
호조약은 명시적 합의에 의한 조약
체결이 아니라 폭력이나 위력을 사용
하여 강제로 체결된 조약이기 때문에
을사늑약이라 표기한다.

32 엘리자베스 언더우드 지음·변창욱
옮김, 앞의 책, 97쪽.

33 3·1운동 당시 제암리 교회 청년들과
천도교 김상렬 등을 비롯한 민족주의
자들은 4월 5일 수원 근교 발안주재
소 앞에서 독립만세를 외쳤다. 일본
경찰이 무력 진압했으나 마을 사람들
은 밤마다 봉화를 올리고 만세시위를
계속했다. 4월 15일 일본 육군 중위
아리타 다케오(有田俊夫)가 지휘하
는 일본 헌병들은 15세 이상 남자들
을 제암리 교회에 소집한 다음 교회

문을 잠그고 불을 질렀다. 밖으로 빠져나오려는 사람들에게 무차별 총격을 가했고, 이어서 마을을 불태웠다. 이 사건으로 30여 명이 숨졌는데, 4월 17일 의료선교사 스코필드가 일경에 의해 살해된 사람들의 유골들을 향남면 도이리 공동묘지 입구에 안장했다. 언더우드 2세(원한경)는 참사현장을 돌아보고 보고서를 작성해 미국으로 보냈으며, 스코필드는 일본 헌병 몰래 현장을 사진 촬영하여 미국으로 보내 일제의 야만적인 학살 행위를 국제사회에 알렸다.

34 「이승만 대통령·부통령, 헐버트 박사를 문병」, 『경향신문』, 1949년 8월 7일.

35 「헐버트 박사 영결식 거행」, 『자유신문』, 1949년 8월 12일.

36 1892년 1월에 올링거 선교사가 창간한 국내 최초의 영문 잡지로 『The Korean Recorder』를 확대 발전시킨 것이다. 그해 12월에 휴간되었다가 3년 뒤인 1895년 헐버트와 아펜젤러, 존스 선교사 등에 의해 속간되어 1899년 통권 59호로 폐간되었다. 외국 선교사들이 한국의 사정을 알리기 위해 발행한 것으로, 거기에 실린 정치·경제·문화·풍속 등 한국에 관한 글은 한국 근대사 연구에 귀중한 자료가 되고 있다.

37 프리데릭 A. 매켄지 지음·신복룡 옮김, 『한국의 독립운동』, 집문당, 1999, 90쪽.

38 전 주소련 미국 대사였던 조지 캐넌의 숙부로서 동명이인이다.

39 남아프리카 원주민으로, 지능이나 교양이 낮은 자 또는 미개인을 일컫는다.

40 류대영, 『초기 미국 선교사 연구』, 한국기독교역사연구소, 2013, 178~179쪽.

41 『The Korea Review』는 올링거에 이어 1893년 9월부터 삼문출판사의 책임을 맡으면서 출판사를 발전시킨 헐버트가 1901년에 창간한 영문 월간 잡지다. 헐버트는 이 출판사에서 발행되던 『The Korean Repository』가 1899년 6월에 발간 중단되자 1901년 1월 조선의 소식을 외국에 알리기 위해 영문 월간지 『The Korea Review』를 창간했다. 1905년부터 일본의 침략을 비판하는 글을 계속 싣자 일본

당국은 반일 매체로 몰아 1901년 1월
부터 발행이 중단되었다.

42 복거일, 『죽은 자들을 위한 변호』, 북
앤피플, 2012, 76~77쪽에서 인용.

43 서영희, 『일제 침략과 대한제국의 종
말』, 역사비평사, 2012, 119쪽.

44 초대 주한 미국대사로서 1949년 4
월 20일부터 1952년 11월까지 재임
하며 이승만과 한국전쟁을 함께 치렀
다. 한국에 부임할 때 48세의 노총각
이었던 무초 대사는 1953년 결혼했
고, 1973년 한국을 다시 방문해 이승
만 묘소를 참배하고 이화장에 거주
하던 프란체스카 여사를 찾아 인사를
했다.

45 이정식, 「청년 이승만 자서전」, 『이승
만의 구한말 개혁운동』, 배재대학교
출판부, 2005, 308쪽.

46 김낙환, 『우남 이승만 신앙연구』, 청
미디어, 2012, 90쪽.

47 연세대학교 의과대학, 『의학백년 기
념화보』 제1집, 1985, 33쪽.

48 전택부, 『양화진 선교사 열전』, 홍성
사, 2013, 141~143쪽, 148쪽.

49 전택부, 앞의 책, 147쪽.

50 김학은, 『이승만과 마사리크』, 북앤피
플, 2013, 125~126쪽.

51 이정식, 앞의 책, 321쪽.

52 유영익, 『건국대통령 이승만』, 일조
각, 2013, 62쪽.

53 COI는 CIA의 전신이자 미국 정보
기관의 효시로서 1942년 6월 창설된
OSS보다 먼저 창설되었다.

54 이정식, 앞의 책, 160쪽.

55 존 헤론 관련 내용은 전택부, 「병자들
의 친구 헤론」, 『양화진 선교사 열전』,
홍성사, 2013, 37~50쪽 참조.

56 이덕희, 『하와이 이민 100년 그들은
어떻게 살았나?』, 중앙M&B, 2003,
87~88쪽.

57 이덕희, 앞의 책, 86~87쪽.

58 류대영, 『개화기 조선과 미국 선교
사』, 한국기독교역사연구소, 2007, 45
쪽.

59 류대영, 앞의 책, 49~50쪽.

60 제임스 브래들리 지음·송정애 옮김,
『임페리얼 크루즈』, 도서출판 프리뷰,
2010, 204쪽.

61 류대영, 『개화기 조선과 미국 선교
사』, 한국기독교역사연구소, 2007,

419~420쪽.

62 제임스 브레들리 지음·송정애 옮김, 앞의 책, 210, 216쪽 참조.

63 영왕(영친왕) 이은의 생모로, 정식 명칭은 순헌황귀비(純獻皇貴妃)다. 종로 육전거리에서 장사를 하는 엄진일의 셋째 딸로 일곱 살 때 궁에 들어갔다. 임오군란이 일어나 명성황후가 충주로 도피했을 때 고종을 정성스럽게 보필하여 그 공으로 지밀상궁(국왕의 좌우에 시위하여 잠시도 떠나지 않고 모시는 상궁으로, 대령상궁이라고도 한다)에 올랐다. 34세 때 고종의 은총을 입었으나 이 사실이 명성황후에게 알려져 궁에서 쫓겨났다. 을미사변으로 명성황후가 시해 당한 후 고종은 엄 상궁을 다시 궁궐로 불러들여 영왕 이은을 낳았다. 1900년 8월에 귀인(貴人)에서 순빈(淳嬪)으로 봉해졌고, 1901년 고종의 계비가 되어 엄비라 불리게 되었으며, 1903년 10월에 황귀비로 진봉되었다. 1906년에 숙명여학교와 진명여학교를 설립하여 여성에게 근대교육을 실시하도록 했다.

64 제임스 브레들리 지음·송정애 옮김, 앞의 책, 314쪽.

65 서영희, 『일제 침략과 대한제국의 종말』 역사비평사, 2012, 110쪽.

66 제임스 브레들리 지음·송정애 옮김, 앞의 책, 17쪽.

67 로버트 올리버 지음·박일영 옮김, 『이승만 없었다면 대한민국 없다』 동서문화사, 2008, 33~34쪽.

68 조지 매퀸 관련 내용은 손세일의 비교 평전(66) 「한국 민족주의의 두 유형-이승만과 김구」 "임시정부의 좌우 합작과 한인 게릴라부대 창설계획", 『월간조선』 2007년 9월호 참조.

69 한표욱, 『이승만과 한미외교』 중앙일보사, 1996, 36쪽.

70 구이도 베르벡 관련 내용은 김학은, 앞의 책, 188쪽 참조.

71 제임스 브래들리 지음·송정애 옮김, 앞의 책, 244쪽.

72 성환 전투에서 청군을 지휘하여 일본군과 전투를 벌였던 청국 총병(사단장 급).

73 오시마 요시마사는 현 일본 총리 아베 신조의 모계 증조할아버지다.

74 조병옥,『나의 회고록』, 도서출판 선진, 2003, 77~78쪽.

75 프리데릭 A. 매켄지 지음 · 신복룡 역주,『한국의 독립운동』, 집문당, 1999, 78~79쪽.

76 김낙환, 앞의 책, 262쪽.

77 조선에서 활동하던 선교사 겸 주한 미국 공사 알렌과는 다른 인물이다. 1860년 중국 상해에 파송된 영 존 알렌은 1864년 상해에 설립된 외국인 학교인 광방언관(廣方言館)에서 교사로 근무했고, 1868년에는 중국어로 된『상해 신보』편집을 겸임했다. 1868년 9월 5일, 자비로 중국어 기관지『교회신보』를 창간했다. 1869년에 광방언관이 강남제조국에 병합되어 알렌은 교사와 번역가로 활동하며『인도사』『러시아사』『독일사』『유럽사』『만국사』등을 번역 출간했다. 알렌은 중국인 채이강과 공저로『중동전기본말: 청일전쟁사』라는 책을 출간했다. 이승만은 한성감옥에 수감되어 있을 때 이 책을 우리말로 번역하여 1917년에 하와이에서『청일전기(淸日戰紀)』라는 제목으로 출판했다. 알렌은 또 상해에 중서서원(中西書院)이라는 교회 학교를 설립했다. 중서서원은 다른 기독교 계통 학교와는 달리 동서양의 지식을 겸비한 중국인 인재를 교육시켰다.

78 박지향,『윤치호의 협력일기-어느 친일 지식인의 독백』, 이숲, 2010, 97~98쪽.

79 박지향, 앞의 책, 101~102쪽.

80 신흥우가 1924년 도미하여 미국에 있던 이승만과 협의한 후 국내에서 이상재 안재홍 등과 함께 조직한 독립운동 단체. 농촌계몽운동 및 신간회(新幹會) 결성에 적극 참여했으며, 비밀리에 독립운동 자금을 모아 미국의 이승만에게 보냈다. 1938년 5월 간부회원 60여 명이 체포되어 이중 52명이 치안유지법 위반으로 실형을 선고받았다. 이 사건 이후 신흥우 등 대다수 간부는 전향 성명을 발표하고 한국인의 황민화 정책에 가담했다.

81 당시 서울 정동은 사교나 외교의 중심지로서, 미국 공사관과 러시아 공사관 등 각국 공사관을 비롯하여 선교사들의 주택, 외국인이 경영하는

호텔과 음식점 상점들이 많았다. 당시 조선 조정의 고관들도 사교 목적으로 정동에 자주 출입하여 모임을 가지는 와중에 자연스럽게 세력이 형성되었다. 이 세력을 정동구락부(혹은 정동파)라고 불렀다. 주요 회원은 민영환, 윤치호, 이상재, 서재필, 이완용 등과 미국 공사 실, 프랑스 영사 플랑시, 조선 정부의 고문으로 초빙된 르장드르·다이, 선교사 언더우드·아펜젤러 등이었다.

82 윤성렬, 『도포 입고 ABC 갓쓰고 맨손체조』, 학민사, 2004, 34~35쪽.

83 서정주, 『우남 이승만전』, 화산문화기획, 1995, 111~112쪽.

84 윤성렬, 앞의 책, 125~126쪽.

85 김권정, 「1920~30년대 이승만과 국내 기독교세력의 유대활동」, 『이승만과 하와이 한인사회』, 연세대학교 대학출판문화원, 2012, 283쪽.

86 1896년 7월에 창립된 독립협회는 1898년 2월부터 정치운동을 전개했다. 1898년 10월 28일부터 11월 2일까지 종로에서 대신들이 참석한 가운데 만민공동회를 개최하여 10월 29

일, 독립을 지키기 위한 6개조를 결의했다. 이 6개조가 황제에게 헌의된다 해서 헌의6조라고 했다. 그 내용은 다음과 같다. ①외국에 의존하지 말고 관민(官民)이 협력하여 전제황권(皇權)을 공고히 할 것, ②광산·철도·석탄·산림·차관·차병(借兵)과 외국과의 조약에 각부 대신과 중추원 의장이 합동으로 서명하지 않으면 시행하지 말 것, ③전국의 재정은 모두 탁지부에서 관할하여 정부의 다른 기관이 간섭하지 못하게 하고 예산과 결산을 인민에게 공포할 것, ④중죄인을 공판에 회부하되 피고가 자복한 후에 재판할 것, ⑤칙임관(勅任官)은 황제가 정부의 과반수 동의를 받아 임명할 것, ⑥장정(章程)을 신설할 것 등이었다. 헌의6조는 그 자리에 참석했던 대신들에게 동의를 받았고 고종으로부터도 그대로 실시할 것을 약속받았다.

87 이정식 역주, 「청년 이승만 자서전」, 원영희·최정태 편집, 『뭉치면 살고…』, 조선일보사, 1995, 81~82쪽.

88 감옥서장 김영선과 이승만의 관계

부분은 오영섭, 「이승만의 『청일전기』 번역 · 간행과 자주독립론」, 송복 외 지음, 『이승만의 정치사상과 현실인 식』, 연세대 출판부, 2011, 35~37쪽 참조.

89 현채(玄采)가 1905년에 간행한 한말의 세계사 입문서. 이 책은 아시아 · 유럽 · 아프리카 · 남북아메리카 · 오세아니아 등으로 구분되어 있으며, 각 대륙별 소속 국가들을 총망라하여 각 나라의 역사가 분야별로 기술되어 있다. 이 책에서 현채는 우리나라 사람들이 구습에 얽매여 식견이 고루하고 자각 없음을 한탄하면서 망국의 위기를 극복하기 위한 방도로 자립을 주장했다. 현채는 자립을 위한 방편이 교육 이외에는 없다면서 자국사와 더불어 세계사에 대한 이해를 강조했다.

90 전상인, 「이승만의 사회사상 · 사회운동 · 사회개혁」, 유영익 편, 『이승만 대통령 재평가』, 연세대학교 출판부, 2007, 382쪽.

91 김학은, 앞의 책 117~118쪽.

92 『내가 만난 이승만 대통령 : 이상재 편』, (사)건국대통령 이승만 박사 기념

사업회, 2013, 19쪽.

93 이강은 의왕, 의화군, 의친왕이라고도 불린다. 고종의 셋째 아들로 어머니는 귀인 장 씨다. 의친왕의 가운데 글자에 친(親)을 붙인 것은 일본에서 황족에게 붙이는 칭호다. 따라서 의왕으로 부르는 것이 맞다.

94 이광린, 『올리버 R 에비슨의 생애』, 연세대학교 출판부, 1992, 131~133쪽 참조.

95 로버트 올리버 지음 · 황정일 옮김, 『신화에 가린 인물 이승만』, 건국대학교 출판부, 2002, 111쪽.

96 『조선통신』은 일제시대 한국 관련 기사를 일본에 전하는 신문의 일종이다.

97 「을사늑약 반대한 한규설 '회고담' 100년 만에 발굴」, 『경향신문』, 2005년 11월 14일자 참조.

98 사무라이 출신으로 막부(幕府) 타도운동에 참여하고, 메이지 유신 후 육군 중장, 1882년 일본 육사 교장 등을 지냈다. 1884년 서구 및 미국을 시찰했고 자작(子爵) 작위를 받았다. 1888년 예비역에 편입되어 궁중고문

관, 귀족원 의원이 되었다. 1895년 삼국간섭으로 조선에서 일본 세력이 약화되자 명성황후가 러시아 세력을 끌어들여 친일내각을 무너뜨리고 친러내각을 구성했다. 이에 대응하기 위해 이노우에 가오루의 후임으로 주조선 일본 공사로 부임했다. 같은 해 10월 8일 일본인 자객을 앞세우고 경복궁으로 쳐들어가 명성황후를 시해하고 그 시신(屍身)을 불태우는 국제범죄를 저질렀다. 명성황후 시해 장면은 당시 궁궐에 있던 미국인 다이(William McEntyre Dye)와 러시아인 기사 사바틴(H. N. Sabatin)이 현장을 목격함으로써 세상에 알려지게 되었다. 미우라 고로는 본국에 소환되어 잠시 투옥됐다가 석방되어 1910년 추밀고문관(樞密顧問官)이 되었고, 정계의 배후조종자로 활동했다.

99 서영희, 『일제 침략과 대한제국의 종말』, 역사비평사, 2012, 96쪽.

100 대만 식민지 경영과 관련된 내용은 서영희, 『일제 침략과 대한제국의 종말』, 역사비평사, 2012, 129~130쪽 참조.

101 일본 의회제도 체제 아래 최초의 총리. 해외에 유학하여 군사제도를 연구하고 1870년 귀국하여 국민개병제 등 서구의 군사제도 도입을 역설했다. 사이고 다카모리(西鄕隆盛)의 도움으로 징병제도를 도입했고, 1878년 군인훈계(軍人訓戒), 1882년 군인칙유(軍人勅諭)를 선포하여 일본 황군의 정신적 지침이 되었다. 1894년 청일전쟁 때 조선 주둔 제1사령관, 1898년 원수가 되었다. 1903~09년 이토 히로부미와 함께 번갈아 추밀원 의장을 맡았고, 러일전쟁을 승리로 이끌어 공작 작위를 받았다.

102 가쓰라 다로(1848~1913)는 독일에서 군사학을 연구하고 귀국하여 육군을 프러시아 식으로 개편했다. 그 결과 군정은 육군성이, 군령은 참모본부가 분담하는 체제가 마련되었다. 이로써 참모본부는 육군성의 관할에서 벗어나 천황 직속기관으로 바뀌게 되어 정부의 간섭을 배제할 수 있게 되었다. 1886년에는 육군차관에 임명되었으며 청일전쟁 때는 3사단장으로 참전했다. 군부 지도자로 총리를 세

차례 역임했다. 그는 외상(外相) 고무라 주타로와 협력하여 영일동맹(英日同盟)을 체결하고(1902) 러시아에 맞섰으며, 이 같은 대치상태는 결국 러일전쟁으로 이어졌다. 전쟁에서 승리한 일본은 가쓰라-태프트 밀약과 영일동맹 개정을 통해 미국과 영국으로부터 조선에서의 권익을 승인받았다.

103 이노우에 가오루(1836~1915)는 이토 히로부미 등과 영국 유학을 하고 돌아와 막부 타도운동을 했다. 1876년 구로다 기요타카(黑田淸隆)와 함께 조선 정부에 운요호(雲揚號) 사건에 대한 책임을 추궁하여 한일수호조약 체결, 1884년 전권대사로 갑신정변 처리를 위한 한성조약을 체결했다. 1885년 제1차 이토(伊藤) 내각의 외무대신, 구로다(黑田) 내각의 농상무대신, 1892년 제2차 이토 내각의 내무대신, 1894~1895년 주한 공사, 1898년 제3차 이토 내각의 대장대신 등을 역임했다.

104 12세에 입대하여 근대 일본군 창설자인 야마가타 아리토모(山縣有朋)의 심복이 되었다. 1902년 육군대신이 되어 10년 동안 재임했다. 1910년 5월 초대 조선 총독에 임명되어 8월 22일 한일합방을 이루었다. 1916년 10월 조선 총독에서 물러나 일본 총리에 올랐다. 그는 강경 외교노선을 취하여 중국 본토에 대한 일본의 영향력을 증대시켰고, 제1차 세계대전 때는 중국 본토에 대한 일본의 권익을 인정받는 조건으로 연합군을 도왔다. 러시아 혁명 후 일본의 시베리아 횡단철도에 대한 관리권 확보를 위해 시베리아 출병을 주장했다. 1918년 총리에서 물러났다.

105 곤도 시로스케(權藤四郎介) 지음·이언숙 옮김, 『대한제국 황실비사』, 이마고 출판사, 2010, 140~141쪽.

106 김윤정과 딘스모어, 존 헤이 국무장관 면담 관련 내용은 이원순, 『인간 이승만』 신태양사, 1988, 91~95쪽 참조.

107 김학은, 앞의 책, 128~129쪽.

108 이정식 역주, 「청년 이승만 자서전」, 앞의 책, 116쪽.

109 김학은, 앞의 책, 133쪽.

110 김학은, 『이승만의 정치 경제사상

1899~1948』 연세대학교 대학출판문
화원, 2014, 73~75쪽.

111 김학은, 앞의 책, 125쪽.

112 존 헤이 장관의 조카 아마사 스톤
마서 관련 내용은 김학은, 앞의 책,
126~127쪽 참조.

113 이승만 대통령의 조지 워싱턴 대
학 방문 관련 내용은 이헌표, 「이승만
대통령의 미국 국빈 여행기-#14~15
조지 워싱턴 대학 연설」, 『국방일보』
2012년 8월 12일.

114 이원순, 『인간 이승만』, 신태양사,
1988, 14쪽.

115 만국평화회의와 러시아의 역할 관
련 내용은 서영희, 『일제 침략과 대
한제국의 종말』, 역사비평사, 2012,
152~160쪽 참조.

116 서영희, 앞의 책, 158쪽.

117 제임스 브래들리 지음, 송정애 옮
김, 『임페리얼 크루즈-대한제국 침탈
비밀외교 100일의 기록』, 도서출판
프리뷰, 2010, 344쪽.

118 이승만, 「남을 대적하려면 내가 먼
저 준비할 일」, 『공립신보』 1908년 8
월 12일.

119 이승만, 「일본의 기탄하는 일이 곧
우리의 행복된 일이라」, 『공립신보』
1908년, 9월 2일.

120 김학은, 앞의 책, 203, 210쪽.

121 앤드루 웨스트, 찰스 어드맨 관련
내용은 윤치영, 『윤치영의 20세기』
삼성출판사, 1991, 103쪽 참조.

122 김학은, 앞의 책, 144쪽.

123 이원순, 『인간 이승만』, 신태양사,
1988, 208~209쪽.

124 이승만의 YMCA 관련 부분은 유
영익, 『건국대통령 이승만』 일조각,
2013, 27~28쪽 참조.

125 임병직, 『임정에서 인도까지』, 여원
사, 1964, 45~46쪽.

126 허정, 『내일을 위한 증언』, 샘터,
1979, 31~32쪽.

127 조병옥, 『나의 회고록』 도서출판 선
진, 2003, 48쪽.

128 김학은, 『이승만의 정치 경제사상
1899~1948』 연세대학교 대학출판문
화원, 2014, 73쪽.

129 고종의 대외문서 관련 내용은 서영
희, 『일제 침략과 대한제국의 종말』
역사비평사, 2012, 141쪽.

130 이덕희, 「이승만의 종교활동과 교육활동」『이승만과 하와이 한인사회』 연세대학교 대학출판문화원, 2012, 10쪽.

131 이덕희, 앞의 책, 10~11쪽.

132 소다 가이치 관련 내용은 전택부, 「고아의 아버지 소다 가이치」, 『양화진 선교사 열전』, 홍성사, 2013, 171~186쪽 참조.

133 김원모 완역, 『알렌의 일기-구한말 격동기 비사』 단국대학교 출판부, 1991, 293쪽.

134 한인들의 하와이 및 미주 지역 이주 관련 내용은 이덕희, 『하와이 이민 100년 그들은 어떻게 살았나?』 중앙M&B, 2003, 21~29쪽 참조.

135 이덕희, 「이승만의 종교활동과 교육활동」『이승만과 하와이 한인사회』 연세대학교 대학출판문화원, 2012, 2쪽.

136 이승만의 하와이에서 학교 설립 관련 내용, 인하대 설립 관련 내용은 이덕희, 『하와이 이민 100년 그들은 어떻게 살았나?』 중앙M&B, 2003, 68~70쪽 참조.

137 한표욱, 『이승만과 한미외교』 중앙일보사, 1996, 20쪽.

138 윤치영, 『윤치영의 20세기』 삼성출판사, 1991, 96쪽.

139 임병직, 앞의 책, 158~159쪽.

140 김학은, 앞의 책, 313쪽.

141 이승만, 『청년 이승만 자서전』 원영희·최정태 편, 『뭉치면 살고…』, 조선일보사, 1995, 119~121쪽.

142 로버트 올리버, 『신화에 가린 인물 이승만』, 건국대 출판부, 2002, 112쪽.

143 이덕희, 『하와이 대한인국민회 100년사』 연세대학교 대학출판문화원, 2013, 93~94쪽.

144 로버트 올리버 지음·황정일 옮김, 『신화에 가린 인물 이승만』 건국대학교 출판부, 2002, 142~143쪽.

145 박지향, 『윤치호의 협력일기-어느 친일 지식인의 독백』, 이숲출판사, 2010, 139쪽.

146 허정, 앞의 책, 52~53쪽.

147 조병옥, 앞의 책, 81~82쪽.

148 조병옥, 앞의 책, 82~83쪽.

149 이한우, 앞의 책, 128~129쪽.

150 한철호 역, 『미국의 대한정책 1834

~1950』, 한림대 아시아문화연구소, 1998, 50쪽.

151 임병직, 『임정에서 인도까지』, 여원사, 1966, 114~115쪽.

152 유영익, 『이승만의 삶과 꿈』, 중앙일보사, 1996, 134쪽.

153 프리데릭 A. 매켄지 지음 · 신복룡 옮김, 『한국의 독립운동』, 집문당, 1999, 211쪽.

154 전택부, 『월남 이상재의 생애와 사상』, 연세대학교 출판부, 2002, 150~151쪽.

155 윤치영, 『윤치영의 20세기』, 삼성출판사, 1991, 101쪽.

156 최종고, 『이승만과 메논 그리고 모윤숙』, 기파랑, 2012, 208쪽.

157 김노듸 관련 내용은 이덕희의 미발표 원고 『이승만, 하와이에서 30년 동안 무엇을 하였나?』 참조.

158 도리스 듀크와 제임스 크롬웰 대사 관련 부분은 임병직, 『임정에서 인도까지』, 1964, 157~159쪽 참조.

159 김원용 관련 내용은 이덕희의 미발표 원고 『이승만, 하와이에서 30년 동인 무잇을 하였나?』 참조.

160 김현구 관련 내용은 이덕희의 미발표 원고 『이승만, 하와이에서 30년 동안 무엇을 하였나?』 참조.

161 김희곤 외 지음 『제대로 본 대한민국 임시정부』, 지식산업사, 2009, 11~12쪽.

162 김권정, 「1920~30년대 이승만과 국내 기독교세력의 유대활동」, 『이승만과 하와이 한인사회』, 연세대학교 대학출판문화원, 2012, 263쪽

163 김권정, 앞의 책, 63쪽.

164 허버트 밀러 교수 관련 내용은 김학은, 앞의 책, 55쪽 참조.

165 유영익, 「3·1운동 후 서재필의 신대한(新大韓) 건국 구상」, 김용덕 등편, 『서재필과 그 시대』, 서재필기념회, 2003, 338쪽.

166 유영익, 『건국대통령 이승만』, 일조각, 2013, 282쪽.

167 유영익, 앞의 책, 320쪽.

168 유영익, 앞의 책, 325~327쪽.

169 임병직, 앞의 책, 121쪽.

170 임병직, 앞의 책, 123쪽.

171 체코슬로바키아 군단 관련 내용은 「체코슬로바키아 군단과 청산리 전

투」『중앙선데이』 2011년 8월 21일
자 참조.

172 김학은, 앞의 책, 596~598쪽.

173 INS통신은 미국의 신문왕 윌리엄
허스트가 설립한 통신사다. 허스트는
전성기에는 26개의 신문과 13개의
잡지, 8개의 라디오 방송국을 소유했
는데, INS통신은 1909년 허스트 계
열 언론에 뉴스를 공급하기 위해 창
간한 민간 통신사다. 이 통신사는 미
국 국내 뉴스에 이어 해외뉴스를 취
급하고 제2차 세계대전 전후에는 미
국과 해외 언론에까지 뉴스를 제공
하여 AP·UP와 함께 미국의 3대 통
신사로 성장했다. 1958년 5월 UP와
합병하면서 UPI로 명칭을 바꾸었다.

174 일본 천황에게 보내는 공개서한 관
련 내용은 임병직 앞의 책, 128~129
쪽 참조.

175 진해, 부산항 문제 관련 내용은 남
정옥, 『이승만 대통령과 6.25 전쟁』,
이담북스, 2010, 77~78쪽 참조.

176 헐버트와 스코필드 선교사 관련 내
용은 임병직, 앞의 책, 124~125쪽 참
조.

177 프리데릭 A. 매켄지, 지음, 신복
룡 역주, 『한국의 독립운동』, 집문당,
1999, 272쪽.

178 임병직, 앞의 책, 130~131쪽.

179 임병직, 앞의 책, 134~135쪽.

180 오영섭, 『대한민국 임시정부 두 대
통령 이승만과 박은식의 관계』『숭실
사학회』 제32집(2014년 6월), 76쪽
참조.

181 윤대원, 『상해시기 대한민국 임시정
부 연구』, 서울대학교 출판부, 2006,
38~41쪽 참조.

182 이강훈, 『대한민국 임시정부사』, 서
문당, 1999, 19~20쪽.

183 이승만의 위임통치 창원서 관련 내
용은 오영섭, 「대한민국 임시정부 초
기 위임통치 청원논쟁」 이주영 외 지
음, 『이승만 연구의 흐름과 쟁점』, 연
세대학교 대학출판문화원, 2012,
1~66쪽 참조.

184 정한경, 「협성회 간사부원 첨좌하」
(1921년 8월 15일), 『우남 이승만 문
서: 동문편』(8), 353쪽.

185 허정, 『내일을 위한 증언』, 샘터,
1979, 40~41쪽.

186 조지 쇼와 이륭양행 관련 내용은 한철호, 「1920년대 전반 조지 엘 쇼(George L. Shaw)의 한국독립운동 지원활동과 그 의의-1920년 11월 석방 이후를 중심으로」, 한국독립운동사연구 제43집 참조.

187 "석방 후의 쇼 씨", 『독립신문』 1921년 1월 15일자.

188 님 웨일즈 지음·조우화 역, 『아리랑』 동녘, 1984, 109쪽.

189 임병직, 앞의 책, 170쪽.

190 조지 쇼 관련 내용은 이강훈, 『대한민국 임시정부사』 서문당, 1999, 56쪽. 61~63쪽 참조.

191 이하 이승만과 박은식 관련 부분은 오영섭, 「대한민국 임시정부 두 대통령 이승만과 박은식의 관계」, 『숭실사학회』 제32집(2014년 6월) 참조.

192 임병직, 앞의 책, 179쪽.

193 장덕진 관련 내용은 이경남, 『설산 장덕수』 동아일보사, 1982, 228~230쪽 참조.

194 『독립신문』 1921년 3월 5일, 「대통령의 교서」

195 오영섭, 「대한민국 임시정부 초기 위임통치 청원논쟁」, 이주영 외 지음, 『이승만 연구의 흐름과 쟁점』 연세대학교 대학출판문화원, 2012, 46쪽.

196 오영섭, 「하와이에서 이승만의 『태평양잡지』 발간활동과 독립사상」, 『이승만과 하와이 한인사회』, 연세대학교 대학출판문화원, 2012, 131쪽.

197 이동휘의 코민테른 공작 관련 내용은 양동안, 「이승만과 반공」, 이주영 외 지음, 『이승만 연구의 흐름과 쟁점』 연세대 대학출판문화원, 2012, 113~130쪽 참조.

198 레닌 자금 증발사건 관련 내용은 『인촌 김성수-인촌 김성수의 사상과 일화』 동아일보사, 1985, 287쪽.

199 고종의 아들로 이름은 이은(李垠), 어머니는 귀비 엄씨(貴妃嚴氏)다. 순종 황제와는 이복형제 간으로 1907년 황태자에 책봉되었다. 이은을 흔히 영친왕이라고 하는데, 이는 왕족들에게 '친(親)'자를 붙이는 일본식 표기로서 잘못된 것이다. 1907년 12월 이토 히로부미(伊藤博文) 통감이 유학 명목으로 일본에 인질로 끌고 갔고, 1920년 일본의 흡수 동화정책에

따라 일본 왕족 나시모토미야(梨本宮)의 딸 마사코(方子)와 정략 결혼을 했다. 1926년 순종이 사망한 후 형식상으로 왕위 계승자가 되어 이왕이라 불렸다. 일본에 억류되어 일본 육군사관학교와 육군대학을 거쳐 육군 중장을 지냈다. 그는 일본군 내에서 보불전쟁 연구의 권위자로 꼽혔다.

200 강용자 지음·김정희 엮음,『나는 대한제국 마지막 황태자비 이 마사코입니다』지식공작소, 2013, 33~34쪽.

201 양동안,「이승만과 반공」앞의 책, 121쪽.

202 조병옥,『나의 회고록-개인보다는 당, 당보다는 국가』도서출판 선진, 192쪽.

203 이정식 역주,「청년 이승만 자서전」앞의 책, 99쪽.

204 강용자 지음·김정희 엮음,『나는 대한제국 마지막 황태자비 이 마사코입니다』지식공작소, 2013, 136쪽.

205 주명준,「의친왕의 상해 망명기도 사건」『황실학논총』제7호(2006년 12월), 한국황실학회, 106쪽.

206 주명준, 앞의 논문, 101~103쪽.

207 임시정부 관련 인사들에 대한 부분은 김희곤 외 지음,『제대로 본 대한민국 임시정부』지식산업사, 2009, 94~ 참조.

208 김희곤 외 지음,『제대로 본 대한민국 임시정부』지식산업사, 2009, 103쪽.

209 조병옥,『나의 회고록-개인보다는 당, 당보다는 국가』도서출판 선진, 2003, 193쪽.

210 손세일,「한국현대사의 행복과 불행」『월간조선』2008년 3월호.

211 임병직, 앞의 책, 185~187쪽 참조.

212 1921년 10월부터 1922년까지 해군 군비 확장 경쟁을 제한하고 태평양 지역에서의 안보협정을 구체화하기 위해 열린 국제회의. 이 회의를 통해 5대 열강들은 보유할 수 있는 주력함(배수량 1만 톤 이상이거나 구경 20㎝가 넘는 함포를 탑재한 전함과 항공모함)의 국가별 비율을 미국과 영국이 각각 5, 일본이 3, 프랑스와 이탈리아가 각각 1.67로 확정하여 군함 건조 경쟁에 제동을 걸었다. 이 회의로 인해 이미 건조되었거나 건조 중이던 미국 26척, 영국 24척, 일본 16

척의 군함을 해체했다.

213 이덕희, 『하와이 대한인국민회 100년사』, 연세대학교 대학출판문화원, 2013, 103~104쪽.

214 미국의 한인 유학생 사회 관련 내용은 이경남, 『설산 장덕수』, 동아일보사, 1982, 236~240쪽 참조.

215 허정, 앞의 책, 33쪽.

216 양동안, 「이승만과 반공」, 앞의 책, 121쪽.

217 동덕건과 관련된 내용은 남정옥, 『이승만 독립외교노선의 특징』, 뉴데일리(http://newdaily.co.kr/news/article.html?no=42527) 참조.

218 길이 2,430km의 동청(東淸)철도는 러시아가 부설한 것으로서 만주리(滿洲里·만저우리)에서 하얼빈(哈爾濱)을 지나 수분하(綏芬河·쑤이펀허)까지의 본선과, 하얼빈에서 장춘(長春·창춘)을 경유하여 대련(大連·다롄)까지의 남부선(南部線)이 있다. 만주사변 후 1억 7000만 엔에 일본에게 양도했으며, 제2차 세계대전 후에는 소련이 중국에 무상으로 양도했다.

219 로버트 올리버 지음·황정일 옮김, 『신화에 가린 인물 이승만』, 건국대학교 출판부, 2002, 187쪽.

220 「프란체스카 여사, 오스트리아 유력 정치인 집안과 친척」, 『중앙일보』 2013년 9월 15일.

221 로버트 올리버, 『신화에 가린 인물 이승만』, 건국대 출판부, 2002, 67쪽.

222 김낙환, 『우남 이승만 신앙연구』, 청미디어, 2012, 49쪽.

223 이원순, 『인간 이승만』, 신태양사, 1988, 63쪽.

224 박승선 관련 부분은 『경무대 사계』(중앙일보사) 중 우제하 부분 참조.

225 윤치영, 앞의 책, 162쪽.

226 이현희, 『이야기 이승만』, 신원문화사, 1995, 29~30쪽.

227 이승만의 필리핀 인맥 관련 내용은 박실, 『벼랑 끝 외교의 승리-이승만 외교의 힘』, 청미디어, 2010, 139~140쪽 참조.

228 손세일의 비교 평전(58)「한국 민족주의의 두 유형-이승만과 김구」, "임시정부도 3·1절에 독립선언문 낭독하지 않아", 『월간조선』 2007년 1월호.

229 손세일의 비교 평전(60), 「한국 민

족주의의 두 유형-이승만과 김구」 "연기하는 것은 해결이 아니다-미·일전 예언하며 미국의 선제공격 촉구", 『월간조선』 2007년 3월호.

230 펄 벅과 이승만의 관계 부분은 고정휴, 「이승만의 『일본내막기』 집필 배경과 내용 분석」, 송복 외 지음, 『이승만의 정치사상과 현실인식』, 연세대 출판부, 2011, 188~198쪽 참조.

231 손세일의 비교 평전(60), 「한국 민족주의의 두 유형-이승만과 김구」 "연기하는 것은 해결이 아니다-미·일전 예언하며 미국의 선제공격 촉구", 『월간조선』 2007년 3월호.

232 이원순, 앞의 책, 197쪽.

233 한표욱, 『이승만과 한미외교』, 중앙일보사, 1996, 243쪽.

234 해리스 목사 관련 내용은 임병직, 『임정에서 인도까지』, 여원사, 1964, 365쪽.

235 한철호, 『미국의 대한정책 1834~1950』, 한림대 아시아문화연구소, 1998, 67~68쪽.

236 안종철, 「문명개화에서 반공으로」, 최상오·홍선표 외 지음, 『이승만과 대한민국 건국』 연세대학교 출판부, 2010, 165~166쪽.

237 기독교인 친한회 관련 내용은 손세일의 비교 평전(65) 「한국 민족주의의 두 유형-이승만과 김구」 "한인 게릴라 부대 창설계획과 중국의 임시정부 지원방침 전환", 『월간조선』 2007년 8월호 참조.

238 유영익, 앞의 책, 58쪽.

239 『워싱턴 스타』지 관련 내용은 한표욱, 『이승만과 한미외교』, 중앙일보사, 1996, 229~230쪽 참조.

240 김학은, 앞의 책, 387쪽.

241 한표욱, 『이승만과 한미외교』, 중앙일보사, 1996, 33쪽.

242 윌리엄 랭던 관련 내용은 손세일의 비교 평전(63) 「한국 민족주의의 두 유형-이승만과 김구」 "미-일전쟁으로 슬픔의 눈물은 끝났다!", 『월간조선』 2007년 6월호 참조.

243 손세일의 비교평전(80), 「한국 민족주의의 두 유형-이승만과 김구」 "미군정부의 국가비상사태 선언을 지원하다", 『월간조선』 2010년 11월호.

244 윤치영, 앞의 책, 165쪽.

245 서희건, 이승만 전 대통령 외교고
문 로버트 올리버 박사 인터뷰, 「한국
번역 보니 이 박사 옳았다」『조선일보』
1995년 2월 26일.

246 COI와 에슨 게일 관련 내용은 손
세일의 비교 평전(64), 「한국 민족주
의의 두 유형-이승만과 김구」 "나는
이승만입니다!—단파방송으로 파괴
공작 선동", 『월간조선』 2007년 7월호
참조.

247 정병준, 「태평양전쟁기 이승만과 중
경 임시정부의 관계와 연대강화」, 유
영익 외 지음, 『이승만과 대한민국 임
시정부』, 연세대학교 출판부, 1009,
272~273쪽 참조.

248 OSS의 한미 군사합동작전 관련
내용은 남정옥, 『이승만 대통령과
6.25 전쟁』 이담북스, 2010, 37~38,
47~53쪽 참조.

249 '미국의 소리' 방송 관련 내용은 손
세일의 비교 평전(64) 「한국 민족주의
의 두 유형-이승만과 김구」 "나는 이
승만입니다!—단파방송으로 파괴공
작 선동", 『월간조선』 2007년 7월호
참조.

250 손세일의 비교 평전(66) 「한국 민족
주의의 두 유형-이승만과 김구」, "임
시정부의 좌우합작과 한인 게릴라부
대 창설 계획", 『월간조선』 2007년 9
월호. 장기영은 강원도 영월 출신으
로 상해 임시정부의 시베리아기관인
한인군사위원회(韓人軍事委員會) 위
원으로 활약하다가 일본으로 건너가
1924년 일본 주오대학(中央大學)을
졸업했다. 졸업 후 미국으로 건너가
1930년 버틀러대학 정치학부를 졸업
하고, 인디애나주립대학 대학원에서
국제법을 전공했다. 1932년 겨울 이
승만의 부름을 받아 워싱턴에 있는
대한민국 임시정부 구미위원부 위원
으로 임명되어 독립자금을 모금하고,
교민들에게 독립사상을 고취하는 활
동을 했다. 1943년 봄 OSS에 자원하
여 중경 임시정부 연락원으로 활동했
다. 해방 후 귀국하여 1948년 강원도
영월에서 제헌국회의원에 당선되었
고, 그 해 유엔총회 한국대표로 활동
했다. 이후 체신부장관(1949~1952),
대한중석 사장(1957~1960), 서울특
별시장(1960) 등을 역임했다.

251 일제 식민지와 공산주의 관련 부분은 허정, 앞의 책, 136~138쪽 참조.

252 이하 미소 냉전과 한반도 분단 관련 내용은 이정식, 『대한민국의 기원』 일조각, 2011, 98~108쪽 참조.

253 윤석오 외, 『경무대 비화』 중앙일보사

254 조지 윌리엄스 관련 내용은 「애치슨, 이승만 싫어해 귀국 막았다」 『중앙일보』(2011년 8월 15일) 참조.

255 이정식, 『대한민국의 기원』 일조각, 2011, 359쪽.

256 로버트 올리버 지음·박일영 옮김, 『이승만 없었다면 대한민국 없다』 동서문화사, 2008, 85~86쪽.

257 임병직, 앞의 책, 290쪽.

258 짐 하우스만·정일화 공저, 『한국 대통령을 움직인 미군 대위』 한국문원, 1995, 254쪽.

259 정일화, 앞의 책, 94~95쪽.

260 허정, 『내일을 위한 증언』 샘터사, 1979, 123쪽.

261 허정, 앞의 책, 123~124쪽.

262 허정, 앞의 책, 124쪽.

263 허정, 앞의 책, 144~145쪽.

264 언더우드 지음·주장돈 역, 『한국전쟁, 혁명 그리고 평화』 연세대학교 출판부, 2002, 156쪽.

265 허정, 앞의 책, 133쪽.

266 허정, 앞의 책, 132~139쪽 참조.

267 조병옥, 앞의 책, 213쪽.

268 도진순 주해, 『백범일지』 돌베개, 1997, 296쪽.

269 이경남, 『설산 장덕수』 동아일보사, 1982, 324~325쪽.

270 『인촌 김성수-인촌 김성수의 사상과 일화』 동아일보사, 1985, 293쪽.

271 『인촌 김성수-인촌 김성수의 사상과 일화』 앞의 책, 289~290쪽.

272 홍순호, 「장면 외교의 명암」 『경기사학』(5), 2001, 155쪽.

273 해롤드 노블 지음, 박실 옮김, 『이승만 박사와 미국대사관』 정호출판사, 1982, 254쪽.

274 박실, 앞의 책, 481쪽.

275 프란체스카, 『6.25와 이승만』 기파랑, 2012, 98쪽.

276 로버트 올리버, 『신화에 가린 인물 이승만』 건국대학교 출판부, 2002, 303쪽.

277 김승욱, 「이승만 대통령의 농지개혁

추진과 성과」, 이주영 외 지음, 『이승만 연구의 흐름과 쟁점』, 연세대학교 대학출판문화원, 2012, 184쪽.

278 농지개혁과 부산 정치파동과의 연관성은 김일영, 「전쟁과 정치」, 유영익·이채진 편, 『한국과 6.25 전쟁』, 연세대 출판부, 2002, 김일영, 「이승만 대통령과 근대 국민국가의 건설」, 김일영, 『건국과 부국』, 기파랑, 2010, 참조.

279 이승만과 메논, 모윤숙 관련 내용은 최종고, 『이승만과 메논 그리고 모윤숙』, 기파랑, 2012, 197~237쪽 참조.

280 최종고, 앞의 책, 235쪽.

281 박실, 『벼랑 끝 외교의 승리-이승만 외교의 힘』, 청미디어, 2010, 110쪽.

282 이상호, 『맥아더와 한국전쟁』, 푸른역사, 2013, 66쪽.

283 이상호, 앞의 책, 40쪽.

284 향로 관련 부분은 『서울신문』 1948년 8월 16일자 참조.

285 박실, 『벼랑 끝 외교의 승리-이승만 외교의 힘』, 청미디어, 2010, 113쪽.

286 맥아더의 군 경력 관련부분은 이상호, 『맥아더와 한국전쟁』, 푸른역사,

2013, 41~45쪽 참조.

287 한표욱, 『한미외교 요람기』, 중앙일보사, 1984, 139~139쪽.

288 압록강 철교 폭격 관련 내용은 정일권, 『정일권 회고록』, 고려서적, 1996, 308~309쪽 참조.

289 정일화, 『아는 것과 다른 맥아더의 한국전쟁』, 미래한국신문사, 2007, 228~232쪽.

290 정일권, 앞의 책, 305쪽.

291 정일권, 앞의 책, 305~306쪽.

292 정일권, 앞의 책, 323~324쪽.

293 짐 루카스 기자의 맥아더 인터뷰 관련 내용은 임병직, 『임정에서 인도까지』, 여원사, 1964, 384~388쪽 참조.

294 김종오와 맥아더의 대화 내용은 임병직, 앞의 책, 389~390쪽 참조.

295 밴 플리트 장군과 이승만 대통령의 관계는 「백선엽의 6.25 징비록(52)-아이스크림 장군 밴 플리트」 http://blog.daum.net/hak1232/5325(검색일 2014. 8.4) 참조.

296 매튜 리지웨이, 『한국전쟁』, 정우사, 1984, 177쪽.

297 데이비드 핼버스탬 지음, 이윤진·

정은미 옮김, 『콜디스트 윈터-한국전쟁의 감추어진 역사』, 살림, 2009, 17쪽.

298 이주천, 「건국초기 미국의 대한정책과 이승만의 대응책(1948~1950)」, 『서양사학연구』 19, 2008, 93쪽.

299 허동현, 「대한민국의 건국외교와 유엔」, 『숭실사학회』 제30집(2013년 6월), 263~265쪽.

300 유태호, 「운석 장면 선생 탄신 백주년 기념 학술회의」 발표문(1999년 8월 27일), 31~33쪽.

301 홍순호, 「장면 외교의 명암」, 『경기사학』(5), 2001, 155쪽.

302 스테펜 펠츠, 「미국의 대한정책 결정, 1943~1953」 브루스 커밍스 외 지음·박의경 옮김, 『한국전쟁과 한미관계』, 도서출판 청사, 1987, 164쪽, 156~159쪽 참조.

303 박실, 『벼랑 끝 외교의 승리-이승만 외교의 힘』, 청미디어, 2010, 191쪽.

304 장면 박사 회고록, 『한 알의 밀이 죽지 않고는』, 가톨릭출판사, 1967, 103쪽.

305 장면 박사 회고록, 앞의 책, 110~111쪽 참조.

306 미국은 이승만이 휴전협정에 계속 반대하는 등 자신들의 의견을 따르지 않을 경우 이승만을 제거하기 위한 '에버레디 계획'을 가동했다. 이 계획은 1953년 5월 22일 미8군 사령관 맥스웰 테일러 장군에 의해 입안됐고, 유엔군사령관 클라크 장군의 동의를 얻어 합동참모본부에 제출됐다. 아이젠하워 대통령, 덜레스 국무장관, 미 합동참모본부의 각 군 참모총장들은 이승만 대통령 체포와 남한을 다시 미군정 하에 두는 문제를 심각하게 고려했다. 미국이 주도하는 에버레디 계획의 주요 내용은 다음과 같다. (1)유엔군은 가능한 한 한국군을 이용하여 이승만 대통령과 다른 비타협적 지도자들을 구금한다. 이는 곧 군사정부의 수립을 의미할 수도 있다. (2)이승만이 휴전을 타결시키고 이행하는 데 계속 협조하지 않거나 유엔군의 안보를 위협하는 행동을 취한다면 유엔군은 한국에서 철수할 것이며, 한국군에 대한 무기 지원을 중단할 것임을 유엔군이 이승만에게 알

린다. (3)미국이 이승만에게 휴전의 인정뿐만 아니라 유엔군과의 완벽한 협조를 가능케 할 만족스러운 확신을 부여하는, 한국과의 쌍무적 안보조약 체결에 동의한다.

307 장면 박사 회고록, 앞의 책, 100~105쪽 참조.

308 전숙희, 『사랑이 그녀를 쏘았다: 한국의 마타 하리 여간첩 김수임』 정우사, 2002, 285~286쪽.

309 『한겨레신문』 2008년 8월 17일자.

310 김상도, 「6.25 무렵 모윤숙의 미인계 조직 '낙랑클럽'에 대한 미군 방첩대 수사보고서-미 국립문서보관소 비밀해제로 최초 공개」, 『월간중앙』 1995년 2월호, 212~226쪽.

311 사울 아이젠버그 관련 내용은 박재선, 「박재선의 유대인 이야기: 냉전시대 동과 서를 잇던 사울 아이젠버그」 『중앙선데이』 2011년 8월 28일(제233호) 참조.

312 1938년 1월 조선이연금속 인천공장으로 출범하여 해방 후 귀속재산 기업으로 우리 정부에 넘어왔다. 1953년 대한중공업공사로 창립하여

1962년 인천중공업(주)으로 상호를 변경했고, 1970년 4월 인천제철(주)에 합병된 뒤 2001년 INI스틸(주)을 거쳐 2006년 4월 현대제철로 상호를 변경했다.

313 철강공장 건설 관련내용은 김용삼, 『이승만과 기업가 시대』 북앤피플, 2013, 210~214쪽 참조.

314 유완창, 『재계회고』(7) 한국일보사, 1984, 270쪽.

대한민국 건국의 기획자들

펴낸날	초판 1쇄	2015년 5월 16일
펴낸날	초판 3쇄	2021년 10월 11일

지은이	김용삼
펴낸이	김광숙
펴낸곳	백년동안
출판등록	2014년 3월 25일 제406-2014-000031호

주소	경기도 파주시 광인사길 22
전화	031-941-8988
팩스	070-8884-8988
이메일	on100years@gmail.com

ISBN	979-11-86061-30-5 04300

※ 값은 뒤표지에 있습니다.
※ 잘못 만들어진 책은 구입하신 서점에서 바꾸어 드립니다.

이 도서의 국립중앙도서관 출판시도서목록(CIP)은 서지정보유통지원시스템 홈페이지
(http://seoji.nl.go.kr)와 국가자료공동목록시스템(http://www.nl.go.kr/kolisnet)에서
이용하실 수 있습니다.(CIP제어번호: CIP2015013936)